福祉＋α 4
Welfare Plus Alpha

[監修] 橘木俊詔／宮本太郎

生活保護

SOCIAL ASSISTANCE SCHEMES IN JAPAN

埋橋孝文［編著］

ミネルヴァ書房

刊行にあたって

現在、国民が何に対してもっとも不安を感じているかといえば、将来の生活に対してであろう。もう少し具体的には、将来の生活費の確保、退職後や老後の年金・介護の問題、現役世代であれば病気や失業したときのこと、さらには家族、地域、社会などにおける絆が弱くなったために、自分一人になったときに助けてくれる人がいるのかといった不安など、枚挙にいとまがない。

本シリーズはこれら国民に蔓延する不安を取り除くために、福祉という視点から議論することを目的としている。ただし福祉という言葉が有する狭い意味に限定せず、福祉をもっと幅の広い視点から考えることにする。なぜ人間が福祉ということを考えるようになったのか、なぜ福祉を必要とする時代となったのか。また、国民に福祉を提供する分野と手段としてどのようなものがあるのか、誰が福祉を提供するのか、その財源と人手を調達するにはどうしたらよいのか。さらには、福祉の提供が少ないとどのような社会になるのか、逆に福祉の提供がありすぎるとどのような弊害があるのか、福祉を効率的、公平に提供する方策のあり方はいかなるものか、といった様々な福祉に関する幅広い課題について論じることとする。

これらの課題はまさに無数にあるが、各巻では一つの課題を選択してそのテーマを徹底的に分析し、かつ議論するものである。監修者は、どのような課題に挑戦するかを選択し、そのテーマに関して一冊の本を編集するのに誰がもっともふさわしいかを指名し、その編者は、特定のテーマに関して一流であることは当然として、歴史、法律、理論、制度、政策といった幅広い視点から適切な分析のできる執筆陣を選んで執筆を依頼するとともに、その本全体の編集責任を負う。

本シリーズのもう一つの特色は、読者対象を必ずしもその分野の専門家や研究者に限定せず、幅広い読者を念頭に置いているということである。すなわち、学生、一般読者、福祉を考えてみたい人、福祉の現場に関わっている人、福祉に関する政策や法律、プロジェクトを考案・作成する機関やＮＰＯに属する人、など幅広い層を想定している。したがって、書き手は福祉のことをほとんど知らない人でも読むことができるよう配慮し、福祉の現状と問題点が明快に理解できるよう書くことを念頭に置いている。そしてそのテーマをもっと深く考えてみたいという人に対しては、これからあたるべき文献なども網羅することによって、さらなる学習への案内となるようにしている。

福祉と関係する学問分野は、社会福祉学、経済学、社会学、法学、政治学、人口論、医学、薬学、農学、工学など多岐にわたる。このシリーズの読者は、これらの専門家によって書かれたわかりやすい分析に接することによって、福祉の全容を理解することが可能になると信じている。そしてそのことから自分の福祉のこと、そして社会における福祉のあり方に関して、自己の考え方を決める際の有効な資料となることを願ってやまない。

2012年10月

橘木俊詔
宮本太郎

目次

第Ⅱ部　生活保護の受給者と行政の取り組みから考える

第Ⅲ部 諸外国の経験を視野に入れる

総論

生活保護をどのように捉えるべきか
――本書のねらい――

埋橋孝文

この総論では四つの事柄について述べる。最初に、読者が読みやすいように、三部からなる本書の部構成とその趣旨をあらかじめ明らかにする。第二に、生活保護のあらましを読者が理解し、続く各章の内容を把握しやすいように、生活保護制度の仕組みと趨勢を簡単に示す。第三に、日本の社会保障制度全体のなかで生活保護制度が果たす役割を国際比較的観点を入れながら解説する。最後に、二〇一二年度に入って生活保護をめぐっての議論と改革に向けての動きが活発であることに鑑み、七月に出された「生活支援戦略中間まとめ」についてコメントする。

1 本書の部構成(マッピング)

本書は、現在、経済的、政治的、社会的に大きな関心が集まっている「生活保護」に対して多面的なアプローチを試み、その現状と問題点を解明し、今後の政策論議に示唆を得ることを目的としている。総勢二一名が鋭意執筆に取り組んでいるが、多人数、多頁におよぶため、やや異例ではあるが、最初に全体の部構成を簡単に解説し、その趣旨を述べておきたい。

本書は三部構成となっている。各章のあらましは各部のはじめで説明されているので、ここでは部の構成を中心に解説する。

(1) 第I部「生活保護に分析のメスを入れる」のねらい

第I部は、経済学、法学、社会学、社会福祉学などの学問分野(decipline)から生活保護を分析している。

生活保護費そのものが社会保障給付費に占める割合は三%であるが(二〇〇九年)、全額、国民の税を財源としていることからその「使われ方」をめぐっての国民の関心が高い。近年、生活保護費が急増していることから尚更そうである。こうした生活保護について、まずマクロ的に経済や社会保障システム全体の中に占める位置づけと役割をどう捉えるか、また、ミクロ的に個々の受給者が生活保護を受給することによって果たして労働意欲や労働供給がどのような影響を受けるのかは、経済学的分析になじむ問題である（第1章「生活保護への四つの批判——研究からの反論」阿部彩）。

一方で、生活保護は、憲法第二五条の国民の健康で文化的な最低限度の生活を保障する「要」となる制度であり、これまでそのあり方（保護基準額の適正さ、認定の是非、加算制度の廃止など）をめぐって多くの裁判がおこなわれてきた。今後の改革を展望するに際しても、生活保護が日本の社会保障制度の中で占める法的位置と構造を正確に理解しなければならない所以である（第2章「生活保護改革論議の課題——法学の視点から」嶋田佳広）。

次に、「貧困」とは社会がその問題を認識し、あってはならないというように考えて初めて見えてくるものである。社会がどのような「貧困観」「貧困者観」をもっているかは、生活保護の捉え方にも大きな影響を与えるであろう。また、生活保護は現金給付をおこなうだけの制度ではなく、「自立助長」のための福祉サービスを提供する制度でもある。後述するように、「利用しやすく自立しやすい生活保護制度へ」を謳った二〇〇四年一二月の「生活保護の在り方に関する専門委員会」の答申以降、多くの自治体で就労・自立支援サービスを拡充する取り組みがおこなわれてきている。しかも、こうした福祉サービスの質と成果、評価方法が現在鋭く問われつつある状況にある。こうした問題に切り込むために社会学、社会福祉学からのアプローチが欠かせない（第3章「公的扶助への社会学的接近——生活保護と家族モデル」菊地英明、第4章「生活保護における社会福祉実践は、如何に可視化・評価されるのか」森川美絵）。

さらに、これからの行く末を正確に判断するために生活保護の来し方、つまり、歴史に目配りする必要がある（第5章「生活保護の歴史を概観する——受給動向と雑誌記事から」岩永理恵）。なお、第6章「『自立支援』による生活保護の変容とその課題」（桜井啓太）は、厳密にいえば特定学問分野からの分析ではないが、現在進行中の改革の一つのキーワードである「自立支援」に焦点を当てており、続く第Ⅱ部の各章への橋渡しの役割を果たすことが期待されている。

（2）第Ⅱ部「生活保護の受給者と行政の取り組みから考える」のねらい

第Ⅰ部が基本的にそれぞれの学問分野からのアプローチであるのに対して、第Ⅱ部の一つの柱は、受給者の区別を見据えた考察をおこなっていることである。生活保護制度の今後のあり方を考える際に、その当事者ともいうべき「受給者」についての正確な知識なしでは道を誤ることになりかねない。

そこで、生活保護の受給世帯の中でこれまでから大きな比重を占めている母子世帯とホームレスを代表とする住宅困窮者、障害者世帯を取り上げる。それぞれの受給世帯をとりまく環境、および、生活保護が実際にそれらの人々の生活で果たしている役割や課題などが論じられる（第7章「生活保護世帯の家計・生活構造——母子世帯を中心に」室住眞麻子、第8章「住宅困窮問題と生活保護および住宅政策」小田川華子、第9章「障害者の生活と生活保護制度」山村りつ）。その場合、それぞれに関連する児童扶養手当や無料低額宿泊所、（障害）年金などを視野に入れつつ検討される。なお、近年急増している「その他の世帯」については、後掲の第14章（「生活保護と就職困難者——埼玉県『生活保護受給者チャレンジ支援事業』のデータ分析」四方理人）が検討している。

上の多くは生活保護の中の「現金給付」（とりわけ生活扶助と住宅扶助）を対象としている。それに加えて本書では、これまで生活保護をめぐる議論の中であまり取り上げられることの少なかった「現物（サービス）給付」も検討している。具体的には、全国で一八八ヵ所存在しおよそ一万七三七五名の人が「暮らしている」（二〇一〇年）救護施設や、生活保護給付費の中でも四八・三％を占め（二〇〇九年）、金額では生活扶助（三三・八％）を上回る医療扶助とそれに関連する医療ソーシャルワークである（第10章「『食わせて寝かせる』から四〇年――救護施設と『最低基準』」松木宏史、第11章「医療ソーシャルワーカーが取り組む経済的相談――医療扶助を中心に」野村裕美）。

第Ⅱ部のもう一つの柱は、地域での先進的取り組みに注目し、行政の第一線で日々奮闘する生活保護担当者（ケースワーカー）執筆の論稿を配置したことである。それらは近年生活保護に加えてパーソナル・サポート・モデル事業、若者自立支援事業などの政府のさまざまな助成により実践されている「就労支援」、「自立支援」の試み――これらの帰趨は今後の生活保護の「再生の鍵」を握っているといっても過言ではない――を、自らの実践を振り返りながら考察している（第12章「『自立支援』は生活保護をどのように変革（転換）したか――希望をもって生きる釧路チャレンジを通じて」櫛部武俊）。第13章（「何を考えてケースワークをしているのか――反省も込めて」石橋和彦）は、「就労支援」や「自立支援」を直接扱うものではないが、一人のケースワーカーの「仕事の日常」を伝えている。地域での先進的な取り組み例としては上で挙げた釧路（第12章）以外に、埼玉県での取り組み事例をも検討している（第14章「生活保護と就職困難者――埼玉県『生活保護受給者チャレンジ支援事業』のデータ分析」四方理人）。本総論の「4『生活支援戦略』中間まとめをめぐって」でも言及するが、現在予定されている生活保護法の改革にあたってはこうした先進事例における取組みをどのように法制度として定着させていくかが問われている。

（3）第Ⅲ部「諸外国の経験を視野に入れる」のねらい

第Ⅲ部は一転して海外の生活保護をめぐる動向（改革の実際や課題）に焦点をあてている。その趣旨は、現在日本の生活保護は遅かれ早かれ抜本的な再編を必要とすると考えられるが、その再編のヒントを海外での試行錯誤の試みの中から得ようとしたことである（第15章「イギリスの公的扶助制度の展開と課題」所道彦、第16章「フランスの公的扶助――ワークフェア・積極的連帯手当（ＲＳＡ）」都留民子、第17章「ドイツにおける最低生活保障制度――社会扶助と求職者基礎保障を中心に」森周子、第18章「スウェーデンの社会扶助受給者像と今日的課題」岩名（宮寺）由佳、第19章「フィンランドの公的扶助制度と課題」石川素子）。

たとえば、ヨーロッパでは二つの方向を異にする生活保護改革がみられる。一つは、生活保護受給者の中の、稼働能力がないと考えられる高齢者、障害者については生活保護から切り離し、別途、（老齢、障害）年金制度などに委ねる方向であり、もう一つは、逆に、失業者や母子家庭の母親など一般的に稼働能力があると考えられるものを生活保護制度から外し、これまで以上に就労による自立を要請していくという方向である。これらは一見逆方向のようにもみえるが、稼働能力の有無によって社会保障の異なる制度をあてがうという意味では共通している点がある。こうした点の考察が日本の生活保護改革論議に一石を投ずることが期待される。

次に、生活保護の体系としては日本と韓国の間に大きな類似点があることに鑑み、韓国の生活保護をめぐる論稿を掲載した（第20章「韓国の国民基礎生活保障制度――現状と問題、そしてその特徴」金成垣）。

日韓両国の生活保護制度は世界の中でも扶助の種類が多く、したがってその意味で「体系的」「網羅的」なものといえるが、「社会保険」の体系から漏れ落ちる「死角」地帯が存在し、しかも多くのワーキングプアに対しては基本的に生活保護が適用されていない。住宅手当や児童手当、一人親手当などのいわゆる社会手当が未発達なことも共通している（埋橋 二〇一一：第7章）。それは、ヨーロッパに比較して社会保障制度の発達が遅れたという意味での「後発福祉国家」特有の、あるいは家族扶養を優先する東アジア特有の特徴がそこに刻印されているからかもしれない。いずれにしても、ヨーロッパの経験だけでなく、現在日本と同じような問題に直面している近隣の韓国の経験からも、今後の日本の生活保護のあり方を考えるヒントが得られるのではないか、これが第20章を設けた趣旨に他ならない。

なお、第Ⅲ部では、「生活保護」よりも「公的扶助（Public Assistance）」という用語が用いられている。現在日本の代表的公的扶助制度は生活保護であるが、過去には、恤救規則（一八七四年制定）、救護法（一九二九年公布、一九三二年施行）という名の制度が存在した。もちろん内容的には今日の生活保護とは大きく異なるものであったが、それでも貧困という事実に対して給付がおこなわれ、財源は全額公的な予算によって賄われていることから、やはり「公的扶助」の範疇に含まれる。

やや複雑なのは、公的扶助の範囲にも「狭義の公的扶助」と「広義の公的扶助」があることであり、後者には生活保護を中心としつつもいわゆる社会手当（日本で存在するのは所得制限のある児童手当、児童扶養手当、特別児童扶養手当）やその他の低所得階層対策が含まれることである。これらのことを踏まえて以下を確認しておきたい。

(1) 第Ⅰ部、第Ⅱ部の日本を対象とした章では本書全体のタイトルにそって「生活保護」を主たる分析の対象としている。ただし、すでにふれたように、社会手当やその他の低所得階層対策をも含めて検討している章もある（第7章、第9章）。明治期にまでさかのぼって考察している第3章では、公的扶助と生活保護という両方の用語が区別しつつ用いられている。

(2) 海外の事例を扱う第Ⅲ部では、より一般的な呼称である「公的扶助」を用いる。ただし、国際的には近年「社会扶助（Social Assistance）」も多用されており、特に、ドイツ、スウェーデンでは国内的に「社会扶助」の用語が用いられるので、両国を取り扱う第17章、第18章ではそれにしたがっている。

2 生活保護の仕組みと趨勢

本書の部構成は以上のとおりであるが、各章はそれぞれのタイトルに示される問題の解明を第一の課題としている。そのこともあって、計八つの扶助から成る生活保護の仕組みや受給資格、いわゆる「保護基準」、あるいは扶助別に見てどの程度の世帯、人員が実際に受給しているのか、どのような世帯が受給しているのか、またそれらが戦後どのように変化してきたか、これらの問題について読者がある程度の知識をもっていることを前提にしている。そこで、以下では、続く各章の内容を十分理解できるようにするために、また、生活保護のあらましを読者が理解しやすくするために、生活保護の仕組みと趨勢を、国立社会保障・人口問題研究所が公表している生活保護に関するデータベース[1]などを活用しながら簡単に説明しておきたい。

(1) 生活保護の「原理」「原則」と保護基準

生活保護法は全一一章と附則から成るが、第一章総則では四つの原理が挙げられている。

四つの原理とは国家責任、無差別平等、最低生活保障、補足性の原理のことであるが、それに関する条文を挙げておけば次のとおりである。

第一条　この法律は、日本国憲法第二十五条に規定する理念に基き、国が生活に困窮するすべての国民に対し、その困窮の程度に応じ、必要な保護を行い、その最低限度の生活を保障するとともに、その自立を助長することを目的とする。

（無差別平等）

第二条　すべて国民は、この法律の定める要件を満たす限り、この法律による保護（以下「保護」という。）を、無差別平等に受けることができる。

（最低生活）

第三条　この法律により保障される最低限度の生活は、健康で文化的な生活水準を維持することができるものでなければならない。

（保護の補足性）

第四条　保護は、生活に困窮する者が、その利用し得る資産、能力その他あらゆるものを、その最低限度の生活の維持のために活用することを要件として行われる。

2　民法（明治二十九年法律第八十九号）に定める扶養義務者の扶養及び他の法律に定める扶助は、すべてこの法律による保護に優先して行われるものとする。

3　前二項の規定は、急迫した事由がある場合に、必要な保護を行うことを妨げるものではない。

生活保護法第二章の第七条～第十条には保護の「原則」が四つ挙げられている。「申請保護の原則」「基準及び程度の原則」「必要即応の原則」「世帯単位の原則」であるが、これらは生活保護制度の「運用上の原則」と捉えられている。

生活保護制度全体を理解するためには、生活保護基準の算定方式や、実施機関や保護の決定の仕組み、費用と負担（保護費を含む生活保護に要する費用は原則として国が四分の三、地方自治体が四分の一を負担）、不服申し立てを含む受給者の権利と義務などを踏まえる必要があるが、それらについては紙幅の関係上、ふれることができない。関係する入門書などの参照をお願いしたい。[2]　以下では、生活保護（その中の生活扶助）基準額表（表1）と代表的な世帯のタイプを想定した時の実際

表1　生活扶助基準の基準額表（2012年度）
（1級地―1：居宅：月額）

第　1　類

（単位：円）

年齢区分	基準額
0 ～ 2歳	20,900
3 ～ 5	26,350
6 ～ 11	34,070
12 ～ 19	42,080
20 ～ 40	40,270
41 ～ 59	38,180
60 ～ 69	36,100
70歳以上	32,340

注：世帯構成員の数が４人の世帯の場合は，第１類費の個人別の額を合算した額に0.95を乗じた額をその世帯の第１類費とし，５人以上の世帯の場合は，同じく合算した額に0.90を乗じた額をその世帯の第１類費とする。

第　2　類

（単位：円）

基準額と加算額		世帯人員別 1人	2人	3人	4人	5人以上1人を増すごとに加算する額
基準額		43,430	48,070	53,290	55,160	440
地区別冬季加算額（11月から3月まで）	Ⅰ区	24,350	31,530	37,630	42,670	1,640
	Ⅱ区	17,410	22,550	26,910	30,520	1,170
	Ⅲ区	11,560	14,970	17,860	20,250	780
	Ⅳ区	8,820	11,420	13,630	15,460	590
	Ⅴ区	6,150	7,970	9,510	10,780	410
	Ⅵ区	3,090	4,000	4,770	5,410	200

注：Ⅰ区は北海道，青森県，秋田県，Ⅱ区は岩手県，山形県，新潟県，Ⅲ区は宮城県，福島県，富山県，長野県，Ⅳ区は石川県，福井県，Ⅴ区は栃木県，群馬県，山梨県，岐阜県，鳥取県，島根県，Ⅵ区はその他の都府県である。
資料：「生活保護法による保護の基準」（昭和38年厚生省告示第158号）。
出所：厚生統計協会『国民の福祉と介護の動向』（2012/2013）184。

表２　世帯類型別の最低生活保障水準の具体的事例（2012年度）

（単位：円）

	1級地－1	1級地－2	2級地－1	2級地－2	3級地－1	3級地－2
1．標準3人世帯【33歳，29歳，4歳】						
生活扶助	172,170	164,870	157,580	150,270	142,980	135,680
うち児童養育加算	10,000	10,000	10,000	10,000	10,000	10,000
住宅扶助 1)	69,800	59,000	53,000	46,000	40,100	34,100
合　計	241,970	223,870	210,580	196,270	183,080	169,780
就労収入が手元に残る額（勤労控除）2)	23,220	23,220	23,220	23,220	23,220	23,220
医療扶助，出産扶助等	上記額に加えて，医療，出産等の実費相当が必要に応じ給付される。					
2．高齢者単独世帯【68歳】						
生活扶助	80,820	77,190	73,540	69,910	66,260	62,640
住宅扶助 1)	53,700	45,000	41,000	35,400	31,000	26,200
合　計	134,520	122,190	114,540	105,310	97,260	88,840
医療扶助，介護扶助等	上記額に加えて，医療，介護等の実費相当が必要に応じ給付される。					
3．母子世帯【30歳，4歳，2歳】						
生活扶助	192,900	186,470	178,310	171,880	163,730	157,300
うち母子加算	25,100	25,100	23,360	23,360	21,630	21,630
うち児童養育加算	25,000	25,000	25,000	25,000	25,000	25,000
住宅扶助	69,800	59,000	53,000	46,000	40,100	34,100
合　計	262,700	245,470	231,310	217,880	203,830	191,400
就労収入が手元に残る額（勤労控除）2)						
医療扶助等	上記額に加えて，医療等の実費相当が必要に応じ給付される。					

注：1）住宅扶助の額は，1級地－1：東京都区部，1級地－2：千葉市，2級地－1：高松市，2級地－2：日立市，3級地－1：輪島市，3級地－2：八代市とした場合の上限額の例である。
　　2）就労収入が10万円の場合の例。
資料：厚生労働省。
出所：表1と同じ。

の最低生活保障水準の資料（表2）を掲げておくにとどめる。

生活保護を受けられるのは、基本的に、世帯収入が保護基準にもとづいて世帯単位で算定した最低生活費を下回る場合であり、その差額が支給されることになる。保護基準は、年齢別に世帯人員ごとに算定される第1類と世帯人員別に世帯ごとに算定される第2類からなり、この二つを合わせた額が実際の保護基準となる。その額は、所在地によって変わってくる（1級地1、2、2級地1、2、3級地1、2の6段階）。

（2）八種類の扶助と受給者・保護費の趨勢

表3は、八つの扶助別にみた被保護世帯数と被保護人員数、保護費を示している。同表からいくつかの特徴がみてとれる。

全体の被保護世帯数・人員数は一九九五年に底を打った後に増勢に転じ、二〇一〇年の人員数はほぼ一九五五年時点と同じ二〇〇万人弱となっている。同じことはそれぞれの扶助別にみてもほぼ当てはまる。世帯数、人員別にみて多く、一〇〇万世帯、一五〇万人を超えているのは、生活扶助、住宅扶助、医療扶助である。医療扶助の伸びがもっとも大きく、人員数は一九五五年のおよそ三九万人から二〇一〇年にはほぼ四倍の一五五万人に

表３　扶助別被保護世帯および実人員の年次推移

（保護費の単位：百万円）

年		被保護数	生活扶助	住宅扶助	教育扶助	介護扶助	医療扶助	出産扶助	生業扶助	葬祭扶助
1955	世帯									
	人員	(1,929,408)	(1,704,421)	(845,175)	(584,765)	·	(386,054)	(842)	(9,104)	(2,642)
	保護費									
1960	世帯									
	人員	(1,627,509)	(1,425,353)	(656,009)	(496,152)	·	(460,243)	(478)	(6,296)	(2,601)
	保護費	61,212	19,539	1,315	2,125	·	36,365	19	83	124
1965	世帯									
	人員	(1,598,821)	(1,437,614)	(727,748)	(433,249)	·	(616,286)	(428)	(7,949)	(2,327)
	保護費	136,046	50,553	5,602	4,040	·	73,974	25	623	165
1970	世帯	658,277	485,955	265,907	150,946	·	513,404	266	4,404	1,990
	人員	(1,344,306)	(1,143,103)	(643,421)	(263,495)	·	(701,783)	(269)	(4,513)	(2,004)
	保護費	273,565	88,377	10,506	4,355	·	167,283	40	502	257
1975	世帯	707,514	541,637	322,675	132,848	·	573,513	207	2,901	1,774
	人員	(1,349,230)	(1,159,900)	(704,626)	(228,686)	·	(785,084)	(207)	(2,960)	(1,780)
	保護費	685,141	232,489	24,609	8,939	·	409,174	115	320	767
1980	世帯	746,997	593,362	406,150	150,953	·	615,147	236	2,615	1,663
	人員	(1,426,984)	(1,251,347)	(866,857)	(260,781)	·	(856,245)	(236)	(2,678)	(1,665)
	保護費	1,171,002	401,966	60,138	14,821	·	675,833	292	523	1,707
1985	世帯	780,507	638,948	482,873	149,914	·	652,262	191	2,402	1,352
	人員	(1,431,117)	(1,268,766)	(967,691)	(252,437)	·	(909,581)	(191)	(2,524)	(1,353)
	保護費	1,523,281	537,588	99,267	16,752	·	846,442	308	497	1,857
1990	世帯	623,755	514,995	420,013	83,565	·	534,031	73	1,680	1,107
	人員	(1,014,842)	(889,607)	(730,134)	(135,793)	·	(711,268)	(73)	(1,899)	(1,108)
	保護費	1,318,052	440,000	102,587	9,962	·	737,904	143	426	1,757
1995	世帯	601,925	493,992	413,032	55,091	·	533,189	62	970	1,211
	人員	(882,229)	(760,162)	(639,129)	(88,176)	·	(679,826)	(62)	(1,141)	(1,211)
	保護費	1,515,669	465,621	127,512	7,152	·	881,899	129	268	2,313
2000	世帯	751,303	635,634	554,313	61,494	64,551	672,676	95	662	1,508
	人員	(1,072,241)	(943,025)	(824,129)	(96,944)	(66,832)	(864,231)	(95)	(713)	(1,508)
	保護費	1,973,420	641,004	200,685	8,349	14,333	1,071,099	219	172	3,423
2005	世帯	1,041,508	908,232	820,009	86,250	157,231	927,945	112	25,702	2,164
	人員	(1,475,838)	(1,320,413)	(1,194,020)	(135,734)	(164,093)	(1,207,814)	(112)	(29,253)	(2,165)
	保護費	2,628,948	849,360	327,186	11,792	47,040	1,347,045	222	6,219	5,328
2010	世帯	1,410,049	1,254,992	1,166,183	103,346	220,616	1,210,389	186	45,332	2,997
	人員	(1,952,063)	(1,767,315)	(1,634,773)	(155,450)	(228,235)	(1,553,662)	(186)	(52,855)	(2,999)
	保護費									

注：1）　1ヵ月平均である。

2）「その他の扶助」としていた「出産扶助」「生業扶助」「葬祭扶助」を，別掲とした。

3）「生業扶助」に，2005年４月より高等学校修学費の区分が追加された。

資料：厚生労働省大臣官房統計情報部「社会福祉行政業務報告」（福祉行政報告例）。

出所：国立社会保障・人口問題研究所「生活保護」に関する公的統計データ一覧の資料２，17，22から筆者作成。

達している。

保護費総額は二〇〇九年度には三兆円を超える金額となっているが、その内訳をみれば医療扶助費が一九五七年以来一貫してもっとも多く（二〇〇九年で一兆四五一五万円）、次いで、生活扶助費（同一兆一六三三万円）、住宅扶助費（同四四二七億円）となっている。保護費総額に占める住宅扶助費の割合が一九五七年の二・一％から二〇〇九年の一四・七％へと増加していることも注目される。なお、参考までに一世帯当たり平均しての扶助別保護費（年額、二〇〇九年）を挙げれば以下のとおりである。

生活扶助	九〇万一七〇〇円
住宅扶助	四二万五八〇〇円
教育扶助	一七万九八〇〇円
介護扶助	三〇万一〇〇〇円
医療扶助	一三三万一〇〇〇円
出産扶助	二六四万三〇〇〇円
生業扶助	二九万七七〇〇円
葬祭扶助	二四八万九六〇〇円

（3）保護を受けているのはどのような世帯か

図1は世帯類型別にみた生活保護を受けている世帯の構成比を示している。類型の仕方が時代とともに変化していることに注意が必要である。たとえば、図の中の一九五八年と一九六〇年では傷病・障害・その他の世帯が区別されることなく一括されている。また、二〇〇〇年からは、傷病者世帯と障害者世帯が区別されるようになった。

大きな特徴としては第一に、高齢者世帯の割合が増加傾向にあることで、一九六〇年から二〇一〇年の五〇年間にその割合が二〇％から四〇％へとほぼ倍になっている。第二に、母子世帯の割合は逆に漸減傾向にある（一九六〇年一三・三％、二〇一〇年七・七％）。第三に、その他の世帯（これには失業者世帯や低賃金収入者世帯が含まれる）は一九六五年には三四・〇％を占めていたが、一九九五年には六・九％まで低下した。しかし、それ以降増加に転じ、二〇一〇年には全体世帯数の一六・二％を占めるまでにいたっている。

図2は見方をかえて、それぞれの家族類型別の保護率を示したものである。全体の世帯保護率は一九五八年の二五・八‰（‰＝パーミルは一〇〇〇分率）以降一九八五年までほとんど変化せず、一九八五年以降は低下傾向にあった。しかし、一九九五年にもっとも低い水準（一四・七‰）に達した後に上昇に転じ、二〇一〇年には二八・九‰になっている。

先に生活保護受給世帯の中に占める高齢者世帯

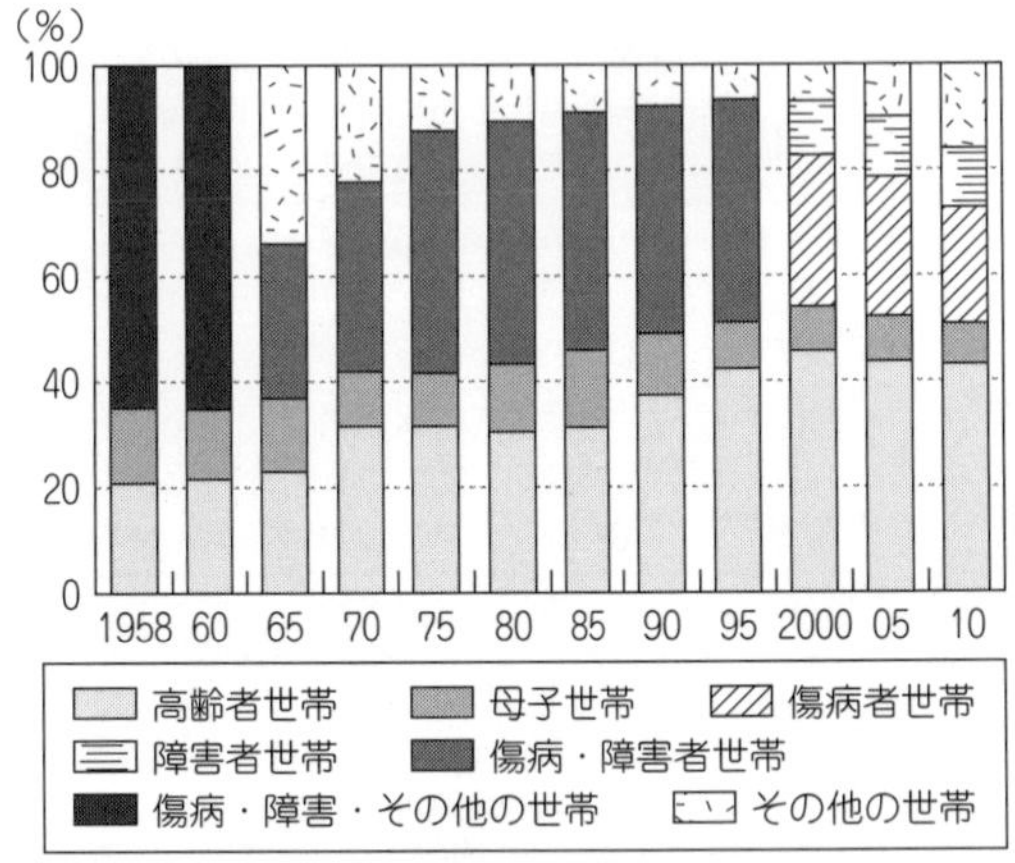

図1　世帯類型別被保護世帯構成比

注：1)　1ヵ月平均である。
2)　保護停止中の世帯を含まない。
3)　世帯保護率は，被保護世帯数の各世帯数を「国民生活基礎調査」の各世帯数（世帯千対）で除したものである。
4)　2007年度以降の世帯保護率は，国立社会保障・人口問題研究所にて算出。
5)　一部の年について，世帯類型別の数値とその総計とが総数と異なる場合がみられるが，これは毎月の数値の合計（4月～3月）を12で割って四捨五入するための誤差であるので，誤植ではない。

原資料：1970年度以前は，厚生省社会局「被保護者全国一斉調査結果報告書（個別調査）」。
1975年度以降は，厚生労働省大臣官房統計情報部「社会福祉行政業務報告」（福祉行政報告例）。

資料：2006年度以前は，生活保護の動向編集委員会編集『生活保護の動向』2008年版。

出所：国立社会保障・人口問題研究所「生活保護」に関する公的統計データ一覧の資料3から筆者作成。

の割合が増加傾向にあることをみたが、それは高齢者世帯そのものの数が増えていることによるものであり、高齢者世帯に限ればその中で生活保護を受給している世帯の割合は二〇〇〇年までかなり低下している。母子世帯については、高齢者世帯ほどの保護率の低下はみられず、しかも、二〇〇〇年以降の上昇が急勾配となっている。

図3は生活保護世帯の世帯主もしくは世帯員が働いているかどうか、また、世帯主が働いている場合、どのような形態の職かを示している。まず、一九六五年までは誰かが働いている世帯の割合が半数を超えていたが、その割合は徐々に低下し、二〇〇〇年には一一・九%まで低下している。言いかえれば、一九六五年までは働いていても最低基準所得さえ得られず、そのため生活保護を受けていた世帯が多かったということである。こうした現象が二〇〇〇年に至るまで減りつつあったということは経済の発展と勤労所得の上昇によって可能になったといえる。ただ、この傾向は二〇〇〇年に下げ止まり、以降、微増傾向にあること、とくに世帯主が常用雇用に就いていながらも生活保護を受けている世帯の微増傾向（二〇一〇年で全世帯に占める割合七・六%）が気になるところである。

世帯類型別の「世帯主が働いている世帯」の割合を示す統計が見当たらなかったが、その他の世帯、次いで母子世帯でもっとも高く、高齢者世帯と傷病者・障害者世帯で低いことが推察される。

以上、受給者、受給世帯の属性を簡単に検討してきた（年齢別構成については第1章2の(1)で、また、実際に保護を受けている人の数が保護を受ける資格がある人々の数に占める割合（捕捉率）については、第1章2の(3)でふれているのでそちらを参照のこと）。

最後に生活保護施設の種類と動向を簡単にみておく。日本の生活保護法では生活扶助は居宅でおこなわれることを原則としているが、居宅での生活が困難な場合、計五種類からなる「保護施設」で保護を受けることがある。表4によれば更生施設ほかの在所者数は著しく減少しているが、救護施設（身体上又は精神上著しい障害があるために日常生活が困難な要保護者を入所させて、生活扶助を行うことを目的とする施設）の在所者数が、むしろ微増傾向にあり、二〇一〇年には過去最高の一万七三七五人になっていることが注目される（こ

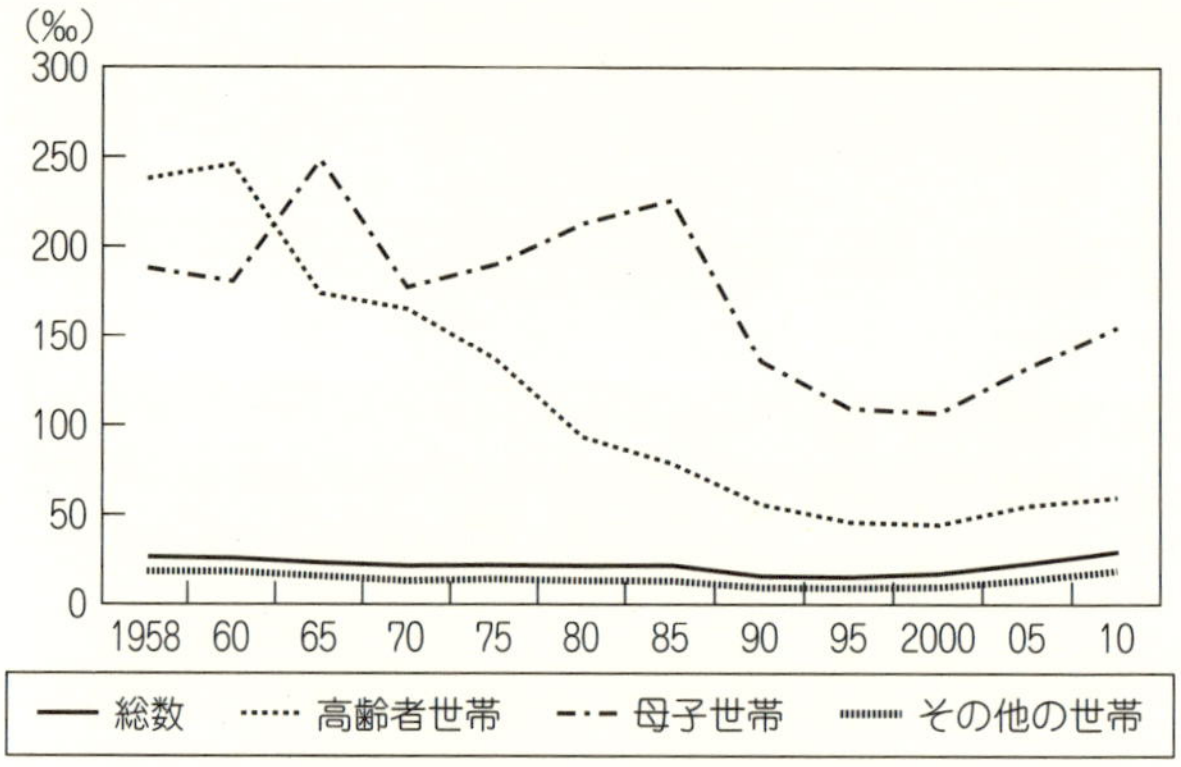

図2　世帯類型別被保護世帯保護率

注：1)　1ヵ月平均である。
2)　保護停止中の世帯を含まない。
3)　世帯保護率は，被保護世帯数の各世帯数を「国民生活基礎調査」の各世帯数（世帯千対）で除したものである。
4)　2007年度以降の世帯保護率は，国立社会保障・人口問題研究所にて算出。
5)　一部の年について，世帯類型別の数値とその総計とが総数と異なる場合がみられるが，これは毎月の数値の合計（4月～3月）を12で割って四捨五入するための誤差であるので，誤植ではない。

原資料：1970年度以前は，厚生省社会局「被保護者全国一斉調査結果報告書（個別調査）」。
1975年度以降は，厚生労働省大臣官房統計情報部「社会福祉行政業務報告」（福祉行政報告例）。
資料：2006年度以前は，生活保護の動向編集委員会編集『生活保護の動向』2008年版。
出所：国立社会保障・人口問題研究所「生活保護」に関する公的統計データ一覧の資料3から筆者作成。

の救護施設を「どのような人たちが利用しているか」をめぐっては、「二〇〇七年度全国救護施設実態調査報告書」を用いて詳細な分析をおこなっている本書第10章を参照のこと）。

3 社会保障制度の中の生活保護：位置づけと機能

前節の解説によって、生活保護のあらましと戦後の推移についての基礎的理解が可能になったと考えられる。ちなみに、生活保護ケースワーカーの必携書といわれる『生活保護手帳』の最新二〇一一年度版は八四五ページにおよぶ大部なものであり、とりわけ実際の保護の認定や生活保護費の計算には複雑な手続きと規定が存在している。それらについてはここでふれることができないが、見逃せない重要なことは、生活保護制度が実

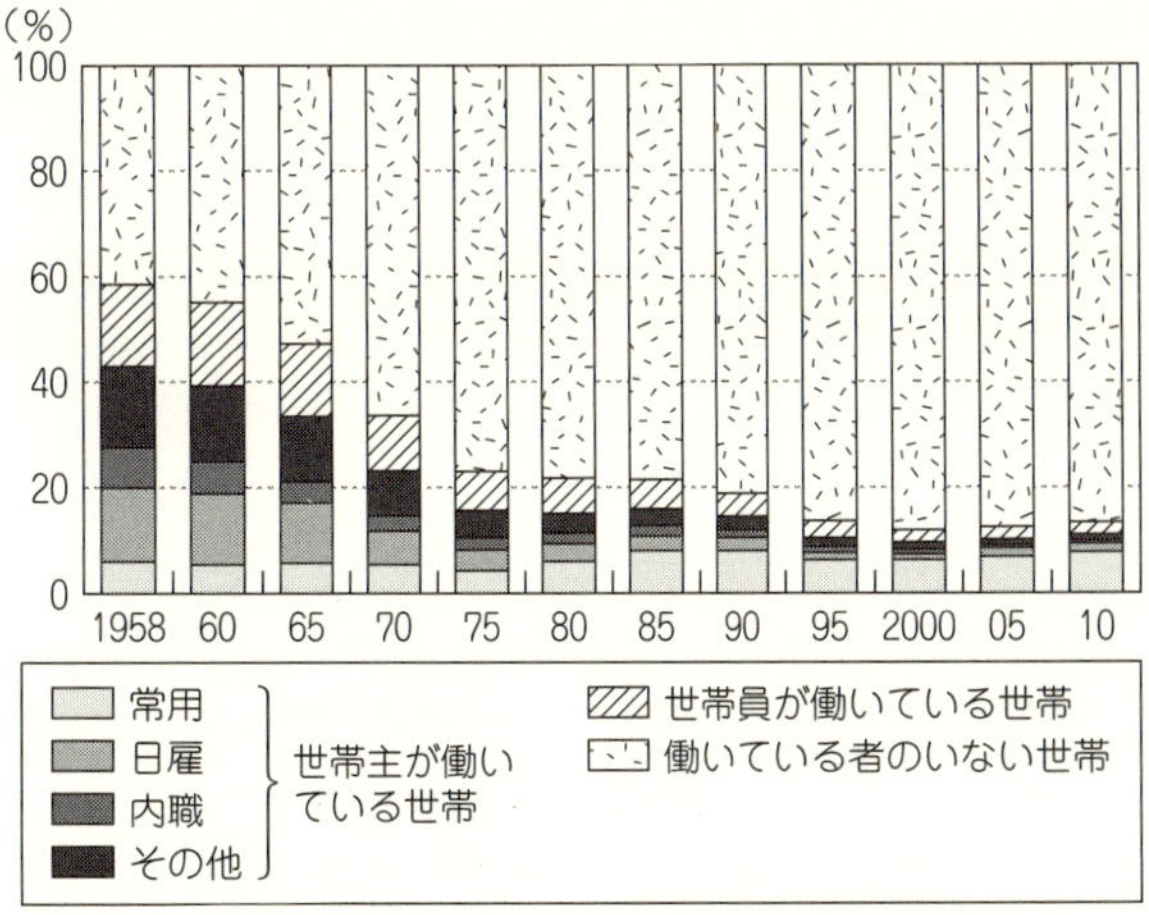

図3　世帯業態別被保護世帯数の年次推移（停止中世帯を除く）

注：1)　1ヵ月平均である。
2)　保護停止中の世帯を含まない。
資料：厚生労働省大臣官房統計情報部「社会福祉行政業務報告」（福祉行政報告例）。
出所：国立社会保障・人口問題研究所「生活保護」に関する公的統計データ一覧の資料4から筆者作成。

表4　保護施設の施設数および在所者数

	総数		救護施設		更生施設		医療保護施設	授産施設		宿所提供施設		養老施設	
	施設数	在所者数	施設数	在所者数	施設数	在所者数	施設数	施設数	在所者数	施設数	在所者数	施設数	在所者数
		人		人		人			人		人		人
1956	756	46,505	51	2,752	90	12,344	116	339	13,181	160	18,228	…	…
1960	1,208	75,537	81	5,691	54	4,740	103	245	7,416	118	18,250	607	39,440
1965	504	26,598	108	8,337	40	3,023	88	184	5,776	84	9,462	·	·
1970	400	26,598	131	8,337	22	3,023	78	118	5,776	51	9,462	·	·
1975	349	20,001	145	13,185	16	1,555	72	81	3,307	35	1,954	·	·
1980	347	20,729	160	14,564	16	1,521	68	76	3,158	27	1,486	·	·
1985	353	21,669	169	15,788	18	1,687	69	76	3,118	21	1,076	·	·
1990	351	21,519	173	16,293	18	1,576	68	76	2,804	16	846	·	·
1995	340	21,217	174	16,564	18	1,698	65	68	2,377	15	578	·	·
2000	296	19,891	178	16,851	19	1,890	64	24	699	11	451	·	·
2005	298	19,935	183	16,969	20	1,820	62	21	631	12	515	·	·
2010	297	19,745	188	17,375	19	1,457	60	20	482	10	431	·	·

注：1)　1971年以前は，各年12月31日現在。1972年以降は，各年10月1日現在。
2)　医療保護施設の1956～1959年は，「医療施設調査」による。
3)　養老施設は，1963年8月の老人福祉法の施行により，養護老人ホームとなり老人福祉施設の対象となった。
4)　2009年より調査方法を変更しており，回収できた施設のうち，活動中の施設について集計している。
資料：厚生労働省大臣官房統計情報部「社会福祉施設等調査報告」。
出所：国立社会保障・人口問題研究所「生活保護」に関する公的統計データ一覧の資料28から筆者作成。

際にどのような役割を果たしているかは、社会保障制度全体に占める生活保護制度の比重や機能によって枠づけられてくることである。以下では、この問題をめぐって日本の生活保護制度がどのような特徴をもつかを、いくつかの図表を用いつつ説明しておきたい。なお、以下で海外の事例との国際比較を扱っているところでは、日本の生活保護も公的扶助という言葉で示している。

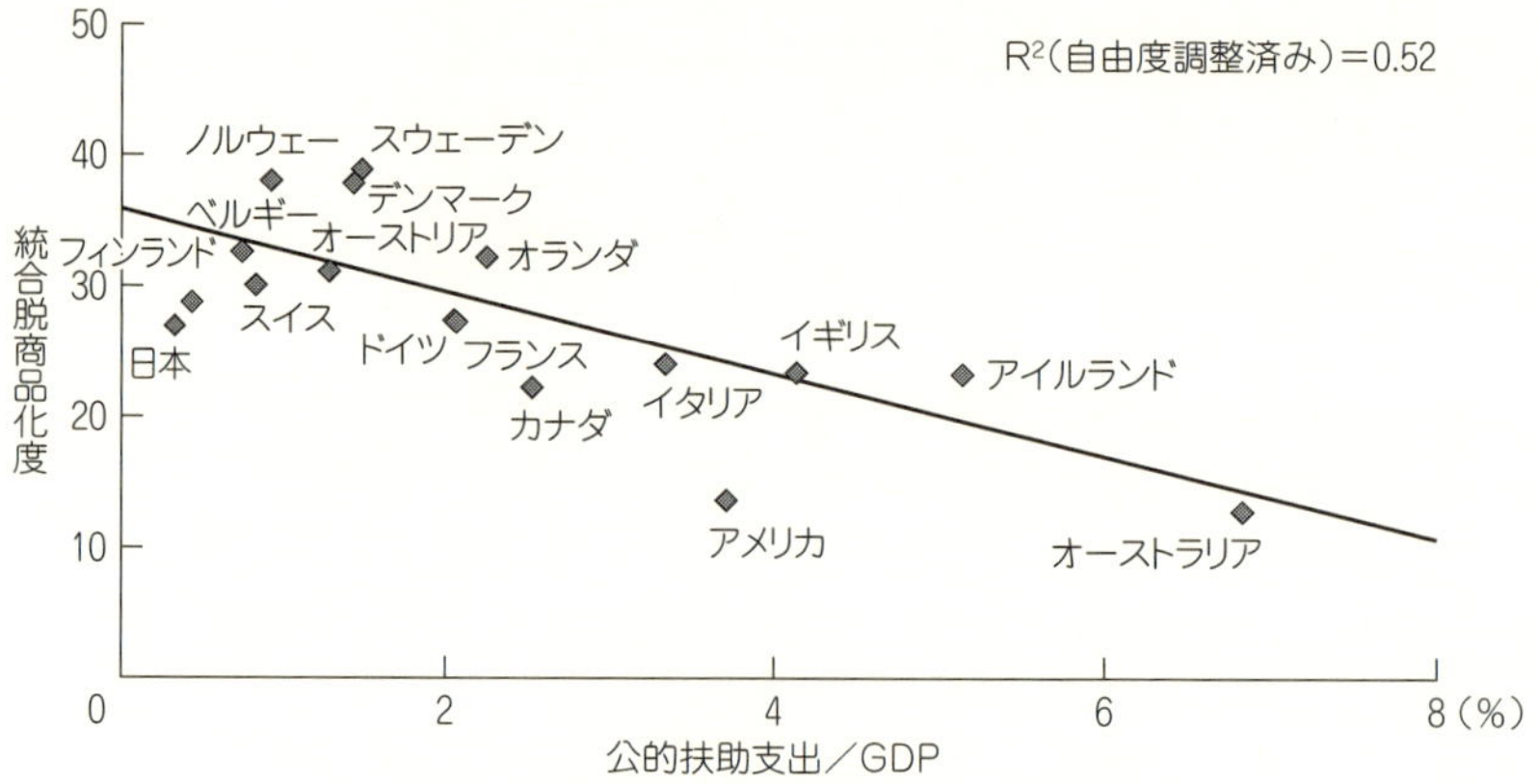

図4　各国の公的扶助支出の割合と脱商品化度

出所：筆者作成。統合脱商品化度は Esping-Andersen ［邦訳2001］ 57，公的扶助支出／GDP は Eardley et al., ［1996］ 35による。

(1) 公的扶助と社会保険制度

図4は、やや古いデータに拠っているが、国内総生産に占める公的扶助支出の割合（横軸）とエスピン-アンデルセンの統合脱商品化度（縦軸）の関係を示している。同図から脱商品化度の高い国ほど公的扶助の国民経済に占める比重が小さいという傾向が読み取れる。ちなみに脱商品化度とは年金、医療、失業の各社会保険制度の広義の「寛大さ」を示す一つの指標である（広義の、という意味は各保険給付制度の「最低・平均置換率」も組み込まれているからである）。したがって、貧困を未然に（事前に）予防するという役割を期待されている社会保険制度が「寛大」であれば、結果的に貧困者を事後的に救済する公的扶助制度の比重が小さくなるのは当然といえる。

なお、日本、スイス、オーストリアは、脱商品化度に比べて公的扶助支出の割合が相対的に低いが（回帰直線の下方にある）、これらの国は公的扶助受給に先立って「親族による扶養の義務」を明確に規定している、ＯＥＣＤの中でも数少ない国であり、そのことが影響していると考えられる。一方、北欧諸国は逆に脱商品化度に比べて相対的に公的扶助支出が高いが（回帰直線の上方にある）、この北欧諸国では上の三ヵ国と対照的に、親族による扶養を想定しない「給付資格の個人化」が進展している。つまり、扶養義務者の扶養を優先するという「保護の補足性」の適用が緩やかであり、その分だけ、保護率を高めていると考えられる（埋橋 二〇一一：第5章2）。

いずれにしても、日本の公的扶助支出の割合は国際比較的にみて低いことが確認できる。

(2) 最低賃金、老齢最低所得保障（年金）と公的扶助

〈公的扶助〉〈公的扶助等を含む純所得〉〈老齢最低所得保障（年金）〉〈最低賃金〉の水準を比較した図5から以下のことが読み取れる。

ＯＥＣＤ平均でみると、最低賃金がもっとも高く、次いで老齢最低所得保障（年金）、公的扶助等を含む純所得となっているが、日本では最低賃金と公的扶助の水準がもっとも近接し、また、老齢最低所得保障が公的扶助より低いという少数派（日本、フィンランド、アイスランド）に属している（山田 二〇一〇）。なお、日本の公的扶助「単体」の水準はかなり高いが、国によっては公的扶助受給者に対して併給される住宅給付や家族給付制度を考慮に入れると、「公的扶助等を含む純所

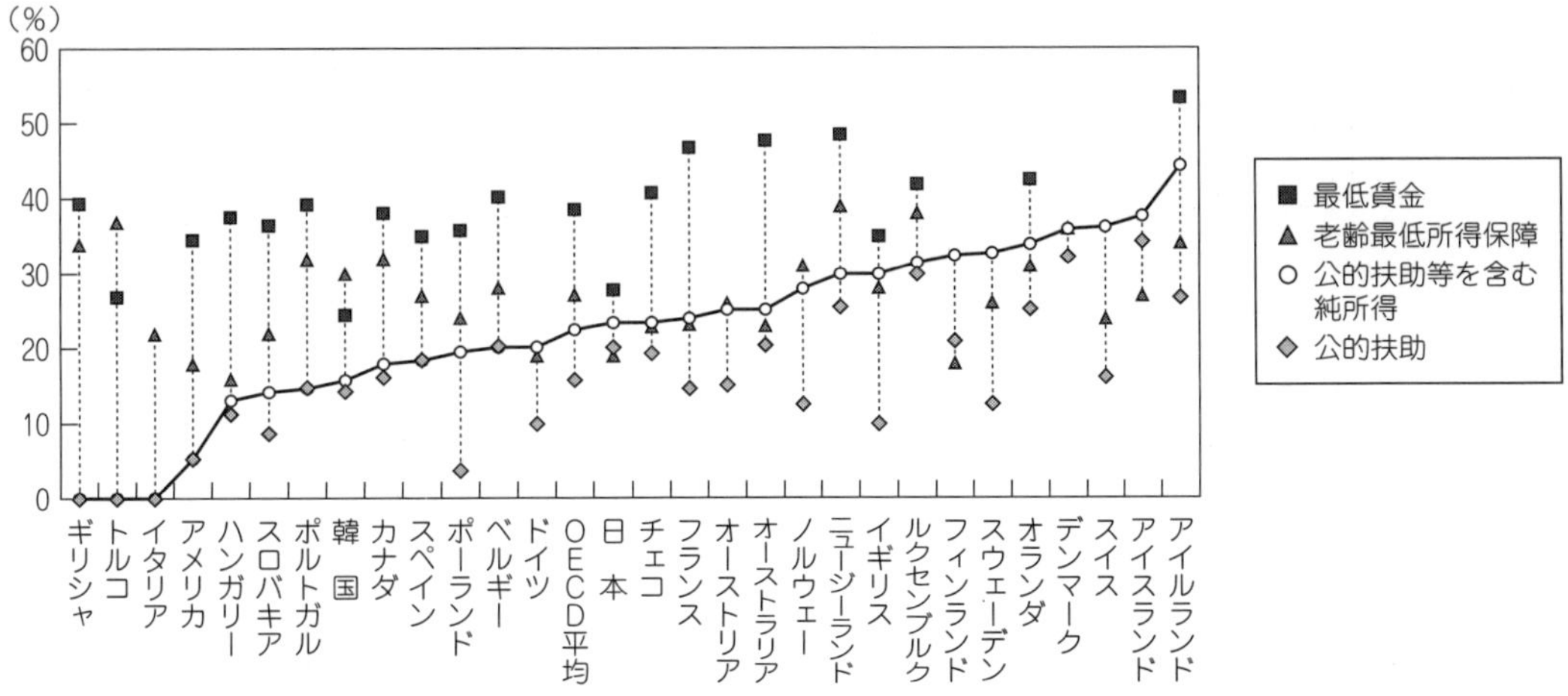

図5　単身世帯に対する最低所得保障水準の比較（2005年前後）

出所：山田（2010：35）。

得」はOECD平均で中位に留まる。「公的扶助等を含む純所得」が高いスイス、スウェーデン、フィンランド、イギリス、ノルウェーなどでは「公的扶助等を含む純所得」と「公的扶助」との間隔が広い（◆を折れ線でつなぐとよくわかる）。一方、日本ではその間隔が狭いのである。

つまり、日本では最低賃金と公的扶助の水準がOECD諸国の中でもっとも近接し、日本の公的扶助「単体」の水準はかなり高いが、国によっては併給される住宅給付や家族給付制度を考慮に入れると、「公的扶助等を含む純所得」はOECD平均で中位にとどまる。「公的扶助等を含む純所得」と「公的扶助」の差額が小さい。こうしたことは、基本的には、税で賄われるが公的扶助のような厳しい所得・資産調査を必要としないいわゆる「社会手当」が日本では未整備で、しかも、その給付水準が低いことから生じる。これは、ワーキングプアに対する所得の下支え機能が弱いことを意味する。なぜならば、ワーキングプアは、定義上、公的扶助を受給せず、社会手当——具体的には、失業扶助、住宅手当、家族（児童）手当である——のみを受給するからである。また、ワーキングプアに対して同じような所得の下支え機能を果たすことのできる給付つき税額控除制が日本では導入されていない。

とくに注目されるのは、次に示されているように、日本がフィンランド、韓国、スロバキアと並んで、公的扶助の一つとして、生活扶助以外に住宅、医療、教育、就業支援の経費を補償するカテゴリー別の個別給付が支給されることである（埋橋 二〇一一：第7章2）。

〈生活扶助以外の個別給付〉

フィンランド：医療、家賃、就業のための経費
韓国：医療、教育、出産、葬祭、住宅、自立支援
スロバキア：医療、住宅、就業支援など
日本：医療、介護、生業、教育、出産、葬祭、住宅

家賃については多くの国で公的扶助がカバーしているが、日本は介護サービス支出も公的扶助でカバーされていることを考えると、そうしたカテゴリー別の個別給付が整い、制度的にはもっとも「包括的」・「体系的」なものになっていることが窺える。これらのカテゴリー別個別給付を生活扶助の水準に加味すると、OECDでもトップクラスの水準になることが予想される（この点については埋橋（一九九九）を参照のこと）。ただしこれは公的扶助「単体」の水準の比較であることに注意が必要である。

要約すれば、日本の公的扶助制度は、最低賃金や老齢最低所得保障（年金）に比べて相対的に高

い給付額を提供し、また、生活扶助以外に多くの個別給付を備えた包括的、体系的な制度となっている。ただし、公的扶助以外の（公的扶助受給者も受給できる）社会手当が未整備で、しかもこの社会手当の給付水準は低い。

（3）「貧困の罠」は存在するか

図6は、六つのタイプの生活保護世帯別に、粗勤労所得が増加するにつれて、実際に手にする可処分所得がどのように変化するかのシミュレーション結果を示している（働き手は一人と仮定、子ども一人の場合は八歳、子ども二人の場合は五歳と八歳を仮定）。

ちなみに、生活保護給付額は最低生活費から収入認定額を差し引いて算出される。図6の最低生活費の算定には1級地1の生活扶助、住宅扶助、教育扶助の基準額および加算額を用いている。収入認定額は、勤労粗収入から基礎控除、特別控除、実費控除（税＋社会保険料）を控除し、児童手当と児童扶養手当を加算して算出される。

以下の関係式が成り立つ。

可処分所得＝勤労粗収入－税－社会保険料＋児童手当・児童扶養手当＋生活保護給付額

生活保護給付＝最低生活費－収入認定額

収入認定額＝勤労収入＋児童扶養手当＋児童手当－勤労控除

図6から、以下のような興味深いことがわかる。

第一に、生活保護を受けている間（図6では屈折点を迎えるまでの間）は、子どものいることによる生計費の増大をカバーするように生活保護給付は設計されている。つまり、屈折点までは同じ粗勤労収入であっても子一人、子二人いる世帯の方が可処分所得は高いが、（屈折点以降の）生活保護が打ち切られて以降は可処分所得の差はなくなる。このことは、生活保護世帯より所得水準が若干高いだけのボーダーライン層では、子どものいることによる生計費の上昇がかなり生活を圧迫することを意味する。児童手当、児童扶養手当の金額が高ければこうした事態は避けられることが容易に推察できるであろう。

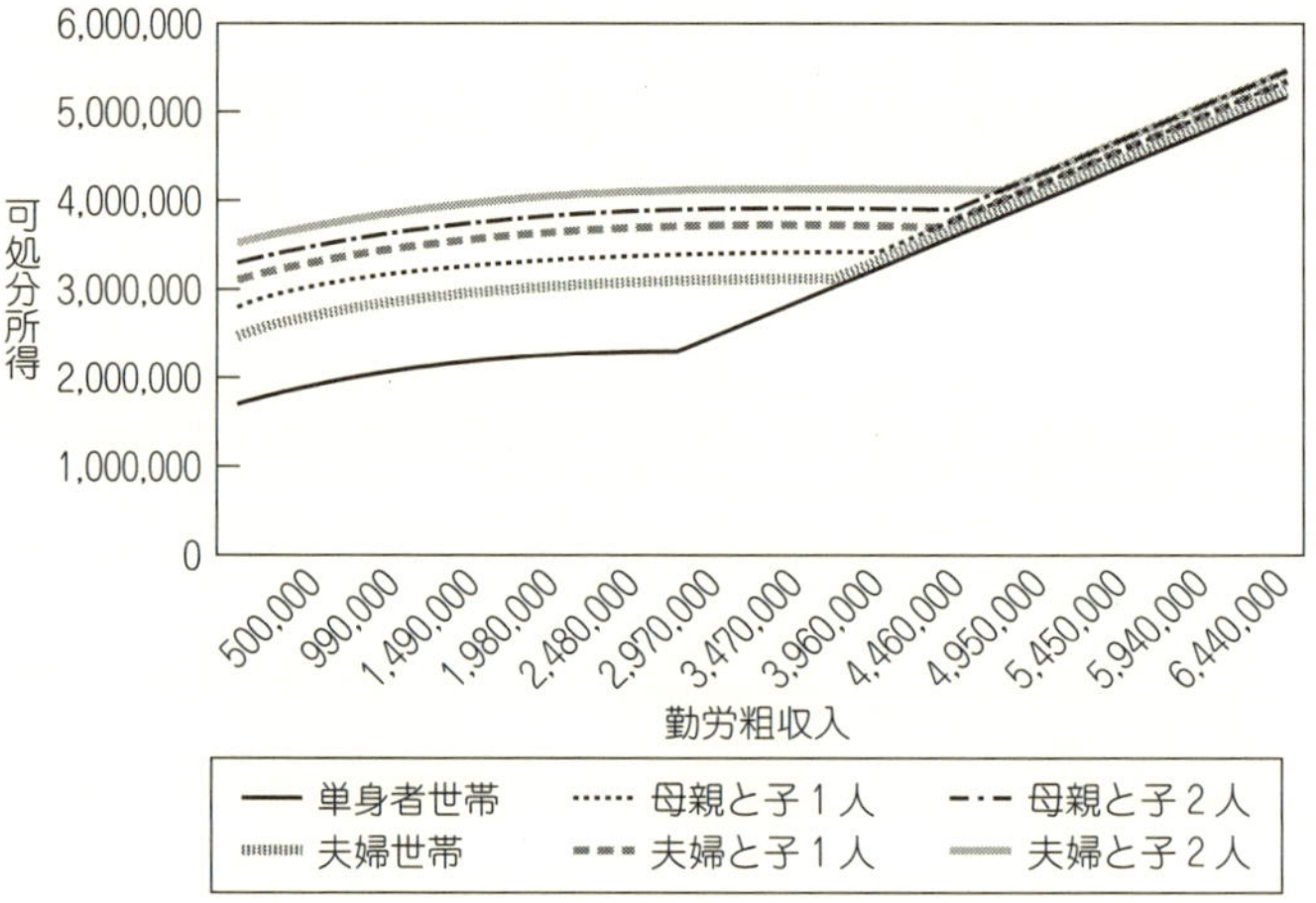

図6　モデル勤労世帯別可処分所得（いずれの世帯も働き手は１人，年当たり，円）

出所：埋橋（2009）。

第二に、生活保護を受けている間にも、とくに粗収入が二〇〇万円までは、可処分所得がなだらかではあるが増加している。これは勤労控除があるためである。[3] 粗勤労収入の増加によって生活保護を受けられなくなったときにかえって可処分所得が減少するという、いわゆる「貧困の罠（poverty trap）」は観察されない。図7は限界有効税率を示しているが、「貧困の罠」があるときはこの限界税率が一〇〇％を超えるのであるが、実際はそうはなっていない。このような意味で、わが国の生活保護制度は就労促進的な制度設計になっているといえる。

ただし、図6では生活保護給付として〈生活扶助〉〈教育扶助〉〈住宅扶助〉という金銭給付のみを取り上げている。医療扶助や介護扶助などの現物給付を視野に入れると、粗勤労

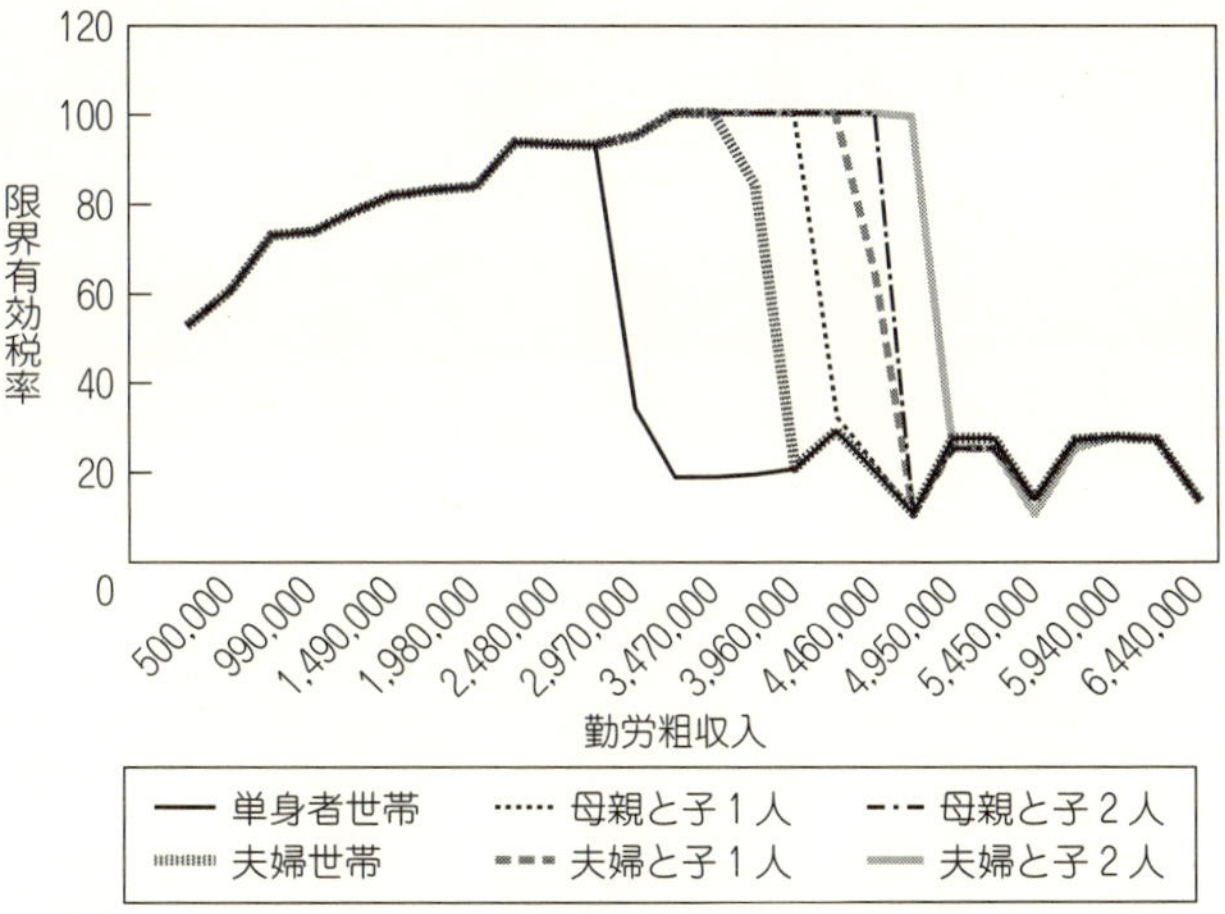

図７　モデル勤労世帯別限界有効税率

出所：図６と同じ。

収入の増加によって生活保護給付を打ち切られた場合に、医療費や介護費の自己負担分が発生するので、事情は変わってくると考えられる。つまり、現物給付を考慮した場合に、「貧困の罠」が存在する可能性は高い。

第三に、子どものいる世帯で、粗勤労収入が三〇〇万円を超えてからは可処分所得の伸びがない（＝限界有効税率が一〇〇％の）粗勤労収入の幅が広くなっている。もっともこの幅が広いのは夫婦と子ども二人世帯であり、母親と子ども二人世帯、夫婦と子ども一人世帯、母親と子ども一人世帯と続く。これらの層ではそれ以上の就労インセンティブが働かないというシミュレーション結果になっている。

要約すると、日本の生活保護制度は、現金給付だけをみれば、基本的に「貧困の罠」が存在せず、就労促進的な制度設計となっている。ただし、保護が打ち切られたのちの生活で生計費の大きな項目となる子育て費用や教育費を考慮した場合には、実質的な生活水準の低下がみられることも考えられる。また、保護受給中には、医療扶助や介護扶助などが、実質上、現物サービスで提供されているが、保護が打ち切られたのちにはそれらのサービスに対する自己負担分が家計を圧迫することも考えられる。それらを想定しての議論と対応が必要である。

4　「生活支援戦略」中間まとめをめぐって

厚生労働省は、二〇一二年七月五日、「生活支援戦略」中間まとめを、野田佳彦首相の直属機関である国家戦略会議に提出した。これには生活保護制度の改革提案が含まれている。生活保護をめぐっては二〇一二年春以来、芸能人の「不正」受給に端を発して各種メディアで大きく取り上げられ、国民の間で物議をかもしたことは記憶に新しい。

厚生労働省はこの中間まとめを七月一七日、社会保障審議会の特別部会で示した。この特別部会（「生活困窮者の生活支援の在り方に関する特別部会」部会長・宮本太郎北大教授）は、二〇一二年四月から検討を始め、九月までに七回の会議を開催しているが、今秋をめどに戦略を正式決定し、二〇一三年にも生活保護法の改正を目指すとのことである。

法律制定後六十年余り、大きな改正を経ることがなく、性格上「社会福祉基礎構造改革」の対象外であった生活保護ではあるが、以上のように、生活保護をめぐっての議論と改革に向けての動きが活発である。以下では、この中間まとめのあらましを紹介し、いくつかの論点と検討課題を指摘したい。

中間まとめは次のような柱立てからなる。

Ⅰ．基本的な方針　1．基本認識　2．基本目標　3．三つの基本的視点

Ⅱ．改革の方向性　1．生活困窮者支援体系の確立　2．生活保護制度の見直し　（1）生活保護基準の検証・見直し、（2）指導等の

強化、（3）「脱却インセンティブ」の強化

Ⅲ．生活支援戦略の進め方

まず、基本的な方針では、生活困窮者問題が深刻化しているという認識の下、経済的困難と社会的孤立からの脱却、親から子への「貧困の連鎖」の防止が掲げられ、国民一人ひとりの「参加と自立」を目指すこと、生活保護制度については「必要な人には支援するという基本的な考えを維持しつつ、給付の適正化を推進する等によって、国民の信頼に応えた制度の確立を目指す」としている。

次に改革の方向性としては（Ⅱの1）、現場関係者の意見を十分に踏まえつつ「就労可能な人が生活保護に頼る必要がないようにするとともに、生活困窮から『早期脱却』できるよう、重層的なセーフティネットを構築する」ことが挙げられている。具体的には、①民間との共同による早期把握、②「民の力」との協働による「包括的」「伴走型」「訪問型」支援、③「中間的就労」と「家計再建＋居住の確保」、④ハローワークや教育関係機関との連携などである。

ここまでのところを簡単に論評すれば、以上の議論は、二〇〇四年一二月に「生活保護制度の在り方に関する専門委員会」が打ち出した「利用しやすく自立しやすい生活保護制度へ」の延長線上に立ちつつも、それに、この間の、地域での生活保護行政における就労・生活自立支援の動きやパーソナルサポート事業、NPOによるホームレス支援などを通して積み重ねられてきた経験とノウハウを加味しているといえる。ただし、その目標を達成するための方策はまだ試行錯誤的であり、方策の具体性と効果のほどが定かではない。地方での取り組みも、全体としてみればまだ「点」であり、大きなうねりとなっているとは言い難い。上記の「重層的なセーフティネットの構築」「中間的就労」と「家計再建＋居住の確保」などは確かに魅力的な方向ではあり、それらが質・量ともに充実されれば生活保護の性格はかなり変化すると考えられる。それ故に単なるキャッチ・コピーやスローガン的に扱われることのないように望みたい。つまり、生活保護法改正にあたって、これらの方向を確かなものにすべく改正法そのものに具体策とそのための財源をどのように組み入れるかが鋭く問われている。

上とは対照的に、Ⅱの2の生活保護制度の見直しは、かなり具体的であり、その概要は以下のとおりである。

まず「当面の対応」として、電子レセプトを活用した重点的な点検指導ほかによる医療扶助の適正化、資産調査の強化（金融機関の「本店等一括照会方式」の導入）や「不正告発」の目安の提示等の制度運用の適正化、期間を定めて「早期の集中的な」就労・自立支援。また「今後の検討」事項として、（1）生活保護基準の検証・見直し、

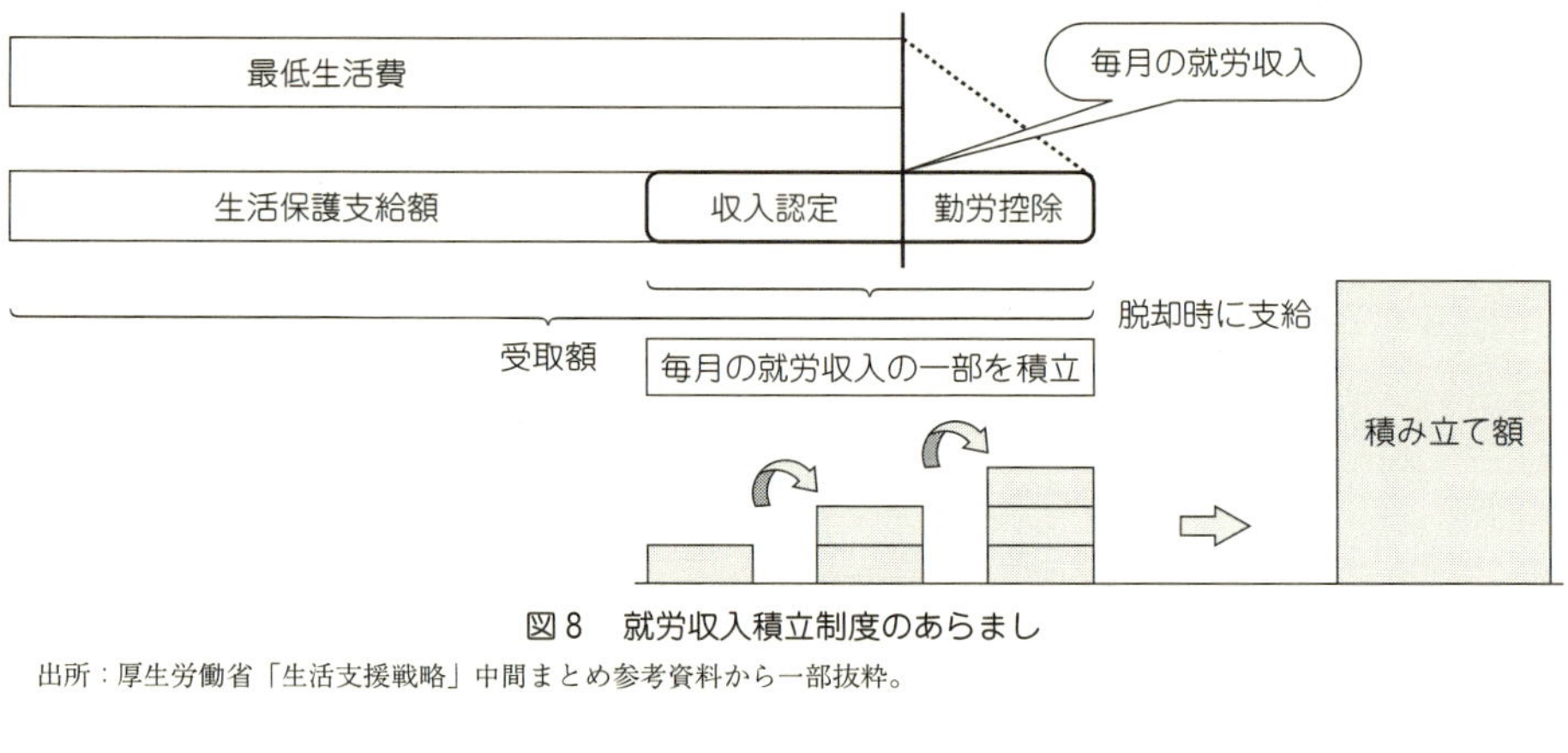

図8　就労収入積立制度のあらまし

出所：厚生労働省「生活支援戦略」中間まとめ参考資料から一部抜粋。

（2）指導等の強化、（3）「脱却インセンティブ」の強化が挙げられている。とりわけ、（2）の中の、地方自治体の調査権限の拡大や「扶養可能な扶養義務者には、必要に応じて保護費の返還を求めることも含め、適切に扶養義務を果たしてもらうための仕組みを検討」「医療機関の指定等の見直し」「罰則の強化」については、新聞でも大きく報道された事項である。（3）には「生活保護基準体系」の見直しと「就労収入積立制度（仮称）」の導入がある（図8参照）。

たしかに生活保護行政としては、どの国にあっても事情は同じであるが、いわゆる「濫給」対策と「漏給」対策の二面作戦が必要とされる。Ⅱの2の生活保護制度の見直しはそのうち濫給対策に主眼が置かれている。それはこの間の「不正」受給問題に端を発した「生活保護バッシング」に応じた政策的対応であることはいうまでもない。しかし、この点を含む残された課題をいくつか挙げれば以下のとおりであり、「生活困窮者の生活支援の在り方に関する特別部会」での今後の議論が注目される。

第一に、濫給に対する国民の怒りの背景には、いわゆるワーキングプアの人々に対する「生活支援政策」の不在がある。前節で明らかにしたように、生活保護を受けていないワーキングプア層に対する社会手当などの経済的支援策がわが国では充実しておらず、そのことが、濫給によって生活保護を受けることになった人、ひいては受給者一般に対する攻撃の引き金となっている。したがって、すでに言及した「重層的なセーフティネットの構築」「中間的就労」と「家計再建＋居住の確保」などが急務であるが、その具体的内容とその実現のための方策が明確になっていない。

第二に、現在、保護世帯の中で「その他の世帯」の数が増加しているといわれるが、それはリーマンショックを契機とした失業者の増加とそれに応じた二〇〇九年一二月二五日厚生労働省課長通知「速やかな保護決定」によって促進された面がある。この通達はそれまでの生活保護の対象者や原理をかなり大幅に変更するものであり、その時点で今日の保護人員の急増を予想させるものであったにもかかわらず、研究者を含めてその認識が甘く、事後的対応とそれをめぐる議論に終始することになった。

第三に中間まとめでは生活保護受給者（対象者）の種別に応じたきめ細かな検討が不足している。高齢者と傷病・障害世帯、母子世帯の母親、失業者世帯では、たとえば「自立支援」といってもその意味合いがまったく異なる。「実効性」のある政策立案のためにもこうした領域に踏み込むべきである。

第四に濫給対策に比重のかかった「中間まとめ」であるが、今後、捕捉率の向上のための「数値目標」を掲げるなどして、漏給対策についても充実する必要がある。それを欠いてはバランスを逸することになる。その際、この間、各地方、各自治体で取り組まれてきた自立支援、就労支援サービスの経験を踏まえ、それらを担保する施策を（恒久）予算措置を講じた上で法律改正、生活保護行政に組み込むべきである。

【注】

（1）国立社会保障・人口問題研究所「生活保護」に関する公的統計データ一覧（http://www.ipss.go.jp/s-info/j/seiho/seiho.asp）。

（2）たとえば、椋野美智子・田中耕太郎（二〇一二）『初めての社会保障——福祉を学ぶ人へ』第9版、有斐閣、杉村宏・岡部卓・布川日佐史編（二〇〇八）『よくわかる公的扶助——低所得者支援と生活保護制度』ミネルヴァ書房などを参照のこと。

（3）基礎控除、特別控除、実費控除の三つからなる。詳しくは『生活保護手帳　二〇一一年度版』中央法規出版、二〇一二年を参照のこと。

【参考文献】

埋橋孝文（一九九九）「公的扶助制度の国際比較——OECD二四ヶ国のなかの日本の位置」『海外社会保障研究』一二七号、国立社会保障・人口問題研究所。

Esping-Andersen, G. (1990) *The Three Worlds of Welfare Capitalism*, Basil Blackwell Limited（＝岡沢憲芙・宮本太郎監訳『福祉資本主義の三つの世界——比較福祉国家の理論と動態』ミネルヴァ書房、二

〇〇一年）.

埋橋孝文編（二〇〇七）『ワークフェア――排除から包摂へ?』法律文化社。

埋橋孝文（二〇〇九）「日本の生活保護給付と家計所得」財団法人統計情報研究開発センター『家計所得の国際比較研究』第一章第三節。

埋橋孝文＋連合総合生活開発研究所編（二〇一〇）『参加と連帯のセーフティネット――人間らしい品格ある社会への提言』ミネルヴァ書房。

埋橋孝文（二〇一一）『福祉政策の国際動向と日本の選択――ポスト「三つの世界」論』法律文化社。

山田篤裕（二〇一〇）「国際的パースペクティヴからみた最低賃金・社会扶助の目標性」『社会政策』二（二）。

Eardley, T. et al. (1996) *"Social Assistance in OECD Countries: Synthesis Report," Department of Social Security Report*, (46), London: HMSO.

第Ⅰ部

生活保護に分析のメスを入れる

第Ⅰ部は、基本的に、経済学、法学、社会学、社会福祉学などの学問分野(decipline)から生活保護を分析している。

この第Ⅰ部の第一の特徴は、二〇一二年に入って国民的な議論となった生活保護をめぐる「論点」「争点」を真正面から取り上げていることである。第1章「生活保護への四つの批判――研究からの反論」(阿部彩)では「なぜ、人々はこれほどまでに生活保護を嫌うのか」の理由を探り、豊富なデータをもとに、そうした批判が見落としている事柄を提示し、論議の深まりを促している。一例をあげれば、わが国は国際比較的に検討すれば貧困率に比して生活保護受給率はむしろ低いこと、また、「高い」と喧伝される不正受給率も〇・三%台で低いこと、「制度の周知とケースワーカーからの指導が徹底していれば防ぐことができる」ことなどが明らかにされる。

第3章「公的扶助への社会学的接近――生活保護と家族モデル」(菊地英明)は「生活保護にまつわる大規模なバックラッシュ」を念頭に置いて、明治期の救貧制度にもさかのぼりつつ、「社会・経済構造が変わっても、家族にまつわる規範は、同時には変わらない」ことに注目している。同じく歴史分析である第5章「生活保護の歴史を概観する――受給動向と雑誌記事から」(岩永理恵)は、何十年にもわたる「生活保護の停滞した雰囲気、風通しの悪さ」をそのままにしたままでの「改革」の危うさを浮き彫りにしている。この第3章、第5章の歴史分析により、国民の生活保護についての捉え方が過去から現在にかけて形作られた意識や制度によって規定されて(囚われて)いること、次にふれる改革の方向はいったんそれらを問題視することから始めなければならないことなどを気づかせてくれる。

第二の特徴は、「大規模なバックラッシュ」と並行して現在進行中の改革論議を取り上げていることである。第2章「生活保護改革論議の課題――法学の視点から」(嶋田佳広)は、二〇〇四年の「生活保護制度の在り方に関する専門委員会」以降の改革論議を取り上げ、その意義や問題点を丁寧に論評し、そのうえで、「規範論」としての法学が改革論議にどうすれば寄与できるかを検討し、社会法に分類される法学が「貧困対策全体と連動させていく視点」の重要性を指摘する。なお、取り上げられている改革論議には、以下のものが含まれている。

⑴「生活保護制度の在り方に関する専門委員会」最終報告(二〇〇四年一二月)、⑵分権型政策制度研究センター「分権型の生活保護行政に向けて」(二〇〇六年八月)、⑶全国自治会・全国市長会「新たなセーフティネットの提案」(二〇〇六年一〇月)、⑷社会保障審議会「生活困窮者の生活支援の在り方に関する特別部会」会議提出資料(二〇一二年四月)、⑸自民党「日本の再起のための政策原案」(二〇一二年四月九日)。

現在の改革にあたってのキーワードの一つは「自立支援」であるが、二〇〇四年一二月の上記最終報告により三つの自立概念(日常生活自立、社会生活自立、就労自立)が明確にされたことは、その後の議論や福祉実践、福祉行政にも大きな影響を与えた。

第6章「『自立支援』による生活保護の変容とその課題」(桜井啓太)は、「セーフティネット支援対策等事業費補助金」により支援メニューが豊富化されていく状況を指摘するとともに、その一方で、「自立支援」を掲げながらも「ハードなワークフェア」が改革論議の中で強まっている事態に警鐘を鳴らしている。また、「劣化した労働市場」を前提にした自立の意味や限界を考察し、「自立支援という名の放り出し」にならないための工夫が必要であることを主張している。

最後に、先に三つの自立概念が提起されたことを述べたが、そこで浮上するのは「個別支援」に関わる社会福祉実践である。第4章「生活保護における社会福祉実践は、如何に可視化・評価されるのか」(森川美絵)は現在各地で「組織的な事業」として取り組まれるようになった社会福祉実践にとって、これまではさほど重視されてこなかった「可視化と評価」が必須となりつつあることを強調する。

(埋橋孝文)

第1章

生活保護への四つの批判
――研究からの反論――

阿部　彩

生活保護が世間の注目を浴びている。世論の背景にあるのが、生活保護を引き締め、受給者数を減らすべきだという考えである。生活保護をはじめとする公的扶助に対する世間からの風当たりは非常に厳しい。なぜ、人々はこれほどまでに生活保護を嫌うのか。本章では、生活保護制度に対する批評を四つ挙げ、それに対して客観的なデータと経済的な分析の結果をもとに論じる。

1　四つの批判

いま、まさに生活保護ブームである。政党は世論の高まりを受けて、こぞって生活保護改革案を打ち出している。にわかな関心の高まりのきっかけは、二〇一一年、一九五〇年代以降始めて、生活保護受給者数が二〇〇万人を超えたことがある。そして、最近になって売れている芸能人の母親が生活保護を受給しているという報道が第二のブームを呼んだ。

これら世論の背景には、生活保護の受給者が増えること自体に対して、社会は嫌悪と危機を感じていることにある。だからこそ、不正受給はもちろんのこと、経済的に余裕のある家族がいる「けしからん」ケースなどについて、激しい非難が巻き起こる。ネットを少し検索すれば、生活保護の受給者に対する批判は山のように出てくる。中には、生活保護受給者は「税金どろぼう」などの悪質な書き込みもあり、犯罪者のような扱われ方をしているものもある。

なぜ、人々はこれほどまでに生活保護を嫌うのか。その理由は、次の四つの意見に集約される。

①生活保護の受給者がこれほど増えるはずはない。増加の背景には、不正受給や受給要件の甘さがあるのではないか【受給者数の問題】。

②生活保護受給者の急増は、社会保障給付を膨張させ、財政の破たんを招く。また、生活保護費には無駄が多い【財政規模と不正受給の問題】。

③一生懸命働いている（高齢者の場合は働いていた）人が最低賃金や公的年金で受給できるよりも高い給付を生活保護受給者が受給できるのは、不公平である【保護基準に関わる問題】。

④生活保護は、労働のインセンティブを削ぎ、働ける人も働かなくなる【労働インセンティブの問題】。

以上の生活保護の受給者数、生活保護費、保護基準や労働インセンティブは、専門家の間でも議論の焦点である。今一度、冷静にデータを見直し、これらの問題を考えてみたい。

2　生活保護の受給者数は多すぎるのか

（1）生活保護の受給者は人口のどれほどになるのか

一つ目の批判は、生活保護の受給者数に関するものである。

そこで、まず生活保護制度の受給者数を確認しよう。生活保護の受給者数は一九九〇年代半ばから増加している（図1太線）。図1（太線）は、新聞等などにもよくお目見えするグラフであり、「戦後最多」などのフレーズと共に語られるグラフである。読者の皆さまの記憶にもあろう。これによると被保護人員数は平成七（一九九五）年の八八万人を最低とし、最新値である平成二四（二〇一二）年三月には二一一万人となっている（平成二四年三月速報値。厚生労働省 二〇一二）。この数値は、確かに、データが始まる昭和二六（一九五一）年以降最高の値となっている。

しかしながら、この数値はあくまでも人数を示しているのであり、人口が変化する中ではあまり意味をもたない。そこで、人口に占める受給者の割合（保護率）を見てみよう（図1点線）。全人口に占める生活保護受給者の割合は一・六五％（平成二四年三月速報値）であるが、これは一九五一年（二・四二％）から一九六五年（一・六五九％）の値に比べると低いので、「戦後最高」というのは間違いである。逆に言えば、一九六〇年代の急成長を迎えるまでは、日本においては現在以上の割合の人々が生活保護を受給していたのである。

年齢層別に見ると、保護率の一番高いのは七〇歳以上で二・三八％、次が六〇代で二・一三％である（国立社会保障・人口問題研究所ＨＰ）。保護率が最も低いのは二〇～三九歳であり、一九九五年以降上昇しているものの、当該年齢の人口の〇・四七％である。保護率は、年齢と共に上昇し、四〇代では〇・九％、五〇代では一・四三％である。この現役年齢層の受給者の多くは母子世帯の母親と考えられるため、母子世帯でない勤労世代においては、生活保護を受給する人は極めて少ないことがわかる。

生活保護の受給者を年齢別にみると、七〇歳以上が二九・三％、六〇代が二二・六％と高齢者が過半数を占め、二〇歳未満の子どもが一五・二％となる（図2）。近年、生活保護の受給者に働く世代（現役世代）が増えているという印象があるが、二〇歳から五九歳の受給者は全体の三二・八％、三分の一に過ぎない。貧困率は高齢者ほど高い傾向があるので（内閣府男女共同参画局 二〇一一）、この層の保護率が高いのは当然と言えば当然であるが、だとしても、生活保護が高齢者に偏った制度であることは変わりがない。

（2）受給率は高すぎるのか

とはいえ、一九八〇年代以降、約三〇年間にわたって一％未満であった保護率が、一・六五％まで上昇したことは事実であり、受給者数二〇〇万人というのは、他の低所得者に対する制度、例え

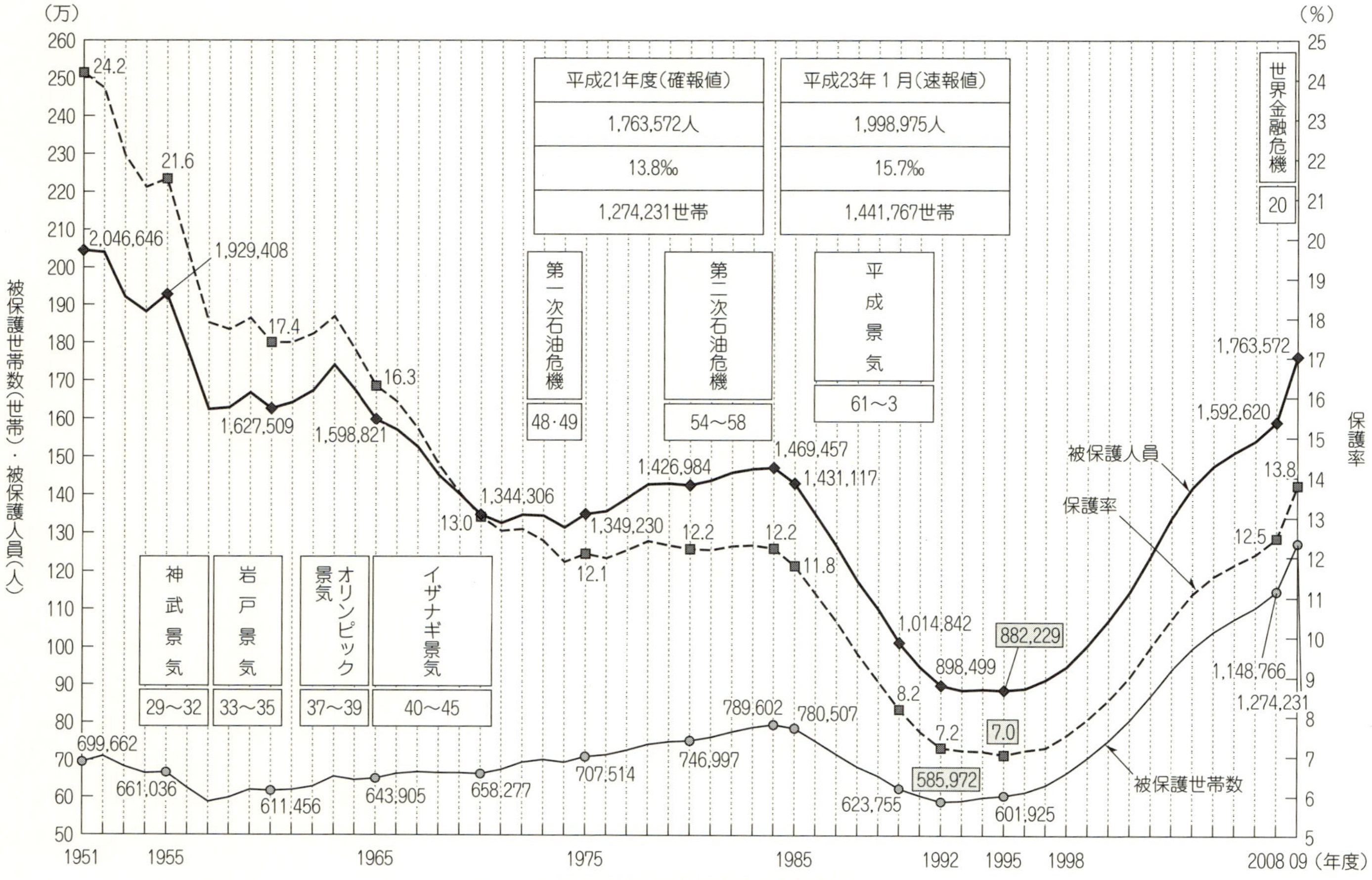

図1　被保護世帯数，被保護人員，保護率の年次推移

出所：厚生労働省社会・援護局保護課。

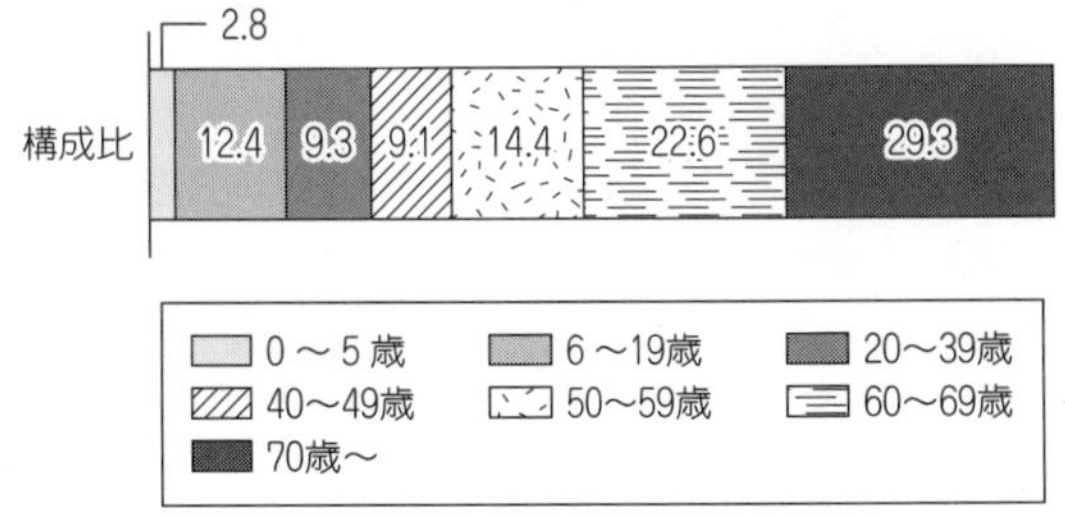

図2　生活保護受給者の年齢別構成（2009年）

出所：「生活保護に関する公的統計データ一覧」国立社会保障・人口問題研究所 HP。

ば、低所得の母子世帯に対する児童扶養手当の受給者数（一〇六万世帯）や雇用保険の受給者数（六五万人）に比べると大きな制度であることは間違いない（二〇一〇年度、国立社会保障・人口問題研究所HP）。

この一・六五%という保護率は高すぎるのであろうか。

この問いに対する、明確な答えはない。保護率はあくまでも貧困率や世帯構造（頼れる家族がいるか）などの社会経済環境、その上に、どのような人に対して生活保護の門が開かれているかという運用や受給要件が重なった結果としての数値だからである。しかし、参考のために、他の先進諸国の公的扶助の受給率を見てみよう（表1）。

貧困に対する制度設計のあり方が国によって大きく異なるため、表1の解釈は一筋縄にはいかない。まず、公的扶助の対象者は国によって異なる。日本の生活保護制度は、生活に困窮する国民すべてを対象としているが、多くの国では、高齢者、障害者、求職者（失業者）、有子世帯、ひとり親世帯など、対象者が異なる制度が並立している。例えば、高齢者に対する制度は公的年金制度による国が多いが、公的年金制度において貧困の高齢者の生活保障（e.g. 最低保障年金等）が行われている国においては、そもそも高齢者は公的扶助の対象とならない。対して、日本のように、公的年金が高齢者の最低生活を保障していない国においては、生活保護のような公的扶助制度がその役割を担っている。また、多くの国においては、失業者に対する制度や、障害者に対する制度が充実しており、公的扶助制度への依存は比較的に少ない[1]。

次に、給付される金額やカバーされる項目も、国や制度によって異なる。表1は受給者の割合を示しているが、受給額についてはここにあげた制度の中でもばらばらである。多くの国では、日本の生活保護制度のように、一つの制度が生活費、住宅費、医療費などをすべてカバーするのではなく、それぞれ別々の制度が最低生活保障の一端を担う設計になっている。例えば、アメリカにおいては、表1にあげた食料補助プログラムは最低生活の食費だけをカバーしているが、このほかにも、貧困層に医療サービスを提供する制度、住宅費を補助する制度、光熱費を補助する制度など制度が並立しており、それぞれが独自の受給基準を設けている。

これらの違いを勘案しても、表1の示すメッセージは明快である。日本は、公的扶助の国民に占める受給者の割合が極端に少なく、貧困率は高い。換言すると、一・六五%という受給率は決して驚くほど「高い」数値ではないのである。むしろ、この程度で留まっていることの方が「驚くべき」ことであろう。

(3) 生活保護の水平的効率性と垂直的効率性

前項では、日本の貧困率が他の先進諸国に比べて決して低いレベルではないのに、公的扶助の受給率が低いことを指摘した。本項では、この議論をもう一歩進めてみたい。経済学においては、生活保護の水平的効率性と垂直的効率性を論じることがある（橋木 二〇〇〇）。水平的効率性とは、保護を受ける資格がある人のうち、どれほどの割

表1　先進諸国の公的扶助制度の受給率と貧困率

国	制度名	受給率	貧困率（OECD基準，2006年）
日本	生活保護制度	1.6%（2012年）	15.7%
スウェーデン	社会サービス法に基づく経済的援助	4.5%（2009年）	6%
ドイツ	求職者基礎保障（就労可能層）	8.2%（2009年）	14.4%（EU）
フランス	就労連帯所得制度	5.7%	7.1%
イギリス	所得補助（一人親），雇用支援手当（障害者），求職者手当（求職者），年金クレジット（高齢者）等	9.27%	16%（EU）
アメリカ	貧困家族一時扶助（子どものいる低所得世帯） 補足的栄養扶助（食費扶助） 補足的所得保障（低所得の障害者・高齢者）	1.42% 13.05% 2.49%	17.1%

出所：尾藤・小久保・吉永（2011）。（EU）はEU基準（中央値の60%）。

合の人が実際に保護を受けているかという指標である。これは、一般的には「捕捉率」とも言われる。垂直的効率性とは、保護を受けている人の中でどれほどの割合の人が保護を受ける資格があるのかという指標である。すなわち、水平的効率性と垂直性効率性の議論は、漏給と濫給の議論である。

水平的効率性（捕捉率）を、完璧に測定することは不可能に近い。何故なら、保護の受給資格の有無を確実に測定するためには、所得はもとより、貯蓄や資産といった金銭的情報のみならず、労働能力の有無や扶養が可能な親族の有無など、保護認定の審査にかかわる全ての情報を入手しなければならず、これを大規模調査で行うことは困難だからである。しかし、所得と貯蓄などの限られた情報をもとに捕捉率を測定した試みは存在する。厚生労働省自身が推計したものとしては、二つの公的調査を用いて三二・一%から八七・四%という大きく異なる二つの数値がある（厚生労働省 二〇一〇）[2]。この推計は、所得のほかにも、貯蓄額が最低生活費の一ヵ月未満であるなど、実際の保護行政の受給要件に近いものの、かなり厳しい条件をつけた推計となっている。研究者による推計は、古くは江口（一九七九）の金字塔的研究から、長い歴史がある。所得のみを用いたものが殆どであるが、近年の分析においては、概ね一〇%程度から二〇%の捕捉率を推計している（和田・木村 一九九八、小川 二〇〇〇、駒村 二〇〇三、橘木・浦川 二〇〇六）。

垂直的効率性の推計は、捕捉率ほど問題視されていないこともあり、学術的にはごくわずかな検討しか行われていない。橘木（二〇〇〇）は、「貧困層への過剰移転額が限りなくゼロに近く」「非貧困層への移転額は多くない」であろうと推測しており、「我が国の垂直的効率性はかなり高い」としている。制度が完璧に機能していたとすれば、漏給は不可能であるはずであり、垂直的効率性は一〇〇%であるはずである。しかし、実際には、所得や資産を隠したり、必要ではない医療サービスを受けるなど、いわゆる「不正受給」が発生していることは確かである。不正受給の議論については、後に再度触れることとする。

（4）受給者数が増加する理由は何か

しかしながら、国民の多くは生活保護受給者の増加を納得していないのが事実である。メディアにおいては、「派遣村」以降、制度の運用が「甘く」なったのではないか、受給するべきでない人が受給している、いわゆる「不正受給者」が増加しているのではないかなどと、さまざまな憶測が

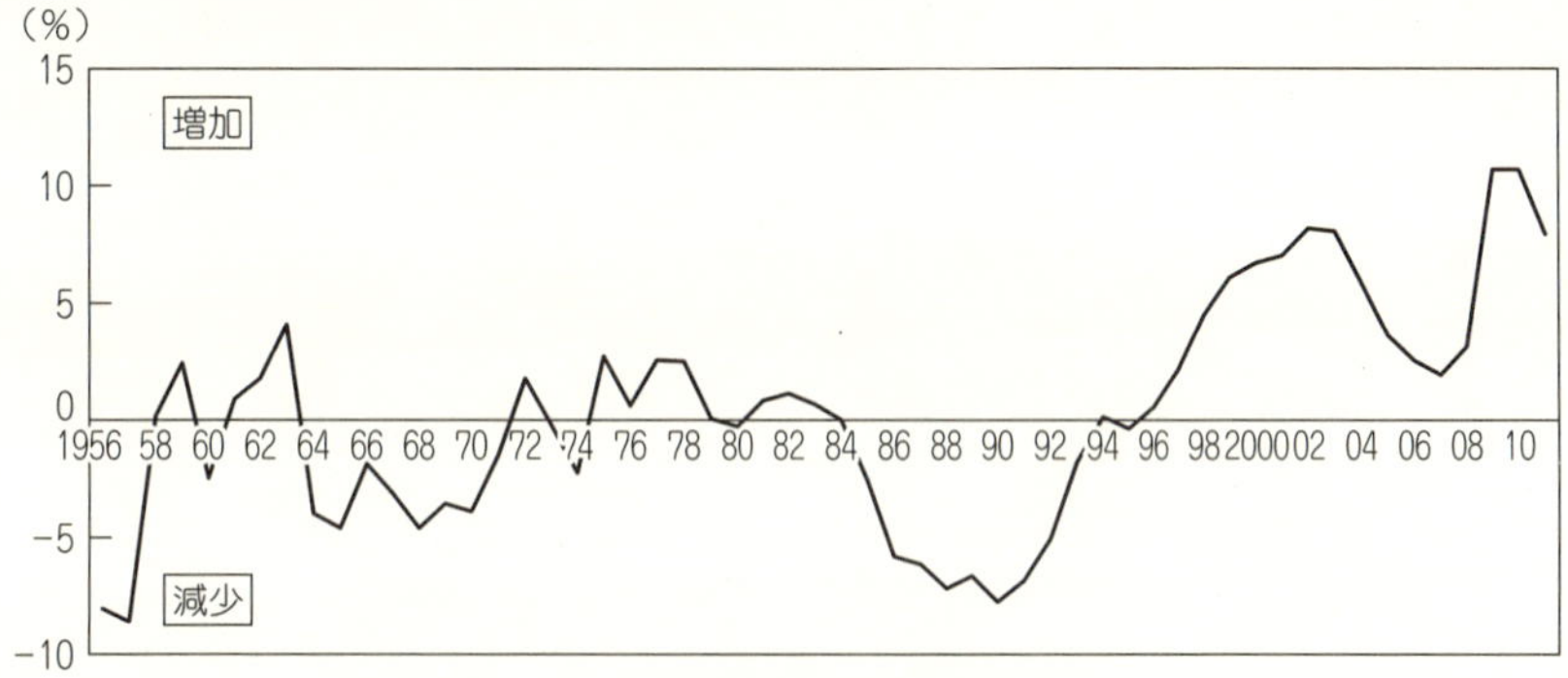

図3　被保護人員数の前年比

出所：「生活保護に関する公的統計データ一覧」国立社会保障・人口問題研究所 HP から筆者計算。2011年，2012年（3月速報値）については，厚生労働省「福祉行政報告例」。

飛び交っている。ここでは、生活保護率の上昇の要因について考えてみよう。

先に述べたように、保護率は一九九五年の〇・七%の最低値から現在まで上昇し続けているが、特にその上昇のペースが速まったのが二〇〇九年から二〇一一年であった。これを根拠に、リーマン・ショックを始めとする世界的不況、および、二〇〇八年の年末に展開された「派遣村」を保護率上昇の要因と受け止める人も多い。「年越し派遣村」とは、民間の生活困窮者支援団体が日比谷公園（千代田区）に仮設のテント村を作り、派遣労働から切られた人々を受け入れた事業であり、貧困に関する報道としては前代未聞の注目が集まった。この「年越し派遣村」以降、生活困窮者の多くが生活保護の受給に至らない現実が露見し、二〇〇九年三月には、厚生労働省より、職や住まいを失った人々が単に住居がないことや稼働能力があることのみを理由に保護申請を却下できないことを記した通知、[3]また、同年一〇月には、一次的に居所がない申請者への対応についての通知、[4]一二月には生活保護申請の迅速な審査、適切な認定を促す通知が出された。[5][6]これらの通知は、それまでの「水際作戦」などと比喩された保護申請窓口での運営を正すものであるが、これらが保護を「受けやすく」したという批判は根強い。

データで確認しよう。図3は、被保護人員数の前年比をグラフにしたものである。これを見ると、二〇〇九年、二〇一〇年は一〇%を超える増加率となっており一九五〇年代以降最高の伸び率となっている。しかし、これほどでないにせよ高い伸び率を見せた年は過去にもあった。二〇〇〇年以降でも二〇〇二年、二〇〇三年には八・三%の伸び率となっている。長期的に見ると、被保護人員数の伸び率は増加傾向にあるものの、緩やかな循環（サイクル）をもっているように見える。これは、被保護人員数の伸びが、制度の運用の変化や社会構造的な変化（高齢者率の上昇、単身世帯の増加、雇用の非正規可など）以外にも、景気循環という要素に影響されていることを示唆するものである。

周・鈴木（二〇一二）は、生活保護率の変動を、このような景気循環に左右される部分と、そうでない部分に分解して、それぞれの傾向を分析している。用いられたデータは、一九六三年一月から二〇一二年一月までという長期の生活保護率の時系列データである。彼らは、生活保護率の前期からの差（増加または減少分）を景気循環による一時的要因（temporary component）と、それ以外による恒常的要因（permanent component）に分解し、どちらの要因の方がより大きいかを検証している。恒常的要因とは、「リーマン・ショック以前から続く高齢化や離婚率増加、労働市場の非正規化の進展といった構造的要因や、リーマン・ショックを機に変更された政策・制度的要因」を

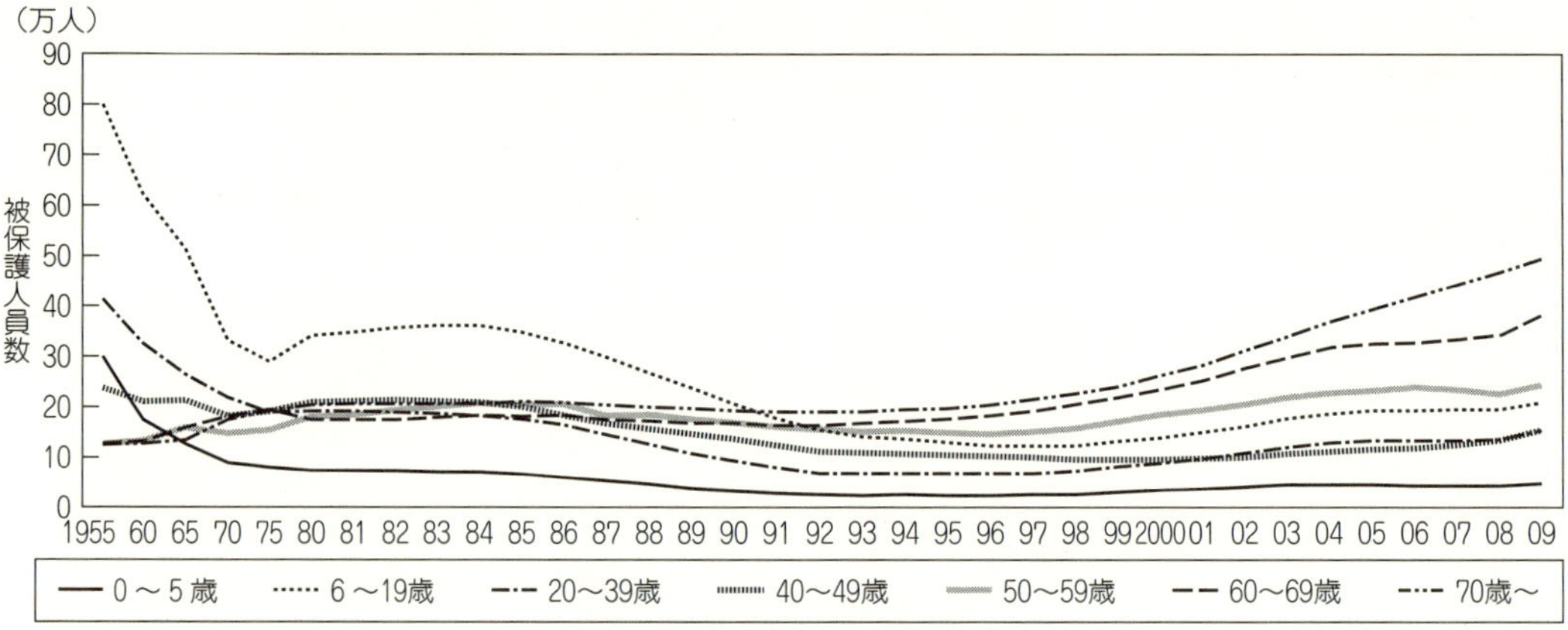

図4　被保護人員数：年齢層別

出所：「生活保護に関する公的統計データ一覧」国立社会保障・人口問題研究所 HP。

指す（周・鈴木 二〇一二：一九九）。この二つの要因の識別は重要である。なぜなら、生活保護率の上昇が一時的要因によって説明される部分が大きいのであれば、景気が回復すれば生活保護率は自ずと減少するはずであるからである。しかしながら、周・鈴木（二〇一二）の結果は、これと反対の結果を示している。すなわち、一九九六年三月以降の生活保護率の上昇は、一時的要因よりも恒常的要因によって説明される割合が大きい。

我々の関心は、さらに、「どのような」恒常的要因が生活保護率を押し上げているのかを突きとめることにあろう。一九九五年以降の保護率の増加については、高齢化の影響が大きいと考えられる。同様の分析を行った彼らの一つ前の論文、Suzuki and Zhou（2007）においては、二〇〇四年までの上昇については、高齢化の要因が大きいとの結果となっており、高齢化率のさらなる上昇を考慮すると、二〇〇四年以降も高齢化の影響が大きいことはほぼ間違いないであろう。実際に、年齢層別の被保護人員数を見ても、増加が最も著しいのは六〇歳代である（図4）。また、世帯類型別に見ると、二〇一〇年、二〇一一年共に、受給世帯の増加数は高齢者世帯の方が、現役世帯（除く母子、障害・傷病世帯）を上回る。しかしながら、周・鈴木（二〇一二）においては、こうした人口学的な要因が継続しているであろうことを考慮した上でも、二〇〇九年以降の上昇ペースが速まったことを踏まえると、その差分については、上記の制度運用の緩和が「その動きを説明する候補の一つ」となる可能性を、その実証は行っていないものの、指摘している。

3　生活保護の急増は財政破たんを招くのか

（1）生活保護制度にはどれくらいお金がかかるのか

生活保護に関する第二の批判が、生活保護制度にかかる費用の財政への圧迫である。生活保護に費やされる実績額は、二〇〇九（平成二一）年に三兆円を突破し、平成二四年度の予算案額は三・七兆円である。この数値だけを見ると、四兆円近い金額は、途方もなく大きな費用と感じられる。本章執筆中も某経済系週刊誌が「生活保護 三・七兆円が日本を蝕む」との見出しを大々的に宣伝し、人々の危機感を煽っていた。しかしながら、生活保護費の増加が、日本の財政破たんを招くという論説は、いささか飛躍している。

まず、社会保障給付費に占める生活保護の大きさを確認しておこう。二〇〇九（平成二一）年における社会保障給付費は約一〇〇兆円、うち、生

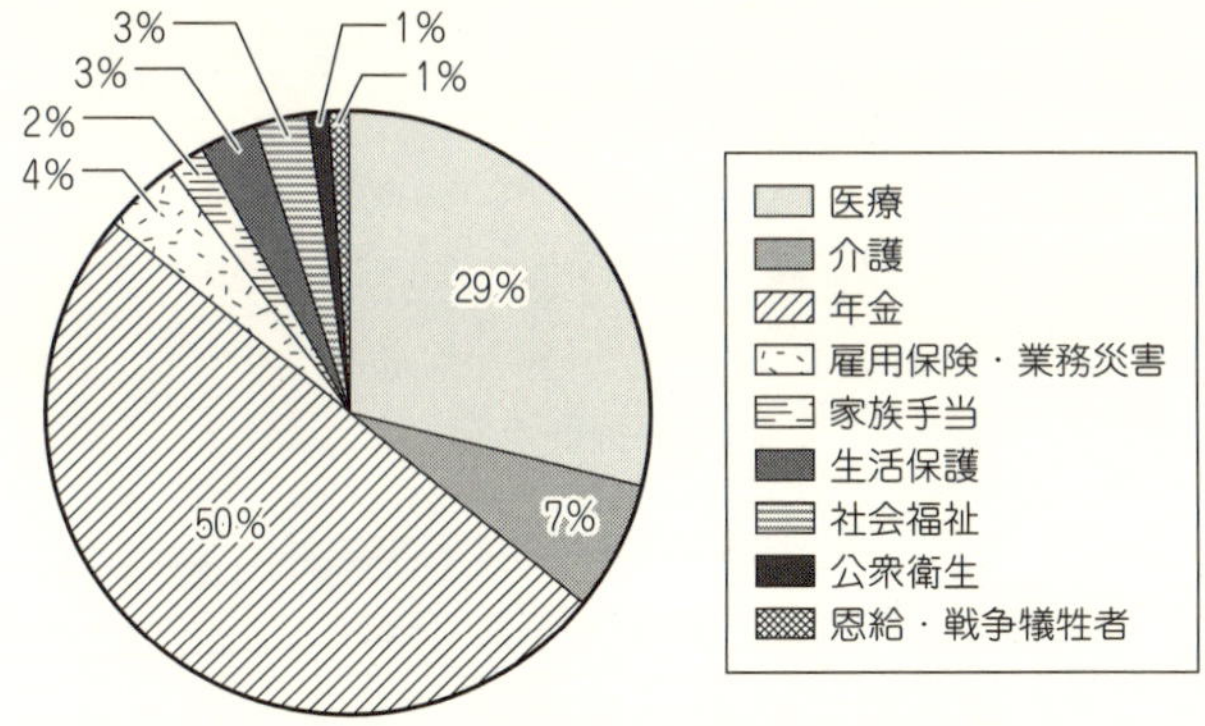

図5　社会保障給付費　制度別内訳（2009年）

出所：国立社会保障・人口問題研究所。

活保護は約三兆円である（国立社会保障・人口問題研究所 二〇一一）。すなわち、生活保護費は社会保障給付費の約三%に過ぎない（図5）。生活保護をいくら引き締めても、五〇兆円を超える年金や二九兆円の医療費（国立社会保障・人口問題研究所 二〇一一）にメスを入れない限り、社会保障給付費の膨張を止めることはできない。

このように、国全体の財政規模から見ると、生活保護制度にかかる費用はさほど大きいわけではない。しかしながら、生活保護費の四分の一は地方自治体の負担となっており、特に高い保護率の地域を抱える自治体にとっては生活保護費が財政の大きな比率を占める費目となっている。例えば、自治体歳出に占める生活保護費の割合は、最も高かった東京都台東区では二〇%を超えている（平成一九年度、林 二〇一〇）。そのため、生活保護費の抑制は、自治体にとっては、一つの大きな課題であることは間違いがない。

(2) 生活保護費には無駄が多いのか：不正受給と過剰医療

生活保護にかかる費用がたとえ国にとっては小さいものだとしても、税金で賄われている以上、無駄があることは国民的感情では許され難いことである。生活保護費に関わる批判では、その大きさよりも、むしろ不正受給や過剰診療が問題視されている面もある。具体的には、受給する資格がない人が受給していること（例えば、財産や所得を隠して受給しているケースなど）や、所得収入の一部をケースワーカーから隠して所得認定をしないケース、必要でない医療サービスを受けている過剰医療のケースなどである。

生活扶助費を不当に多く受け取る不正受給については、厚生労働省が継続的な調査を行っており、全てではないにせよ、その規模は推測できる（表2）。これを見ると、不正受給件数、割合（総受給世帯数に占める不正受給件数の割合）、不正受給総額、その割合（生活保護費総額に占める不正受給額の割合）と共に増加傾向にあるものの、不正受給は件数で見ると全体の二%未満、金額で見ると〇・三%に過ぎない。不正受給の中には、暴力団との繋がりがある悪質なケースもあるものの、多くは、高校生のアルバイト収入や年金収入の未申告など軽微なものが多く、制度の周知とケース

表2　生活保護の不正受給件数

年度	不正受給件数	割合(%)*	不正受給総額(万円)	割合(%)*
1991	9,264	0.98	585,392.9	0.24
1992	10,911	1.09	620,350.6	0.23
1993	12,535	1.20	719,278.9	0.27
1994	14,669	1.36	897,849.2	0.33
1995	15,979	1.45	918,299.4	0.35
1996	18,623	1.62	1,061,798.2	0.39
1997	19,726	1.55	1,021,470.4	0.33
1998	25,355	1.80	1,287,425.6	

＊　割合(%)＝不正受給件数／受給世帯数（1ヵ月平均）。

出所：厚生労働省社会・援護局保護課（2011a）。

ワーカーからの指導が徹底していれば、防ぐことが可能なものである。

過剰医療については、それが必要な医療サービスか否かを見極めることが難しく、発覚も推計も困難である。そこで、まず、生活保護制度のもとで支給される医療扶助の理解を深めることから始めよう。そもそも、国民の健康と生活保護は密接な関係にある。その理由は、第一に、生活保護の開始理由は、急速に減少しつつあるものの、世帯主または世帯員の健康の悪化がまだ第一位であるからである[7]（三〇・二%、二〇〇九年度。国立社会保障・人口問題研究所ＨＰ）。第二の理由は、生活保護にかかる費用のうち、約半分（四七・二%）は医療扶助費であり、その次に大きい生活扶助費（三四・七%）を大きく引き離して最大の費目であることである[8]（厚生労働省社会・援護局保護課 二〇一一a）。意外と知られていないのが、この医療扶助費のうち約六割が入院費であることである。生活保護費の増加に関する議論においては、保護基準（生活扶助基準）の高さを指摘する声も大きいが、実際には、生活扶助基準とは関連なく決められている入院費や医療費が生活保護費の大きい割合を占めているのである。

どのような人が、生活保護制度の下で入院しているのであろうか。図6は、年齢階級別、傷病分類別の入院件数（生活保護）である。これを見ると、〇—一四歳を除くと、その他の年齢階層の入院は精神・行動の障害が圧倒的に多いことがわかる。特に勤労世代のコアである一五—三四歳、三五—五四歳の年齢階層の入院は六割以上が精神・行動障害に起因している。精神・行動の障害は、また、入院が長期化することがわかっている。医療扶助で入院している精神・行動障害患者の約半数である四六・〇%は五年以上の入院期間となっている（厚生労働省社会・援護局保護課 二〇一二）。医療扶助の入院全体で見ると、四三・七%が五年以上の長期入院者である（同上）。

このような状況の中で、過剰医療について考えてみよう。過剰医療のモラルハザードは、生活保護受給者（医療サービスの需給）側と医療機関（医療サービスの供給）側の両者に発生する可能性がある。受給者側においては、自己負担が発生しないため、頻繁な受診や複数機関からの薬を受ける可能性がある。供給側からは、不必要な医療行為を行うインセンティブが発生する。特に、被保護者の多くが単身世帯であり、傍で見守る家族がいないことから、不必要な手術などを行うなど悪質なケースも存在した。実際に、医療扶助によるレセプト一件あたりの受診日数が国民健康保険の倍近くあるなどの指摘もかつてはなされた（鈴木 二〇〇八）。厚労省の分析によると、生活保護と市町村国保等の医療費月額の分布は似ており、差はないとしている（厚生労働省社会・援護局保護課 二〇一一a）。これらも、生活保護の受給者は高齢であったり、社会的弱者であったりと、そもそ

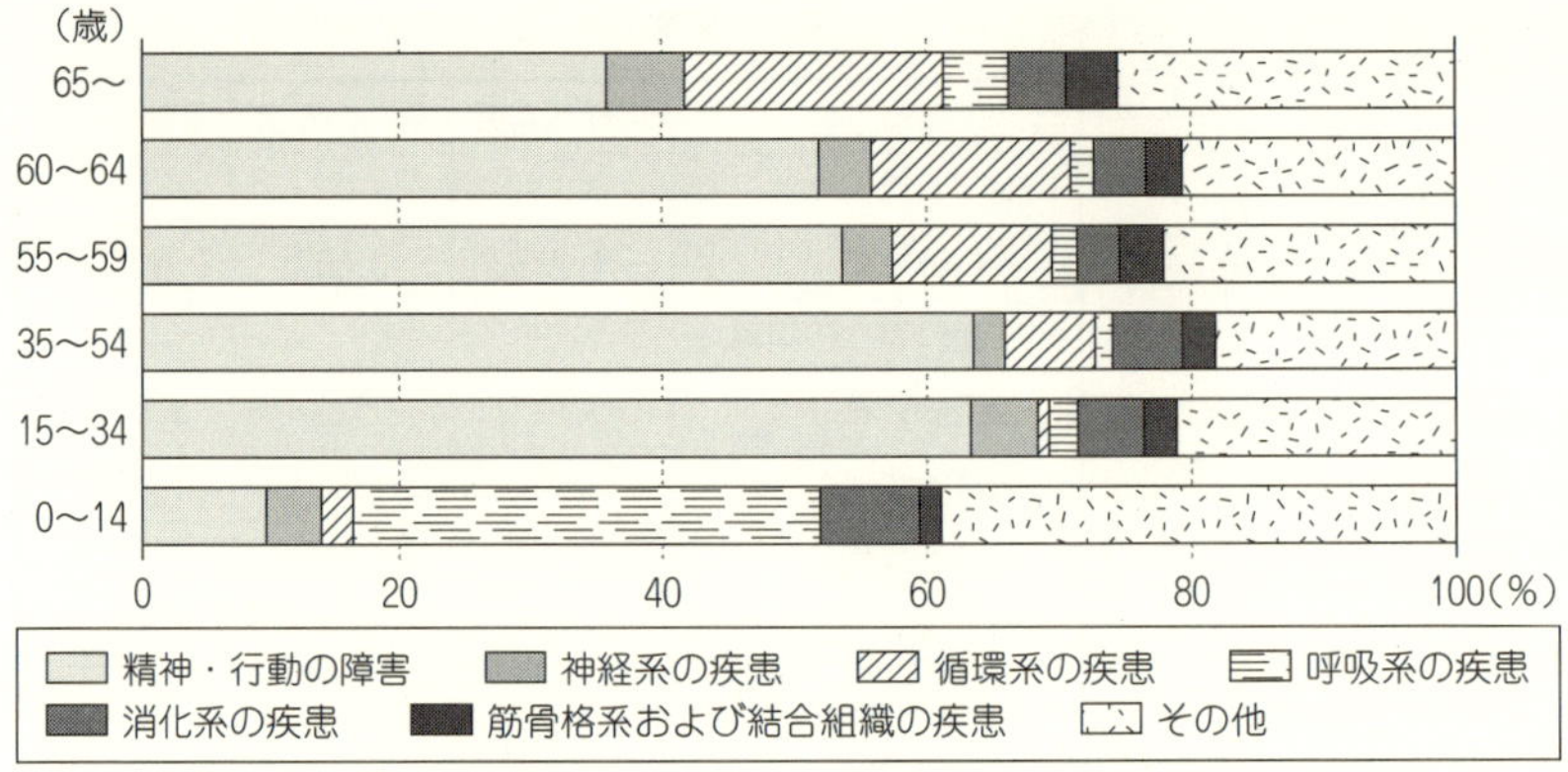

図6　医療扶助（入院）件数：年齢階層，傷病分類別

出所：厚生労働省社会・援護局保護課（2011b）。

も一般市民よりも健康状況が悪いと考えられ、また、長期の入院にしても、高齢者の社会的入院と同様に、医学的には退院できるとしても、「帰れる場」がない人が存在すると考えられ、一概に「不正」とは判断できかねる。

しかしながら、厚生労働省は、過剰医療に対する批判に対応するため、平成一九年度より、すべての医療扶助レセプトについて点検を進めている。これによると、過誤であると判断された医療費は、平成一九年度は一・二三%、平成二〇年度は〇・八六%、平成二一年度は〇・七七%である。

表3　医療扶助の適正化の取組状況

	平成19年度	平成20年度	平成21年度
レセプト点検			
過誤調整率	1.23%	0.86%	0.77%
頻回受診者への指導			
頻回受診者	4,215人	3,754人	3,874人
改善者数	1,354人	1,280人	1,279人
改善者数割合	32.12%	34.10%	33.01%
長期入院者の退院促進			
入院の必要がない長期入院者数	6,240人	6,252人	6,189人
改善者数	4,320人	4,428人	4,371人
改善者数割合	69.23%	70.83%	70.62%

出所：厚生労働省（2012）「生活保護について」社会保障審議会保護基準部会，第1回資料。

厚生労働省では、医療扶助の適正化のために、上記のレセプト点検のほかにも、頻回受診者への指導、長期入院患者への退院促進を行っている（厚生労働省「生活保護について」）。明らかに過誤と思われる頻回受診者（同一疾病で月一五日以上の通院が三ヵ月以上継続している者）については、嘱託医への協議、主治医訪問による病状把握を行い、過誤と認められた場合には、適正受診に関する指導を行っている。また、長期入院者についても、嘱託医と主治医の協議により、入院が必要ではないと判断された場合には、受け入れ先の確保や、退院阻害要因の解消などを行っている（表3）。また、このほかの取組として、後発医薬品の利用促進、「医療扶助相談・指導員」の配置、電子レセプトを活用した医療機関への立入検査、向精神薬の複数の医療機関からの処方への指導などを行っている。

4　生活保護基準は高すぎるのか

生活保護に関する第三の批判が、保護基準が高すぎるというものである。これは、全国のいくつかの地域において、生活保護基準が最低賃金でフルタイムで働いた場合の所得や、年金を上回ることに起因する批判である。これでは「働いている人」や「働いてきた人」に「不公平」であるというものである。

（1）生活保護基準はどのように決まってきたのか

先に述べたように、生活保護費の約半分は医療扶助費であるが、その次に大きい費目であるのが生活保護受給者の生活費にあたる生活扶助費である。この生活扶助費の基準が、生活保護基準のコアとなる。生活扶助基準の算定方法は、その都度の生活保護世帯と一般世帯の家計の状況を鑑みて改定されており、長い歴史を経て現在に至っている（表4）。

現在の水準均衡方式が導入された昭和五九（一九八四）年の中央社会保障審議会具申においては、一般勤労者世帯と被保護勤労者世帯の消費支出格差は約六割であることを踏まえ、これが「ほぼ妥当な水準に達している」と評価している。それから二八年という長い年月が経っているが、現在でもこの方式が継続されている。[9]実際には、この基準は、五年に一度行われている社会保障審議会の中の生活保護基準部会でその検証がなされており、その都度に、改定方式も含め、基準の「妥当性」が議論されている。平成一六年、一九年の検証では、標準モデル世帯における所得一〇分位の第一

表4　生活扶助基準の改定方式の変容

標準生計費方式	昭和21～22年	当時の経済安定本部が定めた世帯人員別の標準生計費を基に算出し、生活扶助基準とする方式
マーケットバスケット方式	昭和23～35年	最低生活を営むために必要な飲食物費や衣類，家具什器，入浴料といった個々の品目を一つ一つ積み上げて最低生活費を算出する方式
エンゲル方式	昭和36～39年	栄養審議会の答申に基づく栄養所要量を満たし得る食品を理論的に積み上げて計算し，別に低所得世帯の実態調査から，この飲食物費を支出している世帯のエンゲル係数の理論値を求め，これから逆算して総生活費を算出する方式
格差縮小方式	昭和40～58年	一般国民の消費水準の伸び率以上に生活扶助基準を引き上げ，結果的に一般国民と被保護世帯との消費水準の格差を縮小させようとする方式
水準均衡方式	昭和59年～現在	当時の生活扶助基準が，一般国民の消費実態との均衡上ほぼ妥当であるとの評価を踏まえ，当該年度に想定される一般国民の消費動向を踏まえると同時に，前年度までの一般国民の消費実態との調整を図るという方式

出所：社会保障審議会生活保護基準部会，第2回資料3（2011年5月24日）。

分位の消費水準との比較において、両者がほぼ均衡していることから生活保護基準が妥当な値であると結論づけている。

（2）「健康で文化的な最低限度の生活」をするにはいくらかかるのか

最低生活費の推計は、かつては盛んに議論されたものの、格差縮小方式、水準均衡方式と保護基準の改定方法が変容するにつれて、次第に忘れられていった。これが再び脚光を浴びてきたのは、近年の一般世帯における家計の侵食がある。一般世帯において貧困率が一六％という高さにある時代に相対的な方式のみではなく、より絶対的な方式を用いた最低生活費の推計も模索されている（岩田・岩永 二〇一二）。それらを簡単に紹介すると、理論生計費（マーケット・バスケット方式の改良版）を用いた金澤と労働総合研究所による推計（金澤 二〇〇九）、実際の家計を精査し「法則性」を見出して推計する実態家計方式による岩田らによる推計（岩田 二〇一一）、調査対象者らに主観的にいくら必要かという問いかけをする主観的生活費による推計（山田・四方 二〇一〇）、イギリスで編み出された一般市民へのグループ・インタビューでマーケット・バスケットを行うMinimum Income Standard 法による推計（岩田・岩永 二〇一二、重川・山田 二〇一二、卯月 二〇一二）がある。推計方法は、それぞれ異なり、どれも独自に工夫を凝らしたものであるが、その詳細については、各文献を参照されたい。これら推計による単身（勤労世代）世帯の最低生活費の比較を表5に示す。推計間の差に大きく影響しているのが、住居費であるため、住居費、医療費、非貯蓄型保険料など生活扶助費以外の費用で賄われる部分を除いた推計を比較すると（C）、推計はどれも一〇万円から一五万円となっており、生活保護基準（1級地の1）を上回る金額となっていることがわかる。この結果をそのまま受け取ることは難しいが、少なくとも、市民が感じている「理想の最低生活」は現行の生活保護基準より高いということができよう。

5　生活保護は、労働インセンティブを削ぐのか

（1）生活保護を受給していない人の就労インセンティブ

生活保護の第四の批判が、生活保護の存在が、人々の労働インセンティブを削ぐというものである。この批判は、二つに分けると考えやすい。一つが、生活保護を受けるか、または、就労するか、という二者選択において、生活保護費の方が就労

表５　単身（勤労世代）世帯の最低生活費の推計と保護基準

	最低生活費 A	Aから医療費・非貯蓄型保険料を除く B	Bから住居費を除く C
金澤・労働総研	174,406	173,477	119,310
岩田・村上（実態）	168,037	162,261	107,642
岩田・村上（全消）	156,123	152,832	90,309
山田・四方	142,000-178,000	161,000-211,000	102,000-146,000
MIS男性	193,810	191,628	115,878
MIS女性	183,235	180,800	106,758
生活保護基準１級地１		138,839	85,139

出所：岩田・岩永（2012）。

から得られる所得を上回るのであれば、働くインセンティブがなくなるという批判である。これは、前節の議論に繋がるものであるが、すなわち、保護基準の高さを問題としている論点である。実際に、いくつかの地域においては、最低賃金で働いた場合の所得よりも、生活保護基準の方が高くなる場合がある。[11] 二〇一二年度の最低賃金改定においては、一一都道府県でこのような「逆転現象」が見られ、二〇一一年度の三都道府県から八都道府県増えた[12]（厚生労働省労働基準局 二〇一二）。そのような場合、最低賃金で働くよりも、働かずに生活保護を受けるほうが「楽」であるし、働けるのに働かないで生活保護を受給するというモラル・ハザードが発生するという議論である。

このモラル・ハザードは実際に人々の行動に影響しているのであろうか。この問題を真っ向から扱ったのが、安部・玉田（二〇〇七）論文である。本論文は中卒の男性という限られた対象ではあるが、最低賃金で働いたとき得られる収入を生活保護額で割った比率が県別の就業率に与える影響を分析している。安部・玉田（二〇〇七）は、まず、地域によって、最低賃金、実際に支払われているパート賃金（産業計パート賃金）には、大きい地域差があることを示し、さらに、これらと生活保護額の比率にも地域差が大きいことを示した。これは、「最低賃金、生活保護額ともに地域性を考慮して決定されているにもかかわらず」（四四頁）、その相対的水準にばらつきがあることを示している。また、パート賃金については、最低賃金よりもさらに地域格差が著しい。このような、賃金体系の地域格差の中で、最低賃金、パート賃金それぞれの生活保護費に対する割合の男性（中卒）就業率に与える影響を見ると、最低賃金と生活保護の比については、ほとんど就業率に影響が認められなかったものの、パート賃金と生活保護費の比はプラスの影響を与えているという結果となっている。すなわち、パート賃金が生活保護額に比べて高いほど、就労インセンティブが働く。すなわち、生活保護費が労働者の労働インセンティブに影響するのだとすれば、それは、最低生活費と生活保護費との相対的な位置によるものではなく、パート賃金と生活保護費との相対的な位置によるものなのである。換言すれば、最低賃金と生活保護が逆転（i.e. 最低賃金の方が生活保護費よりも低い）していても、パート賃金と生活保護費が逆転していなければ労働インセンティブへの影響はない。

（２）生活保護受給者の就労インセンティブ

もう一つの批判が、いったん生活保護を受けると、働こうという意欲がなくなり、働ける人でも働かなくなるという制度の設計に対する批判である。生活保護制度は、現実には稼働可能な世帯員がいる世帯の受給は少ないものの、制度としては、稼働しながらも収入が生活保護基準に満たない人々を対象とすることを前提としている。実際に、生活保護受給世帯の一二・一％は就労している（表６、厚生労働省社会・援護局保護課 二〇一一b）。

生活保護制度には、生業扶助という給付があり、被保護者が生計を維持するための小規模事業や技能習得のための費用を支援するしくみがある。[13]さらに、就労して得た収入の一部を勤労に必要な経費として（勤労控除）、収入から控除するしくみも揃っている。収入として認定されると、その分の生活扶助費が減額されるので、収入の一部を控除することにより、実質的な手取り収入が多くなるしくみである。勤労控除は、生活保護受給者の就労インセンティブと密接にかかわるので、ここで詳しく説明しておこう。

勤労控除には、基礎控除、特別控除、新規就労控除、未成年者控除の四種類があり、また、この他にも必要経費として通勤費や社会保険料などが控除される。中でも大きいのが、基礎控除であるが、これは、勤労収入に比例して増加するしくみになっており、ある一定の勤労所得を超えると、大きく収入が減ることがないように、なだらかな制度設計となっている（図7）。

しかしながら、玉田・大竹（二〇〇四）は、アメリカのTANF（Temporary Assistance to Needy Families）と比較すると、日本の生活保護制度の勤労控除の設計、金額は、ともに小さく就労インセンティブという点では劣っているとしている。しかしながら、日本では生活保護を受けている母子世帯・その他世帯の四五・〇%、三三・五%が就労しており、「日本の被保護世帯の就労意欲が高い」としてい

表6　生活保護世帯の就労率*

	就労者のいる世帯の割合(%)
総数	12.1
高齢者世帯	2.9
母子世帯	45.0
障害・傷病世帯	9.9
その他世帯	33.5

＊　就労者のいる世帯の割合。
出所：図6と同じ。

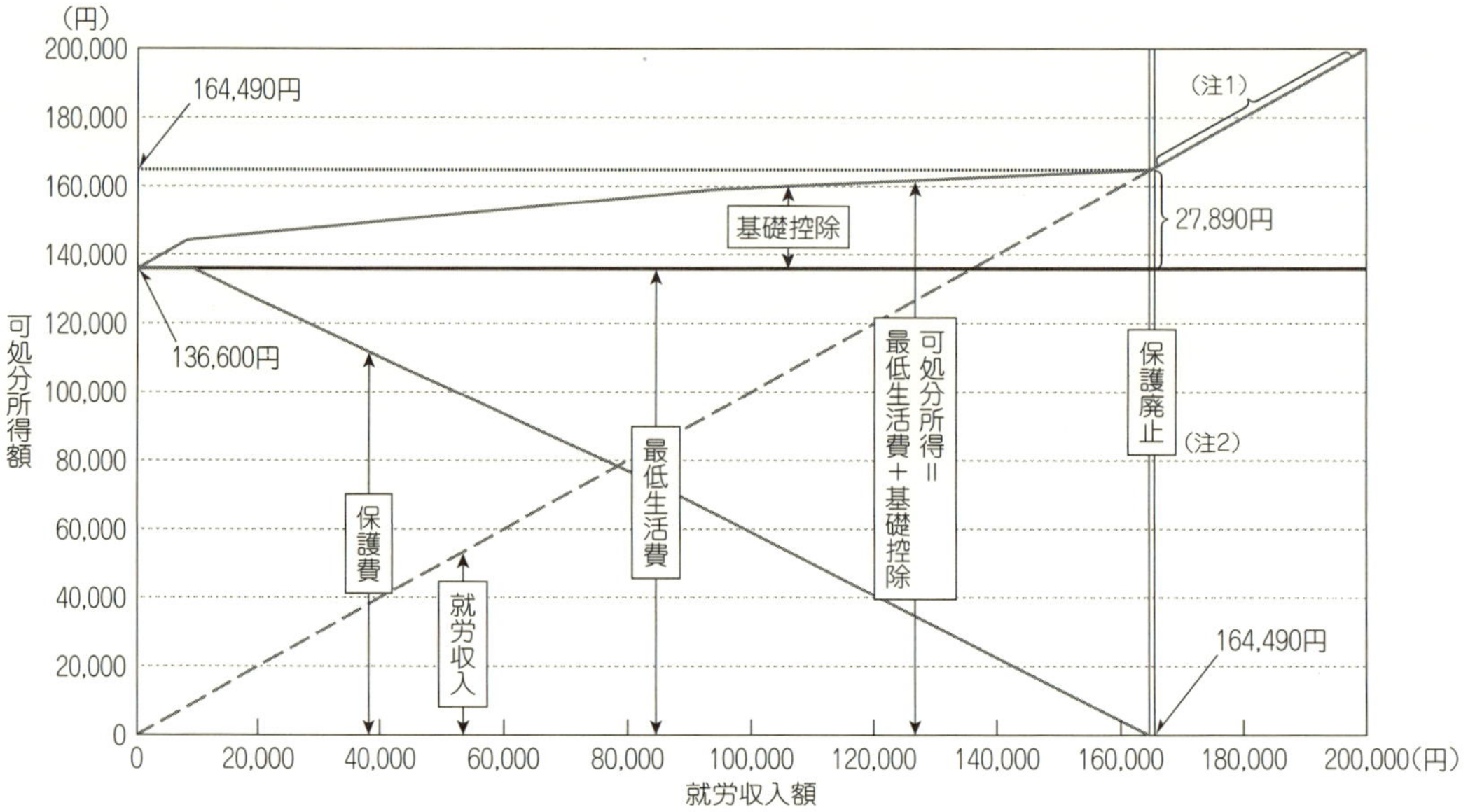

図7　被保護世帯における就労収入別にみた可処分所得額
（単身世帯（41～59歳，東京都1級地—1）の場合）

注：1)　保護廃止後の可処分所得は，税・社会保険料・医療費負担等により影響を受ける。
2)　定期収入の恒久的な増加により保護を再開する必要がないと認められるときに廃止されるものであって，機械的に廃止されるものではない。
出所：図6と同じ。

る。逆に考えると、日本の被保護者の就労率が高いのは、勤労控除の制度によって就労意欲が誘発されているのではなく、むしろ、その他の原因と考えるのが妥当であろう。

6 批判を越えて

本章では、生活保護に関する四つの批判（①受給者数の問題、②財政規模と不正受給の問題、③保護基準に関わる問題、④労働インセンティブの問題）について、経済学等において蓄積された知見を概観し、検討した。これらをもってしても、なお、不明な部分や説得性に欠ける論旨があることは確かである。生活保護に関する実証研究は、まだまだ蓄積が少ないのが現状である。しかしながら、本章から窺えることは四つの批判の多くについては、それに反論するに十分な知見の蓄積があるということである。これらが、生活保護の議論をもう一歩進めることを期待する。

【注】

(1)　例えば、スウェーデンにおいては、勤労世代の約一一％が障害者給付を受給しており、日本の約二％に比べて大幅に多い。これは、障害者の認定や給付の対象となる障害の種類や重度が日本とスウェーデンでは異なるためであるが、スウェーデンにおいては貧困層のうち障害をかかえる人の多くが障害給付によって生活を支えられている（OECD 2009）。

(2)　「平成一九年国民生活基礎調査」（厚生労働省）を用いた推計では三二・一％、「平成一六年全国消費実態調査」を用いた推計では七五・八％と八七・四％という二つの数値が推計されている。

(3)　厚生労働省社会・援護局保護課長通知　社援保発第〇三一八〇〇一号。

(4)　厚生労働省社会・援護局保護課長通知　社援保発第一〇三〇第四号。

(5)　厚生労働省社会・援護局保護課長通知　社援保発第一二二五第一号。

(6)　このような通知は、以前にも出されている。二〇〇八（平成二〇）年三月には、生活保護を打ち切られた男性が餓死した「北九州事件」（二〇〇七〔平成一九〕）などを受けて、漏給防止の通知が出された（厚生労働省　通知）。

(7)　この論点について最初に議論したのは熊谷（二〇〇二）。

(8)　医療扶助費、生活扶助費のほかには、住宅扶助費（一五・〇％）、介護扶助費（二・〇％）、そしてその他扶助費（一・二％）となっている。医療扶助費が生活保護費全体に占める割合は、徐々に低くなってきているものの、そのペースは遅く、過去に遡っても、ほぼ半分の生活保護費が医療扶助に充てられている。

(9)　しかし、二〇〇五年から二〇一一年の間には、一般世帯の消費支出が減少していながらも、生活保護費の引き下げは行われていない。

(10)　平成二三年国民生活基礎調査（厚生労働省統計情報部　二〇一二）。

(11)　最低賃金は、地域によって異なり、また生活保護費も六つの級地が定められているため、「逆転現象」の度合いは地域によって異なる。

(12)　二〇一二年度に逆転現象が見られるのは、北海道、宮城、青森、埼玉、千葉、東京、神奈川、京都、大阪、兵庫、広島。

(13)　高校に行くための費用（授業料、入学料、学用品費、交通費等）も、生業扶助として支出されている。

【参考文献】

阿部彩・國枝繁樹・鈴木亘・林正義（二〇〇八）『生活保護の経済分析』東京大学出版会。

安部由紀子・玉田桂子（二〇〇七）「最低賃金・生活保護額の地域差に関する考察」『日本労働研究雑誌』五六三、三一―四七頁。

新たなセーフティネット検討会（全国知事会・全国市長会）（二〇〇六）「新たなセーフティネットの提案――『保護する制度』から『再チャレンジする人に手を差し伸べる制度』へ」全国知事会・全国市長会HP。

尾藤廣喜・小久保哲郎・吉永純編著、生活保護問題対策全国会議（二〇一一）『生活保護「改革」ここが焦点だ！』あけび書房。

江口英一（一九七九）『現代の低所得層』（上、中、下）未来社。

林正義（二〇一〇）「生活保護と地方行財政の現状――市単位データを中心とした分析」『経済のプリズム』七八、一―三〇頁。

林正義（二〇一一）「生活保護費と財源保障」東京大学日本経済国際共同研究センター、*Discussion Paper*, CIRJE-J-236。

岩田正美・岩永理恵（二〇一二）「ミニマム・インカム・スタンダード（MIS法）を用いた日本の最低生活費試算」『社会政策』四（一）、六一―七〇頁。

岩田正美（二〇一一）『「流動社会」における生活最低限の理論的・実証的研究』科学研究費補助金・課題番号二〇三三〇一二五：二〇〇八―二〇一〇年度科研報告書。

金澤誠一編（二〇〇九）『「現代の貧困」とナショナル・ミニマム』高菅出版。

駒村康平（二〇〇三）「低所得世帯の推計と生活保護制度」『三田商学研究』四六（三）、一〇七―一二六頁。

厚生労働省社会・援護局保護課（二〇一〇）「推計について」平成二二年厚生労働省ナショナルミニマム研究会第3回資料。

厚生労働省社会・援護局保護課（二〇一一 a）「第二回部会等における委員の依頼資料」第三回社会保障審議会生活保護基準部会、資料一。

厚生労働省社会・援護局保護課（二〇一一b）「生活保護制度における勤労控除等について」第四回社会保障審議会生活保護基準部会、資料二。

厚生労働省社会・援護局保護課（二〇一二）『第五八回医療扶助実態調査（医療・調剤内容調査）結果（平成二二年六月審査分）』。

厚生労働省統計情報部（二〇一二）『平成二三年国民生活基礎調査の概況』（http://www.mhlw.go.jp/toukei/saikin/hw/k-tyosa/k-tyosa11/index.html last access 2012/8/8）。

厚生労働省労働基準局（二〇一二）「中央最低賃金審議会目安に関する小委員会報告」第三七回中央最低賃金審議会資料。

熊谷成将（二〇〇二）「医療扶助の実証分析」『医療と社会』一二（三）、三九―五九頁。

熊谷成将（二〇〇三）「医療扶助受給者の健康投資」『福山大学経済学論集』二七（二）、二〇一―二一七頁。

内閣府男女共同参画局（二〇一一）男女共同参画会議基本問題・影響調査専門調査会女性と経済ワーキング・グループ第八回資料三。

OECD (2009) "Sickness, Disability and Work: keeping on Track in the Economic Downturn," *Background paper for High Level Forum*, Stockholm, May 14-15, 2009, p. 14.

小川浩（二〇〇〇）「貧困世帯の現状」『経済研究』五一（三）、二二〇―二三一頁。

斎藤由里恵・上村敏之（二〇〇七）「生活保護制度と所得税住民税制の限界実効税率」『生活経済学研究』二六巻、三一―四三頁。

重川純子・山田篤裕（二〇一二）「日本におけるミニマム・インカム・スタンダード（MIS法）の適用とその結果」『社会政策』四（一）、七〇―八四頁。

鈴木亘（二〇〇八）「医療と生活保護」阿部彩・國枝繁樹・鈴木亘・林正義『生活保護の経済分析』東京大学出版会、一四七―一七二頁。

Suzuki, W. and Y. Zhou (2007) "Welfare Use in Japan: Trends and Determinants," *Journal of Income Distribution*, Vol. 16(3-4), pp. 88-109.

周燕飛・鈴木亘（二〇一二）「近年の生活保護率変動の要因分解――長期時系列データに基づく考察」『季刊社会保障研究』四八（二）、一九七―二一五頁。

橘木俊詔（二〇〇〇）『セーフティネットの経済学』日本経済新聞社。

橘木俊詔・浦川邦夫（二〇〇六）『日本の貧困研究』東京大学出版会。

玉田桂子・大竹文雄（二〇〇四）「生活保護制度は就労意欲を阻害しているか――アメリカの公的扶助制度との比較」『日本経済研究』五〇巻三号、一―二五頁。

卯月由佳（二〇一二）「ミニマム・インカム・スタンダードの日英比較」『社会政策』四（一）、八五―九六頁。

山田篤裕・四方理人（二〇一〇）「主観的最低生活費の測定」社会政策学会二〇一〇年度秋季大会テーマ別分科会セーフティネットの実証分析（報告一）。

和田有美子・木村光彦（一九九八）「戦後日本の貧困――低消費世帯の計測」『季刊社会保障研究』三四（一）、九〇―一〇二頁。

第2章

生活保護改革論議の課題

――法学の視点から――

嶋田佳広

生活保護の「激増」が話題だが、むしろ重要なのは、その背後にある貧困の広がりである。刺激的な提案も含め、生活保護の「抜本改革」もいまだ議論の途上にある。運用面の問題がしばしば指摘されるが、基準本体や個々の扶助も様々な矛盾を抱えており、かつ、これらを丁寧に取り除いていくことも決して不可能ではない。実際の改革にあたっては、生活保護制度の立ち位置を見据えつつ、貧困対策全体と連動させていく観点が求められる。その際法学の視点から、正確な制度理解と緻密な現状説明を積み重ね、同時に規範論としてあるべき姿をイメージしていくことが、全体の議論を豊富にさせることになる。

1 生活保護を取り巻く状況の変化

（1）生活保護受給者の増加

二〇一一年七月に生活保護受給者数が過去最高を記録し、その後も二〇〇万人超の状態で推移している（二〇一二年一月時点で全国で二〇九万一九〇二人、福祉行政報告例）。二〇一一年度はおそらく通年で二〇〇万人を記録しよう。もっとも少なかった一九九五年度の八八万二二二九人と比べると、一六年間で二・三倍近くに増えたことになる。二〇一二年一月時点で、被保護世帯数は約一五一万七〇〇一世帯であり、同じく一九九五年度との比較で二・五倍を超える増加となっている。なお、戦後間もない一九五一年度では、被保護世帯数六九万九六六二世帯、被保護人員二〇四万六六四六人であった。詳細は省くが、被保護世帯においても世帯規模がこの間段違いに縮小し、あるいは、一般世帯の動向以上に単身世帯化が進行していることが、数字上の傾向からも読み取れるといえる。

このこととも関連して、保護率では、一九五一年度が最高の二四・二‰、逆に一九九五年度が最低の七・〇‰であったのが、二〇一〇年度が一五・二‰となり、この間の増え方でいくと、二〇一一年度は一六～一七‰となることが予想される。ただし、数年内に二〇‰になるとしても、少なくとも現時点では、人口比との関係ではまだ「過去最高」とはなっていない。付言すると、我が国の捕捉率（保護率ではない）が相当程度低位にあることは周知の事実であり（二〇一〇年に厚生労働省が公表した「生活保護基準未満の低所得世帯数の推計について」なども参照のこと）、そのギャップがもし今後さらに埋まっていくとすれば、生活保護の増加それ自体は前提として議論していく必要があるともいえよう。

（2）二一世紀的貧困と生活保護

確かに、戦後直後は生活保護制度以外にまともな社会保障制度がなく、戦争の後遺症もあって貧困や窮乏が生活保護と直結しやすかった時代と、ともかくも国民皆保険・国民皆年金や各種の手当・福祉が充実した現代とで、数字だけを比較することにはあまり意味はないかもしれない。しかし、高度成長を果たし、一時とはいえ完全雇用に限りなく近づいた（これは過去のものとなりつつあるが）、世界でも有数の豊かさを達成した我が国において、ここ一〇年から二〇年、最後のセーフティネットが膨らみ続けている状況は、戦後とすらも比較しえない、ある種の未知の領域に到達したといえるのかもしれない。

なんとなれば、年金や医療、最近では介護に、年間で一〇〇兆円程度の給付をおこない、その限りで貧困になるリスクを相当程度「事前に」取り除いているはずなのに、そしてこれからも膨らむと予想される主要経費の費用をどうまかなうかが真剣に議論されている一方で、「事後に」貧困に対処する制度が、急速にそのカバー範囲を広げていることは、これまで私たちが自明のものとしていた社会諸制度の連関が思うように働かなくなってしまっていることの裏返しともいえるからである。なおこの議論は、雇用の激変や地域社会の崩壊、家族の衰退とも密接に絡むところであるが、いずれにしても、最後のセーフティネットである生活保護は、社会ないし社会保障の一種の矛盾を映し出す鏡あるいはリトマス試験紙だともいえるので、単に数字上の推移にのみ目を奪われることなく、なぜいま生活保護が増えているのか、そしてそれをどこまで生活保護の問題として考えるべきなのか、冷静な問題設定が求められているのである。

とまれ、我が国における格差や貧困の増加が生活保護のレベルの問題として現れ始めていること自体は疑いの余地はなく、かつ、こうした事態を反映して、「生活保護改革」「抜本改革」の議論が盛んになりつつもある。我が国に貧困があり、そして貧困が増えている現状を、生活保護との関係でいかに捉え、あるいは運用面や制度面の改善を追求していくか、まさにまったなしの課題が突きつけられているのである。以下では、幾つか提案されている改革案を素材に現行生活保護制度に向けられているベクトルを整理し、それを受けて、問題の把握と改革の方向性の検討をするものとする。

2　生活保護改革論議の諸相

（1）改革論議の始動

現在に直接つながるかたちで改革論議の先鞭をつけたのが、二〇〇三年八月に厚生労働省社会保障審議会福祉部会に設置された「生活保護制度の在り方に関する専門委員会」である。同委員会は、同年一二月の中間とりまとめを経て、二〇〇四年一二月に最終的な報告書を答申した。そこでは、「利用しやすく自立しやすい生活保護制度へ」のコンセプトのもと、大きく三点について検証ないし要請がなされている。すなわち、一つ目が生活保護基準（本体基準のほか加算にも言及）、二つ目として制度運用の在り方（自立支援および資産能力活用）、三つ目に制度の実施体制（財源や組織、他施策との連携）であり、あるべき論が展開されているほか、それぞれに具体的な提案も盛られたものとなっている。

答申は、のちに自立支援プログラムの導入につながるといった積極面もあり、他方で訴訟にもなった母子加算の見直し（減額・廃止）のような施策の根拠となったところもあって、専門委員会報告をどう見るかはなかなか難しい問題である。審議会という議論形式の点での限界もあるし、委員の人選にも左右される。しかしながら、立場を超えて生活保護をまともに議論することそのものがほとんどおこなわれてこなかった状況を打破した点は評価すべきであり、換言すれば、生活保護にも様々な利害関係や力学が働いていること、その意味で社会を支える仕組みの一つであること、それゆえそもそも一面的・表面的な議論にはなじまないことが読み取れよう。

（2）各方面からの参戦

専門委員会による報告書の後、視点ないし観点をある程度定めた改革提案が各所からなされるようになる。例えば分権型政策制度研究センター「分権型の生活保護行政に向けて」（二〇〇六年八月）は、かつての中央集権体制がこの間の地方分権改革によって変化・変容するなかで、地方自治体は国と対等の存在と位置づけられ、機関委任事務も廃止されたが、それにもかかわらず、実際には法令や告示、指導基準、技術的助言、補助負担金等を通じて自治体の事務は高度に規律されたままであって、今後求められるのは規律密度の緩和＝第二次地方分権改革であるという問題意識のもと、具体例として生活保護を検討の俎上に載せたものである。

提案はかく述べる。第一に、「衣」と「食」の確保を保障する「生活扶助」を現金給付として全面的に国の財政負担のもとで実施（法定受託事務）、相談、指導、申請、給付、受給者への生活指導は自治体が実施機関として担う。第二に、「生活扶助」以外の現行の七つの「扶助」は、基礎的なユニバーサルサービスと位置づけ直し、「現金給付」から「現物給付」に切り替え、サービス供給者に対しては必要な額を直接支弁する（自治事務扱い、国庫負担を一般財源化して自治体に移譲）。第三に、新たな「生活扶助」は級地制度を廃止し全国一律基準とする。第四に、今後の生活保護行政においては自治体の福祉事務所を第一線の機関としつつも、「現物給付」に対応しうる総合的行政体制を整え、専門職職員の充実をはかる。第五に、生活保護受給者の「自立の助長」「自立支援」においては、受給者の身体的、精神的特性や生活実態をキメ細かく把握し、「経済的自立」に限定されない「社会的自立」の道を追求する。

具体案が多く含まれ、また、地方自治と生活保護との関係を実践的に解明しようとしている点で興味深い内容であるが、実際にこうした改革を実施した場合に現行制度の問題点が具体的にどう改善されるのかについては、議論がさらに求められるところであり、逆にそれを欠いてしまうと、単なるシステム論にとどまる可能性がある。

（3）対照的な議論

こうした提案と比べると、より直接的あるいは論争的なのが、全国知事会と全国市長会の連名による「新たなセーフティネットの提案」（二〇〇六年一〇月）である。ここでは、現行制度は制定後五六年を経つつも抜本的な改正はなく、この間生じた少子高齢化・人口減少社会の到来や家族の変容、就業構造の変化、ワーキングプアの広がりなど社会経済構造の大変化に十分に対応できず制度疲労を起こし、かつ国民の自助自立の精神とも調和しない制度となっているとの基本的認識に立ちながら、稼働世代（一八〜六四歳）に対しては、新たに有期保護制度（最大五年間）を創設しかつ就労支援プログラムへの参加を義務づける、また高齢者世帯に対しては、国民年金の保険料納付や年金受給額を自助努力と評価して支給額を決める給付を（期限は切らず）支給する（幾ばくか年金を受給している場合は収入認定の際に一部を控除することで無年金の場合と比べて実質的に支給額を増やすことかと思われる）、ボーダーライン層の生活保護への移行を防止する就労支援制度を創設する、といった点が示されている。

勤労ないし自助自立を尊重・重視し、金銭給付を主として就労促進の手段と位置づける点で、いわゆるワークフェアの議論に近いものといえるが、「個人が貧困と戦うことを、国が積極的に支援する制度を創設する」という同提案の立脚点は、裏を返せば貧困との闘いは個々人の責任でおこなわれるべきであり、また、闘おうとしないと判断された場合はセーフティネットの適用すらも限定ないし拒否されかねないとも理解でき、具体的な制度設計の問題とあわせ、憲法との関係でもさらに議論が必要である。

対して、日本弁護士連合会「生活保護法改正要綱案」（二〇〇八年一一月）は、二〇〇六年から二〇〇七年にかけてのシンポジウムや対策委員会での議論を踏まえた数多くの提言をおこなったものであり、（1）水際作戦を不可能にする制度的保障、（2）保護基準の決定に対する民主的コントロール、（3）権利性の明確化、（4）ワーキングプアに対する積極的な支援の実現、の四つのポイントに関して、現行法の具体的な改正案を示している。例えば（1）について、申請時の援助を含む申請権の保障や制度広報義務の法定、（2）では現行法上厚生労働大臣が定めることになっている保護基準を国会が法律別表で決定する方式に変更、（3）はスティグマを帯びた用語の言い換え（被保護者→利用者など）、そして（4）で住宅扶助や医療扶助をボーダーライン層にも提供、といった具合である。

従来、社会保障や生活保護に熱心に関与する弁護士は決して数多くはなかったが、この間、申請同行や不服申立てといった現場レベルの取り組みや、あるいは保護基準の抱える問題があらためて訴訟でクローズアップされるなど、法律専門家と生活保護との距離感が縮まってきていることが上記の提案の主な背景だといえる。それにつけても、同じ生活保護を扱っても、全国知事会・全国市長会提案と日弁連提案では、ほとんど一八〇度違うともいえる改革方向が議論されており、どの立場から生活保護という問題を考えるかにおいて対照的な構造をなしている点は興味深い。

（4）政治レベルの動き

バブルが崩壊し、失われた一〇年とも二〇年ともいわれる混迷期にあって、目に見えるかたちで生活保護が増加し続けるなかで、小泉政権下における構造改革路線のような動きもなかにはあったが（そしてこれが格差の拡大と貧困の深化を招いたと後々批判されるようにもなったが）、安倍政権以降の自公政権、そして政権交代後の民主党政権では、濃淡はあれ、いずれもセーフティネットの強化拡充が政治の一大テーマとして取り上げられるようになり、実際、雇用保険の被保険者資格の拡大や第二のセーフティネットの創設（現在の求職者支援制度の原型）といった政策対応に結実している。

とはいうものの、生活保護の増加トレンドはおもやむことはなく、また、上で見たように各方面から相次いで提案がなされるなか、政府レベルでの改革論議は、国庫負担率の引き下げを巡る国と地方の協議での結論先送りなど、どちらかといえば低調な状態が続いていたが、この間、二〇一一年四月から生活保護基準部会が、二〇一一年五月から生活保護制度に関する国と地方の協議が、それぞれスタートし、抜本改革をも睨んだ動きが始まっている。以上を受けてないしは以上と平行して、二〇一二年四月には、生活困窮者の生活支援の在り方に関する特別部会が社会保障審議会に設けられた。この特別部会では、生活困窮者や社会的孤立の問題も扱われており、その意味で視野が広げられているが、もちろん生活保護についても多くの提言がなされそうである。

すなわち、会議提出資料によると、医療扶助にかかる当面の対応に、①電子レセプトを活用した重点的な点検指導、②セカンドオピニオンの推進、③後発医薬品の使用促進が、また制度運用の適正化として、①資産調査の強化（「本店一括照会方式」の活用による金融機関への資産調査を強化）、②「不正告発」の目安の提示、③保護申請時の暴力団排除の徹底が明記されている。就労・自立支援の強化の項目でも、①期間を設定した「早期の集中的な」就労・自立支援、②就労自立支援プログラムの拡充・体制整備、③自立支援プログラムへの参加や求職者支援制度の利用、④高齢者等の社会貢献活動・就労体験の拠点整備、⑤ケースワーク業務の外部委託の推進が掲げられている。今後の制度見直しに関しては、生活保護基準の検証・見直しや、調査・指導・罰則の強化のほか、脱却インセンティブの強化（就労・社会的自立・健康管理を促進する観点から基準体系を見直し、就労収入の一部を積み立てておき生活保護脱却時に一括還付する就労収入積立制度の導入など）、ハローワークと一体となった就労支援のいっそうの強化があげられている。これを素直に読む限り、文字通りの抜本改革というよりは、長年の懸案をあらためて取り上げたうえで、いっそうの就労促進を図る、いわば現実路線の強化とも指摘しうる内容である。

他方、自民党から、二〇一二年四月九日付けの「日本の再起のための政策原案」において、生活保護に関して、以下の主張が展開されている。すなわち、「手当より仕事」を基本とした生活保護の見直しとの題のもと、見直しの「理念」として、第一に、最後の安全網としての機能は適切に果たすことを前提とした生活保護の抜本的な見直し、第二に、平成二一年一二月二五日厚生労働省課長通知「速やかな保護決定」を撤回し、自助・自立を基本に共助・公助が補う生活保護制度に立ち返り、同制度に対する国民の不公平感を解消し、信頼を取り戻す。さらに見直しの「五つの柱」として、（1）年金とのバランスへの配慮などによる、生活保護給付水準の一〇％引き下げ、（2）過剰診療の防止などによる医療費扶助の大幅な抑制（自治体による医療機関の指定、重複処方の厳格なチェック、ジェネリック薬の使用義務の法制化など）、（3）食費や被服費などの生活扶助、住宅扶助、教育扶助等の現金給付から現物給付へ、（4）稼働層の自立促進、公的機関での採用等の就労支援対策（ケースワーカー業務の民間委託、自立資金のための「凍結貯蓄」の導入〔保護受給中の就労収入を保護費と差し引くのではなく別途積み立てておいて保護廃止時に一括して交付し自立のための資金とすることかと思われる〕）、稼働層を対象とした生活保護期間への「有期制」の導入など）、（5）その他自治体の調査権限の強化と財政圧迫への対応など、である。こうした見直しの「効果」として、年間三・七兆円の生活保護予算が大幅に削減されるとしている。

野党という立場を考えれば、実現可能性を念頭に作成されたものであるかどうかの問題もあるが、次期総選挙の結果との関係、あるいは内容的に政府内で検討されているものと重なる部分もある点を考えると、個々の政策パーツについての妥当性はもちろん、何のための改革なのかという入り口部分の議論がさらに必要であろう。

3　改革論議と法的視点

（1）法学がどこまで改革論議に寄与できるか

社会の激変期にあって、果たして法学にどのような力があり、何を果たすことができるかとなると、毛頭答えすら用意できない難問である。法学とりわけ解釈法学は、社会における諸関係を権利義務レベルで把握・分析・解明することがさしあたりの使命であって、その前提となるのが、例えば実際に存在する法律や裁判所の判決などである。しかし現在はそれよりもう一つ大きな前提、すなわち社会そのものが大きく変化しており、そこでの視座を欠くと、現実への影響力どころか現実との切り結びすら生まれてこない。法学の議論が得意とする現状説明ないし制度解説は、社会が比較的安定しているときにはそれなりの意味を有するが、社会が流動化し様々な境界が不明確化していくと、守備範囲や射程距離がとたんにつかめなくなり、効果的な議論ができにくくなる弱点を抱えているともいえる。

他方で、法学には規範論・あるべき論を展開するというもう一つの側面がある。例えば、安定した社会では、日々生起する諸問題への法適用（妥当な解決策の提示）を通じて、社会の安定を保ち続ける、あるいは、実務や現象面の不都合・不合理を指摘して、施策・政策や行政運営を法的・体系的に整合させていくわけであるが、その限りで法学の議論は、場合によっては「こうこうすべき」というエンジンとしても、「これこれすべきではない」というストッパーとしても、それぞれ働くことになる。しかし政策全体との大きな対話は、これも一種のあるべき論ではあるが、少なくとも我が国では発達してこなかったし、近年までは重要視もされてこなかった。

おそらく、現在展開されており、かつ、これから真剣に議論されていくべき生活保護制度改革は、上に掲げた法学の苦手領域に重なるところが多い。どちらかというと、法学の議論は、現行制度を前提に、その問題点や改善すべき箇所を一つ一つ丁寧に指摘していくことになじみやすい反面（ただし、現行生活保護法が、一般扶助主義の公的扶助制度としては、制定当初においてはもちろん、現代においても、多くの先進的内容を含んでいることは事実であるといってよい。問題は制度運用だ、というのが、この間の裁判の蓄積からもかなりの程度あてはまる指摘である）、一から制度作りをして抜本改革を成し遂げるためには、法学的なあるべき論をミクロではなくマクロのレベルで展開する必要があるが、ただしそれをしたところで、単なる制度論ないし政治選択の問題に矮小化されるおそれもないわけではない。

こうした思考パターン自体の意味・適否ももちろん問われているとは思うが、いずれにしても、法学の立場から改革論議に参戦しようとすると、基本的な手法としては、個々の改革・改善提案について、問題点を指摘し、少しでも「ましな」制度改革につなげていくというのが、せいぜいなしうるところである。ただし、それに際して以下の立場は堅持しておきたい。法学とりわけ社会法に分類される法学（労働法学、社会保障法学、経済法学など）は、多かれ少なかれ現実に生起する社会問題の認識とその解決のために生まれた分野である。現在一部の議論に見られるように、生活保護が増えている→生活保護を減らそう、という思考順序は、「生活保護」が増えること自体が社会問題であるとの立場に立つのならともかく（これは生活保護＝負荷、社会の重荷と捉える発想である）、生活保護をまともに運用していて結果的に受給者が増えているのであれば、これは生活保護への回路が大きく開いている現状（格差や貧困の拡大）そのものに問題がある、すなわち貧困が再度社会問題として認識されなければならない状況に至っているというべきである。ただしこれを生活保護だけの問題として受け止めるかどうかの選択、あるいは現行法をどこまで前提に考えるかの価値判断がここでは残るのである（そしてその限りで、規範論としての意味もでてくる）。

(2) 保護水準について

老齢加算や母子加算の削減・廃止が訴訟で争われたように、生活保護の水準は、現在もっともホットなイシューといってよい。加算訴訟の多くでは、結論として、今回の加算廃止を厚生労働大臣の裁量の範囲内だとして違法性を認めていないが、保護基準が加算に限ってとはいえ最高裁で問題となること自体、朝日訴訟以来のことであり、保護基準に対する法的統制の問題はその重要性をなおも失っていない。

保護基準というテーマは、セーフティネットの側面も有するが、よりいえばナショナルミニマムの問題でもある。そもそもセーフティネットは私たちの社会や経済の至るところに公私の違いや目に見える見えないの区別なく存在しており、生活保護はそうしたセーフティネットのうち、公的に整備された、しかも順番でいえば最後に用意されている一種類に過ぎないのに対して、ひとたびある生活保護水準が設定されると、要件を充足する限り、原則としてすべての人がそのライン以上の生活を送れるようになる、まさに貧困ラインとして機能するという意味で、最低賃金や国民年金、課税最低限と同様に（あるいはそれら以上に重要な立ち位置で）ナショナルミニマムを形成するものといえる。厚生労働大臣の裁量行使も、こうした最低限の設定という保護基準の重要な機能を鑑みておこなわれなければならない。

加算の削減も、その限りで貧困ラインを引き下げることにほかならず、すなわちナショナルミニマムが下方に移動したわけであって、最低保障年金の議論や最低賃金の引き上げが他方では政治的課題になっているのと比べると、保護だけが後退している印象を与える。自民党の一〇％カット案は本体基準をも切り下げるものであるが、他の政策や制度との整合性がどの程度勘案されての提案なのか疑問の残るところである。

また、どの程度の水準を支給すべきかの議論ではなく、保護の水準を決定するのは誰かという点で、日弁連は国会が法律でこれを定めるとの提案をおこなっている。民主的統制の意味ではこれを超える決定方式は確かに存在しないが、国会が機能しない場合や国会自身の調査能力の問題もあり、一足飛びにはいかないであろう。あるいは、地方に生活扶助基準設定権限を単純に与えるという、同じく決定権者にかかる案も一部にあるが、上述したミニマムの問題が（というよりミニマムが有名無実化してしまうおそれが）ここでは同時に出てくる。

これとは別に、現在政府部内で検討が進んでいる、就労等を促進する観点から基準体系を見直すとの提案は、具体的な内容が詳らかではないが、勤労控除の大幅拡充による就労インセンティブ付与という、基準の機能面の改革だとすると、基本的な方向性は間違っていないとしても、インセンティブに拘泥しすぎると、意欲喚起自体にたどり着けない受給者層にとってはハードルが上がりすぎて逆にモチベーションに差し障る可能性もあり、制度設計には慎重さが求められる。

（3）実施主体について

我が国では、憲法上、国が最低生活保障責任を負い、実施責任を地方公共団体に課す形式が採用されている。この間、機関委任事務（「実施機関」はその名残）から法定受託事務へという事務の性質の変更はあったが、責任分担枠組みは従前通りである。法定受託事務か自治事務かは、国の関与の度合いの濃淡に関わる概念であり、分権型政策制度研究センターの問題意識である規律密度（法令や通知通達で現場の行政がどの程度拘束されているかの度合い）の点でいえば、確かに国の関与は生活保護については比較的強く残っているといえる（毎年発行の「生活保護手帳」を見よ）。

あとは、それがいいのか、それでいいのかの議論であるが、これは救貧行政とはそもそも誰がどのようにおこなうべきかという根本問題とつながっており、理論的に一つの解が導かれるわけではない。観点を変えれば、適正に事務が執行されていれば、少なくとも受給者にとっては、どこの行政主体がどういう基準に従って制度を運用しているかは意識の対象とならないが、ひとたび違法行政の可能性が出てくれば、法治国家では本来は争訟を通じて正されるべきものとなるところ、我が国ではなかなか審査請求や訴訟に至らず、あるいは司法も積極的に行政を統御しようとしないところがあり、結局、地方分権の時代だから地方が生活保護の権限と財源を握っておこなうという一面だけを強調すると、ミクロで現れる違法・不当な保護行政が結局そのままになってしまうおそれもぬぐいきれず、その限りで（もちろん当事者や支援者による意識的な問題発掘と争訟制度の活用を進めていくこともかわらず重要であるが）全国一律の処理基準やきちんとした監査の仕組みをある程度は整備しておく必要があろう。

　こうした実施主体の問題と費用負担の問題が、我が国ではあまりリンクして考えられていないが、重要な論点である。現行制度では、最低生活保障責任と実施責任の分配とは直接には無関係に、いまのところ、保護に要した費用は、国が四分の三、地方が四分の一を最終的に負担する（全額をいったん支弁するのは地方）。この国庫負担率は他の福祉諸制度と比べると高率であるといわれ、その根拠として国が最低生活保障責任を負っているからと説明されることが多いが、この国の負担率は当初から見ると八〇%→七〇%→七五%と遷移しており、確かに「高率」は維持されているが、パーセンテージまでが理論的に導出されるわけではない。実際、この間の国と地方の協議で、国側から再三、三分の二（六六%）に引き下げる提案がなされ、地方からは逆に国が一〇〇%負担すべきだとの反論があり（分権型政策制度研究センターの提案も見よ）、最低生活保障責任の所在だけではおそらく結論の出ない議論である。また、扶助ごとに国庫負担率を変えるという変則的な提案もかつて国側からなされたことがあり、混迷の度を増している。「クチを出す」と「カネを出す」の関係は、確かに規律密度の濃淡などとあわせて議論すべきところであるが、最終的にはパワーバランスと妥協の問題であって、法的に詰めるには限界があるところである。

（4）各種の扶助について

ここでは規模の大きい扶助について幾つか指摘しておこう。

　まず、生活扶助について、金額としての保護基準以外の点で、例えば一時扶助の問題を考えてみる。ホームレスであった単身者にアパートを借りるための敷金を支給してそこで保護を開始するとして、実際には日常生活に必要な鍋釜も何もないと仮定する。こういう場合、家具什器費を支給することになるが、では当事者が、冷蔵庫、洗濯機、テレビ、エアコンや電子レンジも支給してほしいと申請してきたらどうなるかというと、現実の行政実務では、生活保護法に照らして考え始めるのではなく、実施要領（この場合、生活保護手帳および別冊問答集）で許されているかどうかを詰める慣行がほぼ確立している。この設問では、別冊問答集に「冷蔵庫、電子レンジ等……必要性および緊急性が認められる場合」は認定できるとされているので、少なくとも門前払いとはならないが、もしこういう問答がすっぽり落ちている場合は、できることになっていないのでできません、で止まってしまうことがむしろ普通である。

　あるもの・あることが最低限度の生活に実際に必要かどうかというそれ自体は極めて具体的な問題について、そもそも日本法では不確定法概念（「適切な」「必要な」といった法律上の表現）があまり用いられず、あるいはあっても下位規範で極めて狭く解釈され、また開放条項（カタログのラインナップの最後に「その他」を掲げる）というようなテクニックも、少なくとも公的扶助の世界では一般的ではない。その限りで、実施機関に関連規定を読み込む力量がない場合、機械的な対応に終始され、結局最低生活需要に欠落が生じてしまうことにもなる。この問題は実施機関に給付内容決定権限が今以上に与えられるという意味で地方分権の論点とも重なるが、いずれにせよ、「抜本改革」において法律をいじらないわけはないので、法律の規定を使い勝手のよいもの・読んでだいたい理解できるものにすると同時に、公平さや予測可能性が担保され、かつ、一方的・硬直的でないダイナミックな保護行政が展開されるような改正をおこなうべきである。たかだか電子レンジと思うなかれ、神は細部に宿るのである。

次に、住宅扶助も、住生活の多様な側面に配慮した改革が望まれる。例えば住宅扶助基準は、現在、一般基準、一般基準限度額、特別基準の三段階で運用されており、このうち、一般の国民が普通に知ることができるのは一般基準のみであり、また、金額は一級地と二級地で月額一万三〇〇〇円以内、三級地で同八〇〇〇円以内となっている。被保護者の多くが借家に住んでいる現在において、およそこの金額で家賃がまかなえる物件が十分に存在していると考えるものはほぼいないだろう。よって、実態としては、都道府県や指定都市ごとに厚生労働大臣が別に定める額（一般基準限度額）と、世帯人数によりこれを定型的に加増した額（特別基準）が基準として機能している。ただし後二者は、ウェブで検索すればかなりの程度ヒットするようにはなったものの、あくまで行政主体間で金額がやりとりされているだけであり、一般国民にとってはブラックボックスのような位置づけであるといってよい。こうした情報非開示自体が問われるべきである。

そして問題はこれにとどまらない。（1）そもそも生活扶助と住宅扶助とで何が違うかというと、前者は定型的に最低生活費の積み上げに回されるのに対して、後者はあくまで実額・実費が積み上げられる（簡単にいえば、大食漢であっても食が極端に細くても、生活扶助の額は人によって変えられないが、家賃が五〇〇〇円の場合と五万円の場合では、それぞれに必要な額が計上される）。そして現行の住宅基準は、「円以内」としてここに上限を設けている。一万三〇〇〇円で実際に足りないことは上述の通りだが、例えば大阪府の限度額（単身者に適用）は四万二〇〇〇円以内と通知されている（二〇一一年度）ところ、もし五万円の家賃の住居に住んでいる要保護者がいた場合、彼の最低生活費として積み上げられるのは上限の四万二〇〇〇円であり、残り八〇〇〇円は（保護が適用されたと仮定して）生活扶助等で支給される範囲内から捻出しなければならない。その限りで、住居費が生活費に食い込むわけである。もちろんより低い額の家賃の住居への転居指導はなされるが、適当な物件が見つからなくても、仕方がないので実費の五万円を計上しましょうとはならない。（2）実際上、生活保護受給者のみを入居者と想定した借家経営が広範に広がっている。例えば東京都は全国でもっとも高い限度額（単身者）五万三七〇〇円以内が設定されているが、保護受給者の多い地区の不動産屋を覗くと、きっちりこの額に家賃が定められている物件が非常に多く目に付く。確かに借家経営自体は民間の営利行為であり、家賃そのものがピンキリなのも周知の事実なので、ルールを逸脱しているわけではない（いわゆる囲い屋はこの問題が極端に現れた例である。狭い部屋に複数人を押し込むというような悪質な業者に対しては法規制が進んでいる）。とはいえ、確実に回収できることを見込んで狭隘で粗末な物件にまで限度額相当の家賃がつけられるなど、ここでも住宅扶助の硬直性が弊害を呼んでいる。住宅扶助の基準設定を地方に委ねるという提案も一部に見られるが、貧困ビジネス規制に議論をとどめるのではなく、根本的には、家賃の特性を加味しつつ、必要な需要は完全に充足できる方向での改革、例えば実費支給を原則とし、極端に高額な場合は転居指導とセットにして、転居先が見つかるまでの一定期間は現状の家賃を特別基準が設定されたものとして支給する、といった方向性を考えてもよいのではないか。

最後に医療扶助を取り上げよう。現在の年間保護予算は三兆円を超えているが（これを「衝撃」といったテレビ番組もあったが、我が国の社会保障給付費は総計約一〇〇兆円であり、生活保護は全体の三％程度である）、実はその半分は医療扶助で占められている。頻回受診対策としてのセカンドオピニオン（主治医以外の意見）活用や後発医薬品の使用促進が、こうした状況を前提にした提案であることは疑いない。

さらに近年、医療扶助に自己負担を導入すべきとの声が上がっている（なお、政府の特別部会の議論では、①必要な受診が抑制されるおそれ、②医療費立替の資力の問題、③福祉事務所の事務負担増加、といった観点から慎重な検討が必要とされているようである）。この導入論が、もし、他の医療保険では三割自己負担があるのに生活保護になるとたんに医療費が「タダ」になるのでけしからん、という単純な発想に立っているのであれば、制度を正確に理解していないといわざるを得ない。これは、一般の医療保険被保険者に対する給付率が七割であり、生活保護の医療扶助が一〇割というだけの違いであって、なぜ給付率が三割分上がっているかというと、最低生活を維持できないからである。また、医療の給付率が一〇割というのは、かつての健康保険のサラリーマン本人において制度化されていたこともあり、それ自体が制度として特異ということもない。

この問題は、医療扶助の改革案として国保との統合が主張されることもあるが、すでにそれを先取りしたともいえる介護扶助と比較してみるとよく理解できる。介護扶助は、介護保険で六五歳以上の者が例外なく第一号被保険者とされ、さらに被保険者にあっては、介護保険料が生活扶助に加算され（よって保険のメンバーシップを得られる）、介護が必要になった場合、保護を受けていないその他の被保険者と同様、介護サービスの九割が保険で給付され、一割の自己負担が介護扶助として支給されるという、非常によくできたシステムである（ただし介護扶助には給付レベルが介護保険と揃えられている問題があるがここでは検討を割愛する）。医療扶助を国保に合流させれば、三割の自己負担のみを医療扶助がおこなうことになり、給付率は一〇割から三割に落ちる（残る七割は国保）わけで、たとえ感情論でいっても「納得」の範囲内ではないだろうか。それもおかしいというのなら、介護扶助の一割をも見直し対象としなければ平仄が合わないことになろう。

4　社会とつながる生活保護へ

（1）自立支援、就労支援と生活保護

どちらかというと保護基準や扶助のあり方は、保護を利用するとき、継続するときの制度の使い勝手とリンクする問題であるが、しかし生活保護は、「自立を助長する」目的も有しており、この点で様々な工夫を今後も積み重ねていく必要がある。手っ取り早い自立のためには、仕事に就いて収入を得られればよいのであるが、何をもって自立というかの議論に従えば、保護を受けながらも、日常生活を立て直し、社会とつながった生活を送っていくことで、全体として健康で文化的な生活を営んでいけるようにしていくことが目指されなければならない。

一方で、社会関係そのものが複雑化していくなかで、とりあえずお金は確保するけれども後は自分で頑張ってくださいといわれても、いったん貧困に陥った人にとってはこれはなかなかハードルの高い話であって、その意味で、広い意味でのサービスが、援助や支援といったかたちで整備され、かつそこにアクセスできる体制構築が今後の重要な課題である（例えばハローワークはもともとそういう制度の一つでもある）。そしてこれは地域

福祉や低所得者世帯の問題ともつなげて構想していかなければならない。たまたま生活保護を受けられたら各種の支援を受けられたというだけでは、ボーダー層との間では実質的な逆転を生むことになりかねず（そして保護基準を切り下げればこのラインが全体として下方に動くことになる）、その限りで、現在は医療や介護、教育、職業斡旋などでそれなりに実現されてきているユニバーサルサービスの仕組みを、生活支援、自立援助にも広げていき、そのなかでの生活保護の役割をあらためて論ずる、という順序でものを考えていくべきであろう。誰でもどこでもいつでも利用できる公的・社会的サービスを充実させ（これを自立支援でいえば、自立するのは最後は本人であるがそれを支援するのは世の中の責任だ、という認識を持つべきだということ）、最低生活保障制度にかかる負荷を軽減させていくことが、結果的に、最後は生活保護ですべてを抱えざるを得ない社会状況なのに数が増えるとますます世間的反発が高まるという負のスパイラルを抜け出す一つの道ではないかと思われるのである。

（2）貧困克服の努力

昨今、社会的に孤立する人たちが急速に増え、また社会の入り口で躓く若者が少なくない。ほかにも失業やホームレス化など、様々なかたちで貧困が社会に蔓延しつつある。こうした人たちを、生活保護につなげて終わりでもないし、生活保護につながらなかったとしてもそれで終わりでもない。人間同士が無関心でよいはずはない。社会にたまるストレスが悲惨な事象を生み、それがまた新たなストレスを生む悪循環を断ち切るためにも、最低限、生活保護を正しく活用し、かつ、もう一歩先の福祉（原義は幸せ）を実現していく努力が何より求められている。

【参考文献】


阿部和光（二〇一二）『生活保護の法的課題』成文堂。

石橋敏郎（二〇一二）「地方分権と所得保障——生活保護制度を中心として」『社会保障法』第二七号、法律文化社、六五頁以下。

小川政亮（一九六四）『権利としての社会保障』勁草書房。

京極高宣（二〇〇八）『生活保護改革と地方分権化』ミネルヴァ書房。

駒村康平編（二〇一〇）『最低所得保障』岩波書店。

日本弁護士連合会編（二〇〇七）『検証　日本の貧困と格差拡大』日本評論社。

布川日佐史（二〇〇九）『生活保護の論点』山吹書店。

森川清（二〇一一）『権利としての生活保護法　増補改訂版』あけび書房。

湯浅誠（二〇〇八）『反貧困』岩波新書。

吉永純（二〇一一）『生活保護の争点』高菅出版。

第3章

公的扶助への社会学的接近

――生活保護と家族モデル――

菊地英明

日本の公的扶助は、貧しくても受給しづらいといわれてきた。その背景にあったのは、財政支出の節約の要請だけでなく、給付が家族の自律性を損ない、勤労や扶養が行われなくなることへの危惧であった。このことを社会学的に見ると、公的扶助システムが望ましい家族や人生のモデルを提示し、その実現のために人々を指導する機能を果たしてきたといいうる。では、そのモデルとはいかなるもので、どのような歴史的変遷を遂げてきたのであろうか。

1 生活保護をめぐる二つの問い

生活保護にまつわる大規模なバックラッシュが久々に発生した。二〇一二年五月、有名お笑い芸能人が老いた母親を扶養せず、その結果母親が生活保護を長年にわたって受給していたことが発覚し、マスメディアでの報道が過熱するとともに、国会議員が大々的に攻撃する事態になった。生活保護費が増大する中、扶養をしていなかった芸能人のモラルの有無だけでなく、受給を認めていた福祉事務所の対応も問題にされた。

しかし生活保護の歴史をみると、後ほど詳しく論ずるように、今回のケースとは逆に、生活保護は、たとえ申請者が貧しかったとしても、受給にあたって高いハードルを越えなければならない場合が多いことが問題視されてきた。具体的に言えば、生活保護法第四条「保護の補足性」の原理に基づく、稼働能力、私的扶養、資産、他法他施策の活用がそれである。私的扶養の場合、申請者が老いた親ならば子どもなどから、申請者が未婚の子どもを抱えたひとり親ならば元配偶者から、保護に先立って扶養を受けることが求められる。

そもそも、わが国の救貧制度の歴史を見ると、扶助(経済的給付)を通して家族に介入することにより、労働や扶養がなされなくなることを危惧する「惰民養成論」がことあるごとに持ち出されてきた。そしてこのような背景のもと、制度から給付を受けることができずに困難に直面している人々が大勢いる歴史も続いてきた。だとすれば、受けにくい（受けられない）公的扶助（救貧制度）にいかなる存在意義があるのか、という問いがまずは浮かぶことになるだろう。極めて限られた人に対する「最後の拠り所」としての給付の機能だけなのだろうか。あるいは、別の隠れた機能があり、それこそが公的扶助の特質である、ということはないだろうか。

　また、この種の指摘はかねてから行われており、生活保護改革の必要が叫ばれてから久しく、格差の拡大や無縁化などが問題となってきたにもかかわらず、なぜ今日まで六〇年以上、生活保護の基本構造が維持されてきたのか、という問いも浮かぶ。

　本章では、これらの不思議な現象について、明治期の救貧制度にもさかのぼりつつ、「家族モデル」あるいは（家族規範）を補助線として、社会学の立場から暫定的な解答を与えていきたい。

　ここであらかじめ本章の構成を明らかにしておく。2では、本章の分析枠組を設定する。社会学的にみれば、公的扶助のシステムには三つの機能があり、経済的な給付の機能はその一つに過ぎないことを明らかにする。3では、明治期から一九七〇年代頃までの公的扶助（救貧）システムの展開について分析する。わが国では、公的扶助の給付による家族への介入は、家族の自律性（構成員が働き、相互に助け合うこと）を損なうとして、恐れられてきた。そのことが公的扶助本体の給付の発動が抑制された大きな要因の一つである。その代わりに、広義の公的扶助システムは、望ましい家族・人生のあり方のモデル——それは時代によって変化してきたが——を設定するとともに、何らかの意味でそこから外れた人びとを、極力経済的な給付でないあり方で導こうとしてきたことをみていく。4では、わが国の第二の近代といいうる一九七〇～八〇年代以降の公的扶助システムの展開をみるとともに、公的扶助の今後のありかたについて考えていく。この時期に、公的扶助システムが設定してきた家族・人生のモデルが急速に揺らいでいったが、公的扶助システムを改変するのではなく、人をシステムの要求する規範に適合させようとする動きがあった。近年、受給者が急増しているが、わが国の公的扶助イデオロギー自体が変わったわけではないので、公的扶助の受給者やシステム自体へのバックラッシュが容易に起きうる状況である。

2　公的扶助システムの三つの機能：分析枠組の設定

　ここでは、公的扶助をめぐる社会学的な分析枠組を設定したい。そのために、公的扶助のもつ機能について検討することにしたい。生活保護制度を家族政策の一つと位置づけて論じた牧園清子は、生活保護が「経済的機能の援助・強化をはかる家族政策」と、「規範的統制機能をもつ家族政策」の二つの機能を一つの制度のうちに内包しているとする（牧園 一九九九：八）。前者は金銭やサービスなどの経済的給付であるのに対し（以下給付機能とよぶ）、後者は望ましい家族や人生のあり方についてのモデルを提示する、文字通り規範的な機能（以下規範的機能とよぶ）である。

　ただし、厳密に言えば、規範的機能は生活保護法本体というよりは民法が担っている。家族に関する法規範を定めているのは民法であり、生活保護法はその第四条（保護の補足性）で「民法に定める扶養義務者の扶養」を優先する、という形で民法を参照する構造をとっているためである。また、金銭やサービスの給付や生活指導を実施するケースワークの機能も、歴史的に見れば、生活保護の枠内だけでなく、その枠外で経済的給付を伴わない形で実施されるものもあった。したがって、本章では、公的扶助（生活保護）を三つの要素・機能からなり、家族に働きかけるシステムとして定義する。より詳しくいえば、給付機能を担う公的扶助法・救貧法という要素、規範機能を担う民法、ケースワーク機能を担う現業員・民生委員という要素である。

このように公的扶助をシステムとして見ることによって、公的扶助法・救貧法を眺めるだけでは見えなかったもの――たとえば、生活保護の枠外でのケースワークの実例――が見えてくるというメリットがある。また、わが国の近代化が進展する中で生じた、要素間の関係（特にズレやひずみ）についても視野に入る（その実例を3で具体的に見ていく）。

以上のような枠組を提示することで、以下の事実が際立ってくる。すなわち、わが国の公的扶助システムを歴史的に見ると、給付機能を抑制し、その代わりに規範的機能やケースワーク機能を強く作動させてきた。後で述べるとおり、基本的には自律した領域と見なされた家族に対して経済的給付を行うことによって、その自律性が失われること――例えば、世帯員が保護に依存して勤労や扶養をしなくなること――が極端に恐れられた。介入の対象は、何らかの点において欠落・欠損のあるとされた家族を基本としていたが、それにあたっては経済的給付が行われるとは限らず、規範的な統制――あるべき受給者（あるいはあるべき人生や家族）のモデルを提示すること――を行い、ケースワークを通して誘導することが好んで行われてきたのである。

さらに言えば、公的扶助システムがもつこれらの機能は、わが国の近代化の推進にとって重要なものであった。明治期以降、労働力の再生産の責任（市場に労働力を供給するための生活保障などの様々な責任）は家族が担うこととされてきた（山田 一九九四：四四―四五）わけだが、そのことによって、明治維新期に農業国であったわが国が、工業化をはじめとする近代化を果たす上で、適合的な労働者を、家族を通して獲得することができたのである。

3　公的扶助システムと家族モデル：一九七〇年代までの歴史的変遷

ここでは、明治期から一九七〇年代までの間の公的扶助システムの展開について見ていくことにしよう。

（1）明治期：家制度と恤救規則

明治新政府は、一八七四年に制定した救貧立法である恤救規則において、「済貧恤救ハ人民相互ノ情誼ニ因テ」行われるべき、とした。これは政府が経済的給付の機能を原則として果たさず、家族や地域社会において扶養すべきであることを宣言したものである。その代わりに、一九世紀の終わりに確立した家制度において、戸主に財産（特に生産手段である土地）の管理、処分に関する諸権利を与え、家の構成員の扶養の義務を負わせる家族モデルを構築したのであった。政府にとって、家は自律的な領域であり、経済的給付をはじめとする不用意な公的な介入によって、その自律性が損なわれること（例えば、救貧制度に甘えて私的な扶養が行われなくなること）を強く恐れていたのである。

（2）転機としての一九二〇年代：新中間層的な家族モデルの広まりと救護法

その後、工業化と都市化が進んだ一九二〇年代前後に救貧システムとその周辺で大きな変化があった。以下で具体的に見ていくことにしよう。

第一に、第一次大戦後に都市の労働者の生活水準が全体的に上昇するとともに、従来の家とは異なる、都市の新中間層的な新しい家族モデルが多くの人々の心をとらえるようになった。この家族モデルは、夫が賃労働に従事する一方、女性が合理的な家庭運営を行い、子どもの養育に力を入れるという特徴があり（小山 一九九九）、工場労働者、次いで農村出身の都市下層にも順次広まっていった。都市下層の場合、妻の有業率の低下（＝片稼ぎの増加）や「細民地区」（スラム）の分散など、下層社会から中流社会への底上げといえる現象が発生した（中川 一九八五）。

第二に、都市化に伴って家制度が一定程度揺らぎを見せたことにより、従来の家概念とは区別される「世帯」概念を導入した救貧制度が創設された。家制度のもとで、跡取りでない二、三男以降や女子の多くは、都市で賃労働力として工業化を支えたが、その中には、失業や病気などにより貧困に陥っても戸籍上の家からの扶養を期待できない者も一定数存在した。このような状況を踏まえて制定された救護法は、貧困者を救済する義務を行政に課す公的扶助義務主義を掲げたほか、救護法施行令第一三条において救護額の限度を個人または「世帯」[1]単位で定める、などの新しい点を有していた。しかし、この救護法は救済対象を恤救規則に比べて広げていたことから、惰民養成や濫給が危惧され、財政難とも相俟って一九二九年に制定されてから、一九三二年に施行されるまでかなりの時間を要した。また、救護率は恤救規則の一〇倍前後に上昇したが（寺脇 二〇〇七：五六九）、それでも漏給（本来ならば受給資格を有するにもかかわらず、受給に至らないこと）が要救護者の三分の二にも及ぶなど、経済的給付はかなり控え目に行われていた。そのことは、次で述べる、方面委員による道徳・規範面に働きかける活動の役割を際立たせることになる。

第三に、方面委員の創設を通した、都市下層に対するケースワーク機能の導入である。方面委員は一九一八年に大阪で設置され、のちに全国化した名誉職であり、救護法導入後は補助機関と位置づけられた。彼らの多くは、来住者（地つきではない）であり、比較的成功した都市自営業者を中核としていた（伊賀 一九八四：一四〇―一四一）。方面委員は、救護法の受給者であるか否かを問わず、担当地域の貧困者に継続的に家庭訪問を行った。その目的は、「『家庭訪問』という実践によって、〈近代家族〉的価値規範としての『家庭』を下層家族に伝達する」こと（鈴木 一九九八：二二五）、すなわち新中間層的な家族モデルを伝達することにあった。特に、継続的な訪問活動によって世帯主を定職に就かすなど、「家族成員の誰しもが労働への順応を果たす」ことが重視されていたが（鈴木 一九九八：二二三）、その過程で必ずしも経済的給付を伴っていたわけではなく、『精神的救済』、すなわち『教化』」が重視されていた（鈴木 一九九八：二二二）。

（3）戦後改革と家族モデル：生活保護制度の抑制的運用

戦後改革の中で、公的扶助システムの構成要素は大きく変わった。具体的には生活保護法（旧・新）の制定、民法における家制度の廃止、社会福祉主事の設置と民生委員（旧・方面委員）の役割縮小、からなる。生活保護法においては、受給の権利性が強化されるとともに、戦争直後の混乱期にはそれなりに給付機能も果たしてきたことは見落としてはならないだろう。その一方で、新しい公的扶助システムはその内部に大きな問題を抱えていた。

第一に、生活保護が前提とする家族モデルを、「家」と「世帯」のどちらとするかをめぐる調整問題が存在した。具体的には保護の補足性原理と、世帯単位の原則との関係である。戦後の新民法において、家制度は廃止され、扶養においては中川善之助の学説――生活保持義務と生活扶助義務[2]――が導入された。しかし「家」的な構成の家族は実態として広く見られた。例えば、一九四八年八月の保護基準第八次改訂において設定された標準世帯は、

「六四歳男、三五歳女、九歳男、五歳女、一歳男」

という構成になっている。これは、二つの核家族

からなる直系家族のうち、親世帯の妻と、子世帯の夫が欠けたものである。その選定理由として、一九四七～四八年に実施された被保護者生活状況全国一斉調査において、「寡婦世帯」かつ「小学校低学年の児童以下の年齢にある子女と老人とを抱えた世帯」が最も多く見られたことによる、と説明されている（厚生省社会局保護課　一九四八：四二—四三）。この場合、同一世帯に生活保持義務関係の者と生活扶助義務関係の者とが含まれることになる。これにそのまま民法の扶養義務を持ち込むと、上述の「三五歳女」は、三人の子どもの生活を第一に考えて、もし余裕があった場合にのみ「六四歳男」を扶養すればいい、ということになる。これは「家」と「世帯」との間の矛盾であり、それに対応して、生活保護が要求する扶養は民法が要求するものよりも厳しいものになっている。具体的に言えば、生活保護法の世帯単位の原則（第一〇条）のもとでは、世帯の質的構成は考慮されず、同一世帯であれば、夫婦二人世帯（生活保持義務）もきょうだい二人世帯（生活扶助義務）も支給される保護費が同じになる。[3] ここで、一九二〇年代当時に提起された「世帯」概念は扶養義務が生ずる範囲や程度を小さくする含意を有していたが、新生活保護法における「世帯」概念は逆に、生活扶助義務しかない者に対して生活保持義務並みの扶養を課して、生活保護の経済的給付を抑制する効果をもたらしたことに注意したい。その後、この矛盾に対応するため、世帯員を擬制的に世帯から外す「世帯分離」の対応が生まれ、拡大されることになった（例えば、牧園　一九九九を参照）。

第二に、生活水準が生活保護基準以下であるにもかかわらず、生活保護の受給に至っていないボーダーライン層への働きかけの問題である。それは一九五〇年代において最大で一〇〇〇万人近くに達し、仮に受給させると「だ民の増加が憂えられるのみならず、増大する保護費に対する準備がなされなければならない」ことが当時の厚生官僚から危惧されていた（石田　一九五三：九）。このため、人数的にはかなり限定されるものの、民生委員による「世帯更生運動」[4]が一九五二年から開始された。新生活保護法の実施に伴って社会福祉主事が創設されたことにより、補助機関から協力機関へと位置づけが下がった民生委員の間には「士気の低下、活動の停滞」が生じていた（全国社会福祉協議会編　一九六四：六〇六）。この運動は、既に見た方面委員の教化活動と同様に、「要保護世帯」（非受給低所得者）を主たる対象に、必ずしも経済的給付を伴わない形で、道徳的な側面を中心とした介入を行って、家族を立て直すことを目指すものであり、多くの民生委員が熱心に訪問活動に従事した。[5]

（4）家族モデルの完成と生活保護システムの規範的機能の縮小

一九六〇～七〇年代以降、生活保護受給者の量的変化（受給者の減少）のみならず、各種の質的変化が見られるようになった。箇条書きすると以下の通りである。

- 稼働世帯層比率の減少
- 世帯人員の減少
- 受給期間の長期化
- 単身世帯や傷病・障害者世帯の増加

この間、安定した雇用と安定した家族（片稼ぎの核家族世帯）のもとで、それなりに豊かな生活を送る人が増えたが、そのことは、「保護行政の対象が、自営的多就労世帯から雇用者下層へと変ったこと」と関連して、上記の量的・質的変化をもたらしたのである（中鉢　一九七五：一六一）。それは生活保護が、雇用者下層の老後の生活費保障の色彩を強めたということでもあり、就労＝自立可能性の低い受給者が増えるにつれ、生活保護の経済的給付をそのような人びとに与えることによって、家族の自律性が損なわれることを危惧する必要は薄らいでいった。一九七〇年に中央社会福祉審議会生活保護専門分科会は、被保護階層が老人、身体障害者等、家計の弾力性に乏しい非稼働層が増えたことを踏まえ、保護基準を引き上げていくことを主張していた。加えて、保護の補足性についても、「生活保護受給の前後を通じて大きい断層を生ぜしめないような資産の取扱いを考慮する等、生活保護のあり方を改善することが必要である」（中央社会福祉審議会生活保護専門分科会 一九七一：一七、傍線は引用者）と提言していた。

4　いま、社会学は生活保護に何を言えるか？：日本の「第二の近代」と公的扶助

(1) 生活保護システムに見る「第二の近代化」

生活保護の受給者は、戦後の混乱期をピークとして、その後はおおむね減少を続けてきたが一九七四年の一三一万二三三九人を底に増加に転じた。その背景として、雇用や家族の不安定化が指摘できる。例えば、一九七〇年代以降、離婚件数が大幅に増加した影響で、母子世帯の生活保護受給者も増加した。生活保護を受給する母子世帯指数を、一九七五年度を一〇〇・〇（七万二一一世帯）とした場合、一九七〇年度は九二・五（六万四九二〇世帯）だった。これが年々急増し、ピークの一九八四年度には一六四・二（一一万五二六五世帯）に達した（『厚生省報告例』）。

このような雇用・家族の不安定化や、それによる福祉制度への負荷の増大は、日本に限った現象ではない。多くの先進国では、一九七〇〜八〇年代以降、「第二の近代化」（あるいは再帰的近代化）といわれる時期に突入する。家族の場合、従来の近代化プロセス（「第一の近代化」）において既に確立していた家族モデルが揺らぐ「個人化」が生じるようになる（Beck 1986=1999）。山田昌弘は、家族の個人化には「家族の枠内での個人化」（家族関係は維持しつつ、各構成員がばらばらに行動するようになること）と「家族の本質的個人化」（家族関係自体を解消する自由の拡大）とに分けられるが、日本においてはいずれも「一九九〇年代に、ほとんど間をおかず進行」（山田 二〇〇四：三四七）したとする。

この個人化＝従来の家族の揺らぎはいくつかの形をとりうる。第一に、女性の社会進出の拡大による、性分業（片稼ぎ）からなる家族モデルへの異議申し立てである。第二に、未婚化とそれによる少子化である。結婚によって従来の家族モデルの受け入れを強いられることを嫌って未婚（非婚）を選択する場合がありうる。第三に、離婚である。結婚が愛情に基づき自由に行えるのであれば、愛情がなくなれば離婚も自由に行えるであろう。上であげた生活保護関係のデータを見ると、山田が指摘した一九九〇年代に先立つ一九八〇年代において、母子世帯の受給者が増加しており、ここにわが国における個人化の萌芽を読み取ることができる。

しかし、当時において、個人化傾向（やその萌芽）＝従来の家族モデルの揺らぎを踏まえた、公的扶助システムの改革は一切行われなかったと言ってよい。逆に、戦後日本に定着した片稼ぎの家族モデルを前提に、それを維持・保守することを目指した公的扶助システムの運用が行われた。その背景にあったのは、母子世帯の受給者が増えることによる財政問題だけではない。注目すべきは、道徳的な問題、すなわち生活保護の存在が離婚を増やすとともに、妻子の扶養をしない不心得者を増やす、という批判の高まりであった。[6] 具体的には、就労指導・扶養照会の強化を通した、生活保護への流入の抑制と、既に受給している者の自立助長である。[7]

その効果はてきめんであり、一九八五年以降、それまで微増を続けてきた被保護世帯・被保護人員が急減する。母子世帯数がピークであったのは一九八四年度（一一万五二六五世帯）であったが、一九九六年度には五万一六七一世帯とほぼ半減し

た。生活保護に残されたのは、高齢者世帯、傷病・障害者世帯といった、稼働能力がないか低く、自立可能性の低い者ばかりであった。

（2）二〇〇〇年代後半以降の受給者急増をどう見るか

その後、生活保護の受給者は、雇用や家族の不安定化や、社会保険制度の機能不全などを背景に、一九九〇年代半ばを底にして、現在まで増加を続けている。二〇一一年には二〇〇万人の大台に乗り、現行制度下では最多で、戦後の混乱期並みの水準となった。もっとも、これは全人口の一・六％程度であり、生活保護を受給しているのは低所得者のうちごく一部である。また、受給者の増加にしても、格差社会批判や東日本大震災の発生などを背景に、とりあえず収容する、ということに過ぎず、家族規範そのものが変わったわけではないのである。

ここで、社会・経済状況が変わったにもかかわらず、生活保護制度は変わらなかった理由について、暫定的な答えを提示できる。社会・経済構造が変わっても、家族にまつわる規範は、同時には変わらないためである。これらのズレは、生活保護システムへのバックラッシュの形で現れ、制度の改革を進めるエネルギーというよりは、受給者をある種の逸脱者とみなし、制度やその依拠する家族規範を遵守させるようはたらきかけるようなエネルギーとなり、時代に合った形での制度改革を止めてきたのである。

（3）経済的給付へのアレルギーを超えて

わが国では、公的扶助給付による経済的給付が、家族の自律性を崩すことへの危惧が、いかなる家族モデルが支持されている時期においても繰り返し表明され続けていた。失業や離婚などによる生活困難に直面している人がいたとして、その人たちを救うよりも、制度が失業や離婚を増やすことをまず恐れるという図式であり、さらには困難に直面している人がものの考え方や生き方を改めれば、問題は解決する、という処方箋である。

その結果、一九二〇年代や戦後においては外側でのケースワークが、一九八〇年代については生活保護からの排除や流入防止が実施されたことは既に述べた。そのことが、多くの貧困者が公的扶助の外側に放置されるとともに、公的扶助制度をより積極的な方向に改革することを押しとどめていると思われる。既に述べた通り、社会・経済構造が急速に変化しても、人々の頭の中（あるいは公的扶助に関する規範）はなかなか変わらない、ということなのである。

本章の範囲で、代わりの制度について提言するゆとりはない。しかし、社会学の立場から、これだけは言える。すなわちわれわれは自分たちのものの考え方について、一歩立ち止まって考え直してみる必要がある、ということである。公的扶助の歴史を見ると、経済的給付が、家族の自立性を崩す、という批判が繰り返し表明されたが、これは本当なのだろうか。そもそも、公的扶助システムが（あるいはわれわれ一人一人が）考える家族に関するモデル（あるいは家族に関する「あるべき論」）は、はたしてまっとうなものなのだろうか。制度改革への道は、これらの問いに冷静に答えることから開けるであろう。

【注】

（1）「世帯」は、一般に同一居住、同一生計の人々と定義される。都市への人口流入によって、従来の戸籍のみでは人口把握が困難になる中、例えば、一九二〇年に第一回が実施された国勢調査において「世帯」概念が採用された。救護法は家制度による扶養義務者がいる者を原則として救護対象から外していたが、この「世帯」概念の導入によって、わずかながらも受給の可能性が開かれた。

（2）一九二〇年代に、中川善之助は扶養義務を生活保持義務（夫婦間と未婚の子に対する扶養義務）と生活扶助義務（それ以外の親族への扶養義務）とに分け、後者が「自己の地位と生活とを犠牲にすることなき程度に他を『扶け助くる』」義務であるのに対し、前者が「最後の一片の肉、一粒の米までをも分け食らふべき義務」とした（中川　一九二八：一五）。これは老親よりも配偶者や子どもの扶養をより重視十するなど、家制度を相対化する考え方であり、戦後の民法改革に大きな影響を与えた。

（3）　新生活保護法の立案に携わった小山進次郎は、この事情について「我が国の現状を見ると家族制度は形式的には消滅したが、現実には夫婦親子の範囲を超えたより大きな生活の共同体が社会生活上今なお現存して居り、これを簡単に無視することは適当でないので、構成員相互の関係は一応これを度外視し、現実に世帯としての機能を社会生活上営んでいるものであればこれをそのまま受け容れて生活保護法適用上の単位とすることにしたのである」（小山　一九五一：二二〇、傍線は引用者）と説明する。

（4）　一九五七年における世帯更生運動の対象世帯の過半数（全五七万二五九三世帯中三一万八四五四世帯（五四・三％））が「要保護世帯」（保護受給に至っていない低所得世帯）であった（全国社会福祉協議会編　一九六四：六三二）。後に世帯更正資金貸付制度（現在の生活福祉資金貸付制度）として、金銭貸し付けも開始されたが、「この資金は、その貸付を受けた者に対して、関係民生委員の指導が併行するところにその特性があ」る（昭和三二年五月六日、厚生省発第九四号都道府県知事宛厚生事務次官通知「世帯更正資金の貸付について」）との文言の通り、生活指導などの道徳的な介入が重視されていたことには変わりがない。

（5）　全国社会福祉協議会編（一九六一）には、世帯更生運動の事例として、死別母子世帯のケースが複数掲載されているが、いずれも民生委員が今川焼き屋やお茶屋といった仕事を斡旋しつつ、生活保護に頼らない自立更生を促している。それにあたって特に強調されたのが「性の悩みへの対応」「身を持ち崩さないような指導」といった、すさみかけた家庭を立て直す活動の重要性であった。

（6）　この種の批判の事例は枚挙にいとまがないが、例えば、『週刊新潮』の「激増する『離婚』で亭主の代りに生活費を負担する『国民』」（一九七九年三月二九日）という記事の冒頭には次のようにある。

厚生省の最近の調査によれば、生活保護を受けている母子家庭の八割強が、離婚、あるいはサラ金被害による夫の蒸発などによるものだという。身勝手な男たちの後始末をさせられてたまるか、といいたいところだが、目下、国会で審議中の来年度の生活保護費の総額、約一兆円……。（傍線は引用者）

（7）　母子世帯の受給者の増加を踏まえて、厚生省は一九八三年以降、生活保護事務の指導監査における重要課題として「母子世帯に対する指導・援助の充実」を掲げた（厚生省社会局監査指導課　一九八三：八）。これは母親本人に対する能力活用（就労）要求と、前夫への扶養照会である。

【参考文献】

Beck, Ulrich (1986) *Risikogesellschaft auf dem Weg in eine andere Moderne*, Frankfurt am Main: Suhr Kamp（＝東廉・伊藤美登里訳『危険社会――新しい近代への道』法政大学出版局、一九九八年）.

伊賀光屋（一九八四）「方面委員による家族調整活動――カード階級の家族生活と方面委員の家理念」『季刊社会保障研究』二〇（三）、社会保障研究所、二九五―三〇九頁。

石田忠（一九五三）「ボーダー・ライン層について」『社会事業』三六（一〇）、全国社会福祉協議会、四―一三頁。

厚生省社会局保護課（一九四八）『基準額の内容とその運用――生活保護百問百答第二輯』日本社会事業協会。

厚生省社会局監査指導課（一九八三）「監査指導課関係」『生活と福祉』三二四号、全国社会福祉協議会、七―九頁。

小山進次郎（一九五一）『改訂増補　生活保護法の解釈と運用』中央社会福祉協議会。

小山静子（一九九九）『家庭の生成と女性の国民化』勁草書房。

鈴木智道（一九九八）「近代日本における下層家族の『家庭』化戦略――戦間期方面委員制度の家族史的展開」『東京大学大学院教育学研究科紀要』第三八巻、二一三―二二七頁。

全国社会福祉協議会編（一九六一）『世帯更生――民生委員・児童委員活動事例集』全国社会福祉協議会。

全国社会福祉協議会編（一九六四）『民生委員制度四十年史』全国社会福祉協議会。

中央社会福祉審議会生活保護専門分科会（一九七一）「中間報告」『生活と福祉』一七七号、全国社会福祉協議会、一六―一七頁。

中鉢正美（一九七五）『現代日本の生活体系』ミネルヴァ書房。

寺脇隆夫（二〇〇七）『救護法の成立と施行状況の研究』ドメス出版。

中川清（一九八五）『日本の都市下層』勁草書房。

中川善之助（一九二六）「親族的扶養の本質(一)――改正案の一批評」『法学新報』第三十八巻六号、一―二二頁。

牧園清子（一九九九）『家族政策としての生活保護――生活保護制度における世帯分離の研究』法律文化社。

山田昌弘（一九九四）『近代家族のゆくえ――家族と愛情のパラドックス』新曜社。

山田昌弘（二〇〇四）「家族の個人化」『社会学評論』五四、日本社会学会、三四一―三五四頁。

第4章

生活保護における社会福祉実践は、如何に可視化・評価されるのか

森川美絵

生活保護は、最低生活費用の給付とともに社会福祉の対人援助としての側面をもつ。後者は「自立助長」として概念化され、近年では行政の現業員による個別的かかわりとともに、組織的な事業としても展開しつつある。こうした展開は、生活保護における社会福祉実践の可視化をもたらす一方、その評価という流れも引き寄せる。本章では、生活保護における社会福祉実践の展開と評価をめぐる課題、そこから示唆される今後の社会福祉研究の課題を検討したい。

1 生活保護業務における対人的かかわりの位置づけ

(1) 法制度における規定

生活保護は、社会保障制度において、最低生活費用の給付という側面とともに、社会福祉の対人援助としての側面をもち、後者は「自立助長」として概念化されてきた。

生活保護は、法第一条のなかで、法の目的を、最低生活の保障とあわせて「自立の助長」にあるとしている。法の起草において中核的な役割を果たした小山進次郎は、自立の助長を目的に含めた理由を以下のように記している。

「『人をして人たるに値する存在』たらしめるには単に最低生活を維持させるというだけでは充分でない。およそ人はすべてその中に何等かの自主独立の意味において可能性を包蔵している。この内容的可能性を発見し、これを助長育成し、而して、その人をその能力に相応しい状態において社会生活に適応させること、真実の意味において生存権を保障する所以である。社会保障の制度であると主に、社会福祉の制度である生活保護制度としては、当然此処迄を目的とすべきである」(小山 二〇〇四：九二―九三)。

保護業務は、地方自治体の福祉事務所において実施される。福祉事務所の生活保護を担当する主力は、現業員である。生活保護の現業員は、通俗

的に「生活保護／公的扶助ケースワーカー」と呼ばれることが多い。何故なら、現業員はその業務において、「ケース」と通称される被保護者・世帯に対し、対人的なかかわりを展開することが一定の比重を占めているからであり、そこに業務の特性が見出されてきたからである。

生活保護現業員による被保護者・世帯への対人的なかかわりは、「ケースワーク」と通称されるが、多義的な側面を含んでいる。すなわち、それは、一方では、最低生活保障としての経済給付（保護費）の要否認定に必要な保護行政事務のプロセスとして、発生する。他方で、それは、「その人をその能力に相応しい状態において社会生活に適応させる」という「自立助長」の目的に即した被保護者・世帯に対する対人援助実践のプロセスとしても、発生する。さらに、この自立助長についても、一方では、生活保護法に規定された「指導・指示」を根拠とする制裁的要素の強いかかわりがある。生活保護法において、被保護者は「指導・指示」に従う義務が課されており、義務に従わない場合には保護の停・廃止が可能なことが明記されているのである。他方で、自立助長の考え方には、そうした制裁的かかわりとは異なる社会福祉的な援助実践も含まれている（六波羅二〇〇三）。

（2）生活保護におけるケースワークの本質論争

こうした対人的なかかわりを生活保護・公的扶助においてどのように位置づけるのかについて、一九五〇年代前半～一九六〇年代前半に、社会福祉や公的扶助の研究のなかでは「公的扶助サービス論争」「岸・仲村論争」と呼ばれる本質論争が展開された。根本（二〇〇一）の整理に依拠すると、「公的扶助サービス論争」では、ケースワークは、所得付与としての最低生活保障のほかに、被保護者・世帯の社会生活への適応にむけて必要となる場合に提供する説（小山説）、経済給付の過程を適正に実施する手段とあわせて被保護者の「依存性」の問題を解決するものとする説（黒木説）、金銭給付の手続き的権利の保障とは独立したケースワークを、生存権保障の国家責任を回避するものとして批判する説（小川説）などにより、論争が展開された。また、「岸・仲村論争」において、岸は、ケースワークを、貧困を個人的な問題に帰し、個人を社会に適応させることで問題解決を図るものとして批判し、生活保護からケースワークを切り離すことを主張した。これに対し、仲村は、公的扶助におけるケースワークを他の社会福祉的ケースワークと区別した上で、最低生活保障という目的を貫徹させるためにケースワークの原理や知見・技術を役立てることを主張した。

論争は、決着をみなかったが、現実の現業員による実践は、上記で指摘された多義的な要素を混在させたまま、「ストリートレベルの官僚」（Lipsky 1980）という表現がまさに当てはまるような展開をみせてきた。すなわち、それぞれの時代における制度運用の方針や、各地域の福祉事務所の組織運営などに影響されながら、個々のワーカーの裁量に大きく依存しながら、標準化されないままに展開されてきた。そうした中で、現業員の仕事が、被保護者に対して権利としての自立を保障するものになっているのか、義務としての自立を強制するものとなっているのかは、未だに生活保護の公務労働に関する基本的な問題としてあり続けている（笛木 一九九七、森川 二〇〇七）。

しかし、生活保護業務における対人的かかわりが、社会福祉実践という観点からどのように可視化され評価されうるのか、これらに関する実証研究は必ずしも多くはない。以下、筆者がかかわった研究を中心に、近年の状況をみてみよう。

（3）現業員による相談援助活動の評価

二〇〇四年頃の生活保護現業員の業務実態に関する全国調査では、市部の現業員一人当たり一〇〇ケース以上を担当する状況の頻出や、一人当たりの担当ケース数が九〇を超える場合、援助を振り返る余裕もなく、援助関係作りや援助方針の設定も困難な状態となることが、実証された（森川ほか 二〇〇六）。

また、現業員の業務を社会福祉実践という観点から評価する実証研究としては、森川等が、仲村説を引き継いだ岡部（二〇〇三）に依拠したプロセス評価のための活動項目の開発と、その項目を用いた実態把握を行った（森川ほか 二〇〇八、岡部ほか 二〇〇九）。研究結果からは、「援助計画の策定」のプロセスと「援助計画の評価・見直し」のプロセスに関して、活動項目の実施率（調査対象となった現業員のうち、その活動項目を「実施している」と回答した者の割合）がおしなべて低く、とりわけ「被保護者の希望を考慮した援助計画の策定」や「援助計画の内容の被保護者に対する説明」といった活動項目の実施率が低く、これらが業務として定着していない状況にあることが示唆された（表1）。また、プロセス評価点の高さと関連する組織的な取り組みのあり方として、被保護者／世帯への対応方法や社会資源へのはたらきかけに関するグループスーパービジョンへの参加機会が定期的に（ひと月に一回以上）確保されていることや、日々の業務において就労支援員や自立支援員といった相談援助の専門従事者との協議をしやすい環境が整っていること等も、指摘された。

研究結果が示唆するのは、第一に、十分な職員増加が望めないなかでは、個々の職員の伝統的な「ケースワーク」の継続による、社会福祉実践の大きな発展は、期待しにくいということである。そして、第二に、社会福祉実践の充実を目指すのであれば、複数の機関や職種、関係者との連携協働、社会資源へのはたらきかけを前提に、そのなかに生活保護担当職員の役割や機能を位置づける必要があ

表1　生活保護現業員による相談援助（プロセス別：2007年）（N＝217）

過　程	比較的実施されている項目 注：( ) 内は「実施している」と回答した人の割合（%）	あまり実施されていない項目 注：( ) 内は「あまり実施していない」「実施していない」と回答した人をあわせた割合(%)
A：保護の相談の受付・申請受理	・相談者へのすみやかな対応（92.2） ・申請の受付と説明（81.3） ・組織的対応の検討（86.7）	・自己紹介と職務の説明（14.0） ・秘密保持の説明（25.0）
B：保護の決定のための調査，要否判定	・調査聴き取りに関する説明（92.6） ・聴き取りにあたっての了解（81.4） ・調査結果やニーズの記録（82.1）	・法定期間内（14日以内）の保護の決定（26.5）
C：援助計画の策定	（全項目について実施している割合は50%未満）	・援助計画の策定に関する説明（42.0） ・被保護者の希望に基づく援助計画の策定（34.6） ・援助計画の内容の本人了解（42.0）
D：保護の実施	・正確な扶助費の認定（95.8） ・保護の権利義務に関する説明（73.5） ・要点をおさえた記録（63.4）	・社会生活支援を意識した相談援助（28.1） ・社会資源との関係づくり（21.4） ・不服申し立て制度の説明（22.5）
E：援助計画の評価・見直し	・援助計画の見直し（64.8） （この項目以外は、50%未満）	・被保護者がこれまでの経過を自分の言葉で語ることの支援（34.9） ・被保護者の希望にもとづく援助計画の修正（46.5） ・修正された援助計画の本人了解（48.4）
F：保護の廃止	・保護廃止に関するわかりやすい説明（85.3） ・廃止に伴う不安の理解と助言（68.1） ・他法への引き継ぎの説明と支援（82.9）	・廃止に対する不服申し立ての説明（36.8）

出所：森川（2009）表5。

るということである。福祉事務所の生活保護現業員と被保護者・世帯との二者関係を柱とするケースワークを超えて、実効性のある支援モデルを構築していく必要があるということである。

実際、近年は、被保護者の自立にむけた援助・支援は多様な展開をみせている。その背景には、取り組みの組織的な事業としての制度化という動向がある。二〇〇五年度から自治体による生活保護の自立支援プログラムの策定実施など、自治体事業としての組織化が本格的に開始された。先進的な地域では、様々な自立支援プログラムの展開を通じ、関係者・機関との連携協働や業務委託、分野横断的な多様な社会資源との協働による支援モデルを作り上げつつある。こうした展開は、必然的に、関係機関や地域社会への事業の説明責任という流れを引き寄せ、事業の内容やパフォーマンスに関する評価の必要性を高める（岡部 二〇〇七）。しかし、こうした実践に対する活動評価の方法論が、十分に確立されているわけではない。以下、具体的にみていこう。

2　自立支援プログラムとしての展開

（1）自立支援にむけた組織対応の本格化

自立支援プログラムの導入が提言されたのは、二〇〇四年の社会保障審議会福祉部会「生活保護制度の在り方に関する専門委員会」の報告書においてである。委員会では、個々の職員による個別的な対応の限界をふまえ、また、実際の生活保護行政が、「自立助長」を経済的な側面から捉え、就労等による最低生活費以上の収入確保にむけたかかわりを強調する傾向にあったことをふまえ、自立支援にむけた取り組みの方向性を示した。まず、自立という概念を多元的に捉えることを確認し、自立の助長を、経済的な自立のための支援のほか、心身の健康の回復・維持や自らの健康・生活の管理を行うこと等への支援（「日常生活自立」の支援）、社会的なつながりを回復・維持すること等への支援（「社会生活自立」の支援）に類型化した。その上で、それらの支援をプログラム化して組織的に取り組むことを提言した（社会保障審議会福祉部会生活保護の在り方に関する専門委員会 二〇〇四）。提言を受け、二〇〇五年度より自立支援プログラムが制度化された。

プログラムの策定数は、二〇〇七年度には二八六九、二〇〇八年度には三六〇五、二〇〇九年度には三八六四と、増加している（厚生労働省社会・援護局保護課 二〇一一 a）。プログラムのメニューも、多様化してきた。制度化当初は、国から九つのメニュー例が示されていたが（厚生労働省社会・援護局保護課長 二〇〇五）、四年後に国から出された「生活保護自立支援プログラム事例集」では、プログラムの分類コードは、経済的自立に関するものが九つ、日常生活自立に関するものが九つ、社会生活自立に関するものが四つになった（厚生労働省社会・援護局保護課 二〇〇九）。

プログラムの参加者数は、二〇〇九年度に一八万八〇〇〇人であり、そのうち経済的自立に関するプログラムへの参加者数は約一三万六〇〇〇人と、全参加者の約七二％を占めた。なかでも就労を直接の目的とするプログラム（表2中のコード11—15）は、参加者が約六万九〇〇〇人と、全プログラム参加者の約三七％を占めた。これに対し、日常生活自立のプログラム（コード21—29）への参加者数は、約三万六〇〇〇人（全参加者の約一九％）、社会生活自立のプログラムは、約一万七〇〇〇人（全参加者の約九％）であった（表2）。

（2）社会的な居場所づくり、貧困の連鎖防止にむけた取り組みの重点化

プログラムの策定数や参加者数に関するデータからは、生活保護における自立支援事業の最も主要な内容は、就労を通じた被保護者の労働市場への再参入による経済的自立の達成であることが示唆される。

表2　自立支援プログラムの策定・実施状況（2010年3月末時点）

コード	プログラムの内容	策定数	参加者数（人）	達成者数（人）	達成率(%)（達成者数／参加者数）
（経済的自立に関する支援プログラム）					
11	公共事業安定所との連携による就労支援	869	13,937	5,630	40.4
12	就労支援専門員等の専門職員を活用した就労支援	467	44,022	13,486	30.6
13	協力事業所での職場適応訓練	25	569	507	89.1
14	就労意欲の向上に関する支援（就職セミナーの開催など）	33	599	292	48.7
15	SV・CWのみによる就労支援	623	10,182	2,317	22.8
16	児童・生徒等への進学支援（中学生の高等学校等への進学，高校生の在学継続など）	154	4,430	3,882	87.6
17	資格取得の支援	29	106	44	41.5
18	年金受給に関する支援	66	53,894	12,161	22.6
19	その他	123	8,168	2,893	35.4
小　計		2,389	135,907	41,212	30.3
※うち「就労支援」（コード11—15）		2,017	69,309	22,232	32.1
（日常生活の自立に関する支援プログラム）					
21	入院患者（精神障害者）の退院支援	291	87,04	4,623	53.1
22	入院患者（精神障害者以外）の退院支援	36	923	304	32.9
23	在宅療養の支援	82	1,161	314	27.0
24	介護サービス・障害福祉サービスの提供・受給の支援	157	1,614	768	47.6
25	健康管理など，在宅高齢者の日常生活の支援	230	5,414	3,154	58.3
26	健康管理など，在宅障害者の日常生活を支援するもの	141	2,841	1,072	37.7
27	母子世帯の日常生活の支援	66	714	160	22.4
28	多重債務等の債務整理等の支援	764	3,120	1,380	44.2
29	その他	198	11,409	5,784	50.7
小　計		1,965	35,900	17,559	48.9
（社会生活の自立に関する個別支援プログラム）					
31	ボランティア活動（地域への貢献活動など）への参加	84	1,162	390	33.6
32	引きこもりの者や不登校児への支援	91	381	160	42.0
33	元ホームレスへの支援	50	12,661	12,008	94.8
39	その他	77	2,350	860	36.6
小　計		302	16,554	13,418	81.1
合　計		4,656	188,361	72,189	38.3

出所：厚生労働省社会・援護局保護課（2011a）をもとに筆者作成。

他方で，策定数や参加者数は相対的に小規模ではあるが，社会生活の自立に関するプログラムとしての「社会的な居場所」づくりや，貧困の連鎖の防止にむけた被保護世帯の子どもたちへの学習支援が注目され，国レベルで推進の方向性が示され，取り組みの拡がりをみせ始めている。国が示した二〇一二年度の自立支援プログラムの主な取り組み事項には，就労支援の推進のほかに，「社会福祉法人やNPOの協力を得て実施する高齢者等の自立支援」や「子どもの貧困対策の充実（「貧困の連鎖の防止」）」が掲げられている（厚生労働省社会・援護局保護課 二〇一二）。前者は，就労による自立が容易でない生活保護受給者に対し，社会福祉法人等の協力を得て，ボランティア活動や中間的就労等の社会参加活動，就労体験等の活動の場の提供を行う事業である。この事業は，二〇一一年度に国が示した主な取り組み事項「社会的居場所」づくりの推進に関するプログラムを発展させたものである。後者は，生活保護世帯等の子どもやその親への養育相談・学習支援等の実施であり，二〇〇九～一〇年度の主な取り組み事項，「子どもの健全育成」に関するプログラムを発展させたものである。

こうした国レベルでの展開の背景には、自治体レベルでの先進的取り組みとその成果がある。以下、先進的実践の展開とその評価をめぐる課題をみていこう。

3　先進的実践の展開

(1) 社会参加と社会資源

「社会的居場所」づくりを基礎にした多様な社会資源による多元的支援のモデルとなった先進事例のひとつとして、北海道釧路市による取り組みがある（本書第12章の櫛部論考をも参照）。釧路市では、母子世帯に対する自立支援のモデル事業を経て、二〇〇六年より、就労支援のプログラムに加え、日常生活の自立に関する支援プログラム（「日常生活意欲向上支援プログラム」「社会奉仕きっかけづくり事業プログラム」）や、社会生活の自立に関する支援プログラム（「就業体験的ボランティア事業プログラム」）、就労の一歩手前の「就業体験（インターンシップ）プログラム」を設定するなど、自立支援に関する総合的な事業の展開を行ってきた。また、被保護世帯の子どもに着目し、被保護世帯の子どもたちを主たる対象とした学習支援と居場所づくりの取り組みを展開している。

こうした多様なプログラムの実施が可能となっているのは、地域の様々な非営利団体や企業等が協力団体として、プログラム参加者に活動の場を提供しているからである。

もっとも、釧路市の取り組みの意義は、多様な社会資源との協働という支援の「型」にあるだけではなく、基本的な視点のあり方と、それを具体的な事業のプログラムに落とし込んだ点にある。

釧路市福祉事務所は、事業実施にあたり重視している点として、以下をあげている（釧路市福祉部生活福祉事務所編集委員会編 二〇〇九）。第一に、「社会資源・社会参加」という切り口で受給者の問題をとらえ、福祉事務所の内部に閉じたケースワークから、これまで接点のなかった地域の社会資源とのつながるソーシャルワークに視点をうつすこと。第二に、当事者の自尊感情の回復や醸成を通じたエンパワメントを指向すること。第三に、「一般的な就労」以外の半福祉・半就労的な活動やボランティア等の社会的活動に受給者が参加することの意義を積極的に評価すること。第四に、受給者の世帯にいる子どもを、独立した支援対象とすること。

これらは、当事者のニーズを、「社会的存在としての人間の尊厳」という観点から捉え、自尊感情の回復や関係性の再構築により充足しようとするアプローチといえる。その実現は、市場労働への再統合のみならず、地域の多様な分野における有用労働（社会的な活動）や社会関係に生活保護受給者がつながるなかで、活動の場において、第三者からの承認や互助的な関係を獲得することにより達成されるという着想が、具体的なプログラムの基本をなしている。福祉事務所は、そうしたつながりの接点を創り出し、コーディネートする機能を担おうとしているのである。

釧路市では、事業の効果について、「目に見える効果」としては、「プログラム参加者の就労収入の増加に伴う生活保護の廃止」の件数を指標として、生活保護の行政コストの削減という観点から、一定の費用対効果があるとしている。他方で、自尊感情の回復や社会関係の再構築という側面は、数値ではなく事業にかかわった支援者や参加した被保護者の「声」を質的データとしてとりまとめ、それを積極的に外部に提示することで、実践の成果を示してきた。

(2) 貧困の連鎖防止にむけた子どもの学習支援

生活保護における「子どもの貧困対策の充実（「貧困の連鎖の防止」）」の、主たる事業内容は、被保護世帯の子どもたちの学習・進学支援である。

被保護世帯の子どもたちが、一般世帯の子どもよりも学習やその後の生活において一定の不利を被っていることや、貧困に陥りやすいリスクを抱えているという認識は、自立支援プログラムの制度化以前から、生活保護の現業の最前線にいる者たちに認識され、一定の取り組みがあった（宮武二〇一〇）。自立支援プログラムの展開というステージにおいては、被保護世帯の進学率が一般世帯と比較してかなり低いことが、数値として明らかになってきた。さらに、子どもの貧困に対する政策科学的な知見が統計データにより裏付けられるとともに（阿部 二〇〇八）、被保護世帯の実態調査をもとに、被保護世帯の世帯主の最終学歴の低位性、保護の受給履歴の高率性をはじめ、貧困と教育達成とが密接に関連していることが実証的に明らかにされた（道中 二〇〇九）。自立支援プログラムでは、こうした政策科学的知見が積極的に活用された。

埼玉県では、二〇一〇年度より「生活保護受給者チャレンジ支援事業」を開始し、就労・住宅・教育の三分野にわたる包括的な支援を展開している。そのうち教育分野については、被保護世帯の中学三年生の進学支援を開始した。二〇一〇年度は、プログラム対象者六五〇人のうち一六五人の学習教室参加者、そのうち一五六人が高等学校に進学し、進学率は九七・五％、二〇〇九年度の進学率八六・九％に比べて一〇ポイント以上向上した。二〇一一年度は対象者を中学生全体に広げ、学習教室の参加者は四六六人（二〇一一年一〇月末時点）となった（埼玉県 二〇一一）。成果に後押しされ、二〇一二年度も事業は積極的に拡大された。埼玉県知事も、被保護世帯の高校への進学者の増加を通じて、貧困の連鎖を防止することにより、将来的な生活保護受給者の削減を目指すことを、積極的に発信している（『埼玉新聞』二〇一二年四月四日付、朝刊）。

子どもの学習支援が県の自立支援事業の柱のひとつとなった背景として、県の自立支援担当者は、現場で「何とかしたい」と思っている項目の上位に「子どもへの支援」が含まれていたこと、道中（二〇〇九）により世帯の学歴等を指標とした貧困の世代間連鎖の状況が示されたこと、実際に県内の被保護世帯の進学率が一般世帯と比べて低いこと等をあげている。そして、事業の成果は進学率のみに集約されるわけではないとしつつも、明確な目標と目に見える成果があることを、事業の成功要因のひとつとして指摘している（大山 二〇一一）。

4　社会福祉実践としての応答と評価のダイナミクス

（1）経済指標、行政コストと実務者視点からの評価

先進的な取り組みには、実践の評価のあり方に示唆的要素が含まれている。そこには、実践現場で援助者が感覚的・経験的に発見した「必要」や、保護を受給している当事者自身により感じられ、表明された「必要」に応答していく営みと、その評価に関するダイナミックな関係を見出すことができる。それは、科学的知見と感覚的・経験的知見との、時に相乗的な、時に葛藤をもたらす関係のダイナミクスでもある。

これまで、生活保護行政において広く普及している成果指標は、「保護からの脱却（保護廃止）」の件数や、「自立に伴う保護費の削減額」である。例えば、生活保護受給者の就労開始に伴う保護費の節約額や、社会保障費用等の社会的コストの削減額が成果指標とされ、それを根拠に生活保護行政による積極的な就労支援が進められつつある（厚生労働省ナショナルミニマム研究会「貧困・格差に起因する経済的損失の推計」作業チーム 二〇一〇）。これは、評価の基準を経済的次元に置き、行政コストの側面から成果指標を設定するもので

表３　「事例集」（2009年）における「被保護者にとっての効果」指標

7．被保護者の目標が明確になった
8．自立につながるケースが増えた
9．収入増による保護廃止まではいかないが，所得などの水準が全体に向上した
10．参加者が目標について理解をしやすくなった
11．参加者の意欲が増した
12．その他

注：１から６までは「福祉事務所にとっての効果」指標。
出所：厚生労働省社会・援護局保護課（2009）をもとに筆者作成。

表４　ボランティア活動参加プログラムにおける「12．その他」の自由記載例

社会貢献を体験することで，自分自身の自信となった
社会貢献をしようとする意識ができた
被保護者に自信がつき，意識なども変わり，生活面などでも前向きになっている
参加できるように生活リズムを合わせ，人とかかわれるようになることで，参加者の自信につながっている
同じような属性の人が集まっているため，日常の相談事や情報交換ができる場ができた
「約束の時間に来る」などの社会的ルールが守られるようになってきている
人から感謝されたことがない人がほとんどであるため，活動場所の施設職員や入所者から「ありがとう」と声を掛けてもらったりすることや，自分が花壇に植えた花が成長していく姿をみることも喜びのひとつとなり，継続的な参加に対する意欲へとつながっている
活動に参加することで汗をかくなどのストレスの発散につながるなど，精神衛生上でもよい部分があると思う

出所：表３と同じ。

ある。経済的貧困の状態の測定や生活保護の行政コストの把握は不可欠ではあるが、それのみでは、日常生活や社会生活の自立への支援を含めた貧困問題に対する社会福祉実践を評価するには不十分であろう。

貧困や社会的排除の緩和への社会福祉的アプローチの原則に関する国際的な潮流においては、参加、帰属、エンパワメントといった概念が重要視されている（ＩＦＳＷ 二〇〇八、岩田 二〇〇八、福原編 二〇〇七）。支援の成果についても、こうした視点を活かした評価手法の進化が望まれよう。しかし、現状では、こうした視点からの評価は、感覚的・経験的な記述にとどまっている。

それを端的にあらわすのが、国が二〇〇九年に作成した「生活保護自立支援プログラム事例集」における効果の記載形式である。事例集では、事例ごとに「取り組みの効果」欄が設定され、支援プログラムを実施した福祉事務所が、「福祉事務所にとっての効果」や「被保護者にとっての効果」を選択肢から選ぶほか（表３）、効果に関する自由記述の欄が設けられている。社会生活自立の支援のひとつである「ボランティア活動への参加」プログラムについて、「被保護者にとっての効果」のうち「その他」の効果の具体的内容をみると、以下の通りであった（表４）。

事例集における「被保護者にとっての効果」の選択肢は、実務者の視点で設定されたものである。「その他」の記述からは、効果の多面性やその豊かさを何とか言語化して伝えようとする実務者側の意識があらわれており、そこには被保護の、参加、帰属、つながり、エンパワメント等に関連する内容が含まれていることが読み取れる。ただし、これらは実務者視点による評価である。貧困緩和へのアプローチを尊重するのであれば、評価においても当事者の参加は重要となる。

表5　「事例集（第２弾）」（2011年）における「プログラム参加者の声」記載例

埼玉県：生活保護受給者チャレンジ支援事業（教育支援事業）	「楽しい」「わかった」
新宿区：被保護者自立促進事業「新宿らいふさぽーとプラン」	「体調もよくなり，病気もしなくなった」「近隣の人たちと挨拶するようになった」「疎遠となっていた兄弟と連絡をとった」「栄養バランスのよい食事を１日３回食べるよう心がけるようになった」「外出する機会が増え，自分自身で出かけるようになった」「仕事に対して興味が持てるようになった。仕事に役立つ資格を取りたくなった」
福岡県大牟田市：就労意欲喚起等支援事業	「いろいろな人たちと知り合うだけでなく，勉強することもでき，楽しい」「ボランティアでは手伝える範囲に限界があるため，ヘルパーなどの資格を取得し就労することにより，もう少し深くかかわることができればと考えている」
大阪府交野市：就労支援プログラム	「おばちゃん社労士がいてくれたから自分の本音を話すことができた」

出所：「事例集（第２弾）」を紹介した『生活と福祉』編集委員（2011）をもとに筆者作成。

（２）当事者の「声」と政策科学的根拠

この点で画期的なのは、二〇一一年に出された事例集の第二弾における評価形式である。プログラムの評価の記載欄に、「プログラムの目標・評価基準」の項目とあわせて、「声」を記載する欄が設けられ、「プログラム参加者の声」と「担当者の声」を分けて記載する形式となったのである（厚生労働省社会・援護局保護課 二〇一一b）（表5）。ここには、「当事者」が「評価」において正当な位置づけを与えられる兆しが、みてとれる。

しかし、記述された「声」の内容は、確かに実感されたものであったとしても、貧困緩和に関わる効果としての政策科学的な内容妥当性を備えている、とはまでは言えない。

事業成果の評価には、当事者の声を排除しない方法、なおかつ、貧困状態の緩和を示す内容としての妥当性が求められる。後者には、政策科学的な知見からの根拠や、汎用性の高い評価指標が、必要となる。

貧困の連鎖防止にむけた子どもの学習支援には、大人である援助者の感情に訴える「必要に対する応答性」の生じやすさがある。しかし、それだけではない。子どもの貧困や貧困の連鎖に関する政策科学的知見があり、被保護者の子どもと一般家庭の子どもとの格差を端的に示す「高校進学率」という指標があること、その指標は、格差の改善の程度を測定できる成果指標としても汎用性が高いこと、それゆえ、根拠と成果が明確な事業であることが、行政による事業への取り組みを後押ししている。

これに対し、釧路市の事例に代表される、被保護者の自尊感情の回復や社会関係の再構築にむけた支援の取り組みは、政策科学的な根拠づけが未確立な状況において、当事者の「声」を評価のなかに位置づけることの重要性と有効性を示している。すなわち、ともすれば当事者の管理統制の論理により事業運営がなされかねない状況において、保護を受給する当事者が生活のなかで感受している、自尊感情や社会関係に関わる必要と、その充足の意義が、当事者の「声」として表現され、それが国の政策担当レベルにまで届き、自立支援プログラムにおける「社会的な居場所づくり」の承認と普及促進、事業評価における「参加者の声」の記載の正当性の承認、という流れを形成したのである。現場の実践を通じて感覚的・経験的に発見された「必要」への積極的な応答という、言わば「草の根」「下から」の支援モデルとその評価手法の構築の展開と言える。

5 測定可能な貧困／貧困緩和指標に基づいた事業の焦点化と評価システムの構築へ

これまで見てきた、生活保護における社会福祉実践の可視化と評価の展開をふまえ、最後に評価のあり方に関する今後の課題を提起しておこう。第一は、費用対効果視点からの事業の収斂圧力に対応した地域の貧困（緩和）測定と連動した指標の開発である。第二は、福祉事務所現業員の相談援助活動の質保証のための基準づくり、第三は、生活保護制度をこえた貧困対策との連動、である。

（1）費用対効果の視点による収斂圧力

自立支援プログラムにおける事業の対象拡大は、就労支援や子どもの学習支援を除き、貧困の削減効果に関する政策科学の知見を根拠とする成果指標に、必ずしも支えられてこなかった。しかし、今後は、貧困の拡大と自治体の財政危機、財政制約の強まりのなかで、生活保護分野を含めて、事業の優先度の絞り込みが厳しくなると予想される。そうなれば、事業は、地域における貧困の削減効果という視点から、その費用対効果が一層厳しく問われるようになろう。

ナショナルミニマムの基準に関する国レベルの検討では、人間関係・社会活動への参加等に係る質的側面からの評価も重要との認識は共有されているが、質的な基準作りは今後の検討課題とされている（厚生労働省ナショナルミニマム研究会 二〇一〇）。こうした質的基準が設定されれば、人間関係・社会活動への参加等に係る質的側面を含めた支援の取り組みは、貧困状態や社会的排除状態の緩和に関する理論的・実証的知見に根拠づけられた指標に基づき、そのパフォーマンスを可視化できるようになる。

ただし、それらが「地域で取り組むべき事業」としての正当性をもつためには、地域を単位として貧困状態を把握しうる指標、すなわち、地域の一般世帯と被保護世帯を含む貧困世帯との差異の把握測定が可能な、多面的かつ、汎用性の高い行政統計としての指標が、必要になる。貧困緩和にむけた地域における社会福祉実践の可視化という点から、地域の貧困状態／貧困緩和のメルクマールとなる根拠ある指標の開発は、早急に取り組むべき課題であろう。

（2）ストリートレベル官僚の相談援助活動の基準

現在、生活保護受給者のなかで自立支援プログラムに参加した者の割合は、一割程度である。多くの受給者にとって、生活保護における社会福祉実践の中心的なかかわりは、従来からの福祉事務所の現業員による個別的援助ということになる。自立支援プログラムは、現業員の対人的活動のあり方にも一定の変化を要請し、実際、プログラムの制度化後には、自立支援業務に関する手引きが国から示されたが（厚生労働省社会・援護局保護課 二〇〇八）、実態の検証は遅れている。支援手法の多様な展開をふまえつつ、現業員の業務として、どのような内容が、どの程度の質的な水準で保証されるべきか、質保証の条件は何かについて、実証的知見にもとづく検討が必要だろう。

（3）生活保護制度をこえた貧困対策との連動

最後に、より大きな課題について指摘をしなくてはならない。本章で取り扱ったのは、生活保護制度の内部に限定された社会福祉実践の展開と課題である。しかし、日本の社会保障制度が直面している課題は、生活保護制度そのものの改革とあわせ、前段におけるセーフティネットの構築を含めた総合的な貧困対策の実施である。貧困を克服するための社会福祉実践の展望を考えるならば、生活保護制度と他のセーフティネットを横断した包括的な支援のグランドデザインを描くこと、そのなかで、他の事業との連動をふまえて生活保護制度としての実践の範疇と、その評価の指標を設定していくことが必要となる。

　これまで生活保護という分野のなかで豊かに蓄積されてきた実践の意義を、貧困緩和のための政策科学的知見や包括的な政策戦略のなかに根拠をもって位置づけ、正当に可視化し評価していくこと、それを可能にするような、貧困の測定研究と貧困分野の社会福祉実践の研究とが結びついたダイナミックな研究の展開が、求められている。

【参考文献】

阿部彩（二〇〇八）『子どもの貧困』岩波書店。

岩田正美（二〇〇八）『社会的排除――参加の欠如・不確かな帰属』有斐閣。

岡部卓（二〇〇三）『改訂福祉事務所ソーシャルワーカー必携――生活保護における社会福祉実践』全社協。

岡部卓（二〇〇七）「板橋区自立支援プログラムの位置づけと意義」東京都板橋区・首都大学東京共編『生活保護自立支援プログラムの構築――官学連携による個別支援プログラムのPlan・Do・See』ぎょうせい、二一―一五頁。

岡部卓・森川美絵・新保美香・根本久仁子（二〇〇九）『生活保護の相談援助活動――自己点検ワークブック』中央法規出版。

大山典宏（二〇一一）「つながる力が社会を変える――生活保護受給者チャレンジ支援事業」『生活と福祉』六六五号（二〇一一年八月号）、全社協、一一―一五頁。

釧路市福祉部生活福祉事務所編集委員会編（二〇〇九）『希望をもって生きる――生活保護の常識を覆す釧路チャレンジ』全国コミュニティライフサポートセンター。

厚生労働省社会・援護局保護課長（二〇〇五）「自立支援プログラム導入のための手引き（案）」平成一七年三月三一日事務連絡。

厚生労働省社会・援護局保護課（二〇〇八）「自立支援の手引」。

厚生労働省社会・援護局保護課（二〇〇九）「生活保護自立支援プログラム事例集」。

厚生労働省社会・援護局保護課（二〇一一a）「生活保護関係全国係長会議資料」。

厚生労働省社会・援護局保護課（二〇一一b）「生活保護自立支援プログラム事例集（第二弾）」。

厚生労働省社会・援護局保護課（二〇一二）「社会・援護局関係主管課長会議資料」。

厚生労働省ナショナルミニマム研究会（二〇一〇）「ナショナルミニマム研究会中間報告」。

厚生労働省ナショナルミニマム研究会「貧困・格差に起因する経済的損失の推計」作業チーム（二〇一〇）「中間報告　貧困層に対する積極的就労支援対策の効果の推計　平成二二年六月」。

国際ソーシャルワーカー連盟（ＩＦＳＷ）（二〇〇八）「貧困緩和とソーシャルワーカーの役割に関する国際的方針草案」二〇〇八年四月一一日付加盟団体送付文書（岩崎浩三・星野晴彦訳）http://www.jasw.jp/news/IFSWmessage.pdf（アクセス日二〇〇九年一〇月一七日）。

小山進次郎（二〇〇四）『改訂増補　生活保護法の解釈と運用［復刻版］』全国社会福祉協議会。

埼玉県（二〇一一）「生活保護受給者チャレンジ支援事業（教育支援事業）」『生活と福祉』六六八号（二〇一一年一一月号）、全社協、三―六頁。

社会保障審議会福祉部会生活保護の在り方に関する専門委員会（二〇〇四）「生活保護の在り方に関する専門委員会報告書」。

『生活と福祉』編集委員（二〇一一）「特集　生活保護自立支援プログラムの取り組みから」『生活と福祉』六六八号（二〇一一年一一月号）、全社協、三―一八頁。

根本久仁子（二〇〇一）「生活保護における社会福祉実践の位置づけをめぐる諸説の構造と展開について――論争期までの議論を対象として」『社会福祉学評論』日本社会福祉学会関東部会、創刊（通巻三）、四四―五九頁。

笛木俊一（一九九七）「公的扶助制度・公的扶助労働の二面的性格」杉村宏・河合幸尾・中川健太郎・湯浅晃三編『現代の貧困と公的扶助行政』ミネルヴァ書房、四三―七三頁。

福原宏幸編（二〇〇七）『社会的排除／包摂と社会政策』法律文化社。

道中隆（二〇〇九）『生活保護と日本型ワーキングプア――貧困の固定化と世代間継承』ミネルヴァ書房。

宮武正明（二〇一〇）「生活困難な家庭の児童の学習支援はなぜ大切か――高校就学保障のしくみに至る経過」『こども教育宝仙大学』紀要一巻、九一―一〇七頁。

森川美絵（二〇〇七）「『義務としての自立の指導』と『権利としての自立の支援』の狭間で――生活保護におけるストリート官僚の裁量と構造的制約」三井さよ・鈴木智之編『ケアとサポートの社会学』明石書店、二五九―二九四頁。

森川美絵（二〇〇九）「生活保護分野における社会福祉援助活動の評価の現状と課題」『保健医療科学』五八巻四号、三五五―三六一頁。

森川美絵・増田雅暢・栗田仁子・原田啓一郎・谷川ひとみ（二〇〇六）「生活保護現業員の困難経験とその改善に関する研究――負担感・自立支援の自己評価を中心に」『厚生の指標』五三巻五号、一五―二一頁。

森川美絵・新保美香・根本久仁子・岡部卓（二〇〇八）「生活保護の相談援助業務に関する評価指標の開発と、指標の業務支援ツールとしての応用に関する研究報告書」厚生労働科学研究費補助金政策科学推進研究事業（課題番号　H一七-政策-一般-〇二〇）。

六波羅詩朗（二〇〇三）「ソーシャルワークと公的扶助制度」岩田正美・岡部卓・清水浩一編『貧困問題とソーシャルワーク』有斐閣、二二三―二四八頁。

Lipsky, Michael (1980) *Street-Level Bureaucracy: Dilemmas of the Individual in Public Service*, Russell Sage Foundation（＝田尾雅夫訳『行政サービスのジレンマ――ストリートレベルの官僚制』木鐸社、一九八六年）.

第5章

生活保護の歴史を概観する

——受給動向と雑誌記事から——

岩永理恵

生活保護法は、一九四六年に制定され、一九五〇年に全面改正されて以降、根本的な改正を経ることなく運用されてきた。本章はこの六〇年以上の運用の過程について、過去の雑誌記事により制度に携わった人びとの意見や認識を読み取りながら、保護の受給動向を軸に概観する。再び生活保護がトピックとなる今日、生存権という理念が、一人ひとりの考えや行動に支えられていることの意味を噛みしめるように、その歴史を振り返りたい。

1 生活保護の歴史を捉える視点

(1) 生活保護受給者は「過去最多」

二〇〇〇年代に入り、生活保護は再び脚光を浴びた。二〇一二年現在、生活保護受給者数の増加が、センセーショナルに扱われている。毎月、生活保護速報が出るごとに、受給者数増加が報道される。その修飾語句は「戦後最大」や「過去最多」である。これらの修飾語句は、後で説明するようにややミスリーディングであるが、この時間軸を加味したトピックは、生活保護の歴史的展開を端的に示す。

図1「被保護世帯数、被保護人員、保護率の年次推移」(本書第1章、二三頁)は、厚生労働省が生活保護の説明に際し、頻繁に利用する図である。本章では、図1を、生活保護の歴史を記述する一つの軸とする。受給者数、図1の語句では被保護人員、さらに被保護世帯数と保護率は、生活保護の実績を示す。一九九〇年代半ばから、被保護世帯数、被保護人員、保護率ともに上昇に転じた。

保護の受給動向に影響を与える要因は、おおまかに二つ考えられる。生活保護の展開は、法にもとづく基準と実施要領、これらを策定、運用する人に実質的に規定され、これらの行政活動が、保護の内容や受給者を決定すると考える。さらに、そもそもなぜ生活困窮に陥るのか、ということから考えれば、生活保護以外の社会保障給付の程度と範囲、失業率など雇用・労働の状況、産業構造、家族の在り方、人口構造、地理的環境などさまざまなことが考えられる。

保護受給動向に関係する要因は枚挙に遑がなく、多様な要因を特定するのは容易でない。まして、何が生活保護受給者数の増減にどう関係してきたか、厳密に網羅的に記述することは不可能である。そこで着目するのが、保護基準と実施要領の策定―運用―改定の経緯、とりわけこれらをめぐり関係者が展開した議論である。

(2) 保護基準と実施要領の策定―運用―改定の経緯、これらをめぐる議論

生活保護法は、戦後間もなく制定された。現在までの運用の蓄積を目に見えるものにしているのが、『生活保護手帳』(以下、保護手帳と略す) である。保護手帳は、保護基準や実施要領を掲載し、生活保護法に携わる行政官の必携書である。ただし、実物の保護手帳は、「手帳」とは呼び難いほど分厚く (二〇一一年度版で七七四頁)、複雑な内容である。それは、行政がさまざまな状況に対応してきた結果を反映している。

複雑化した保護基準と実施要領の変遷については、拙著、岩永 (二〇一一) で論じた。結論を簡潔に述べれば、保護基準の根幹となる最低生活の概念が極めて貧しく、これが生活保護の根源的問題である。実施細目が多様化・複雑化したが、その反面で「ホームレス」という極貧状態が放置される事態が生じた。本章は、岩永 (二〇一一) の議論を敷衍して、保護基準と実施要領の策定―運用―改定の経緯を、時どきの関係者の発言に注目しながらたどる。

実施要領の策定および改定の作業を担当するのは、厚生労働省 (二〇〇一年一月六日以前は厚生省) の保護課であるが、実際に運用するのは、地方自治体の職員、福祉事務所のケースワーカーである。保護課は、円滑な制度運営のため、ケースワーカーに保護基準と実施要領の意図や内容を説明し、それらを使ってみた感想をケースワーカーに聞く必要があると考えた。

そのツールとして創刊されたのが、雑誌『生活と福祉』である。雑誌『生活と福祉』創刊の意図は、一九五〇年代前半の保護の適正化対策などがあり、ぎくしゃくした雰囲気となった「『地方と中央』『福祉の現場と中央』をつなぐ『太いパイプ』の役割を果すことにあった」(板山 一九八四)。雑誌は、厚生省と福祉事務所職員などとのコミュニケーション手段である。誌上では、保護課による保護基準や実施要領改定の説明、それに対するケースワーカーなど自治体職員の応答があり、現場の実感などが述べられている。

雑誌記事は過去の一時点の記録であり、いわば「顔のみえる人」の話を読むことができる。雑誌記事を通じて、時どきの制度に携わった人びとの意見や認識をみつめ、それらを手掛かりに保護の受給動向を軸とした生活保護の歴史を読み解く。

(3) 歴史を概観する意義

本章では、雑誌記事により過去に生活保護運営に携わった人に接近しながら、図1の長期傾向をみるという記述の手法をとる。過去の一時点にフォーカスを当てながら、現在の視点でまとめられた図1に言及する。これによって、いくらか過去の現実に寄り添った歴史の叙述が可能になると考える。なお紙幅の関係上、次節以降の『生活と福祉』からの引用は、号数のみの記載とする。

もとより、本章で取り上げるのは生活保護の歴史の一部であり、概観にすぎない。しかし生活保護は、それに携わる人がいてはじめて成立し、人びとの考えや行動がどのように保護の実績と関係しているか理解する必要があると考える。本章で言及するのは主に行政官だが、生活に困窮し保護を受給した当事者、受給者でない人たちの考えや行動も重要であるのは言うまでもない。

再び生活保護がトピックとなる今日、生存権という理念が、ただ法に書かれているだけで実現するわけではなく、一人ひとりの考えや行動に支えられていることの意味を噛みしめるように、その歴史を振り返りたい。

以下、図1に即して簡単に時期区分を説明する。第2節は、法制定から史上最も保護率が高く保護費増加が問題化した一九五〇年代、第3節は、高度経済成長下で保護率・保護人員が減少傾向にあった一九六〇年代、第4節は、被保護人員・被保護世帯数が微増だが保護率はほぼ横ばいであった一九七〇—一九八〇年代前半、第5節は、被保護人員・被保護世帯数・保護率ともに減少して底を打ち反転する一九八〇年代後半—二〇〇〇年代初頭、である。最後に第6節では、現在の状況に少し触れながらまとめを述べる。

2　生活保護法の成立から一九五〇年代

（1）新法の成立と一部改正

生活保護法は、戦後の人びとの生活困窮に対応すべく、一九四六年九月九日法律第一七号として公布、同年一〇月一日から施行された（以下、旧法とする）。これを全面改正し、一九五〇年五月四日法律第一四四号として公布、即日施行されたのが、現行の生活保護法（以下、新法とする）である。新法では、憲法との関係、最低生活保障の理念が明確になり、不服申立制度が確立した。ただし、新法でも法の理念を実体化する保護基準の設定方法が明記されなかった。新法施行では、旧法下の制度運営をおおむね継承した。

この法律制定の経緯を踏まえ、新法以来の受給動向のみの実績、図1のようなデータを根拠に、二〇一二年の受給者数が「戦後最大」「過去最多」というのはミスリーディングだと考える。厚生省社会局保護課（一九八一）に掲載の資料（二）表④によれば、一九四六年一〇月の被保護実人員は二七〇万三四三九人であり、保護率は三五・一‰である。また、一九五一年度の被保護人員は、二〇四万六六四六人であるが、保護率は二四・二‰である。法成立直後の時期が、生活保護の歴史上、最も保護率の高い時期である。

戦後の混乱期、年金や医療制度が崩壊状態のなかで、生活保護の担う役割は大きかった。これほど多数の受給者に対応するため、急務となったのが、実施体制の整備である。新法では、保護の対象を生活困窮者とし、働く能力があるにもかかわらず勤労の意思がない者、勤労を怠る者や素行不良な者は保護しないという欠格条項を取り払ったが、かわりに社会福祉主事による自立の助長のサービスを重視するようになった。旧法改正の目玉の一つが、有給吏員である社会福祉主事を、生活保護事務の担い手とすることであった。

（2）保護費増加と「適正化」

新法制定後はじめての保護基準改定は一九五一年五月で、以後、一九五二・五三年度と続けて改定し、一応水準は向上した。保護基準が上がれば保護費は増加すると見込まれるわけだが、厚生省は、実施体制の整備によって節約されると考えていた。ところが、一九五二・五三年度と、生活保護費の決算額は増え、次第に問題となった。図1からは、一九五五年度に被保護人員と保護率が増加していることが読み取れる。保護費増加の背景には、医療扶助人員の増加があった。特に結核患者の療養があって、入院患者が増加した。医療体制が不十分ななかで、医療扶助は積極的に運用、活用されていた。

財政当局は一九五四年度の予算編成の過程で、「社会福祉事務所における受給希望家庭の収支認定の技術の未熟、医師の過剰診療、療養所で退院可能の患者の継続受給等」による濫給が医療扶助費の増加要因であると追及した（財政調査会 一九五四）。一九五四年一月、第五次吉田茂内閣は、国の生活保護費負担を五割に下げ、地方負担を増やす国庫負担削減の法律改正を提案した。結局、国庫負担八割は維持されるが、そのかわり、見積もった予算を超過しないことが求められた。保護費削減圧力のなか厳格な予算執行が強調され、その保護実施の有り様は、保護の「適正化」とよばれる。一九五六年度、一九五七年度と被保護人員、世帯数、保護率ともに急激に減少した（図1）。

（3）『生活保護手帳』と『生活と福祉』の刊行

保護の「適正化」の折、一九五六年四月、雑誌『生活と福祉』が創刊された。先に引用したものとは別の板山の発言によれば「保護基準は上がらない、適正化対策は進む、監査の実施が行われる。一方で、ケースワークや処遇論が強調される。第一線は不信の目をもって見ていたんですね。そのなかで、パイプ役が本誌に期待されたんです」（四〇〇号）。

板山の発言にあるように、保護基準は、一九五三年に改定されて以後一九五七年まで改定できなかった。基準引き上げが困難な状況下で力点が置かれたのが、実施要領の改定であった。実施要領の基本的事項は、最低生活費の認定と収入の認定に加え、世帯の認定、居住地の認定、資産の活用、扶養義務の取扱い、他法他施策の活用、家庭訪問の六点が追加された。『生活保護手帳』の発行は、一九五七年度の改定内容を掲載したものが、初発である。旧法時代から、『生活保護百問百答』という保護の運用に関する解説書を出版し、厚生官僚が各種の雑誌に執筆した解説文書はあった。しかし、今日の形式のように実施要領が整備され、各改定時に内容説明するようになったのは、この頃である。

では、当時、このような実施要領の改正は、どのように受け止められていたのだろうか。『生活と福祉』の創刊号から第三六号までの発刊は「社会福祉調査会」であったが、編集の実質は保護課が担当していた（四〇〇号）。記事には、保護課の係員でもあった板山が司会をし、保護課長や課員、地方自治体の担当官などが出席した座談会が多い。一五号、一六号では、「改訂実施要領をめぐって」、当時の尾崎保護課長を囲んだ興味深い座談会記事が掲載されている。

（4）保護課長を囲んでの座談会記事から

一五号の座談会冒頭、尾崎保護課長は、一九五七年度は勤労控除と実施要領の統一化を図るという二点を主眼とした、実施要領改定に重点を置いたと述べた。これに対し、東京都保護部査察指導班長の金丸は、実施要領の内容改善に伴う予算措置が講じられておらず、保護費のふくらみを収入認定の適正化によって抑えようとする厚生省の意図を強く感じること、実施要領の内容が裁量の余地のないほど細分化され、実際に即応した措置をとる「行政上の妙味を失いはしないか」という危惧を呈した。尾崎保護課長は、前者についてその通りだと述べたうえで、収入認定に万全はないので念を押した、実施要領は細分化しても「原則」「標準」しか示せないと説明した。

一六号は、一五号の好評を受け、査察指導員を集めて開催した座談会記事である。参加した査察指導員からまず出された話題は、農村世帯の収入認定の難しさで、保護基準の決め方が六大都市の生活を基礎にし、実態に合わないという点であった。一方、農業の問題があまりない地域の査察指導員からは、母子加算や勤労控除の計算、収入認定の難しさが問題にされた。勤労控除については、はっきり自立更生の意義を認めるべきではないか、という意見が出されたが、尾崎保護課長は、必要経費の認定であり、勤労意欲助長という面での運用は間違っていると述べた。

そもそも厚生省が出す行政文書が難しく理解しにくいなど（一六号）、かなり率直な意見のやりとりがみられる。自治体の担当者は、実施要領が詳細化具体化していくことを、受け入れるとしつつ、不信の目をもってみていたこともうかがえる。それは、職員の裁量の幅が狭まるのではないか、実施要領改善の裏付けとなる予算はなく結局「適正化」の布石となるのではないか、といった疑問であった。

(5) 実施要領の詳細化・充実への懸念、医療扶助

一九五八年は、保護基準の改正はされず、さらなる実施要領の整備が進められた。二七号では、この改正について最終決定する前に議論の場をもつため開催された、保護課や県職員との座談会が掲載されている。保護課の柳瀬は、改正のポイントが、従来の通知を全て廃止し、新しく次官、局長、課長通知にまとめたこと、一般の実施要領、医療扶助の運営要領を具体化したことにあると説明した。

これに対し富山県社会福祉課の野田は、古い通知は相当経験のあるものでも忘れかけていて、「内容には生きているんだか死んでいるんだかわからん通知がありまして非常に困って」いたので助かること、ただ、実施要領が細かくなると生活保護の本旨を忘れて通知のみに頼ると困ると発言した。実施要領の改正で改善される加算などによって、保護基準で保障される生活水準と地域のそれとのバランスの問題が生じるという指摘もあった。

一方、医療扶助運営要領が策定されたのは、実際上、医療扶助が他の扶助とは異なる運営の仕方が必要とされ、処理方法について混乱があったことによる。座談会では、県によって事情が異なることが分かり、専門分化することへの懸念も示されているが、医療担当者を置くことが理想的とされている。医療扶助の受給状況はなお問題であった。一九五九年一月の新国民健康保険法施行で、国民皆保険への道筋が示されたといわれるが、国保法には、保護を受けて三ヵ月経過した世帯に属する者は、保護を受けなくなるまで被保険者としない、という規定がおかれた。国保法は、他法他施策優先の「例外」であった。

3　一九六〇年代

(1) エンゲル方式採用、加算の対象拡大、勤労控除の趣旨変更

一九六一年の第一七次保護基準改定は、高度経済成長下で国民全体の生活水準、所得水準が向上するなかで、引き上げは当然という雰囲気であった。基準改定に注目が集まるなか、厚生省は、算定の方式に新しくエンゲル方式を採用して、所得倍増計画といった一般世帯に対する経済政策と同一歩調で保護基準を改定できるようになったと説明した。実施要領上でも重要な改正を行った。一つは、母子福祉年金の対象範囲の拡大と児童扶養手当制度の創設により、母子加算の対象を拡大したことである。二つ目は、勤労控除の意図を必要経費の控除だけでなく、自立助長のためとも述べるようになったことである。

この改正を話題にした六四号の座談会によれば、世帯分離を大幅に認めるなど、自立更生重視の特徴があるとの評価であった。尾崎保護課長の頃とは勤労控除の趣旨を変更したことを確認し、この変更は好感をもって受け止められた。ただし、神奈川県津久井福祉事務所の上嶋は、無差別平等の原理を貫くべきだと主張し、勤労控除や加算の対象になる人とならない人との格差が広がることが懸念されている。

一方、三浦保護課長からは、基準が上がり受給者が増加しているかを知りたいとの発言がある。神奈川県社会福祉課の武野は、申請保護の原則によるタイムラグがあり、基準引き上げといっても物価の値上がり分だけで飲食物費の質・量のアップではないから、現実としては増えていないという。東京都民生局保護課の西は、逆に被保護人員は減ったと発言した。エンゲル方式については、生活の具体的基準が不明になったと批判の声がある一方、それゆえ朝日訴訟で問題にされたような

点を回避できてよいという意見もあった。

（2）朝日訴訟

朝日訴訟とは、一九五七年、入院患者に認められる日用品費六〇〇円の基準額が、生活保護法の規定する健康で文化的な最低限度の生活水準を維持するに足りない違法なものであるという主張で、朝日茂が厚生大臣を被告として起こした訴訟である。一九六〇年一〇月、朝日茂の主張を全面的に認める第一審判決が出された。なお詳細は、朝日訴訟中央対策委員会（一九六七）をご参照頂きたい。

第一審判決は、『生活と福祉』も詳しく取り上げ、五七号には「朝日判決　私はこうみる　関係者の意見」を掲載、関心は高かった。関係者には裁判で原告と被告それぞれの証人を務めた者を含み、意見はさまざまであるが、大勢を読み取るとすれば、判決を謙虚に受け止めるべきだというものである。さらに、地域によって基準より生活水準が低いとか、低賃金労働者が多い現状でのディレンマも多く語られている。

このディレンマへの言及は、後の号に掲載された記事にも共通する。今の保護基準では、村全体を保護しなければならなくなる（六九号）、現場で一番困っているのは収入認定であり勤労控除、特に日雇の期末手当の控除（八三号）、という自治体担当者の意見があった。基準は絶対的には必ずしも高くないが、すれすれの低所得層がたくさんいるため問題だとされる（九四号）。生活保護は、経済発展の格差、地域差、低賃金という、制度を取り巻く環境に規定された深刻な問題を抱えていると考えられていた。

（3）保護の実施現場の停滞感と実施要領の改正

図1によれば、保護率、保護人員は、一九六三年度にかけて少し上がりその後減少している。一九六四年度の基準上げ幅は狭く、この頃からまた「適正化」が進んだといわれる。保護世帯数は、緩やかに上昇しており、一世帯あたりの人数が減少していることがうかがえる。理論的には保護基準が上がればカバーする人も増えると前提されていたが、実際は異なるようだといわれた（一〇〇号）。

このような保護の実績を重ねた現場の様子を、日本社会事業大学教授の仲村は次のように表現した。

> 生活保護から連想されるもののジメジメした暗さ……それに輪をかけているのが、職場の志気の沈滞である。……昭和二六年一〇月に福祉事務所が発足してから二、三年間の、あの一種の充実感、張り切った雰囲気を経験した者知っている者にとっては、今の事務所のよどんだ空気は、なんともやりきれないものがあるとは、この数年来よく聞くことばである（一三〇号）。

同趣旨の指摘はままあり、朝日訴訟の最高裁判決を受けた県担当者と厚生省の座談会では、生活保護行政のあり方について議論があった（一三五号）。保護課課長補佐の北村は、生活保護行政には、保護基準の内容の決定、実施要領の中身の決定、それらを具体的に執行していく場面、と三つに分けて捉えられると述べた。自治体の現場との関係では、三つ目について、ケースワーカーの裁量を認めてほしいという意見と、裁量を認めすぎると被保護者に不均衡になるので具体的な基準が必要という二つの意見があるという。

厚生省は、この後二つの異なる意見の双方に配慮した実施要領の改正を行う。一九六七年度は、前者の裁量を認める意見に沿って、資産活用の規定を整理し、処分価値の小さい資産（一〇〇〇円程度と解される）は保有を認め、これ以外の資産の取扱いも個別品目でなく、七〇％の保有率として表すことにした。一方、一九六八年度は、最低生活の内容を整理し、要否判定に用いる制度、程度決定のみに用いる制度を明確にして、制度の統一的運用を図ることにした。

4　一九七〇年代―一九八〇年代前半

（1）保護受給動向、被保護世帯の変化

さらに急ぎ足となるが、一九七〇―一九八〇年代前半の動きをまとめて取り上げる。この期の特徴は、被保護人員と被保護世帯数は微増だが、保護率はほぼ横ばい、どのグラフも一九八五年頃から下がり始める（図1）。被保護世帯数の増加の背景には、少人数世帯の増加と多人数世帯の減少、その他世帯の減少と高齢、傷病、障害世帯の増加があった。この変化を捉え、伊部社会局長は、「被保護階層の変化に対応して、キメの細かい福祉対策を実施していく必要」があり、「生活保護は、一種の〝失業保険〟であった時代から、福祉サービスの時代に入っている（一六八号）とした。

ただし、この厚生省とは異なる声は大きかった。国民生活審議会からは、被保護世帯の貯金をみるべきだという意見があり（二二五号）、慶應義塾大学教授の中鉢は、老人は過去の蓄積で暮らしているのに、保護を受けるとなるとミーンズテストの対象になるというミスマッチがあり、またそこに柔軟さがないと指摘した（二四九号）。淑徳短期大学教授の小沼は、被保護対象が非稼動世帯に変質したのではなく、保護基準が依然絶対的な最低生活水準の観念で決められているために、一般世帯のなかで保護を受けられるものが少なくなった、と強い懸念を示した（二四九号）。図1にも書き込まれた石油危機という出来事がありながら、保護率が上昇しない事実が、小沼の意見を裏づけるとみてとれる。

（2）生活保護の停滞した雰囲気、風通しの悪さ

最低生活水準の観念が変わらないとされるなかで、指摘される運用上の問題点にもあまり変化がない。たとえば、多人数世帯や加算のある世帯は生活水準が高くなり不均衡、資産保有の問題を含めて最低生活保障水準のあり方を考えるべき、実施要領の問答集がどこまで生き、どこまでが死んでいるのか非常に不明確、などである（二七一号、二七二号）。その停滞した雰囲気は、先に引用した仲村の指摘の延長線上にあろう。

他方で、一九七〇年代以降の『生活と福祉』誌上では、徐々に、保護課長や課長補佐などが出席する座談会記事は減り、監査官を主とした座談会が多くなる。とりわけ発言者を匿名化する、という特徴的な変化がみられる。発言する主体が不透明化する様子は、生活保護を取り巻く環境の「風通しの悪さ」を感じさせる。

「生活保護は、戦後ある意味でもっとも制度的に整備された行政サービスで、それ故に特別考える必要がないんだというか、工夫したり努力する必要がないのではないか、すでにレールは敷かれていて直接問題として取り上げる必要がないのではないか、と所長、福祉事務所、本庁でも考えられているのではないか」（二七九号）といわれる。一〇年ぶりに生活保護業務に戻った査察指導員は、保護手帳は充実したが「裁量の余地が全然なくなっている」と批判した（三一七号）。

（3）「一二三号通知」

一九八一年いわゆる第二臨調が設置され、国の行財政改革が課題となった。政府の「増税なき財政再建」の基本方針のもとに、生活保護も重大な影響を受けた。厚生省は、保護基準については、中央社会福祉審議会の意見具申を得て、基準算定方式を水準均衡方式とし、当時の水準をなんとか維持しようとした。しかし、一九八四年度予算編成で問題になった保護費の国庫負担割合は、一九八五年より一〇分の八から一〇分の七に削減された。

このような状況下の生活保護行政で強調されるのは、当然、「適正化」である。一九八一年発出

の「一二三号通知」は、「生活保護の適正実施の推進について」という件名であった。「一二三号通知」は、保護開始時の実態把握を正確に行うため、要保護者に対し、関係機関調査に使用する同意書を徴収し、保護申請に関する書類に事実に相違ない旨署名押印してもらうことを規定したものである。

この規定は要保護者の責任に言及し、従来の実施要領の規定とは異なる意味合いをもつ。保護を申請する以前の者に「挙証責任」を負わせ、「不正受給」を防止しようとした（三〇九号）。要保護者という「現に保護を受けているといないとにかかわらず、保護を必要とする状態にある者」（法第六条）、保護を申請する以前の者には、たとえ取扱いに不服があっても、それを申し立てる権利が保障されないという重大な問題がある。

5　一九八〇年代後半―二〇〇〇年代初頭

(1) 被保護人員、世帯数、保護率の低下

一九八四年後半から、被保護人員、世帯数、保護率ともにすべて下がり始め、底を打つのが一九九五年頃である。この動向は、前節の内容を踏まえ、図1に書き込まれていないバブル崩壊後の「平成不況」下であることを加味すれば、運用の厳しさがその一因であるとも考えられる。

実際『生活と福祉』誌上では、青森県生活福祉部医療審査官の大津が「真に急迫状態云々という解釈は単に生活ができないということだけではなく、生存の危険があるとか放置できない状態でなければダメ」なのかと疑問を呈し、監査指導課主席監査官の塩崎が「そのとおりです」と答えるやりとりがみられた（三五二号）。さらに、監査指導課首席生活保護監査官の鈴木は、生活保護の「申請そのものが権利であるかどうかは疑問」だとし、制度の効率的運用のために、「面接相談段階で、いろいろなかたちで整理整頓する場があっていいのでは」という（三八〇号）。

一九九一年に保護率は、七‰台になり、当時の炭谷保護課長は、生活保護行政の役割が減少しているといわれるのではないかと恐れている、と述べた（四二〇号）。一九九〇年代半ばの松尾保護課長は、なかなか景気回復しないなかで「保護率が横這いという状況は、私が感じますところ、やはり我が国の各福祉制度あるいは雇用制度等が充実し、しっかりしているということ」だと述べた（四七二号）。いずれにせよ、生活保護の役割、運用範囲の狭い時期であった。

(2) 新たな段階に入った生活保護

といって、日本社会の生活困窮状態が解消されたわけではなかった。一九九二年の暮れごろから「ホームレス」が問題になったが、各自治体での「ホームレス」への生活保護の適用は、厳しく制限されていた。徐々に保護率の上昇がみえてきた二〇〇〇年代初頭には、厚生省社会・援護局長となった炭谷が「生活保護制度見直しの視点」を述べる（五三二号）。宇野保護課長も「不況と構造改革の時代に、保護の増加は当然」で「職業能力向上の機能」が制度見直しの中核とするが（五三三号）、実際に改革されることはなかった。

他方で、被保護人員、世帯数の全国的減少傾向は、小規模福祉事務所の増加という帰結をもたらした。一九九四年頃、現業員が三人以下の小規模福祉事務所は、全国で約三分の一に達していたという（四五六号）。「ケースワーカーの五人に一人が毎年替わり、四、五年で全部が入れ替わる」「福祉事務所の指導に当たる都道府県にも、かつてのように生き字引といわれるような方はいなくなっている」、そして「厚生省も例外ではありません」と、監査指導課長の川井は述べた（五〇〇号）。生活保護は歴史を積み重ね、保護手帳は分厚くなったが、その所以を知る人の少ない新たな段階に入った。

6　現在

二〇〇三年、国民の消費支出や物価が下落する中で、国民全体の消費水準との均衡を図るため、制度創設以来初めて、生活扶助基準額は〇・九％引き下げられた（五六六号）。同年七月「生活保護制度の在り方に関する専門委員会」が設置され、制度の根本的な検討がされ始めた。同委員会報告書の目玉の一つとされたのは、自立支援プログラムの提案であった。自立支援プログラムの実施は、制度運営が停滞・限定し、実施体制が脆弱化した状況の打開策として、あるいは、「適正化」の歴史を踏まえ少し穿った見方をすれば、保護率上昇局面への対応策として編み出されたと解釈できる。

しかし、実際に運用する自治体側に立てば、『生活保護手帳』は分厚く読込すら困難であって混乱するなか、さらに業務が課されたともとれる。二〇〇〇年代の『生活と福祉』ではいくらか現場を垣間みられる記事がある。たとえば、山田保護課課長補佐は、「働けるから生活保護は適用できない」といった申請権の侵害につながりかねないような言動は厳に慎むべき（五七〇号）と述べ正論だが、先に引用した三八〇号の生活保護監査官の見解と明らかに異なり困惑を生じさせるであろう。北海道旭川市保健福祉部第二課長の浅田は「国と地方の認識がズレ」ていて、「国から求められても、地方の実態からすると、とても対応に苦労することがあります」（五七三号）という。

現在、世界金融危機以後「派遣村」に象徴される貧困問題の先鋭化、東日本大震災、原発事件以来の人びとの生活困難があって、生活保護への関心が高まっている。何らかの新たな対応が迫られた政府は、次々と生活保護関連の委員会を設置し、検討作業の実績を積み重ねている。しかし、結論まで至らずに休止状態の委員会も多く、検討の〝パフォーマンス〟ととれるほどである。何より、各種委員会や政府が対応策を見出したとして、それを実施現場で実現する目算を立てているのだろうか。

本章に述べた歴史に明らかなように、保護の実績は、制度に携わる人びととの活動と関連がある。国と自治体のコミュニケーションツールである『生活と福祉』からは「風通しの悪さ」がうかがえ、保護手帳の分厚さに比例して業務が複雑化しているのは間違いない。現場の雰囲気の停滞、体制の脆弱性は、何十年も前から指摘されていた。法の理念を実現するには、あらためて制度を支える人の現実をみつめ、人びとの生活困難の内実に対応できる体制について再考することが不可欠である。

【参考文献】

朝日訴訟中央対策委員会（一九六七）『人間裁判一〇年』労働旬報社。
板山賢治（一九八四）「座談会を終えて」『生活と福祉』三三九、全国社会福祉協議会、一一頁。
岩永理恵（二〇一一）『生活保護は最低生活をどう構想したか――保護基準と実施要領の歴史分析』ミネルヴァ書房。
厚生省社会局保護課（一九八一）『生活保護三十年史』社会福祉調査会。
財政調査会（一九五四）『國の予算――その構造と背景 昭和二十九年度』港出版合作社、一四〇頁。

第6章

「自立支援」による生活保護の変容とその課題

桜井啓太

生活保護制度は今かつてない改革のただなかにある。それは「保護する制度から自立を支援する制度へ」という流れであり、従来の経済的給付中心の制度からの転換が志向されている。改革にあたってのキーワードは「自立支援」である。「自立支援」は近年の社会福祉の「構造改革」に共通して見られる理念であるが、それが生活保護制度へ適用されたのは他分野に比べ最も遅く、しかし最も影響の強いものであった。本章では「自立支援」の導入がもたらした生活保護制度の変容についてその経緯と目的、現状と問題点について考察する。

1 「自立支援」型への転換

（1）自立支援の一層の推進

厚生労働省は毎年三月に「社会・援護局関係主管課長会議」「生活保護関係全国係長会議」を開催し、全国の自治体の生活保護担当課の代表に対し翌年度の生活保護行政の方針や保護制度の変更点、新規事業等について説明を行っている。その会議資料のなかで二〇〇五年から二〇一二年現在に至るまでの八年間漏れることなく、毎年「一層の推進」という言葉とともに重点事項に掲げられている項目がある。それが「自立支援」である。生活保護を語る上でいまや避けることのできない「自立支援」であるが、実はこの言葉自体は一九八〇年代末期に生み出された造語であり（中国帰国者を取り巻く言説が初出と推定される）、生活保護の分野で語られるようになるのはせいぜい二〇〇〇年に入ってからであるということはほとんど知られていない。本節では理念としての「自立支援」が生活保護制度に導入されるようになった経緯と、その政策的な背景について取り上げる。

(2) 自立助長と自立支援

生活保護法は法の目的として第一条「最低限度の生活を保障するとともに、その自立を助長することを目的とする」をもつ。憲法第二五条の理念に基づく「最低生活保障」に並ぶ「自立助長」の存在については制度発足時からその意図や根拠が論じられ、また公的扶助における給付とケースワークの関係とともに様々な議論がなされてきた（公的扶助サービス論争、岸・仲村論争）。

生活保護制度の「自立支援」もこの「自立助長」から説明されることが多いが「自立支援」を生活保護固有の理念と捉えるのは厳密には正しくない。そもそも生活保護法には「自立助長」を示す項目はあっても（法第一条、地方分権に伴い新設された第二七条の二）「自立支援」という文言は一文も見られない（五石 二〇一一：六二、一四三）。「自立支援」の導入は従来の「自立助長」から生じたものではなく社会福祉基礎構造改革の流れをくむものである。

一九九五年に社会保障審議会が発表した「社会保障体制の再構築（勧告）」はその後の社会保障制度改革の基本的方向を「まず第一に重要なことは、すべての国民が社会保障の心、すなわち自立と社会連帯の考えを強くもつことである」（傍線は引用者、以下同じ）と規定した。勧告を踏まえて設置された中央社会福祉審議会は「社会福祉基礎構造改革について（中間まとめ）」において「これからの社会福祉の目的は、従来のような限られた者の保護・救済にとどまらず、国民全体を対象として、このような問題が発生した場合に社会連帯の考え方に立った支援を行い、個人が人としての尊厳をもって、家庭や地域の中で、障害の有無や年齢にかかわらず、その人らしい安心のある生活が送れるよう自立を支援することにある」とし、社会福祉の目的は「自立支援」にあるとした。

その後、二〇〇〇年六月の社会福祉法改正を皮切りに社会福祉の各分野（児童・母子・高齢者・障害者・若年者・ホームレスなど）に「自立支援」理念を取り入れた関係法の改正・制定が相次いだ（ホームレス自立支援法〔二〇〇二年〕、障害者自立支援法〔二〇〇五年〕など）。中西はこれら自立支援を中心理念においた一連の政策群を「自立支援型政策」と名づけている（中西 二〇〇七：一七九）。

二〇〇一年度『厚生労働白書』の副題は「生涯にわたり個人の自立を支援する厚生労働行政」であり「自立を支援する社会保障制度」という方向性が強く打ち出されている。同年には「低所得者の新たな生活支援システム検討プロジェクトチーム」という厚生労働省内のプロジェクトチームが発足し、翌二〇〇二年一月の報告書では「働く意欲と能力のある人に対しては、就労支援と福祉貸付といった自立支援策を一層推進する必要がある」と記されている（福原 二〇〇五）。

生活保護制度への「自立支援」導入は二〇〇三年に設置された「生活保護制度の在り方に関する専門委員会」が直接の契機となった。

(3) 生活保護制度の在り方に関する専門委員会

社会福祉における「自立支援」型への改革が進むなか、生活保護制度にもその影響は及んだ。二〇〇二年「社会福祉基礎構造改革法案」に対する衆参両院の国会附帯決議、二〇〇三年「骨太の方針二〇〇三」「社会保障審議会意見」「財政制度等審議会建議」において生活保護制度の見直しが必要と指摘され、二〇〇三年八月「生活保護制度の在り方に関する専門委員会（以下、専門委員会）」が設置された。専門委員会は「利用しやすく自立しやすい制度へ」という方針のもとに保護基準の在り方、保護の制度・運用の在り方、そして自立支援の在り方について議論を重ね、その成果はその後の生活保護行政に大きな影響を与えることとなった。

生活保護制度における「自立支援」の導入に大

きな役割を果たした専門委員会であるが、実は「自立支援」を制度内に組み込むこと自体の是非はほとんど論じられていない。専門委員会の第一回会議冒頭で当時の厚生労働省社会・援護局保護課岡田太造保護課長は専門委員会の議論の方向性について次のように注文づけている。

（岡田保護課長）：生活保護制度は最低生活の保障及び自立の助長という二つの目的で行われているわけですが、まず最初に最低限度の生活保障ということで生活保護基準の在り方について御議論をいただき、その後、自立支援など生活保護制度、運営の在り方について御議論をいただけたらどうかと思っています（専門委員会第一回議事録より）。

この方針に沿って専門委員会は文字通り「自立支援の在り方」について議論を行った。それは「自立支援をどのような形式で実現するのか（生活保護制度の内部にプログラムのような形で用意するのか、外部（機関や他制度）との連携に求めるのか、給付型として新しい扶助や控除を創設するのか、サービス型として支援メニューを提供するのか、保有資産の要件等を緩和するのか、何らかの制裁や罰則を設けるのか、被保護者の義務を強化するのか、権利として規定し直すのか）」といった具体的な運営上の在り方の議論が主であり、「自立支援」の導入そのものについてはその是非が論じられることなく「自立助長」と「自立支援」を同一のものとした保護課長の一言により前提として処理されていた。ゆえに専門委員会は「自立支援」を提案したのではなく、生活保護制度への「自立支援」導入の方法論を議論したのであった。理念としての「自立支援」は政策的に作られたものであったが、その自明性が疑われたことは当時から現在に至るまでなかったのである。

(4) 三つの自立

「自立支援」機能の在り方について検討を行った専門委員会にとって目標とすべき「自立」の定義は大きな論点であった。これまで保護の実施機関において「自立」とは「保護廃止」とほぼ同義であり、経済的な手段を得て保護から抜け出すことと捉えられていた。しかし専門委員会は新たな社会福祉の基本理念をもとに自立観の大幅な拡張をはかった。

「自立支援」とは、社会福祉法の基本理念にある「利用者が心身共に健やかに育成され、又はその有する能力に応じ自立した日常生活を営むことができるように支援するもの」を意味し、就労による経済的自立のための支援（就労自立支援）のみならず、それぞれの被保護者の能力やその抱える問題等に応じ、身体や精神の健康を回復・維持し、自分で自分の健康・生活管理を行うなど日常生活において自立した生活を送るための支援（日常生活自立支援）や、社会的なつながりを回復・維持するなど社会生活における自立の支援（社会生活自立支援）をも含むものである（生活保護制度の在り方に関する専門委員会報告書）。

この三つの自立（就労自立、日常生活自立、社会生活自立）は専門委員会の最大の成果の一つと言われている（布川 二〇〇九：一二四）。確かに「自立＝保護廃止」と捉えていた従来の保護行政からすると、この転換は画期的であった。この自立概念の拡張と「自立支援プログラム」が提案されたのが第九回専門委員会である。

第九回専門委員会ではその後の生活保護制度への「自立支援」導入の方向性が形作られた。大川委員の発表において「自立支援プログラム（実施機関が就労を積極的に援助する自立支援プログラムの新設）」がはじめて提案され、続く岡部委員の発表では障害者の自立生活運動や高齢者の自立を巡る議論を踏まえた、経済的自立を超えた社会的な「自立」についての概念整理がなされた。その後の議論の結果、最終的に「三つの自立」とそれぞれの自立に対応する「自立支援プログラム」が最終報告書に記載されることとなった。

（5）厚生労働省通知による変容

専門委員会の最終報告書を受けて厚生労働省は二〇〇五年三月三一日に「平成一七年度における自立支援プログラムの基本方針について」という通知を出した。通知では自立支援プログラムは次のように説明されている。

なお、全ての被保護者は、自立に向けて克服すべき何らかの課題を抱えているものと考えられ、またこうした課題も多様なものと考えられる。このため、自立支援プログラムは、就労による経済的自立（以下「就労自立」という。）のためのプログラムのみならず、身体や精神の健康を回復・維持し、自分で自分の健康・生活管理を行うなど日常生活において自立した生活を送ること（以下「日常生活自立」という。）、及び社会的なつながりを回復・維持し、地域社会の一員として充実した生活を送ること（以下「社会生活自立」という。）を目指すプログラムを幅広く用意し、被保護者の抱える多様な課題に対応できるようにする必要がある。

この通知はその後の生活保護制度の変容を語る上で非常に大きな意味をもつものとなった。専門委員会の「自立支援」にまつわる議論が、①自立概念の拡張（三つの自立）、②自立支援のための方法（自立支援プログラム）を取り決めたのに対し、この通知は専門委員会で充分に論じられていなかった「③自立支援の対象」を定めている。「自立を狭義の経済的自立のみならず広義の自立として捉えること」とした専門委員会の指摘は、厚生労働省の通知段階では「全ての被保護者は自立に向けて克服すべき何らかの課題を抱えているもの」と解釈された。これまで生活保護受給者とは多様な背景はあっても一義的には「経済的」理由による生活困窮者であった。しかしこれからは被保護者である以上「自立に向けた何らかの課題を抱えている」ものであり、実施機関は高齢や傷病・障害などその理由にかかわらず全ての被保護者に対して、多様な自立課題を見つけ出し、プログラムの適用により自立支援を行うべき、とされた。問題や課題を「就労」の枠に収めず、自立課題を広げようとした専門委員会の試みは、厚生労働省通知による変容を経て、結果的に生活保護世帯の問題世帯化（全ての被保護者は何らかの生活上の課題を抱えている）を招くこととなる。こうして就労・日常生活・社会生活という生活保護受給者の「生」全般を（自立のための）支援の対象として規定し、プログラムを用意し干渉する現在の自立支援型生活保護制度へと転換がなされることとなった。

2　自立支援プログラム

（1）運用方針と補助金つき事業

先の厚生労働省通知により二〇〇五年度から全国の自治体で自立支援プログラムが策定・実施されることとなった。自立支援プログラムは「就労自立（経済的自立）・日常生活自立・社会生活自立」の三つに分類されるが、初年度は通知に「早急かつ優先的にハローワークとの連携により就労支援を行う『生活保護受給者等就労支援事業活用プログラム』の実施に取り組むこと」との注意書きがあり、就労自立のためのプログラム策定が先行する結果となった。

自立支援プログラムは実施機関が管内の被保護世帯、地域の社会資源や雇用情勢等の実情を踏まえ、独自に整備するものとされていたが、厚生労働省は毎年度末に次年度の自立支援プログラムの運用方針を定め、また補助金つきの推進事業（後述）を創設することで実際には運用方針に沿ったプログラム策定を各自治体に求めた。表1は二〇〇五〜一二年度までの厚生労働省の示した運用方針と創設された推進事業である。

運用方針は二〇〇六年度と二〇〇八年度を除き

表1 各年度の自立支援プログラム運用方針と推進事業

	自立支援プログラムの運用方針	自立支援プログラム策定実施推進事業
2005年度	・実施機関においては，生活保護受給者等就労支援事業活用プログラムの実施に向け早急かつ優先的に取り組むこと。	・生活保護受給者等就労支援事業 ・健康管理支援事業 ・退院促進個別援助事業
2006年度	・全自治体において，生活保護受給者等就労支援事業以外の個別支援プログラムを策定・実施いただきたい。	・生活保護に関する先駆的・試行的事業
2007年度	・全ての地方自治体において生活保護受給者等就労支援事業以外の就労支援に関する個別支援プログラムを策定・実施いただきたい。	・精神障害者等退院促進事業 ・稼働能力判定会議設置事業
2008年度	・平成20年度までに，全ての自治体で，債務整理等の支援に関するプログラムを策定されたい。	・自立支援業務に関する研修事業 ・健康診査及び保健指導活用推進事業
2009年度	・各自治体においては，更に幅広い自立支援プログラムの策定に取り組まれたい。特に，①現下の雇用情勢の影響で失業したこと等により新たに保護が開始された者に対する早期の就労支援に関するプログラム，②母子世帯に対する就労支援等に関するプログラムについて，充実・強化をお願いする。	・就労意欲喚起等支援事業 ・子どもの健全育成支援事業
2010年度	・各自治体においては，更に幅広い自立支援プログラムの策定・実施に取り組まれたい。特に，現下の経済・雇用情勢を踏まえて，就労支援の充実・強化をお願いする。	・居宅生活移行支援事業
2011年度	・各自治体においては，更に幅広い自立支援プログラムの策定・実施に取り組まれたい。特に，現下の経済雇用情勢を踏まえ，稼働年齢層の生活保護受給者に対する更なる就労支援の充実・強化をお願いする。	・「福祉から就労」支援事業 ・社会的な居場所づくり支援事業
2012年度	・各自治体においては，これまで以上に就労支援に取り組んで頂くとともに，子どもの健全育成に関する支援や，就労が困難な生活保護受給者に対する社会的自立の支援についてもより一層強化するようお願いする。	・日常・社会生活及び就労自立総合支援事業

出所：厚生労働省「社会・援護局関係主管課長会議資料（2005～2012年）」をもとに筆者作成。

すべて就労自立支援プログラムを優先・充実・強化することを求めている。実際のプログラム参加者数の違いからもわかるように（表2）、自立支援プログラムは発足時から現在に至るまでほぼ一貫して就労自立（経済的自立）のための支援が優先されていたといえる。

なお自立支援プログラムは自民党政権下で開始されたものであったが、その後の民主党政権においてもその基本的な方向性は変わっていない。「生活保護受給者のうち就労能力がある者の支援対策」として就労支援事業が第一回事業仕分けの対象となったが、結果は「個別予算化、増額も含めて検討すべき」という異例のプラスの意味での見直しであった。むしろ生活保護者に対する就労支援については一層の強化が目指されているといえる。

(2) セーフティネット補助金

自立支援プログラム導入にあたり実施機関の財政的な裏づけとなったのが「セーフティネット支援対策等事業費補助金」であった。この補助金制度は自立支援プログラムを策定・実施するにあたり生じる費用を十分の十で国庫補助するというものである（「日常・社会生活及び就労自立総合支援事業」のみ補助率四分の三）。生活保護費は通常国四分の三、地方四分の一の割合で負担されているが、この補助金制度により自治体はプログラム整備に必要な費用（報酬、賃金、委託料、備品購入費等）を全額国の負担で賄うことが可能となった。ただし補助金が適用されるプログラムは厚生労働省が「自立支援プログラム策定実施推進事業」（表1）として認めたものに限られていた。また

表2　自立支援プログラムの策定・参加状況

		2010年度	2009年度
（1）就労支援に関するプログラム	プログラム数	2,174	2,087
	参加者数	88,631	74,519
（2）経済的自立に関するプログラム	プログラム数	1,614	1,549
	参加者数	153,415	124,210
（3）日常生活支援に関するプログラム	プログラム数	2,048	2,008
	参加者数	39,874	36,246
（4）社会生活自立に関するプログラム	プログラム数	303	307
	参加者数	20,324	16,597

注：1）東日本大震災の影響により，一部自治体の取組み状況は反映していない。
2）（1）と（2）は一部プログラムに重複あり。（1）は生活保護受給者等就労支援事業分を含む就労支援に関わるプログラム。（2）は同事業分を除いた就労支援に関わるプログラム，中学生の高校進学支援，年金受給に関する支援等を含んだ経済的自立全般に関わるプログラム。

出所：厚生労働省「社会・援護局関係主管課長会議資料（2012年3月1日）」をもとに筆者作成。

この補助金は厚生労働省の運用方針に沿ってプログラム策定している自治体から優先的に補助すると明言されていた。

自立支援プログラムに関する厚生労働省の運用方針はあくまで「技術的助言」であったが、運用方針に沿わず指定のプログラムが策定されていない自治体名を公表する、自治体のプログラム策定状況をもとに補助金の採択優先度を決定するといった対応もあり、大部分の自治体は厚生労働省の運用方針に沿う形で自立支援プログラムを策定することとなった。

（3）多様な個別支援プログラム

自立支援プログラムのなかで被保護者の抱える様々な課題に対応する形で作られる個々のプログラムを個別支援プログラムと呼ぶ。厚生労働省が制度導入にあたり全国の自治体に配布した「自立支援プログラム導入のための手引き（案）について」では、プログラム例として一一種類の個別支援プログラムを紹介している。以下に列挙する。

①生活保護受給者等就労支援事業活用プログラム、②福祉事務所における就労支援プログラム、③若年者就労支援プログラム、④精神障害者就労支援プログラム、⑤社会参加活動プログラム、⑥日常生活意欲向上プログラム、⑦高齢者健康維持・向上プログラム、⑧生活習慣病患者健康管理プログラム、⑨精神障害者退院促進支援事業活用プログラム、⑩元ホームレス等居宅生活支援プログラム、⑪多重債務者等対策プログラム

「全ての被保護者は自立に向けて克服すべき何らかの課題を抱えているもの」であり、「自立を経済的自立に狭く捉えない」ことから就労支援以外の個別支援プログラムは健康管理、生活習慣の改善、地域生活への適応、ボランティア活動への参加、子どもの健全育成等といった生活保護受給者の「生の在り方」（生活習慣や社会貢献など）に強く働きかけるものとなった。必然的に個別支援プログラムのリストは網羅的なものとなる（表3）。

一方で多重債務問題への債務整理支援プログラム、子どもの貧困に対する学習支援・子ども健全育成支援事業や、新しい公共との連携による社会的な居場所づくり支援事業など、自立支援プログラムは世相に応じて新たな事業を創設してきた。

（4）支援メニューの増大と支援対象の拡大

就労支援以外の自立支援で現在とくに重視され

表3 自立支援プログラム策定状況・実施状況個別リスト（2009年度実績）

コード	プログラムの内容	プログラム策定状況	プログラム実施状況	
		2010年3月末	参加者数	達成者数
（経済的自立に関する個別支援プログラム）				
11	生活保護受給者等就労支援事業（2005年3月31日付け社援発第0331011号による公共職業安定所との連携事業）活用プログラム	869	13,937	5,630
12	就労支援専門員等の専門職員を活用して就労支援を行うもの	467	44,022	13,486
13	協力事業所において職場適応訓練を実施するもの	25	569	507
14	就職セミナーの開催など，就労意欲を高めることに特化した支援を行うもの	33	599	292
15	SV・CWのみで就労支援を行うもの	623	10,182	2,317
16	中学生の高等学校等への進学，高校生の在学の継続など，児童・生徒等に対して支援を行うもの	154	4,430	3,882
17	資格取得に関して支援を行うもの	29	106	44
18	年金裁定や年金受給権の再確認など，年金受給に関する支援を行うもの	66	53,784	12,161
19	その他（コード11～18以外）の経済的自立に関する個別支援プログラム	123	8,168	2,893
小　計（生活保護受給者等就労支援事業活用プログラム（コード11）を除く。）		1,520	121,860	35,582
（日常生活自立に関する個別支援プログラム）				
21	入院患者（精神障害者）の退院支援を行うもの	291	8,704	4,623
22	入院患者（精神障害者以外）の退院支援を行うもの	36	923	304
23	看護師や保健師の派遣など，傷病者の在宅療養を支援するもの	82	1,161	314
24	ヘルパー派遣や介護・障害認定の再確認など，適切な介護サービス・障害福祉サービスの提供を支援するもの	157	1,614	768
25	健康管理など，在宅高齢者の日常生活を支援するもの	230	5,414	3,154
26	健康管理など，在宅障害者の日常生活を支援するもの	141	2,841	1,072
27	母子世帯の日常生活を支援するもの	66	714	160
28	多重債務者の債務整理等の支援を行うもの	764	3,120	1,380
29	その他（コード21～28以外）の日常生活自立に関する個別支援プログラム	198	11,409	5,784
小　計		1,965	35,900	17,559
（社会生活自立に関する個別支援プログラム）				
31	ボランティア活動（福祉，環境等に関する地域貢献活動，公園清掃など）に参加させるもの	84	1,162	390
32	引きこもりの者や不登校児に対して支援を行うもの	91	381	160
33	元ホームレスに対して支援を行うもの	50	12,661	12,008
39	その他（コード31～33以外）の社会生活自立に関する個別支援プログラム	77	2,350	860
小　計		302	16,554	13,418
合　計（生活保護受給者等就労支援事業活用プログラム（コード11）を除く。）		3,784	174,314	66,559
		（プログラム）		（人）

注：参加者数・達成者数を把握できない自立支援プログラムが一部あり。
出所：厚生労働省「社会・援護局関係主管課長会議資料（2011年3月3日）」。

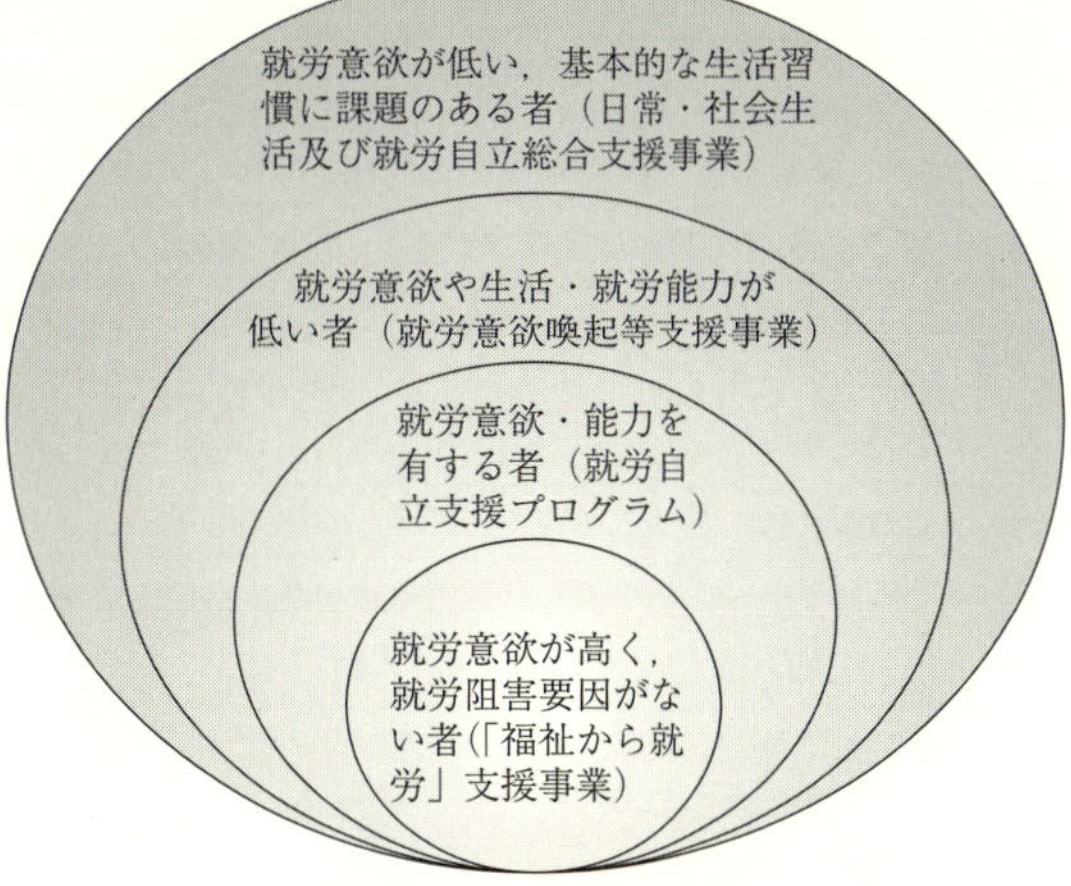

図1　拡大する就労支援の射程（対象者と支援事業）
出所：筆者作成。

ているのは「社会的自立」である。二〇一二年度から厚生労働省は「生活保護受給者の社会的自立の強化の促進について」をまとめ、就労による自立が容易でない高齢者等について、個人の尊厳という観点から社会福祉法人やＮＰＯ等の協力を得て、職員の手伝い等を行う社会貢献活動や中間的就労の活動の場を提供することにより、社会生活や日常生活の向上等を目指す取組みを強化するとしている。具体的な事業内容の例として「①職員の業務手伝活動（社会福祉施設等の利用者の話相手や身の回りの世話、通院・買い物・散歩等の付添い、クラブ活動等での参加指導、食事の配膳や片付け、洗濯・清掃・草むしり等の施設管理業務等）、②その他（地域交流活動への参加等）」があげられている。単身の高齢者世帯を中心に「孤立化」が問題視されるなか、社会参加の場を広げるという点でこれらの取組みは肯定的に評価されている。一方で、これらの取組みがあくまで被保護世帯の「自立」という枠組みで語られる点は印象的である。高齢者施策による「孤立化」対策ではなく、あくまで被保護世帯の「自立」の一形態としての社会参加なのである。また後述するが「社会的自立」に関するプログラムが被保護者の意欲喚起や就労意欲確認の指標として使われる可能性も出てきている。ボランティア活動への参加を保護の継続要件とする提案もあり、日常生活・社会的自立に関する「プログラムの使われ方」には一定留意が必要である。

日常生活自立、社会生活自立の支援メニューが多様化する一方で、就労自立支援についても年度ごとに支援内容を広げその対象を拡大する傾向にある。二〇〇五年度にまず優先実施された職安連携型の「生活保護受給者等就労支援事業（二〇一一年度より『福祉から就労』支援事業」に変更）」活用プログラムは「就労意欲が高く、就労阻害要因がない者」を対象とし、二〇〇七年度に福祉事務所ごとに独自に策定された「就労自立支援プログラム」は「就労意欲・就労能力を有する者」を対象とした。二〇〇九年度の新規事業である「就労意欲喚起等支援事業」は「就労意欲や生活能力・就労能力が低い、就労経験がないなどの就労に向けた課題をより多く抱える者」を対象にキャリアカウンセリング等による意欲の喚起を目指し、二〇一二年度新規事業「日常・社会生活及び就労自立総合支援事業」では「就労意欲の低い者や就職するための基本的な生活習慣に課題を有する者」に対して生活のリズムづくりなど基本的な日常生活習慣の改善支援や基礎技能・基礎能力やビジネスマナーの習得などを総合的かつ段階的に支援する、としている（図1）。

3　自立支援、ワークフェア

（1）ワークフェア

自立支援プログラムを中心に「自立支援型」への生活保護制度の改革が進むなかで、同時にワークフェア化の流れも強まってきている。ワークフェア（workfare）とは「労働（work）」と「福祉（welfare）」の合成語であり、とくに英米で積極的に取り入れられているwelfare to work（福祉から労働へ）政策に代表されるような労働を強調した福祉政策の変容をさす。生活保護自立支援プログラムをワークフェアと捉えるか否かについては議論の分かれるところであるが（都留 二〇一〇、布川 二〇〇九など）、第1節で紹介した厚生労働省「低所得者の新たな生活支援システム検討プロジェクトチーム」の報告書ではイギリスの「福祉から就労へ」政策やアメリカの「就労第一」政策を参考にしており、「自立支援」の導入にワークフェアが一定の影響を与えたことは確かである。また自立支援プログラムの一層の推進を重点項目とした「『福祉から雇用へ』推進五か年計画」は名前から明らかなように英米のワークフェア政策を政策移転したものである。

ワークフェアはその定義に大きな幅があり、狭義の例では公的扶助受給者が就労しない場合に扶助費の減額や停止など制裁的な措置をとるもの、受給期間に期限を設けるもの、受給にあたり労働やそれに準ずる活動（ボランティア活動など）の参加を必須要件とするものなど、ハード（厳格）な条件を課すものが多い。一方で広義の例では職業訓練や福祉就労の整備といったソフトな内容で労働施策と福祉施策を広く連携させる政策をさす（埋橋 二〇〇七：一九―二二）。

生活保護自立支援プログラムは「プログラムへの参加を拒否した場合に保護の停廃止を検討する」としていることからハードなワークフェアの側面が指摘される一方で（石橋 二〇〇七）、多種多様な支援プログラムについてはソフトなワークフェアと捉えられることが多い（同時に日本の自立支援プログラムは「対象者の生の在り方全般に干渉する」という特徴を持つ）。

しかしながら現在、生活保護制度の更なる改革案として提案されているものには非常にハードなワークフェアの側面が多く見られる。そしてその論理の中心に「自立支援」が使用されている。

（2）保護の有期化

生活保護制度は最後のセーフティネットと呼ばれるその性格からこれまで受給期間の設定という議論にはいたって慎重であった。しかし生活保護世帯の急増による財政圧迫を背景に地方行政の側から稼働世帯の生活保護に期限を設ける提案がなされている。二〇〇六年一〇月に全国知事会・全国市長会が設置した「新たなセーフティネット検討会」はその報告書（「新たなセーフティネットの提案――『保護する制度』から『再チャレンジする人に手を差し伸べる制度』へ」）で「有期保護制度」の創設を提唱している。これはアメリカのTANFを参考にしてお

表4　期間を設定した，集中的かつ強力な就労支援制度

○期間を設定した，集中的かつ強力な就労支援

・被保護者のうち，稼働可能な者を対象に就労指導を行うとともに，就労するまでの間は正当な理由がない限り，ボランティアや軽作業，短時間の就労等をはじめとする社会的自立を支援するプログラムへ参加する仕組みを構築する。
・実施機関は，被保護者の社会的自立に必要な機会を提供するものとする。
・自立支援の期間は1年をひとつの目安とし，その間に次に掲げる支援を行うことを標準とする。（ただし，個別のケースに応じて，期間設定や支援内容の変更は可能とする）
　プログラムの内容
　　基本的な生活訓練，就労準備訓練，就労体験，実施機関が提供する社会的自立に必要な機会への参加，ボランティア等への参加
・生活保護から就労自立できない場合，実施機関は26条の適用について例えば3年あるいは5年といった一定期間ごとに改めて判断する。
　・プログラムへ真摯な態度で参加し，自立に向けて最大限の努力を行ったか
　　例　欠席率，面接に行った回数，就労体験やボランティア等への参加回数及び態度　等
　・生活保護から自立ができないことについて，客観的に正当と認めうる理由があるか
　　例　重度の障害・慢性病，重度の障害・慢性病の家族がいる，育児休業の対象となる子どもがいる　等

出所：指定都市市長会「社会保障制度全般のあり方を含めた生活保護制度の抜本的改革の提案」（2010年10月）6頁。

り稼働世帯の生活保護を生涯で最大五年とするものである。

また二〇一〇年一〇月に指定都市市長会は先の「新たなセーフティネットの提案」をベースに「社会保障制度全般のあり方を含めた生活保護制度の抜本的改革の提案」を厚生労働大臣に提出した。提案のなかで「期間を設定した、集中的かつ強力な就労支援制度」（表4）として稼働世帯の生活保護に三年あるいは五年間の期限を設定することが提案されている。

この提案は生活保護の有期設定ばかりが注目されているが、単に期限を設定するだけでなく「社会的自立支援プログラム」の構築とプログラムへの参加状況に基づき保護の停止及び廃止を判断するとした点がこれまでにない踏み込んだ内容となっている。ボランティア活動などの社会貢献活動の参加を保護の受給や継続の要件とするという点でハードなワークフェア政策の一種とみられる。

地方自治体からの抜本改革に向けたこれら提案を受け、二〇一一年五月から「生活保護制度に関する国と地方の協議」が開催された。同年一二月の「中間とりまとめ」では「期間を設定した集中的かつ強力な就労・自立支援策について」という指定都市市長会の提案をほぼ丸写ししたような項目が取り入れられている。保護の有期化は文言が省かれているものの、設定した期間内に就労できなかった場合の措置や対応、社会的自立支援プログラムとの関係について今後注視する必要がある。

（3）求職者支援制度の活用と制裁的措置

二〇一一年一〇月より緊急人材育成支援事業（基金訓練）が求職者支援制度として恒久化した。同制度は雇用保険を受給できない求職者を対象に職業訓練の受講を支援する制度であり、一定の支給要件を満たした場合、訓練期間の生活費として月額一〇万円の職業訓練受講給付金を受給でき、第二のセーフティネットとしての役割が期待されている。「国と地方の協議」の中間とりまとめではこの求職者支援制度と生活保護の関係について次のように提案している。

今般、求職者支援制度の創設に伴い、一定年齢以下で稼働能力及び一定の就労意欲を有する生活保護受給者であって、職業訓練による就職実現が期待できると判断された者について、合理的理由なく訓練の申込みをしない、又は訓練に出席しない場合には、稼働能力不活用として、保護の実施機関は事前説明や指導指示等所定の手続の上で保護の停廃止を検討することが適当であり、地方自治体の意見も踏まえつつ、国は取扱いの明確化を図る必要がある（生活保護制度に関する国と地方の協議に係る中間とりまとめ 二〇一一）。

職業訓練への申込みの有無や参加状況が生活保護の継続・停廃止に直結するという点でこの提案は非常にハードなワークフェアと言える（伍賀・西谷他 二〇一一：一三九—一四二）。「労働施策と福祉施策との連携」が「労働施策（職業訓練）への参加を要件にした制裁的措置」という色合いを帯び、自立を支援するための政策が「自立する意志がないと見なされた人々の保障を切り崩す」政策へと変容しながら展開しつつある。

この提案に対しては生活保護問題対策全国会議が緊急声明を出しており、以下の三点の理由により反対を表明している。

①求職者支援制度の異常に厳格化された運用と福祉事務所の指導指示が連動し訓練受講者の事情に配慮せずに生活保護の打ち切りに結びつく恐れがある。②求職者支援制度の活用が事実上の保護の要件となりかねず、受給者を不当に生活保護から締め出す動きが強化されかねない。③求職者支援制度の訓練を受けないことが直ちに稼働能力活用の意思がないということにはならず、指導指示違反による保護の停廃止は法理論上も大いに疑問がある（生活保護問題対策全国会議 二〇一一）。

地方自治体からの改革提案や「国と地方の協議」で提案された生活保護と求職者支援制度の活用でみたように、現在志向されている新たな改革の方向性は職業訓練やボランティア活動などソフトなワークフェアを利用した制度全体のハード化（厳格化）である。そこには日常生活自立や社会生活自立のための支援が生活保護受給の継続や停廃止を判断するうえでの要件とされる可能性を含有している。

4　今後の課題

（1）就労自立支援の問題点

これまで「自立支援」の生活保護制度への導入経緯（第1節）、自立支援プログラムとしての発展（第2節）、ワークフェア化する生活保護制度（第3節）として「自立支援」が生活保護に及ぼす影響とその変容についてみてきた。本節では最後に「自立支援」の課題と問題点について検討する。

二〇〇五年度より始まった自立支援プログラムは肯定的な立場（新保 二〇一〇）も批判的な立場（都留 二〇一〇）もあり、いまだに「自立支援」の評価は定まっていない。しかし自立支援プログラム自体はその「質（豊富な支援メニュー）」「量（プログラム数）」ともに充実し、予算規模も支援者数も年を追うごとに増加している。多種多様な自立支援プログラムのなかで「就労自立」が優先されてきた経緯は既に述べたが（第2節）、岩田は労働参加を促す自立支援策の基本的な問題点を次のように整理している（岩田 二〇〇八：一七二―一七四）。

① 労働能力の有無の判定の困難性。

労働能力の「ある」「なし」は労働する側の「能力」状況だけでなく、労働の内容や方法との関係でしか判断できない。

② 福祉政策の主体は、就労奨励をあくまで間接的にしかなしえないという矛盾。

雇用するかしないかの決定は民間企業にあり、政策はどこまでもそれを傍らから促進する役割しか果たせない。

③ 就労支援の取り入れは、稼働能力による福祉対象者の選別を促進させる。

生活保護受給者が「自立可能な人」「自立できない人」「失敗した人」に分断される。

④ 労働の内実（不安定さ）が問われない。

その労働が不安定であることは後回しにされ、ともかく働いていればよいとされがちである。

⑤ 労働市場や職場での不平等な参加の実態を覆い隠してしまう。

「就労自立（経済的自立）」は他二つの自立（日常生活自立、社会生活自立）に比べ目標達成と生活保護からの脱却が同時になされるという特殊性を持つ。社会保障費の削減に直結し、実施機関としてもメリットが大きいことが「就労自立」が優先される理由でもある。

専門委員会の「利用しやすく自立しやすい制度」というキャッチフレーズは保護の入口・出口問題（水際作戦と保護依存）への対応を意識したものであるが、水際作戦を含めた保護申請段階の排除という入口問題は実施機関の運営に関する問題であり、運営の適正化や制度改善により解決が可能である。一方で出口問題の最終判断は雇用先（民間企業）である。ここに就労支援の大きな限界がある。どれだけ支援内容を充実させようともそれは間接的な援助でしかありえず、最終的な成否は「出口（労働市場）」の状況に左右される（埋橋 二〇〇七：一五）。そして出口たる労働市場の劣化は当然「自立支援」の結果にも影響する。

（2）劣化した労働市場への自立

五石は全国の福祉事務所へのアンケート調査により就労自立支援プログラムの実際の成果を検証している。調査結果では就労自立支援プログラムによる対象者数のなかで実際に就職した者の割合が四〇%以上の自治体の割合は全体の二三・一%、二〇—四〇%の自治体は四〇・八%、二〇%未満の自治体は三六・一%であった（五石 二〇一一：一六三—一六四、数値はいずれも二〇〇八年）。多様な課題を抱えた生活保護受給者に対する支援の結果として、この成果が妥当なものかどうかは判断のわかれるところであるが、五石は同様の調査で就職者数のなかの正規職就職者の割合を調査している。調査結果によると、就職者のなかで正規職就職者の割合が〇%の自治体は四四・五%、〇—三〇%の自治体は二九・三%という値になっている。合算すると七割を超える自治体では、就労自立支援プログラムによる就職者のなかで正規職につけたものが三〇%未満である。大部分の自治体では就労自立者の七割以上が非正規職での自立を果たしている、と言える。

先述したように「就労自立（経済的自立）」は生活保護からの脱却が想定される。それは同時に「自立後の状況」の把握が困難であるということも意味する。「就労自立支援」は支援の効果が生活保護の廃止率や保護費削減率、就職率による評価にとどまり、「自立」世帯が具体的にどのような仕事につき、どれくらいの収入を得て、どういった生活を送っているのか、という点についてはこれまで関心が払われていなかった。

（3）welfare to working-poor（福祉が生み出すワーキングプア）

等閑視されていた生活保護の自立（廃止）世帯について、最近大学等研究機関と地方自治体が協力して調査を行った例がある（福岡県立大学附属研究所 二〇〇八、藤原・湯澤 二〇一〇、桜井・中村 二〇一一）。なかでも藤原・湯澤、桜井・中村の二つの研究は生活保護廃止世帯の廃止時所得水準を調査しており、保護「自立」世帯の収入状況について一定の示唆を与えている。

藤原・湯澤によれば、ある自治体で「就労収入の増加・取得」による保護廃止となった母子世帯はその八割が世帯の収入認定額が最低生活費に達していなかった（藤原・湯澤 二〇一一：五七—五八）。ここでいう最低生活費とは生活保護基準のことであり、つまり就労を理由とした生活保護廃止世帯の八割がそれまで受給していた生活保護費よりも低位な所得水準で保護から「自立」しているということである。藤原・湯澤はこの理由を「見込み自立（就労による自立見込みが立ったことを理由とする廃止）」によると判断しているが、一部調査指標は違うものの桜井・中村の研究でも同様の結果を報告しており、保護自立世帯が貧困・ワーキングプア水準[1]での自立を果たしている可能性は高い。

生活保護から自立したにもかかわらずワーキングプアであるならば、それは「福祉から就労へ（welfare to work）」というよりも単に「福祉からワーキングプアへ（welfare to working-poor）」と問題の場所を移しているにすぎない（桜井・中村 二〇一一：七九—八〇）。イギリスの犯罪社会学者ジョック・ヤングは、包摂を唱えながら実際は排除している社会の有り様を、激しく飲み込んだあとに吐き出す「過食嘔吐（過剰包摂）」にたとえた（ヤング 二〇〇八）。社会の貧困層に対して就労による自立を唱えながら、実際は不安定な労働市場への放出がなされているのであればそれは包摂ではなく排除の一形態であると言える。

政策面でも就労後のフォローを必要視する向きもあるが、保護廃止後の実態は把握されず問題とされにくい。アメリカでは公的扶助から離脱した世帯を対象に大規模調査が実施されており（久本 二〇〇七：九九—一〇二）、今後日本でも同様の調査が必要と考えられる。同時に自立後の経済的な支援策（給付付き税額控除など）という所得水準を底上げするような制度の創設も求められる。

（4）個別支援の限界

生活保護受給者の就労・日常生活・社会生活の自立に必要な全てを満たすため、これまで膨大な数の個別支援プログラムが策定された。自立支援プログラムは自治体ごとに策定されており、その策定数には大きな違いがある。二―三つの最低限のプログラムしか用意していない自治体がある一方で、例えば東京都足立区は二〇を超えるプログラムを策定している。セーフティネット補助金の効果もあり、従来の援助や支援はすべて「自立支援」に名を変えプログラム化された。一つ一つは微細なそのプログラムは生活保護受給者の生活のあらゆる面に張り巡らされ、生の在り方全般に干渉するものとなりつつある（履歴書の書き方を教える、就労意欲を喚起する、就労経験を積む、ビジネスマナーを身につける、資格を取得する、ボランティア活動に従事する、健康を管理する、生活習慣を改善する、介護サービスの利用を勧める、健全な子育てをする、高校に進学させる……）。

「個別支援プログラム」という名称があらわすとおり、生活保護における「自立支援」とは『個別』に『支援』する『プログラム』の集合であり、多種多様なプログラムはそのほとんどが個人に能力を付与することで問題を解決する個人モデルである。個人モデルの充実は従来の援助の質を高めてよりよい支援を可能にする。プログラム化することで方法論が確立し、個人の曖昧な経験に頼った支援から組織的で体系だった支援になったことは肯定的に評価されている（池谷 二〇〇六）。一方で個人モデルの浸透により社会の側の問題が問われなくなるという問題もある。確かに「自立支援」それ自体は、正規・非正規労働の待遇格差、西欧先進諸国に比べ低すぎる最低賃金など、労働市場に低賃金で劣悪、不安定な仕事が溢れている現状に何らの解を与えるものではない。

「自立とは自分を追い出した社会に戻ることなのか？」（高沢 二〇〇六）という真摯な問いかけが投げかけているように、「自立支援」が「追い出す社会」の側は問わず、排除した社会の構造はそのままに、排除された個人を組み込むだけの役割に終始する可能性があることは忘れてはならないだろう。

（5）自立支援が目指すもの

生活保護の「自立支援」はしばしばトランポリンにたとえられる。「雇用の網からこぼれ落ちた人々を保護するセーフティネット（安全網）から、労働市場に再び戻すためのトランポリンへ」という構図は視覚的でわかりやすく、大衆の支持も得られやすい。しかし、近年の生活保護改革論議はトランポリンの「跳ね飛ばす」機能の強化ばかりに目をとられ、生活保護から「他の場所」に移す行為に議論が終始しているようにもみえる。生活保護における「自立支援」の強調は今後も続くとみられるが、だからこそ、跳ね飛ばす「行為（支援）」について（たとえば、なぜ単なる「支援」ではなく「自立支援」が強調されるのか）、跳ね飛ばした「その先」について（そこはどのような場所なのか）を含めて、「自立支援という名の放り出し」（湯浅・仁平 二〇〇七）にならぬよう一層注意する必要がある。

【注】

（1）貧困・ワーキングプア水準の一つの目安として生活保護基準の一・二―一・四倍未満。これは被保護世帯と比較して、医療・介護扶助、住民税控除や各種特典サービス給付、勤労控除など各種控除を考慮すると、消費水準の面から保護基準の一・二―一・四倍程度の収入は被保護世帯の最低生活費とほぼ同等になると考えられるからである（江口・川上 二〇〇九、後藤 二〇一〇）。

【参考文献】

池谷秀登（二〇〇六）「日常生活自立、社会生活自立を重視した支援――板橋区赤塚福祉事務所の取り組み」布川日佐史編著『生活保護自立支援プログラムの活用（一）策定と援助』山吹書店、三一―六八頁。
石橋敏郎（二〇〇七）「生活保護と自立――就労自立支援プログラムを中心として」『社会保障法』二二号、法律文化社、四一―五三頁。
岩田正美（二〇〇八）『社会的排除』有斐閣。
埋橋孝文（二〇〇七）「ワークフェアの国際的席巻――その論理と問題点」埋橋孝文編『ワークフェア――排除から包摂へ？』法律文化社、一五―四五頁。
五石敬地（二〇一一）『現代の貧困 ワーキングプア――雇用と福祉の連携策』日本経済新聞出版社。

伍賀一道・西谷敏他編著（二〇一一）『ディーセント・ワークと新福祉国家構想――人間らしい労働と生活を実現するために』旬報社。

桜井啓太・中村又一（二〇一一）「ワーキングプア化する生活保護『自立』世帯――P市生活保護廃止世帯の分析」『社会福祉学』五二（一）、七〇―八二頁。

ジョック・ヤング／木下ちがや訳（二〇〇八）『後期近代の眩暈――排除から過剰包摂へ』青土社。

新保美香（二〇一〇）「生活保護『自立支援プログラム』の検証――五年間の取り組みを振り返る」『社会福祉研究』一〇九、鉄道弘済会社会福祉部、二―九頁。

生活保護問題対策全国会議（二〇一一）「生活保護制度に関する国と地方の協議会・中間とりまとめにあたっての声明」http://seikatuhogotaisaku.blog.fc2.com/blog-entry-15.html（アクセス日二〇一一年五月一六日）。

高沢幸男（二〇〇六）「自立とは自分を追い出した社会に戻ることなのか?」『現代思想』二〇〇六年一二月号、青土社、一八八―一九五頁。

都留民子（二〇一〇）「『ワークフェア』は貧困を解決できるか?――第一回『労働神話』を見直す」『賃金と社会保障』一五二四、二〇―二七頁。

中西新太郎（二〇〇七）「『自立支援』とは何か――新自由主義社会政策と自立像・人間像」後藤道夫・吉崎祥司他編『格差社会とたたかう――〈努力・チャンス・自立〉論批判』青木書店、一七七―二一六頁。

久本貴志（二〇〇七）「アメリカにおける福祉離脱者とワーキング・プア」埋橋孝文編『ワークフェア――排除から包摂へ?』法律文化社、八八―一〇七頁。

布川日佐史（二〇〇九）『生活保護の論点――最低基準・稼働能力・自立支援プログラム』山吹書店。

福岡県立大学附属研究所（二〇〇八）「生活保護自立阻害要因の研究――福岡県田川地区生活保護廃止台帳の分析から」。

福原宏幸（二〇〇五）「日本における自立支援と社会的包摂――社会的困難を抱える人々への支援をめぐって」『經濟學雜誌』一〇六（二）、大阪市立大学、五九―八三頁。

藤原千沙・湯澤直美（二〇一〇）「被保護母子世帯の開始状況と廃止水準」『大原社会問題研究所雑誌』六二〇、法政大学大原社会問題研究所、四九―六三頁。

湯浅誠・仁平典宏（二〇〇七）「若年ホームレス――『意欲の貧困』が提起する問い」本田由紀編『若者の労働と生活世界――彼らはどんな現実を生きているか』大月書店、三二九―三六二頁。

第Ⅱ部

生活保護の受給者と行政の取り組みから考える

第Ⅱ部の一つの柱は、受給者の区別を見据えた考察をおこなっていることであり、もう一つの柱は、地域での先進的取り組みに注目し、どういう新しい地平が築かれつつあるかを考察していることである。

生活保護世帯に占める母子世帯および障害者世帯の構成割合が高いが、それはそれぞれが固有の「生活上の困難」を抱えているからに他ならない。母子世帯についていえば「ひとり親世帯」である不利と「女性世帯主世帯」であることの不利が重なっており、障害者世帯の場合、就労できない世帯の割合が高く、また、就労していてもその収入がほかのタイプの世帯と比べて低いという特徴がある。

第7章「生活保護世帯の家計・生活構造——母子世帯を中心に」（室住眞麻子）は、「生活構造論」の見地から生活保護母子世帯の家計消費実態を検討し、日常的な消費支出に特化した消費実態、つまり、教養娯楽や交通費が少なく「交際関係の少なさ」や「未来志向的な環境から遠ざけられている」実態を明らかにしている。

一方の障害者世帯について第9章「障害者の生活と生活保護制度」（山村りつ）は、障害者と生活保護との関係を論じ、(1)医療扶助の受給割合が高いこと（九六・六％）、(2)医療扶助の単給割合が高いこと（一六・七％）、(3)生活保護施設における障害者の割合が高いこと（八八・〇％）を明らかにし、次いで、障害年金の役割や問題点および障害者の就労問題を考察する。ちなみに、生活保護制度と障害年金制度は異なる原理の制度であるが、被保護障害者世帯の七割以上の世帯が障害年金を受給しており、両制度はクロスオーバーしている。

「生活困難」といえば、住まいを失うことや、経済的な理由から医療保険制度に加入できないことは、生活困難の原因であるとともにその結果でもあるだろう。第8章「住宅困窮問題と生活保護および住宅政策」（小田川華子）と第11章「医療ソーシャルワーカーが取り組む経済的相談——医療扶助を中心に」（野村裕美）がこれらの問題を扱い、第10章「『食わせて寝かせる』から四〇年——救護施設と『最低基準』」（松木宏史）は、「障害の種別や年齢を問わず、さまざまな理由で生活に困窮する人々がくらす施設」である救護施設を取り上げている。第8章は、住居喪失者に長い間生活保護が適用されなかった理由を問い、併せて無料低額宿泊所をどのようにとらえるべきかを論じる。第10章は、救護施設の改革を論じるにあたって施設「最低基準」の改善が必要不可欠であることを主張する。第11章は、医療ソーシャルワーカーの視点から、経済的問題解決のために利用する制度を紹介し、併せてオーバーステイ外国人に対する医療扶助の適用をめぐる問題点を指摘する。

第二の柱である地域での先進的取り組みについては、第12章「『自立支援』は生活保護をどのように変革（転換）したか——希望をもって生きる釧路チャレンジを通じて」（櫛部武俊）が釧路を、第14章「生活保護と就職困難者——埼玉県『生活保護受給者チャレンジ支援事業』のデータ分析」（四方理人）が埼玉県での取り組みを紹介し、分析している。第12章から、福祉事務所のリーダーシップによる「中間的就労」「子ども支援」「ステップアップ構造の自立支援」などからなる「釧路モデル」の全体像を形成過程に遡って知ることができる。また、第14章から、埼玉県における「生活保護受給者チャレンジ支援事業」（アスポート）の就労自立支援の効果をうかがうことができる。なお、第14章では、これまであまり明確にされていない「その他の世帯」の属性が、データに基づいて解明されている。

第13章「何を考えてケースワークをしているのか——反省も込めて」（石橋和彦）は、「ケースワーカーの日常」を伝えつつ、「母子家庭が半福祉半就労にあっても当然」「児童虐待の裏に貧困」「指示型から寄り添い型へ」などを主張する。現場経験に裏付けされているが故にこれらの主張には説得力がある。

（埋橋孝文）

第7章

生活保護世帯の家計・生活構造
――母子世帯を中心に――

室住眞麻子

本章に与えられた課題は二点である。一つは、相対的貧困率の高さでよく知られている母子世帯において公的扶助制度の生活保護制度と児童扶養手当制度がどのような位置を占めているのかについて諸統計から検討することである。もう一つは、生活構造論に立脚して、生活保護母子世帯のそれに接近し、家計収支の場面からその実態について検討することである。以下では、最初に第一の課題について検討し、引き続く第2節と第3節では生活保護母子世帯の家計・生活構造について検討する。

1 母子世帯における生活保護制度と児童扶養手当

(1) 母子世帯の高貧困率と生活保護世帯比率

厚生労働省が二〇一一年七月に発表した「平成二二年国民生活基礎調査の概況」によれば、二〇〇九年における日本全体の相対的貧困率は一六・〇%であり、一七歳以下の子どものいる現役世代の貧困率は一四・六%である。こうしたなかで、五〇・八%と非常に高い貧困率を示しているのが「大人が一人」の子どものいる世帯である。この「大人一人と子ども」の世帯というのは、母子世帯と父子世帯を指しているが、ひとり親の約九割が母子世帯であることから、「大人が一人」の子どものいる世帯は母子世帯であると言っても過言ではない。すなわち、母子世帯の半数は相対的な貧困状態にあるということである。母子世帯の貧困率は二〇〇七年（五四・三%）よりもわずかに低下しているが、依然として半数を下らない状態が続いている。こうした日本の母子世帯の貧困率の高さは先進諸国のなかでも際立っている。データはやや古いが、「厚生労働白書」（二〇一〇年版）に記載された二〇〇〇年代半ばの相対的貧困率の国際比較によれば、日本の母子世帯の貧困率は〇

表1　人口からみた母子世帯数と生活保護母子世帯数の推移

	一般世帯A	母子世帯全体B（B／A）	生活保護母子世帯C（C／B）
1990	40,670,475 (100.0)	551,977 (1.4)	72,899 (13.2)
1995	43,899,923 (100.0)	529,631 (1.2)	52,373 (9.9)
2000	46,782,383 (100.0)	625,904 (1.3)	63,126 (10.1)
2005	49,062,530 (100.0)	749,048 (1.5)	90,531 (12.1)
2010	51,842,307 (100.0)	755,972 (1.5)	99,592 (13.2)

出所：一般世帯数と母子世帯数は総務省統計局「国勢調査」，生活保護母子世帯数は「福祉行政報告例」より作成。

ECD諸国にあって最下位に位置し、OECD諸国の平均貧困率（三〇・八%）の二倍近くの高さ（五八・七%）を示している（『厚生労働白書』二〇一〇年版：一七一）。

しかし、こうした母子世帯の貧困率の高さは生活保護受給率の高さに必ずしも結びついていない。表1は一般世帯数と母子世帯数、生活保護母子世帯数およびそれらの割合を示したものである。これをみると、母子世帯数は増大しつつあり、一九九〇年の約五五万世帯から二〇一〇年には七五万五九七二世帯となり、この二〇年間で二〇万世帯ほど増えている。一般世帯に占める母子世帯の割合は一・五%前後で推移している。一方、生活保護を受給している母子世帯は一九九〇年の七万二八九九世帯から二〇一〇年の九万九五九二世帯と、二万六六九三世帯の増加に留まっている。母子世帯全体における生活保護受給世帯の割合は、一九九〇年の一三・二%から二〇一〇年の一三・二%と変化していない(1)。このように、母子世帯数の増加数に比べて、生活保護母子世帯数は大きくは増加していないことがわかる。母子世帯をめぐるこうした現象、すなわち、一方での母子世帯数の増大およびこの世帯の相対的貧困率の高さと、他方での生活保護受給世帯割合が増えていないといった現象は、「生活保護基準未満の低所得世帯」における母子世帯の多さに帰着しているのではないだろうか。

この点に関して、厚生労働省のナショナルミニマム研究会（第八回、二〇一〇年四月九日）において公表された「生活保護基準未満の低所得世帯数の推計について」からみていこう。この推計によると、上述の相対的貧困率を測定した資料と同じ国民生活基礎調査データに依拠して推計された生活保護基準未満の母子世帯は、所得のみを基準とした場合（七四万世帯のうち四六万世帯で）六二・一%、貯蓄現在高を考慮した場合（二二万世帯で）三〇・二%であり、かなり高い割合である。ちなみに、国民生活基礎調査の総数（四八〇二万世帯）の推計は、所得のみを基準とした場合一二・四%、貯蓄現在高を考慮した場合四・八%である。同推計では、この低所得世帯数に対する「被保護世帯数の割合＝保護世帯比」を算出しており、それによれば、所得のみを基準とした場合の母子世帯の保護世帯比は一六・〇%、貯蓄を考慮した場合の保護世帯比は二八・五%である。つまり、貯蓄を考慮しても、生活保護基準以下の世帯が実際に生活保護を受給しているのは三割弱で、残る七割強の低所得世帯は生活保護を受給していないという実態にある。

厚生労働省はこの保護世帯比率は、生活保護基準未満の世帯が「全て生活保護を受給していないと仮定している」ため、低所得世帯に「被保護世帯が含まれている場合には、保護世帯比は過小評価される」として、生活保護の漏給を意味しているものではないとしている（厚生労働省 二〇一〇：五）。しかし、資産を考慮しても生活保護基準以下の貧困状態にある母子世帯が七割強も存在しているという状況は尋常ではないし、生活保護基準以下で生活保護を受給していない母子世帯の生活はどのような状態にあるのかきわめて気がかりである。また、母子世帯が生活保護から遠ざかる（遠ざけられる）理由でもあるのかどうかについても懸念される。生活保護基準以下の貧困状態にある多くの母子世帯が生活保護を受給していないというなかで、現に受給している母子世帯と受給していない母子世帯との間の関係についても気がかりである。低所得層における保護世帯比の低さは、こうした緊急に究明すべき様々な課題を私たちに突きつけている。

（2）母子世帯と児童扶養手当

　さて、生活保護制度と異なって、所得調査はあるが資産調査はなく、多くの母子世帯が受給しているのが児童扶養手当である。この制度は「児童手当と同様に所得調査を伴った社会手当」としての側面と「税に基づく無拠出給付としての公的扶助」としての側面を併せ持っている（湯澤 二〇〇九：一七二）。二〇一〇年に父子世帯を支給対象に含めるなど一部改正されたこの制度の目的は、「父又は母と生計を同じくしていない児童が育成される家庭の生活の安定と自立の促進に寄与するため、当該児童について児童扶養手当を支給し、もつて児童の福祉の増進を図ること」（児童扶養手当法第一条）とされている。二〇一〇年時点で、この手当を受給している母子世帯は九七万六千世帯余り、父子世帯は四万九千余りで、その他の世帯を含めて全体で一〇五万五千余りの世帯が受給している。生活保護を受給している母子世帯は単独世帯であり、児童扶養手当を受給している母子世帯は母子の他に同居世帯員のいる世帯が含まれているので正確ではないが、生活保護を受給している母子世帯（二〇一〇年、九万九五九二世帯）の十倍近くも多い母子世帯が受給していることになる。生活保護受給世帯にあってこの手当を受給している世帯（母子世帯とは限らない）は九万四七二二世帯で、生活保護世帯全体の七・八％を示している。

　上述したように、二〇一〇年一二月から児童扶養手当は父子世帯にも支給されるようになった。これは、男女共同参画社会の実現という観点から育児と生計維持をひとり親が担っているという同じ状況にある母子世帯と父子世帯とを包摂する制度として改正されたという点で評価できる。しかし、児童扶養手当制度は、一九九〇年代以降とくに給付抑制政策が前面にあらわれている。給付額の変化に限定して述べると、一九九八年には手当を受給できる年間所得の上限が二七二万円（収入ベースで四〇八万円）から一九二万円（同ベースで三〇〇万円）に大幅に引き下げられた。「その結果、手当の受給者総数に対する支給停止者の割合は、一九九七年の四％から翌年には一五％へ急増した」（田宮 二〇一〇：八二）。さらに、二〇〇二年にはそれまでの二段階方式（四万二〇〇〇円か二万八〇〇〇円かのどちらか）の支給を大幅に変更し、全部支給の対象を年収二〇四万八〇〇〇円から一三〇万円に急減させ、（子ども一人の場合）手当の月額を四万二三七〇円から一万円まで、所得に応じて一〇円刻みで減額する方法に変化させた。その結果、受給者の四六％に相当する三三万人の手当額が減額される一方で、一部支給停止となった受給者が二〇〇一年の二万四二一七人から二〇〇二年には一六万四七六七人と七倍近くも急増した（大里 二〇一〇：四一）。こうした給付額の削減によって、二〇〇二年度の受給者総数に占める「全部支給」の割合が前年度（八四・七％）よりも二〇％ポイントも下がって（六三・七％）いる。この時期以降、「部分支給」が増えていき、二〇一〇年には全部支給が五七・三％、部分支給が四二・七％となり、改正前の状況と著しく異なる状況を示している（表2）。

　こうした児童扶養手当額の削減および後述する

表2　児童扶養手当受給世帯および支給類型の推移

	世帯類型				手当の支給類型	
	母子世帯	父子世帯	その他世帯	総数	全部支給	部分支給
2000	695,175	—	13,220	708,395	595,191(84.0)	113,204(16.0)
2001	744,312	—	14,885	759,197	643,295(84.7)	115,902(15.3)
2002	805,980	—	16,978	822,958	524,075(63.7)	298,883(36.3)
2003	852,492	—	18,669	871,161	555,533(63.8)	315,628(36.2)
2004	890,847	—	20,623	911,470	577,590(63.4)	333,880(36.6)
2005	914,244	—	22,335	936,579	584,829(62.4)	351,750(37.6)
2006	932,770	—	22,971	955,741	586,178(61.3)	369,563(38.6)
2007	931,597	—	24,344	955,941	571,731(59.8)	384,210(40.2)
2008	940,853	—	25,413	966,266	562,272(58.2)	403,994(41.8)
2009	958,952	—	26,730	985,682	565,488(57.4)	420,194(42.6)
2010	976,244(92.5)	49,137(4.7)	29,819(2.8)	1,055,181(100.0)	604,982(57.3)	450,199(42.7)

注：括弧は総数に対する割合（%）を指している。
出所：厚生労働省「福祉行政報告例」各年版より作成。

母子加算の廃止など母子世帯への経済的支援政策は近年とみに縮小化をあらわにしており、丹波が言うように「母子世帯が政治的ターゲット」にされている状況にある（丹波 二〇〇七：一三一）。

（3）生活保護制度のなかの母子世帯

今度は、生活保護制度からみた母子世帯の状況について生活保護統計から検討していこう。まず、生活保護受給世帯全体における母子世帯の割合をみると、一九六五年の一三・七％から二〇一〇年には七・七％と二分の一近くまで減少している（表3）。こうしたなかで、高齢者世帯のみが突出して増大している（一九六〇年代の二〇％台から二〇一〇年には四〇％強と二倍近くまで増大している）。このような生活保護世帯の高齢化と並行して上昇しているのが、単身世帯割合である。生活保護世帯全体のその割合は「福祉行政報告例」（厚生労働省）によれば、一九八五年の五七・二％から二〇一〇年の七五・五％まで二〇％ポイント近くまで増えている。国勢調査による一般世帯における単身世帯割合の約三〇％（二〇〇五年）と比較すると、生活保護世帯の単身化の大きさがよくわかる。高齢者世帯では約九割、傷病・障害者世帯では八割が単身世帯で、これらの世帯の大半が単身世帯となっている。二〇〇〇年以降に増えているのがその他世帯である。例えば、その他世帯の単身世帯割合は一九六五年時点で二六・三％と低率であったが、二〇〇〇年には五〇％となり、二〇一〇年には七割近くまで上昇している（厚生労働省「福祉行政報告例」）。このような単身化傾向を強める生活保護世帯にあって、母子世帯は子どもを含む家族の形態を維持している典型的な世帯で、この点が一つの特徴点となっている。

第二に、生活保護母子世帯の半数近くが就労しているという点にある。「被保護者全国一斉調査（個別調査）」によれば（厚生労働省）、二〇〇九年時点において生活保護世帯全体で就労しているのは一二％、その他世帯が三三・五％であるのに対して、母子世帯では四五％を示している。この就労形態は「期間の定めなし」の常用雇用が大半を占めているが、この雇用形態は「一ヵ月以上の雇用契約」によるもので、必ずしも長期的で安定的な雇用を意味しているわけではない。また、こうした母子世帯の就労率はすぐ後で言及する自立支援による影響によるものかもしれない。ただ、生活保護世帯全体が非稼働化を強めているなかで、

表3　世帯類型別生活保護世帯の構成

（単位：％）

	世帯類型別構成比					
	総　数	高齢者世帯	母子世帯	傷病者世帯	障害者世帯	その他世帯
1965	100.0	22.9	13.7	29.4		34.0
70	100.0	31.4	10.3	35.9		22.4
75	100.0	31.4	10.0	45.8		12.9
80	100.0	30.3	12.8	46.0		10.9
85	100.0	31.2	14.6	44.8		9.3
90	100.0	37.2	11.7	42.9		8.1
95	100.0	42.3	8.7	42.0		6.9
2000	100.0	45.5	8.4	28.5	10.2	7.4
2001	100.0	46.0	8.5	27.6	10.1	7.7
2002	100.0	46.3	8.6	26.7	10.0	8.3
2003	100.0	46.4	8.7	25.7	10.1	9.0
2004	100.0	46.7	8.8	24.8	10.3	9.4
2005	100.0	43.5	8.7	26.2	11.3	10.3
2006	100.0	44.1	8.6	25.3	11.7	10.2
2007	100.0	45.1	8.4	24.4	12.0	10.1
2008	100.0	45.7	8.2	23.5	12.0	10.6
2009	100.0	44.3	7.8	22.8	11.6	13.5
2010	100.0	42.9	7.7	21.9	11.2	16.2

出所：2006年までの数値は生活保護の動向編集員会「平成20年版　生活保護の動向」（中央法規出版），それ以降は厚生労働省「福祉行政報告例」より作成。

母子世帯は一定の就労率を保ちつつ、母親の就労による収入および子どもへの児童扶養手当、そして低収入を補足する生活保護によって世帯生活を維持しているという点で特徴的である。

第三に、生活保護世帯全体の約四分の一が一〇年以上にわたって受給しているのに対して、母子世帯は相対的に短期間で「自立」する傾向にある。例えば、母子世帯の場合、保護期間一年未満が一七・六％、一―三年未満が二四・二％で、四割強の世帯が三年以内で生活保護から「自立」している（厚生労働省「非保護世帯全国一斉調査」個別調査、二〇〇九年）。しかし、このような特徴点は、母子世帯の母親の多くが稼働年齢層にあるために就労による自立支援の主たる対象となっているということと関連があるかもしれない。また、母子世帯の自立促進は二〇〇二年に改正された児童扶養手当法（第二条二項の「児童扶養手当の支給を受けた父又は母は、自ら進んでその自立を図り、家庭の生活の安定と向上に努めなければならない」）によっても強化されていることと関係しているのかもしれない。生活保護と児童扶養手当の両制度によって自立を迫られる結果、母子世帯にあっては相対的に短期間で生活保護から自立している（せざるを得ない）状況にあるのかもしれない。

また、別の視点から保護期間の短期化についてみると、それは母子世帯という制度上の世帯概念が起因して生じているのかもしれない。というのは、生活保護母子世帯というのは、夫のいない一八歳以上六〇歳未満の母親と一八歳未満のその子どもだけで構成される世帯と定義されているので、この定義を超えて生活保護を受給している場合はほかの世帯類型に移行してカウントされることになるからだ。例えば、子どもの年齢は一八歳未満でも、母親の年齢が六〇歳を超える場合には、高齢者世帯に分類されるからである。あるいは、子どもが親の世帯から独立して離れ、六〇歳未満の母親だけが残る場合にはその他世帯に分類されるからである。個々人を起点としてみれば、なかには生活保護制度の世帯類型が変更されて短期間ではない期間生活保護を受給している場合があるかもしれない。このような世帯がどのくらい存在するのかは不明であるが、保護期間の短期化という母子世帯の特徴は、制度的に構築された世帯概念ゆえの特徴点であるかもしれない。こうした点に留意しておきたい。

（4）母子加算の廃止と復活

以上に加えて言及しなければならないのが、母子加算の廃止と復活についてである。母子加算は、旧生活保護法時代の一九四九年に「子育てを一人でする母親には追加的な飲食物資が必要であることを理由として創設」された制度である。また一九八〇年の社会保障審議会生活保護専門分科会の「中間的とりまとめ」においても、特別需要に対応する制度として再確認されている。すなわち、「母子については、配偶者が欠けた状態にある者が児童を養育しなければならないことに対応して、通常以上の労作に伴う増加エネルギーの補塡、社会的参加に伴う被服費、片親がいないことによる精神的負担をもつ児童の健全な育成を図るための費用などが余分に必要となる」と。こうした母子加算と一九六〇年に創設された老齢加算は、生活保護制度の在り方に関する専門委員会での検討（二〇〇三年から〇四年にかけて）を経て、政府によって廃止が決定された。

これらの加算制度の廃止は、岩永が指摘しているように、二つの閣議決定を背景としている（岩永 二〇一一：二九五）。一つは、二〇〇三年六月二七日に閣議決定された「経済財政運営と構造改革に関する基本方針」（社会保障改革、具体的手段（5）社会保障サービスの一体的な設計）で明記された「生活保護においても、物価、賃金動向、社会経済情勢の変化、年金制度改革などとの関係を踏まえ、老齢加算等の扶助基準など制度、運営の両面にわたる見直しが必要である」というものである。もう一つは、二〇〇六年七月七日に閣議決定された同方針の「別紙」（社会保障）で「早急に見直しに着手し、可能な限り二〇〇七年度に、間に合わないものについても二〇〇八年度に確実に実施する」として、「母子加算について、就労支援策を講じつつ、廃止を含めた見直しを行う」というものである。

こうした決定の下に、母子加算は二〇〇五年四月から一五歳未満の子どものいる世帯に適用範囲を限定し、一五歳以上の子どものいる世帯については三年間かけて段階的に削減し適用外とした。二〇〇七年度からは一五歳未満の子どものいる世帯に対しても三年間かけて段階的に削減し、二〇〇九年三月末をもって母子加算が全面的に廃止された。その一方で、就労しているまたは職業訓練等に参加している母子世帯に対して「ひとり親世帯就労促進費」が二〇〇七年度より創設された。また、七〇歳以上の高齢者に支給されてきた老齢加算は二〇〇四年四月から段階的に減額され、二〇〇八年三月末をもって全面的に廃止された。

こうした状況に対して、（母子加算および老齢加算を減額または廃止された）生活保護母子世帯と高齢世帯の当事者が、加算の復活を求めて、「審査請求を経て行政処分取消訴訟」をおこし、最終的には全国一〇地裁に訴訟を提起した（「母子加算に関する基本合意書」二〇一〇年四月一日）。二〇〇九年八月末の総選挙による政権交代後、「母子家庭の窮状にかんがみ」「子どもの貧困解消を図るため」という趣旨（同上の基本合意書）から母子加算は二〇〇九年一二月から復活した。他方、老齢加算は依然として廃止されたままの状態である。母子加算の復活に伴って、ひとり親世帯就労促進費は廃止された。

母子加算の復活は当事者世帯に安堵感をもたらすと共に、家計の安定に寄与することは間違いない。しかし、母子加算の廃止と復活の過程は、最低生活の保障とは何かといった生活保護制度の根底的な問題を浮き彫りにしている。一方では、母子加算の廃止によって、「加算を廃止した保護基準でも最低生活を下回るものではない」ということを表明し、他方で「加算を復活した保護基準もまた最低生活を保障する」といった最低生活費の内容として不確定な見解を示しているからである（岩永 二〇一一：二九六）。

2 生活構造と最低生活費

（1）生活構造とは何か

次に、本章の第二の課題である生活保護世帯の生活構造についての検討に移ろう。まず生活構造の意味について述べていきたい。この点については、独特の生活構造論を展開しそれに基づいて貧困の三類型を提示した中鉢の見解を紹介すると、次のようである。すなわち「生活構造論は、資本主義経済社会における本源的な生産要素である労働力が、その存在を可能ならしめている社会的諸関係によって厳密に条件付けられながらも、かかる社会生活を規定している諸法則とは相対的に独自な法則性に従って再生産される機構を、明らかにすることを課題とする」ものである（中鉢 一九五六：四）。このような中鉢の生活構造論について、松村は二つの特徴点を指摘している。一つは、「生活構造が家族という対面集団によって担われていること」であり、それによって引き起こされる「種々の要因が消費の型決定に大きな影響を与えている」ということを強調している点にある（松村 一九七一：二三六）。もう一つは、労働力再生産過程の物質的過程を重層的なものとして捉えている点にある（同上）。すなわち「労働力再生産は消耗財、耐久財および施設利用の三変数よりなる関数」として捉えていることである（中鉢 一九五二：三）。

岩田は、上述のような中鉢の生活構造論に依拠しながら最低生活費や所得保障制度などと関連づけて、生活構造のエッセンスを図1のように示した上で次のように述べている。すなわち、生活というのは「一定の住居耐久財等の蓄財と、一定の市場や社会制度環境を前に、それらの利用の慣習や様式によって構造化されている」（岩田 二〇一一：二二）。この構造化された生活は、生活者の生活慣習が組み込まれていることから「基本的に多様なものである」。しかし、「広い意味での生活最低限を誰もが達成すべきベーシックな生活ニーズの充足と考える」と、その充足は図中の「A＋Bの財・サービスの質量の最低限によって達成される」（同）。この最低限の財やサービスのうち個人や家族の責任で支払う部分の価格の総額が最低生活費である。ただ、財・サービス（A＋B）の一部が無償のサービス給付で行われる場合は、それは生活費の脱商品化であり、その部分は最低生活費からは除かれる。ただし、この最低生活費の脱商品化は、租税や社会保険料、自己負担（図のD）の支払いが前提とされる。したがって、最低生活費というのは、［（A＋B）－（無償のサービス・財）＋租税・社会保険料・自己負担（D）］として把握される（同上）。また、一般の生活は、過去の収入の一部を積み立てて生活費の変動に備えられ、長期的には消費・サービスや住宅耐久財に充当していくということになるとしている。

岩田の言及している「最低生活費」は引用文に

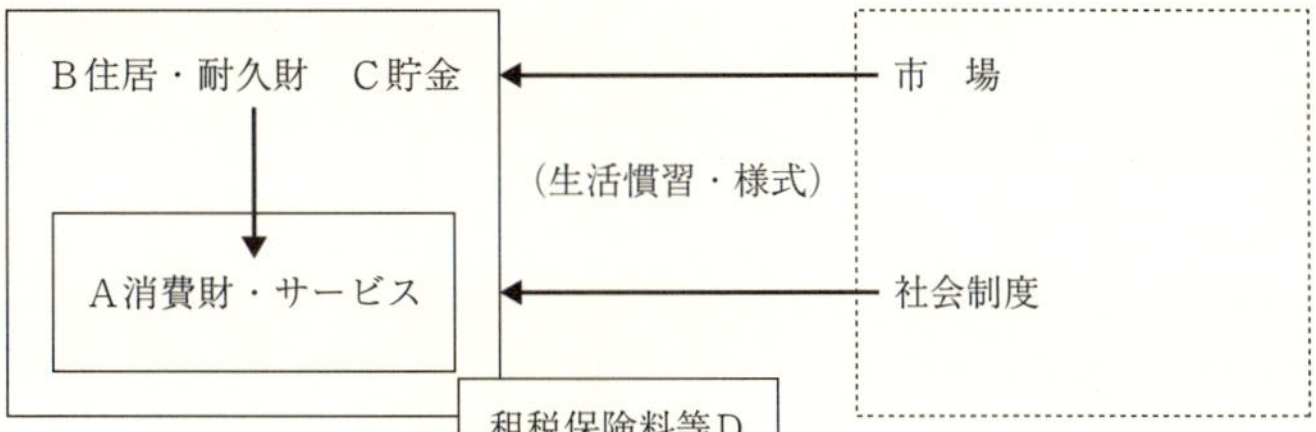

図1　生活構造と生活費，所得保障・社会サービス
出所：岩田（2011）より引用。

もあるように「広い意味」で捉えたものであり、生活保護制度に限定したものではない。また、この図で示された生活構造は生活保護受給世帯のそれを示したものでもない。しかし、この図で示された生活構造は生活保護受給世帯の家計・生活構造を議論する際の重要な手がかりを示している。

（2）生活保護制度による最低生活費の構造

そこで、生活保護世帯の家計構造と水準の実態を検討する前提として、図1を手がかりにして、生活保護制度が規定している最低生活費の構造について検討しておきたい。最低生活を維持するには、図1にもあるように、日常生活に必要な消費財とこれを支えるための耐久財、そしてそれらを使って消費を行う場である住居が欠かせない。日常的な消費財としては飲食物費が、住居以外の耐久財には家具什器などがあげられる。生活保護制度が居宅保護を原則としているのは、こうした生活に必要な耐久財が一応そろっていることを前提にしているからである。

生活保護制度による最低生活費について述べると、居宅保護においてテレビや電気洗濯機、電気冷蔵庫、電話などの耐久財は保有と維持使用は認められているが、「経常的最低生活費」にはそれの新規購入費用は含まれず、家計のやりくりの中で調達しなければならない。保護開始時点で寝具類や被服が不足する場合は、一時扶助として、一定の範囲で支給されるという限定的な範囲に留まる。また、住宅扶助は「家賃、間代、地代等」であって、住宅購入に伴うローン返済は認められていない。また、子どもの進学など世帯の生活設計に応じて変動する生活費に対応し、かつ長期的には「消費・サービスや住宅耐久財に充当」される貯金についても、（保護開始時点において）一ヵ月間の最低生活費の半分（約二週間分の最低生活費）のみ保有が認められているに過ぎない。この範囲での貯金保有が認められている根拠は、保護申請から保護の可否が出される期間が（特段の事情がない限り）二週間であるからだとも言われている。つまり、この範囲の手持ち現金は保護の可否を待つ間に消費され得るもので、保護開始後までは残されていない可能性が大きい。このような点からみると、生活保護制度が規定している最低生活費の構造は、耐久財の購入や貯金など日常生活を支える基盤部分が欠如したなかで、日常的な消費財・サービスを消費するという構造になっているように見える。

じつは、それだけでない。生活保護受給世帯にあっては、「権利」として「租税その他の公課を課せられることがない」（生活保護法第五七条）とされている。社会保険の場合も、例えば国民年金保険料については「納付することを要しない」とされている（『生活保護手帳』二〇一一：三三二）。また、医療サービスを必要とする際は、福祉事務所の発行した医療券を提示して生活保護の指定医療機関で医療サービスを受けることになっている（法第四九条から五三条）。このように国民健康保険からも切り離されている。したがって、生活保護受給層にあっては、租税保険料等の部分は存在していない。このような処遇は、生活保護は「最低限度の生活の需要を満たすに十分なものであつて、且つ、これをこえないもの」（法第八条二項）であるから、課税や社会保険料を課せられると最低生活を下回ってしまうからである。

しかし、二〇〇〇年四月にスタートした介護保険の場合六五歳以上の生活保護受給者にあっては、所定の保険料を支払うことになり、その保険料の実費分が生活扶助に加算されることになった（介護サービス費用に対する一割の自己負担分は介護扶助の創設によって対応されている）。このように生活保護利用世帯にあっては、介護保険を除いて、「国民皆保険・皆年金」時代に構築され現在に至っている国民年金や国民健康保険制度への加入およびその条件である保険料の支払いから適用除外されている。

介護保険制度を除くこのような社会保険加入の適用除外という処遇は、検討すべき問題が含まれている。国民健康保険の加入を適用除外し、医療券のような特別なやり方で生活保護受給層への医療サービスを保障するという方法は、岩田が指摘しているように、「一般的な社会保障と断絶したところに『被保護層』が位置づけられる傾向が強められること」（岩田 二〇〇五：一八六）を意味しているからである。このような方法は、社会保険による保障の補足を生活保護が担うという補足のあり方ではなく、生活保護が「他の制度や保障が及ばない人々に独自の保障を行う」（岩田 二〇〇五：一八七）ことを指し、「『被保護層』は他法では対処できなかった『残余の人々』という位置づけをもたされがちである」（岩田 二〇〇五：一八七）からだ。このような位置づけや残余のイメージを払拭し、社会保障制度として名実共に生活保護を位置づけ直すには、生活保護による最低生活費も、一般的な生活構造をベースにして、社会保険料の部分を含めて算定するということも考えられる（岩田 二〇一〇）。

しかし、現状として生活保護受給層にあっては、述べてきたように一般的な生活構造と大きく異なり、耐久財や貯蓄などのストックや社会保険料など長期的な生活を形作る社会的枠組みが最低生活費の規定において欠落し、日常的な消費のみに特化した構造となっている。生活保護法の英訳名の一つである、Daily Life Security Law（仲村ほか 一九八一：五三、江口 一九八二：一二三）はこの点を端的に示している。

しかも、この消費も独特なあり方をしている。個々の世帯の自由裁量に任された消費部分の他に、自動車関係費のようにはじめから消費が認められない部分、NHK受信料のように支払いが免除されている消費、子どもの学校給食費のように福祉事務所から学校長に納付され、学校から現物給付される消費などのように、その消費は一様ではない。生活保護世帯は、社会制度（生活保護制度）によって「基準生活費」といった一定水準の消費が保障されている一方で、消費の諸側面において規制されてもいる。

（3）最低生活費と家庭内労働

生活構造と最低生活費に関連して、あと一点だけ述べておかなければならないことがある。それは、消費財・サービスの消費には、物の購入から消費にいたるまでの過程で行われる家事労働と、収入（就労による収入や生活保護費など）とさまざまな支出とを調整しながら世帯メンバーそれぞれの消費を確保するために行われる家計管理など、家庭内労働がインプットされているという点である。家計の赤字を貯金や借金で埋め合わせて家計運用できない生活保護受給世帯にあっては、給付される最低生活費内で合理的に支出すること、また支出を節約せざるを得ない場合でもバランスのとれた生活を維持するなど合理的な家庭内労働が期待されている。これは、「被保護者は、常に、能力に応じて勤労に励み、支出の節約を図り、その他生活の維持、向上に努めなければならない」（生活保護法第六〇条）というものである。しかし、半数近くの母親が就労し、またなかには心身の不調を抱えながら（厚生労働省社会・援護局 二〇〇九）、母親一人で子どもを育てている母子世帯にあっては、このような最低生活費の消費に期待された家庭内労働が果して可能なのだろうか。

かつて、ラウントリーは収入の一部が「肉体的能率の維持」以外に消費された場合、貧困線以下になってしまうという切迫した状態を第二次貧困と名づけ、それが「家計上の不注意」および「その他計画性のない支出（これは、収入の不規則性からくることがしばしばある）」（ラウントリー 一九五九：一五六）など、家計の切り盛りに起因していることをつきとめた。こうした貧困世帯の家計管理に伴う緊張した状況は、現在の生活保護世帯の家計にも通じているのではないだろうか。

3　生活保護母子世帯の家計消費実態

以上のような生活保護制度に規定された最低生活費構造の下で、実際の家計はどのような実態になっているのだろうか。この点については、異なる二つの家計調査を用いて検討する。一つは生活保護受給世帯を対象とする社会保障生計調査・家計簿調査（厚生労働省）であり、もう一つは全国消費実態調査（総務省）である。前者の調査は、全国を地域別に一〇ブロックに分け、各ブロック毎に一―三ヵ所を調査対象県として選定し、それらの地域から合計一一一〇世帯（二〇〇九年度の場合）を抽出して調査したものである。この調査には、生活扶助を受けていない世帯や多人数世帯、保護施設などで暮らす世帯は含まれていない。調査期間は一年間（四月一日から翌年三月三一日）で、調査結果は年一ヵ月間の平均値が公表されている。ただし、後述するように、この家計簿調査結果は実収入と消費支出のみが公開されているに留まり、それら以外の収支に関してはまったくわからない。後者の全国消費実態調査はおよそ五万世帯を対象に五年ごとに実施される調査である。八千前後の世帯を対象に行われる家計調査（総務省）よりも規模の大きさが特徴点である。調査期間は九月から一一月までの三ヵ月間と短いが、月単位の家計収支の範囲を超えて、貯蓄や負債、耐久消費財、住宅・宅地などの家計資産も調査されている。

本節ではこの二つの家計調査を用いて検討していくが、その際に、生活保護母子世帯と非保護母子世帯の比較だけでなく、ふたり親世帯と両母子世帯の比較も行う。また、二〇〇三年に実施された「社会生活に関する実態調査結果」（厚生労働省）の一部分を援用して家計調査を補足していきたい。

（1）家計収入の構造と水準

さて、各世帯の家計収支構造を示したものが表4である。この表で示しているふたり親世帯は、夫婦と子どものみの世帯で「世帯主のみが有業」の世帯を指している。非保護世帯の家計はいずれも各種の収入額が調査されている勤労者世帯のそれを表示している。生活保護母子世帯の場合は無職世帯を含む平均値が示されている。これをみるとわかるように、生活保護母子世帯の家計収入は、就労収入と生活保護給付および他の社会保障給付などからなる実収入のみで成立しているのに対して、非保護世帯の家計は勤め先収入を主たる源泉とする実収入の他に、この収入額に匹敵するほど大きな実収入以外の収入が存在している。この実収入以外の収入と関わって、非保護世帯の家計支出は、消費支出だけでなく、貯金や民間保険料、有価証券購入、住宅ローン返済など将来の生活設計に関わる資産形成のための支出が存在している。すぐ後で述べるように、非保護世帯の家計は、母子世帯とふたり親世帯の間で大きな格差はあるが、税金や社会保険料の非消費支出をはじめとして、

表4　生活保護母子世帯と非保護世帯の家計収支

	母子勤労者世帯	ふたり親世帯（1人働き）
集計世帯数	510	3,157
世帯人員　（人）	2.7	4.0
18歳未満人員　（人）	1.7	1.88
有業人員　（人）	1.01	1.0
世帯主の年齢　（歳）	38.9	40.4
持家率（現住居）（%）	22.3	65.8
年間収入　（千円）	2,665	6,529
実収入＋実収入以外の受取　（円）	408,280	840,842
実収入	199,130	451,802
経常収入	194,886	444,530
世帯主の勤め先収入	167,968	432,471
他の世帯員の勤め先収入	418	13
本業以外の勤め先・事業・内職収入	2,497	2,901
財産収入	217	—
社会保障給付	19,167	8,529
公的年金給付	4,776	—
雇用保険法に基づく給付	231	—
他の社会保障給付	14,160	—
仕送り金	4,873	—
実収入以外の受取	209,150	389,040
預貯金引出	185,601	339,412
保険金	1,050	1,028
有価証券売却	14	105
可処分所得	177,029	372,170
等価可処分所得	107,747	186,085
実支出	218,295	386,387
消費支出	196,195	306,755
非消費支出	22,100	79,632
直接税	4,664	33,862
社会保険料	17,323	45,571
平均消費性向　（%）	110.8	82.4
実支出以外の支出	189,427	452,756
預貯金	144,311	331,756
保険料	9,615	27,697
有価証券購入	89	1,521
土地家屋借金返済	5,151	39,123
貯蓄現在高（千円）	4,066	9,006
負債現在高（千円）	1,339	9,176
純貯蓄額　（千円）	2,727	−170

注：ふたり親世帯（1人働き）とは,「夫婦と未婚の子どものみ世帯で世帯主のみが有業者の世帯」を指している。
出所：総務省「全国消費実態調査」（2009年版）より作成。

	生活保護母子世帯
平均世帯人員（人）	2.74
実収入　（円）	230,547
就労収入	48,017
生活保護給付金品	129,843
他の社会保障給付品	48,687
その他	4,000
消費支出	197,447

出所：厚生労働省「社会保障生計調査（家計簿調査）」2009年より。

貯金の出し入れ、民間保険との契約、住宅ローンの借入とその返済支払いなど金融機関を含む社会的機関との関係を深めてその構造と水準が拡大しているという点で共通している。それに対して、生活保護母子世帯の家計は収入のほとんどは実収入、支出では消費支出の範囲で、その内容と規模の小ささが際立っている。(2)

具体的に家計収入総額をみると、非保護母子世帯の場合が約四〇万円、非保護ふたり親世帯の場合が約八四万円に対して、生活保護母子世帯のそれは約二三万円でふたり親世帯家計の三割未満、非保護母子世帯のそれの五割強の水準にしか達していない。こうした生活保護世帯の家計規模の小ささは、前節で述べてきたように、貯金やローンの借入れなど将来の生活設計に関する収支が制度的に制約されているからである。

両母子世帯の実収入のレベルに注目すると、生活保護母子世帯が約二三万円、非保護母子世帯が約二〇万円で、生活保護母子世帯の実収入がやや多い。この実収入から税金と社会保険料を支払った後に手元に残る可処分所得のレベルで見ると、非保護母子世帯のそれは一七万七〇二九円である。生活保護母子世帯の可処分所得は（資料の都合で）不明であるが、正規雇用者が絶対的に少ない現状および前節で述べてきた生活保護制度の規定から非消費支出（税と社会保険料）はほとんどない（か、あっても少額に留まる）。このようなことから、生活保護母子世帯の可処分所得は実収入とほぼ同じと考えられる。そうすると、可処分所得は生活保護母子世帯の方（約二三万円）が非保護母子世帯よりも多い。しかし、非保護母子世帯の家計は、この可処分所得よりもやや多い貯金引出（約一八・六万円）が後衛にあって、この世帯の家計を支えている。もちろん、この貯金引出には勤め先収入が銀行口座に振り込まれ、そこからの現金を引き出して様々な支払いに当てるという部分も含まれているが、それだけでなく、月々の収入や賞与などの積立からの引出も含まれている。ちなみに、非保護母子世帯の貯金の総額（貯金現在高）は平均で四〇六・六万円である。負債現在高は約一四〇万円あるので、約二七三万円ほどの純貯蓄を保有していることになる。

上述のように、生活保護母子世帯の実収入額は非保護母子世帯よりもわずかに上回っている。その内訳は、就労収入が四万八〇一七円、生活保護給付金が一二万九八四三円、他の社会保障給付が四万八六八七円であり、生活保護給付が収入全体の五六・三%、残る四割強が就労収入と児童扶養手当などとなっている。生活保護母子世帯の就労収入は、非保護母子世帯（一六万七九六八円）の三割弱とかなり低い。しかし、非稼働化を深めている近年の生活保護世帯にあっては、このような母子世帯の家計は就労しつつ生活保護を受給して子育て責任を果たしている稼働年齢層の一つのモデルを示している。母親の低賃金を二つの社会保障（生活保護と児童扶養手当など）が補足して子どもを含む世帯生活を支えているからだ。

（2）非保護母子世帯とふたり親世帯の家計収入格差

ついでに、非保護世帯の実収入の中身を見ると、母子世帯およびふたり親世帯ともに、世帯主の勤め先収入が八割強から九割強と大半を占めている。しかし、その収入水準は両世帯間でかなり異なっており、母子世帯の母親のそれは約一六・八万円、ふたり親世帯の父親のそれは約四三万円で、母親の収入は父親のそれの四割弱に留まっている。非保護母子世帯の世帯主の年齢（三八・九歳）とふたり親世帯の世帯主のそれ（四〇・四歳）に大きな差がない中で、このような勤め先収入に大差が生じている。その要因としては、特に表示はしていないが、ふたり親世帯の父親が正規雇用であるのに対して、母子世帯の母親の五五・四%がパート・アルバイト、派遣社員などの非正規雇用で、正規雇用が四四・六%に留まっていることにある。

表5　子どもの人数別消費支出の状況

	子ども1人		子ども2人		生活保護
	母子世帯	ふたり親	母子世帯	ふたり親	母子世帯
集計世帯数	292	9,794	337	9,465	
1万分比	4,574	2,028	5,426	1,826	
世帯人員　（人）	2.0	3.0	3.3	4.0	2.74
持家率〔現住居〕（%）	26.5	76.1	22.5	75.9	
年間収入　（千円）	2,671	6,953.0	2,509	7,394	
消費支出（土地家屋借金返済を含む）	189,814	332,883	206,060	368,680	197,447
食　料	40,129	69,714	47,070	74,274	53,874
住　居	28,269	21,213	29,346	17,764	33,444
土地家屋借金返済	6,923	25,693	4,352	41,264	—
光熱・水道	12,805	18,803	15,253	20,112	18,095
家具・家事用品	5,121	9,510	5,358	9,227	8,893
被服及び履き物	7,812	12,777	9,032	14,397	12,713
保健医療	4,881	12,950	5,761	12,197	3,570
交通・通信	29,478	46,554	31,895	50,233	21,323
教　育	11,113	11,620	21,066	34,626	14,497
教養娯楽	18,098	31,392	16,791	33,288	12,910
その他	25,184	72,519	20,136	61,298	18,127
諸雑費	13,172	22,527	11,952	21,295	—
交際費	6,816	19,361	5,113	14,133	—
仕送り金	3,662	10,151	1,190	4,088	—
再掲・教育関係費	17,015	22,364	26,653	42,819	—

注：ふたり親世帯は夫婦と子どものみの世帯。非保護世帯の数値は全世帯のものである。
出所：厚生労働省「社会保障生計調査」（2009年版），総務省「全国消費実態調査」（2009年版）より作成。

ちなみに、両世帯の年収分布（一万分比）について述べると、母子世帯の場合、一〇〇万円未満層の六・五%から五〇〇万円以上層の八・四%まで分散しているが、三〇〇万円未満層に全体の七割近く（六六・三%）が集中している。他方、ふたり親世帯の場合は五〇〇万円以上に全体の六割強（六六・一%）が集中しており、母子世帯と対極的な分布を示している（総務省「全国消費実態調査」二〇一〇年版より）。

（3）子どもの人数別・成長段階別消費支出

さて、消費支出の実態に入ろう。子どもを含む家計の消費支出の水準とその内容は、子どもの人数や子どもの成長段階から影響を受ける。そこで、表5では、非保護世帯の家計について集計世帯数の多い全世帯（勤労世帯および自営業などの世帯）を対象に子どもの人数別にみた消費支出の内訳を示している。ただし、非保護母子世帯の場合は、資料の都合で、「子ども一人」と「子ども二人以上」となっている。生活保護世帯の家計簿調査の結果は、一〇大費目別に集計した消費支出の平均額のみが公開されているに留まるので、子どもの人数別および子どもの成長段階別に検討することはできない。家計簿記帳者（生活保護受給者）およびその記帳をサポートしている生活保護ケース

表6　子どもの人数別消費支出の構成比率

（単位：％）

	子ども1人		子ども2人		生活保護母子世帯子ども1.74人
	母子世帯	ふたり親	母子世帯	ふたり親	
消費支出（土地家屋借金返済を含む）	100.0	100.0	100.0	100.0	100.0
食　料	21.1	21.0	22.8	20.1	27.3
住居（土地家屋借金返済を含む）	18.5	14.1	16.4	16.0	16.9
光熱・水道	6.7	5.7	7.4	5.5	9.2
家具・家事用品	2.7	2.9	2.6	2.5	4.5
被服及び履き物	4.1	3.8	4.4	3.9	6.4
保健医療	2.6	3.9	2.8	3.3	1.8
交通・通信	15.5	14.0	15.5	13.6	10.8
教　育	5.9	3.5	10.2	9.4	7.3
教養娯楽	9.5	9.4	8.1	9.0	6.5
その他	13.3	21.8	9.8	16.6	9.2
諸雑費	6.9	6.8	5.8	5.8	—
交際費	3.6	5.8	2.5	3.8	—
仕送り金	1.9	3.1	0.6	1.1	—
再掲・教育関係費	9.0	8.0	12.9	11.6	—

注：ふたり親世帯は夫婦と子どものみの世帯。両世帯の数値は全世帯のものである。
出所：表5と同じ。

ワーカーのたいへんな労力に対して、調査結果の公開が限られており、非常に残念である。なお、非保護世帯の住居費には住宅ローン返済を加えている。というのは、非保護世帯、特にふたり親世帯の場合、持家率が八割近くと高く、その分、家賃が少なく現れるからである。住宅ローンを完済しない間、ローン返済は家賃の性格に近いものと認識して、このように取り扱う。したがって、ここでの消費支出は、家計調査分類上の消費支出に住宅ローン返済を加えたものとなっている。生活保護母子世帯にあっては、前節で述べたように、住宅ローン返済は認められない支出である（ローン返済はない）。

表7は、各世帯の世帯員数を考慮して（世帯員数の平方根分の一を等価尺度として）、等価消費支出額（世帯員一人あたりの消費額）を示したものである。生活保護母子世帯の世帯員は二・七四人で、その等価消費支出は一一万八九四三円である。この等価消費支出額は、ふたり親（子ども一人）世帯の六一・八%、非保護母子（子ども一人）世帯の八八・四%、非保護母子（子ども二人）世帯の一〇五・一%の水準を示している。等価消費支出額が最も低いのは、二人以上の子どもを含む非保護母子世帯（一一万三二一八円）である。ふたり親世帯にあっても子ども二人の家計は子ども一人のそれよりも等価消費支出額は下がるが、非保護母子世帯の減少幅がより大きい点に留意しておきたい。

消費支出の構成割合を見ると、非保護（母子とふたり親）世帯と比較して、生活保護母子世帯は食料や光熱・水道、家具・家事用品、被服及び履き物の割合が相対的に高く、保健医療、交通・通信、教養娯楽、その他の消費支出の割合が相対的に低い（表6）。生活保護母子世帯におけるこうした消費支出の傾向は、生活保護制度による規定や生活保護に至るまでの困窮状況が投影されている。これらについて順次説明していこう。

（4）生活保護母子世帯における高い食料費

生活保護母子世帯の食料費比率（エンゲル係数）の高さは、生活保護制度による最低生活費の仕組みから考えると、決して不可解ではない。というのは、周知のように、生活扶助は食料などの個人単位の経費（第一類）と世帯単位の経費（第二類）から成っている。例えば、大阪市で暮らす母子世

表7　子どもの人数別等価消費支出

	子ども1人		子ども2人		生活保護母子世帯子ども1.74人
	母子世帯	ふたり親	母子世帯	ふたり親	
年間収入	1,894,326	4,019,075	1,378,571	3,697,000	—
消費支出（土地家屋借金返済を含む）	134,619	192,417	113,218	184,340	118,943
食　料	28,460	40,297	25,862	37,137	32,454
住居＋土地家屋借金返済	24,958	27,113	18,515	29,514	20,146
光熱・水道	9,081	10,868	8,380	10,056	10,900
家具・家事用品	3,631	5,497	2,943	4,613	5,357
被服及び履き物	5,540	7,385	4,962	7,198	7,658
保健医療	3,461	7,485	3,165	6,098	2,150
交通・通信	20,906	26,909	17,524	25,116	12,845
教　育	7,881	6,716	11,574	17,313	8,733
教養娯楽	12,835	18,145	9,225	16,644	7,777
その他	17,860	41,918	11,063	30,649	10,919

注：母子世帯の場合は「子ども2人以上」，ふたり親世帯は夫婦と子どものみの世帯である。非保護世帯の数値は全世帯のものである。
出所：表5と同じ。

帯（三〇歳の母と四歳の子ども一人）の最低生活費は生活扶助費（一一万六三六〇円）、住宅扶助（大阪市の上限額、五万四〇〇〇円）、児童扶養加算（一万三〇〇〇円）、母子加算（二万三二六〇円）を合わせて二〇万六六二〇円である（生活保護制度研究会 二〇一一：六三）。このうち食料を主なる内容とする個人単位の扶助は六万六六二〇円で、最低生活費全体の三二・二％を占めている。実際の生活保護母子世帯の家計においては、このモデル世帯よりも食料比率はやや低く（二七・三％）現れているが、非保護世帯（二〇―二二％）より明らかに高い。この高い食料比率は光熱・水道費の高さにも連動する。家庭内の食事は電気代やガス代、水道料金など光熱・水道費が嵩むからだ。

　また、家具・家事用品、被服及び履き物の支出比率の高い生活保護母子世帯の状況は、この世帯が生活保護受給にたどり着くまでの生活の厳しさを示唆しているように思われる。例えば、家庭内暴力（夫のいる自宅）から逃れて生活保護受給に至った母子世帯が一定規模で存在しているが（厚生労働省社会・援護局 二〇〇九）、このような状況下では必要な物をもって逃げる余裕がない場合が多い。こうした場合は生活保護受給後に徐々に生活財を整えていくことになり、家具・家事用品、被服及び履き物類などの支出が相対的に多くなる。いずれにしても、生活保護母子世帯における食料や被服及び履き物類などの支出割合の高さは、生活保護以前の基本的な必要の欠乏がいかに深かったかを示唆している。

（5）交通通信費・教養娯楽費が低い理由

　生活保護母子世帯の保健医療比率の低さは、前節で述べたように、医療券による医療扶助によって家計負担が軽くなっているからである。同様に、生活保護母子世帯の交通・通信費や教養娯楽費は非保護世帯と比較して落ち込んでいる。交通・通信費の低さは、この世帯の約半数の母親が職業をもたないという実態を反映しているが、それだけではない。それは、交通費を伴う生活行動の抑制やインターネットの利用など（インターネットの接続料は通信費に含まれる）の少なさを反映してもいる。

　やや古い資料ではあるが、「社会生活に関する調査・社会保障生計調査結果報告」（以下、「社会生活調査」と略す。社会生活に関する調査検討会 二〇〇三）によれば、非保護世帯全体におけるパソコンの保有率（五七・二％）に対して生活保護母子世帯のそれは八・四二％と極端に低い（社会生活に関する調査検討会 二〇〇三：四八）。また「家族の活動」、例えば「映画や観劇、コンサートなどに出かける」「ドライブ、キャンプ、海水浴、スキーなどに行く」「講演会や学習講座などに出かける」なども低い（同：六四）。こうした社会的・文化的活動の少なさが、生活保護母子世帯の教養娯楽費の低さに現れている。

生活保護母子世帯は、その他の消費支出比率（二万八一二七円、対消費支出比九・二％）もやや低い。その他の消費支出は諸雑費や交際費などを内容とするものである。既述したように、生活保護世帯の家計簿調査は中分類の集計結果を公開していないので、その他の消費支出の詳細はわからない。ただ、「社会生活調査」によれば、「近所で親しくつきあう人がいる」「現在や元の職場の同僚で仕事を離れても親しくつきあっている人がいる」「その他親しくつきあっている人がいる」など、他者との交際が生活保護母子世帯の場合明らかに薄い。このような実態から、その他の消費支出に含まれる交際費の低さが推測できる。

（6）子どもの教育費

食料や被服及び履き物の支出の高さと交通・通信、教養娯楽、その他の消費支出の低さといった対照的な傾向をあらわにしている生活保護母子世帯の家計にあって、子どもの教育費は、一万四四九七円（対消費支出比、七・三％）である。これは、非保護世帯の子ども一人の母子世帯（二万一一一三円、五・九％）およびふたり親世帯（二万一六二〇円、三・五％）のそれよりも多いが、子ども二人を含む各世帯のそれよりもかなり低い。

他方、非保護母子世帯では、子ども一人の場合、ふたり親世帯とほぼ同額の教育費を捻出しているが、二人以上（二万一〇六六円）になると、ふたり親世帯（三万四六二六円）の六割の水準にまで下がる。特に表示はしていないが、非保護世帯で子ども一人の家計を取り上げ、この子どもの成長段階別に授業料の他に補習教育や子ども用の文房具代などを含む教育関係費を見ると、全ての成長段階において、母子世帯はふたり親世帯よりも低いが、特に格差が広がるのは高校生の段階である。高校生のいる非保護母子世帯の教育関係費は三万四一〇〇円（対消費支出比、一五・七％）にあるのに対して、ふたり親世帯のそれは一一万二八九二円（同、二五・六％）で、支出額で母子世帯の三・三倍、対消費支出比で一・六倍の大きさである。

生活保護世帯の家計簿調査は子どもの成長段階別に公開されていないので検討できないが、子どもの教育費に関しては次のような制度上の大きな変化があった。義務教育段階の子どものいる生活保護世帯に対して教育扶助が支給されているが、義務教育以上の子どもに対する教育扶助は保障されていない。しかし、これまでは、高校進学率の高さに対応して実施要領などにより生活保護世帯の子どもの高校就学が承認されてきた。二〇〇五年度からは（教育扶助としてではなく）生業扶助の一環として高校等就学費が支給されるようになった。このような制度変化は「社会生活調査」で示された、中学生の子どものいる生活保護母子世帯の六割（の母親）が子どもを「高校まで進学させたい」とする希望を叶える基盤となるものである（社会生活に関する調査検討会 二〇〇三：八〇）。ただ、同調査によれば、低所得母子世帯（の母親）の六割が子どもを大学または短大に進学させたいとしているのに対して、生活保護母子世帯の高等教育への進学希望は二割に留まっている点で著しく異なっている。

（7）家計の収支決算

上記のような特徴をもつ生活保護母子世帯の消費支出額は一九万七四四七円である。この世帯の実収入額は二三万五四七円であるから、計算上は三万三一〇〇円が手元に残ることになる。生活保護世帯の家計簿調査は消費支出以外の支出額については未公開なので、計算上の収支残額が確かなのかどうかはわからない。というのは、この残額は消費支出以外の支出、例えば生活保護世帯と低所得世帯を対象とする生活福祉資金貸付制度の返済に充てられている可能性もあるからだ。特に、中学生や高校生の子どもをもつ生活保護母子世帯にあっては、教育費をはじめとする子どもの費用を補足するためにこの資金を活用している可能性がある。このような情報が欠落しているので不確かではあるが、ここでわかることは生活保護母子世帯の家計支出はその収入の範囲に収まっているということである。

4　母子世帯の家計・生活構造から見た生活保護制度の改善策

以上述べてきたように、生活保護母子世帯の家計は、税金や社会保険料といった社会的義務的な支払いや生活費の変動に対応し将来の消費に充当される貯金など長期的な生活を形作る社会的枠組みが欠落し、日常的な消費に特化した構造となっている。

こうした日常的な消費に特化した生活保護母子世帯の実態について、等価消費支出水準から見ると、ふたり親（子ども一人）世帯の六一・八％、非保護母子（子ども一人）世帯の八八・四％、非保護母子（子ども二人）世帯の一〇五・一％で、非保護母子世帯に近いまたはそれを上回る状況であった。

しかし、その消費内容は、生活保護制度による規定および生活保護に至るまでの困窮状況を反映して、非保護世帯と異なるものであった。すなわち、生活保護母子世帯にあっては、食料や被服及び履き物類などの基本的な必要を満たす消費が多い一方で、教養娯楽や交際費を含むその他の消費支出が少なかった。このような消費実態は、生活保護母子世帯において、職場や地域で親しくつきあい、悩みや心配事を相談できる人々との交際関係の少なさや、子どもの高等教育への進学希望および母親自身の講演会や学習講座への参加が少なく、未来志向的な環境から遠ざけられている状況を示唆している。

第1節で見てきたように、資産状況を考慮しても、生活保護基準以下の母子世帯が多いにもかかわらず生活保護を利用しない背景には、生活保護母子世帯の家計に示されたように、職場や地域での協力的な人間関係や子どもと母親自身に関わる未来志向的な環境を失うことを危惧するからではないだろうか。生活保護母子世帯よりも低い可処分所得で、食費や他の基礎的な必要を節約して、子どもの教育費や教養娯楽および貯蓄（子どもの進学費用として）に収入を配分している非保護母子世帯の家計は、このような状況を示唆しているのではないだろうか。

しかし、繰り返しになるが、生活保護母子世帯の家計は、就労しつつ生活保護を利用して、子どもを含む世帯生活を維持させている稼働年齢層のよきモデルを示してもいる。大量に出現している生活保護基準以下で暮らしている母子世帯をなくすには、生活保護世帯における貯蓄のあり方と教養娯楽費や交際費など社会的文化的費用の保障水準を向上させることが重要である。

【注】

(1) 人口統計及び生活保護統計における母子世帯は、母子のみで構成される単独の母子世帯を指しており、母子の他に同居世帯員のいる世帯は含まれていない。二〇一〇年度の国勢調査から同居世帯員を含む母子世帯数が表示されているが、それ以前の調査は不明のため表1は従来通りの単独母子世帯数のみ表示している。また、生活保護世帯の分類では、同居世帯員のいる母子世帯の場合「その他世帯」となる。ただ、その他世帯の詳細は不明である。

(2) 社会保障審議会生活保護基準部会（第二回、二〇一一年五月二四日）で提示された厚生労働省社会・援護局保護課による説明資料3（生活保護基準の体系等について）の中で生活保護世帯（六〇歳以上の単身世帯）の非消費支出と実収支以外の収支が示されている。それによると、この世帯の非消費支出は一三八一円、借入金が三三七円、その返済が二五三六円、月賦が二三〇円、その返済が四六〇円、掛買が八六七円、その支払いが七〇六円となっている。これらの借金（とその返済）には、生活保護世帯及び低所得世帯を対象とする生活福祉資金貸付制度からの借入金が含まれているものと思われる。しかし、一般公開されている生活保護世帯の家計簿調査結果では、これらに関する数値は全く示されていない。

【参考文献】

岩田正美（二〇〇五）「『被保護層』としての貧困」岩田正美・西澤晃彦編『貧困と社会的排除』ミネルヴァ書房。

岩田正美・岩永理恵・鳥山まどか・松本一郎・村上英吾（二〇一〇）「『流動社会』における生活最低限の実証的研究」『貧困研究』四。

岩田正美・研究代表（二〇一一）『「流動社会」における生活最低限の理論的・実証的研究』（科学研究費補助金研究報告書）。

岩永理恵（二〇一一）『生活保護は最低生活費をどう構想したか――保護基準と実施要領の歴史分析』ミネルヴァ書房。

江口英一（一九八二）「『低消費』水準生活と社会保障の方向」小沼正編『社会福祉の課題と展望』川島書房。

大里慶子（二〇一〇）「ひとり親家庭への支援――児童扶養手当法の一部改正」『立法と調査』三〇三。

篭山京（初版一九七八、改訂）『公的扶助論』光生館。

厚生労働省（二〇一一）「平成二二年国民生活基礎調査の概況」。

厚生労働省（二〇一〇）「平成二二年版　厚生労働白書」。

厚生労働省社会・援護局（二〇〇九）「生活保護母子世帯調査等の暫定集計結果――一般母子世帯及び被保護母子世帯の生活実態について」。

厚生労働省社会・援護局（二〇一〇）「生活保護基準未満の低所得世帯数の推計について」。

後藤玲子（二〇〇六）「正義と公共的相互性――公的扶助の根拠」『思想』第九八三号。

後藤玲子（二〇〇九）「意見書」（京都生存権裁判における後藤玲子教授の意見書と証人調書）『賃金と社会保障』一四八六。

後藤玲子（二〇〇九）「日本における公的扶助制度の課題――守るべきは『無条件性』と『十分性』」『世界の労働』（一月号）。

社会生活に関する調査検討会（二〇〇三）『社会生活に関する調査・社会保障生計費調査結果報告書』。

生活保護制度研究会編（二〇一一）『保護のてびき』。

『生活保護手帳』二〇一一年度版。

関根美貴（二〇〇九）「母子世帯の家計の実態」『愛知教育大学家政教育講座研究紀要』第三九号。

田宮遊子（二〇一〇）「母子世帯の最低所得保障」駒村康平編『最低所得保障』岩波書店。

丹波史紀（二〇〇七）「なぜ母子世帯は生活保護から排除されるのか」杉村宏編『格差・貧困と生活保護――「最後のセーフティネット」の再生に向けて』明石書店。

中鉢正美（一九五二）「貧困の類型」『社会保険時報』二六(六)。

中鉢正美（一九五六）『生活構造論』好学社。

中川清（二〇〇四）「貧困の性格変化と社会生活の困難さ」『季刊　社会保障研究』三九(四)。

仲村優一・小島蓉子・L・H・トムソン編（一九八一）『社会福祉　英和・和英辞典』誠信書房。

布川日佐史（二〇〇九）『生活保護の論点』山吹書店。

B・S・ラウントリー／長沼弘毅訳（一九五九）『貧乏研究』ダイヤモンド社。

松村祥子（一九七一）「生活研究の一動向」園田恭一・田辺信一編『生活原論』ドメス出版。

室住眞麻子（二〇一二）「隠れる女性の見えない貧困」橘木俊詔編『福祉＋α　格差社会』ミネルヴァ書房。

室住眞麻子（二〇一三）「女性の貧困」木村涼子・伊田久美子・熊安貴美江編『よくわかるジェンダー・スタディーズ』ミネルヴァ書房。

湯澤直美（二〇〇九）「母子世帯と児童扶養手当」岩田正美・杉村宏編『公的扶助論――低所得者に対する支援と生活保護制度』ミネルヴァ書房。

第8章

住宅困窮問題と生活保護および住宅政策

小田川華子

深刻な雇用不安の広がりにより、収入がなくなって家賃が払えず、住まいを失いそう、あるいは住む家がなくなってしまったなど、不安定な居住を余儀なくされる人々が増えてきている。本章では、生活保護制度がセーフティネットの最後の砦として、住居喪失、住宅困窮の問題にいかなる対応をとってきたのか、また、生活保護制度の一歩手前で機能すべき住宅関連施策が、低所得者の居住の安定という課題にどのように対処しようとしてきたのかを検討し、居住権保障に向けた課題を整理、検討していくことにする。

1 住居喪失者と生活保護制度

はじめに、本章で議論する内容を包括的に示す見取り図として図1を示しておきたい。これは、住居喪失状態への転落過程と、住居喪失者が安定的に居住できる普通住宅を確保するまでの過程における生活保護、ハウジングファースト施策等の諸施策の位置、および住宅困窮問題を解決する鍵となる家賃補助制度と社会住宅の位置を図示したものである。

（1） 広がる住宅困窮者

従来、住居喪失者は社会から逸脱した特別な存在としてみなされてきた。しかし、長引く経済の低迷を背景に、失職と同時に住まいも失う事態が社会問題となり、住居が不安定な人々も多くいることが明らかになってきた。野宿者は二〇〇九年一月の厚生労働省調査で一万五七五九人、これと重複があると思われるが、ネットカフェ等で主に寝泊りしている者は二〇〇七年八月の調査で五四〇〇人を数えた（図1の（a））。社員寮や飯場に居住する者や職場に住み込みで働いている者など、屋根はあるが家がない状態にある人々（図1の

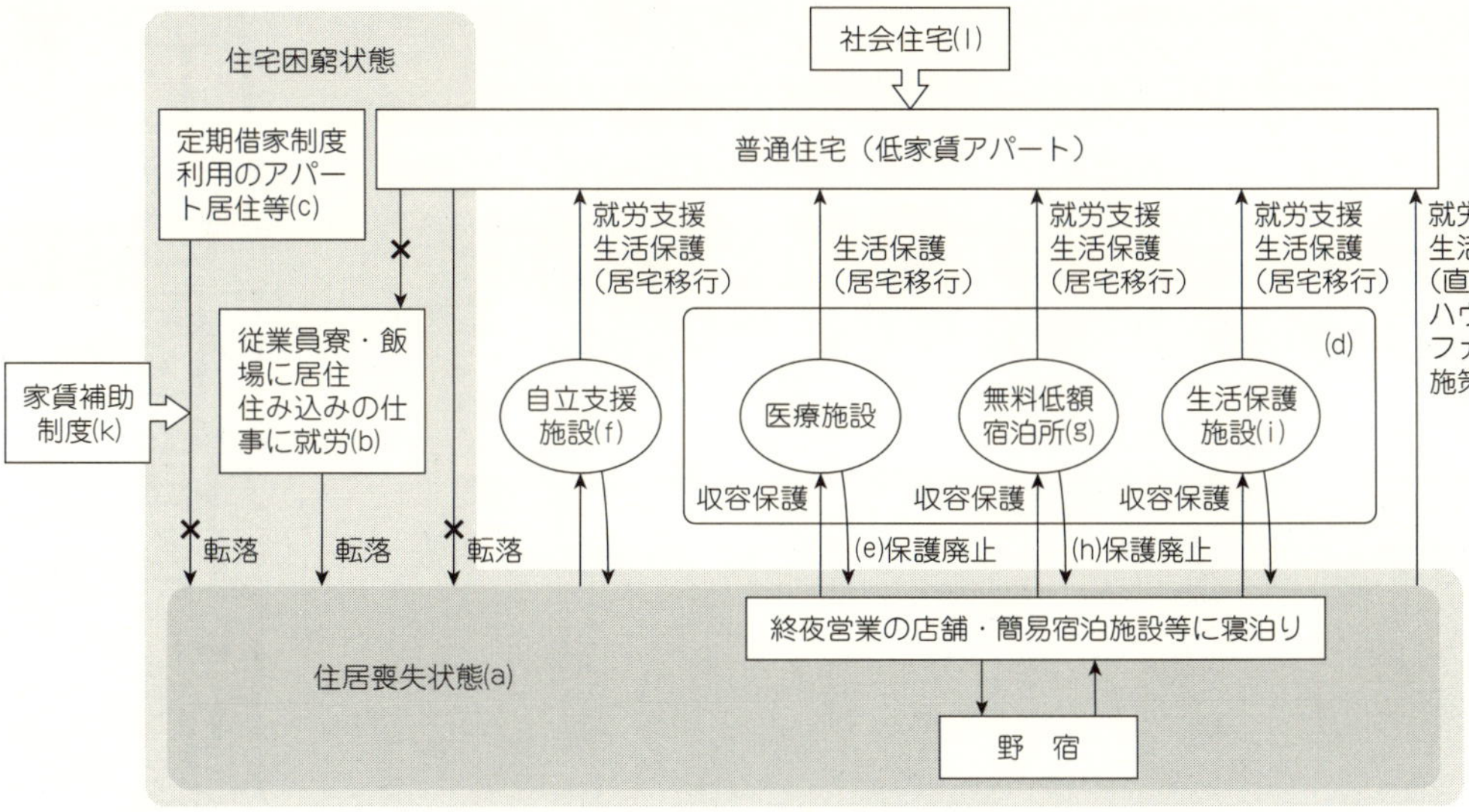

図１　住居喪失状態への転落と普通住宅への移行プロセス概念図

出所：筆者作成。

（b））は一〇万人を超える規模で存在するといわれている（稲葉 二〇〇九：二二）。さらに、賃貸住宅に住んでいるものの収入が不安定で住居喪失の恐れのある者など（図1の（c））を加えた住宅困窮者はさらに大きな数に上ると思われる。

住居は、人間が社会的な存在として生活するためのベースとなる場所であり、心身の休息、また家族とのプライベートな空間としてなくてはならない場所である。そればかりか、社会と関係をとり結ぶ上でも、住居に住み、当該地域のメンバーであることを証明する住所をもつことは不可欠である。住居は市民権の基礎をなすものでもあるのだ。それにもかかわらず、日本が戦後築いてきた社会保障のセーフティネットは機能せず、多くの人が住居を失い、あるいは、いつ失うやもしれぬという危機的状況に陥っているのが現在の社会状況である。

（2）生活保護制度の差別的運用

住居喪失者が生活の立て直しを図ろうとする場合、生活保護制度を活用することはきわめて有効である。なぜなら、生活保護を利用すれば、十分ではないまでも、住居、家具、衣服、布団が手に入るし、住所があれば就職活動も格段にしやすくなるからである。

生活保護制度は、生活に困窮するすべての人に開かれた制度であるべきである。しかしながら、実際には、この最低生活保障制度のなかに、住居の有無を境とする非連続性があり、住居喪失者に対して差別的な運用がなされてきた。

野宿生活を送る人々が生活の立て直しを図るため生活保護の申請に行くと、「野宿している人は利用できない」「（高齢ではないので）まだ働ける人は利用できない」といったことを言われて追い返されることが、数年前まで日常茶飯事であった。生活保護制度のなかにまで社会的排除が存在していたのである。二〇〇二年および〇三年にホームレスに対しても生活保護を適応するとする課長通知が出され、現在では住居喪失者も生活保護を利用できるようになってきているものの、住居喪失者にとって生活保護申請はハードルが高い。

住居を失っているという究極の貧困状態にある人々に対して、最低生活保障制度を扱う窓口がなぜこのような態度をとってきたのだろうか。長らく続けられてきた生活保護の差別的運用の背景にどのような論理があったのかを整理することは、今後、セーフティネット施策を検討するうえで参考になるはずである。そこで、生活保護制度における野宿者排除の背景について整理する。

(3) 収容主義

第一に、住居をすでに失ってしまった困窮者を保護する場合は、病院や施設での収容保護(図1の(d))とするのが慣例とされてきたことが生活保護の差別的運用の背景にある。住居喪失者の収容保護施策は、終戦直後から実施された、「浮浪者」集団に対する「かりこみ」と称する強制退去策とセットになった収容施設への誘導施策をそのルーツにもつ(岩田 一九九五：五三―七四)。

野宿生活の末に体調を壊し、入院した時にようやく生活保護を受けることになっても、退院と同時に保護は打ち切られ、即野宿生活に戻るということが実際にまかり通っていた(図1の(e))。入院中は病院という「公認の機関の患者」として市民権を得、生活保護制度を利用できるのだが、退院して公認の機関に患者として属することができなくなると同時に、市民権も失ってしまうのである。無差別平等の最低生活保障を謳いながら、住居喪失者を排除してきた生活保護制度の姿がここにありありとみてとれる。

一九九三年の柳園訴訟では、日雇い労働者であった柳園さんに対する、退院を契機とする不当な保護廃止が争点となり、一審で原告が勝訴し、この差別的慣例に一石を投じたのだが、その後も長くこの慣例は当然のように続けられた。二〇〇二年には、病気と難聴のために仕事ができず野宿を余儀なくされていた佐藤さんが、生活保護申請をし、アパートでの保護を求めたところ、更生施設での収容保護しか認められなかったため、その処分取り消しを求める佐藤訴訟が起こされ、一審、二審とも原告が勝訴した。司法の場で、収容保護しか認めない制度運用のあり方が違法とされたのである。

しかし、厚生労働省によると、二〇〇七年の野宿者への生活保護開始件数は三万二九八件で、保護を受ける場所をみてみると、医療機関での開始件数が一万一四八〇人(三八%)と最も多く、次いで無料低額宿泊所が七一六〇人(二四%)、宿泊所以外の社会福祉施設での開始件数は四七一二人(一六%)となっている(小川 二〇一〇：七三)。実に七七%が収容保護となっており、この他にも無届施設での保護開始もあることを鑑みれば、収容保護の慣例は未だ執拗に続いていることがわかる。二〇一〇年六月現在、無届施設(法的位置づけのない施設)のうち地方自治体が把握している一三一四施設に、生活保護受給者が一万六六一四人も入所していることが判明している。

無料低額宿泊所の類の施設での集団生活の環境の悪さは、入所者を自主退所、居所不明による保護廃止、再び路上へという道を選ばせることもある(図1の(h))。そして、そういった施設の悪評が、生活保護窓口を忌避する心理を働かせ、路上生活をますます長期化させる傾向を助長しているとの指摘もある(稲葉 二〇〇九：九五―一一一)。

(4) 稼働能力活用原則

第二に、稼働能力の活用原則という刀による問答無用の切り捨てである。住居喪失者からの保護申請に対しては、雇用情勢や要保護者個々の健康状態をしっかり考慮することなく、「働けるはずだ」として、「稼働能力不活用」を理由に保護しないとするのが一般的である。そんななか、二〇一一年の新宿七夕訴訟、二〇一二年の長浜訴訟において、住居喪失者による保護申請に対し稼働能力不活用として申請が却下されたことについて、処分取り消しの判決が下されたことは注目に値しよう。

(5) ホームレス対策事業利用の強要

第三に、野宿者等住居喪失者を対象とする諸施策の活用を優先することが、野宿者に対する生活保護の差別的運用につながっていた。たとえば、二〇〇二年に「ホームレス自立支援法（ホームレスの自立の支援等に関する特別措置法）」が成立し（一〇年間の時限立法）、シェルターとセットになった就労支援施策が稼動年齢層野宿者の受け皿として用意された。これにより設置された自立支援センター（多くは大部屋共同生活型・最大六ヵ月）（図1の（f））のある自治体では、野宿者が生活再建のためアパートでの居宅保護を申請しに来ても、まず自立支援センターへと誘導されることになったのである（藤井 二〇〇八：一六―一九）。

シェルターつきの就労支援が行われるようになったことは大きな前進であったが、生活保護申請の権利を行使しようとする住居喪失者に対して、このような施設入所を強要することは権利侵害といわざるをえない。福田政権時（二〇〇八年六月）には、福島みずほ参議院議員による質問主意書に答え、自立支援センターにより提供されるサービスは、生活保護に優先して活用されるべき他法他施策に含まれないとの政府答弁が示された（藤井 二〇〇八：一九）。これはすなわち、自立支援センターやシェルター利用による法外援護を強要するのは違法であることを意味する。

ホームレス自立支援法が二〇一七年まで延長されることになり、これにもとづく自立支援事業は継続実施される方向であるが、生活保護の適正運用を前提に実施されるよう注視していく必要があろう。

（6）負担増を嫌う自治体

第四に、住民票がなく、当該自治体に住所を置いていることが明らかでない人には、当該自治体の出費を伴うことになる保護は行わないとする自治体の姿勢があった。しかしながら、生活保護制度は住居や住所があることをその受給要件にはしておらず、現在地保護を原則としている。そのため、住居喪失者が申請に訪れた場合には、その者が保護を求めているまさにその場所を所管する自治体が申請窓口となるのが制度本来のあり方である。

（7）差別的運用の是正

転機となったのは、二〇〇二年に野宿者の保護請求権を認めた静岡県知事裁決である。生活保護申請後、普通住宅に移る前の野宿期間についても生活保護が適用されることとなり、保護実施機関には住居を確保する義務があることが、生活保護を受給する元野宿者からの行政不服審査請求に応えた静岡知事裁決において認められたのである（笹沼 二〇〇三：五三―五七）。これは、それまでの野宿者に対する差別的な対応の抜本的是正を迫る画期的な裁決であった。同じ時期に大阪では前述の佐藤訴訟が起こり、敷金等を支給して居宅生活を認める判決が出された。

そして続く二〇〇三年、厚生労働省は改めて、「ホームレスに対する生活保護の適用について」という課長通知を発した。その基本方針として、「ホームレスに対する生活保護の適用に当たっては、居住地がないことや稼働能力があることのみをもって保護の要件に欠けるものでないことに留意し、生活保護を適正に実施する」と述べられている。また、保護開始時に住居をもたない要保護者の住居の確保に際し、敷金等の初期費用を扶助する旨の規定を出した。これにより、野宿者にも生活保護制度への扉が開かれることとなった。しかし、実際に運用が相当に改善されるようになったのは、リーマンショック以降との見方もある（奥田 二〇一〇b：四）。

ただし、保証人問題や低家賃住宅不足等から、宿泊所の類を活用せざるを得ない実態もある。収容保護の慣行から真に脱するには、低所得者向けの住宅整備を公的に進め、生活保護行政と連携することが不可欠である。

2 居宅移行支援における無料低額宿泊所の役割

(1) 無料低額宿泊所の役割の拡大

住居喪失者が保護を受けた場合の住居がどのようなものであるかに着目することは、最低生活保障を趣旨とする生活保護の住宅扶助が正当に機能しているかを検討するうえで重要である。そこで、前掲のデータにみるように生活保護を受給する元住居喪失者の四人に一人が保護開始時に利用している無料低額宿泊所にスポットを当ててみたい。

無料低額宿泊所（図1の（g））とは、住居喪失者などの生活困窮者を宿泊させるシェルター機能をもつ施設で、社会福祉法に規定される第二種社会福祉事業(1)である。しかし、生活保護適用においては、施設ではなく、住居として扱われる。現在、七割以上の施設がNPO法人によって運営されている。

無料低額宿泊所は、二〇〇三年に生活保護制度を住居喪失者にも適用していくとする運用の緩和が図られて以降、急激に増加した。生活保護は居宅保護が原則であるが、住居喪失者の多くは保証人がいないために民間アパートを確保することが難しいことなどから、保証人を必要としない無料低額宿泊所の需要が増大したのである。この時期、大部屋に何人も詰め込み、劣悪な居住環境の設備であるにもかかわらず、住宅扶助費の上限額を家賃として徴収する悪徳業者の横行が問題となり、二〇〇三年には国のガイドラインが設置された。自治体によっては独自のガイドラインを設置しているところもある。

現在では、居室の広さについては、生活保護施設（図1の（i））と同じ一人あたり三・三平方メートルの最低基準がほぼ守られている。それでもなお一部に、契約なしに金銭管理を行い、不当な料金設定で保護費を巻き上げるような施設があり（二〇一〇年の実態調査では全体の約三%）、ガイドラインに反して、収支状況を公開していない施設はいまだ全体の一三%にのぼる（表1）。

このように貧しい人々を食いものにし、貧困を固定化してしまう「貧困ビジネス」に対して、現行のガイドラインは法的拘束力がない。そこで、生活保護受給者に対して住居と食事等の生活サービスをセットで提供する事業者に対して刑罰も含めた新たな法規制が政府内で検討されているところである（二〇一二年七月現在）。議論を深めていくうえで、水内（二〇一〇：五四）は、「『貧困ビジネス』という理解のもとに規制強化を図ることよりも、どこに居住保障システムの欠陥があるのか、適正な支援の対価をどう見出すかなど、方向

表1　無料低額宿泊所におけるサービス内容および運営状況（施設数）2010年6月現在

自立支援のための職員を配置	自立支援計画の作成	居宅生活移行支援	金銭管理	食事の提供	契約書にサービス内訳明細を明記	収支状況を公開していない
420（86%）	249（51%）	283（58%）	108（22%）	417（85%）	449（92%）	65（13%）

出所：厚生労働省社会・援護局保護課「住居のない生活保護受給者が入居する無料低額宿泊施設及びこれに準じた法的位置づけのない施設に関する調査結果について」（2011年6月23日プレスリリース）より筆者作成。

表2　無料低額宿泊所の施設数および入所者の概要

		施設数(箇所)	総入所者数(人)	生活保護受給者数(人)	介護保険法の適用を受けている者(人)	障害者自立支援法の適用を受けている者(人)
無料低額宿泊事業を行う施設	2010年	488	14,964	13,790(92.2%)	266(1.8%)	405(2.7%)
	2009年	439	14,089	12,894(91.5%)	239(1.7%)	136(1.0%)

出所：表1と同じ。

を見定めた議論が、むしろ必要である」と指摘している。

無料低額宿泊所が果たす役割はこの十年で大きく変化してきており、善意に基づく真摯な入居者支援の実践が報告されるようになってきている。住居喪失者に対する公的な住宅支援策が決定的に不足しているなか、民間の支援団体がそれぞれの創意工夫により無料低額宿泊所を設置し、普通住宅への移行支援や生活支援を行う動きが全国に広がっている（水内 二〇〇七、鈴木 二〇一〇：二三）。それにともない、無料低額宿泊所は、路上から普通住宅に移る間に通過する中間施設と位置づけられるようになってきている。単に雨風をしのぐ場所を提供するだけのシェルターとしての役割を超えて、入居者が必要とする様々な支援を提供する施設として、無料低額宿泊所に寄せられる期待は大きくなってきている。このことは、住居喪失者の普通住宅への移行、自立支援における課題について、重要な示唆をもっているといえよう。そこで、無料低額宿泊所に関する議論を整理しながら、住居喪失者の居宅移行支援について検討することにする。

二〇一〇年六月に厚生労働省が行った無料低額宿泊所の実態調査によると、全国四八八施設に入所する一万四九六四人のうち、九二％が生活保護受給者であった（表2）。入所者のうち三割が六五歳以上で、一割弱が四〇歳未満である。無料低額宿泊所は、生活保護を受給する元野宿者の受け皿としてばかりでなく、都市部の高齢者福祉施設の慢性的な満所状態に伴い、待機施設として活用されているほか、リーマンショック以降は、失業して住居を失った若年労働者の一時的な受け皿としても存在意義は大きい。また、ある大手無料低額宿泊所では、福祉事務所からの依頼による入所は二〇〇六年から年々増加し、二〇〇九年には入所者の八八％にまで増え、宿泊所が地域の社会資源として活用されつつあることがうかがえる（小川 二〇一〇：七三）。この状況は福祉施設不足、低所得者向け住宅の不足の裏返しであり、生活保護行政が無料低額宿泊所に頼らざるを得ないというお粗末な貧困政策が背景にある。

（2）サービス料として活用される住宅扶助

入居者の大多数が生活保護受給者であることからわかるように、施設の運営は、利用者との契約にもとづき、もっぱら入居者が保護費（住宅扶助費）の中から支払う利用料で成り立っている。悪徳施設をめぐる議論で問題とされたのは、食費や光熱費、サービス料等の名目で利用料を徴収されると入居者の手元には三万円足らずしか残らない施設が約六割もある（二〇一〇年調査）ことだ。しかし、入居者に対するケアや普通住宅への移行支援を行うには、それなりの人件費やその他の経費が当然必要になる。入居者が保護費の中から利用料を支払い、その結果、入居者の手元に残るのが三万円だとしても、施設側と入居者の間で交わした契約にのっとり、充実した支援サービスが実施されているのであれば、不当な利用料とは言えない場合もありえる。ただし、どのような支援を「充実した支援」とするのか、その評価が容易でないところに難しさがある。

そもそも、ケアや支援に要する費用を住宅扶助で賄わなければならないということ自体が制度矛盾なのである。問題はむしろ、入居者への適正なサービス提供を確保するための財政支援や法的整備がまったく不十分であるところにある。二〇年にわたり野宿者支援を行っている奥田は、野宿生活からの自立にはケアが必要であるという立場から、ケア対価を現在の保護費以外からきちんと出す仕組みが必要であり、ケアという現物支給を保護の中に組み入れることも良いと述べている（寺尾・奥田 二〇一〇：一一）。

たとえばドイツでは、連邦社会扶助法に「特別な社会的困難を克服するための扶助」が設置されており、シェルターや通所サービス事業などの運営や訪問活動を行うソーシャルワーカーの人件費がこの扶助によって賄われ、支援機関に支払われる仕組みがある（嵯峨 二〇一〇：八六―八七）。また、鈴木（二〇一〇：二六）は、一定の内容を条件として人件費や諸費用を出す「ケア・支援補助金」を創設することを提案している。厚生労働省は二〇一一年度から、生活保護受給者に対して自立・就労支援を行う職員を配置する無料低額宿泊所（一〇〇ヵ所程度）に財政支援を行う「居宅生活移行支援事業」を新たに開始した。

無料低額宿泊所で提供するサービス対価について、生活保護制度の枠内で対応するのか、それとも生活保護制度とは別にしかるべき対応をとるのか、さらに議論されるべき点であるが、いずれにしても、野宿者の居宅移行支援に必要なケアにかかる費用が、現在の保護費とは別に国から支給される仕組みが求められる。そうすれば住宅扶助費は純粋に家賃に充てられ、不正の温床を絶つことができるのである。

（3）緊急シェルター機能の低下

無料低額宿泊所は困窮する住居喪失者の緊急シェルターおよび中間施設としての役割が大きいが、最近の傾向として、高齢者の長期入所が増えて空きが少なくなり、緊急シェルターとしての機能が十分発揮できない事態になってきている。ある大手無料低額宿泊所を例にみてみると、入居者全体の平均在籍日数が八五六日であるのに対し、七〇歳以上では一三三一日と、他の年齢層と比べて長期利用が目立つ（小川 二〇一〇：七四）。高齢者は普通住宅への入居を拒否されることが多いことと、高齢者福祉施設は満床で入居が難しいことなどが背景にある。さらには、二〇一〇年の調査によると、無料低額宿泊所入所者の四％が介護保険サービスまたは障碍者福祉サービスを利用している（表2）。

本来、無料低額宿泊所はきわめて残余的な福祉サービスである。そこに数年間も生活せざるを得ない高齢者がいることは、低所得高齢者を排除している日本社会の実態を如実に表しているといえよう。

最低生活保障と住宅保障がきちんと機能している社会においては、緊急シェルターとしての無料低額宿泊所は、住居を失ってから次の住居を確保するまでの数日間、身を寄せる場所として利用する施設であるべきだろう。社会保障制度に欠陥があり、この範疇を超えて、何らかのケアを必要とする人々を受け入れ、支援する必要がある場合は、緊急シェルターとしての無料低額宿泊所とは別種の施設として、適正な設置、運営ができるよう、制度を整えることが必要である。

（4）無料低額宿泊所のこれから

現在の無料低額宿泊所の利用者は、大きく三つのグループに分けることができる。すなわち、（A）自立生活可能な人、（B）自立は難しく、継続的支援・見守りが必要な人、（C）要介護の人である。

Aグループの人々には就労支援および生活訓練などを提供し、普通住宅へのスムーズな移行を支援するという、中間施設機能をいかんなく発揮することが求められる。特に、野宿生活が長く、炊事、洗濯、掃除のほか、ごみ出しルールなどに不慣れであること、計画的な金銭管理が難しいことなどの生活障害が疑われ、なおかつ本人が入居を希望する場合は、施設での生活訓練により自信をつけることがスムーズな地域移行につながる。ここで提供されるケアの対価が住宅扶助ではない形で公的に支給される仕組みの構築が課題である。また、移行後、社会的孤立に陥ることを防ぎ、社会や他者との絆を再構築して生活できるよう、必要に応じて、相談支援などを行っていくことも課題となっている。ただし、生活保護施設（図1の（i））とのすみわけをどのように整理するのか、議論されるべきであろう。

Bグループの人々については、グループホームのような機能をもつことが期待されると考えるが、果たして、これが無料低額宿泊所の守備範囲であるのか、議論が必要であろう。長期にわたり居住することを想定しての支援となるので、普通住宅と同様の住環境を確保し、無料低額宿泊所とは別の制度として設置、運営されることが望まれる。また、Aグループの人々への中間施設も普通住宅と同様の住環境を提供するのが望ましい。

そして、Cグループの人々は本来、介護施設への入所が認められるべき人々である。身寄りがなく、住居を失ってしまった低所得の要介護高齢者が利用できる高齢者介護施設の量的拡充が要請されている。

3　ハウジングファースト施策への転換

(1) 野宿者に対するハウジングファースト施策

住居喪失者に対して就労自立ばかりを強調する施策に対し、まず住宅を提供したうえで、就労支援やその他の支援を行う施策のあり方をハウジングファースト（図1の（j））という。「就労よりも住宅を優先する政策により利点がある」（岩田 二〇一一：二五〇）として、近年、注目されるようになってきている。

その根拠は、二〇〇四年度から四年間、東京都が実施した野宿者に対する地域生活移行支援事業がまずまずの成功を収めたことにある。この事業は、大規模公園に寝泊りしている野宿者に対して、東京都が借上げた低家賃アパート（月三〇〇〇円・二年間の定期借家契約）とともに六ヵ月の臨時就労、および包括的な生活支援を提供することにより、社会復帰を促そうとするものであった。この地域生活支援事業の際立った特徴は、就労自立によるプログラムが不可避とする労働能力アセスメントを無用とし、対象となった公園にいたすべての野宿者を対象としたことにある（岩田 二〇一一：二四九）。「強制退去＋施設収容」という従来型の方策から脱却し、住居喪失者を「普通住宅へ」という初の試みであった。『東京ホームレス白書Ⅱ』（二〇〇七年）によると、アパートへの移行後、五八％が住民登録を回復し、国民保険に加入した人が二九％、生活保護の適用となった人は二九％、年金受給者は六％であった。

岩田は、住居喪失者を「普通住宅にまず移行させる方策は、これを基盤にさまざまな社会的権利の回復や就労を回路とした社会参加へ結びつける可能性が高いことを立証した」とハウジングファースト施策の有効性を強調する（岩田 二〇一一：二四九）。これ以降、ハウジングファースト施策が緊急一時的な形ではあるが、実施されるようになってきている。

(2) ネットカフェ生活者に対するハウジングファースト施策

比較的若い層を多く含むネットカフェ生活者の救済策として、厚生労働省は融資型のハウジングファースト施策を二〇〇八年四月から開始した。主要四大都市に住居喪失不安定就労者支援センター、通称チャレンジネットを設置し、終夜営業の店舗等で寝泊りする不安定就労者を対象に、住宅資金（初期費用および六ヵ月の家賃補助）、生活資金を貸し付け、住居を確保したうえで就労支援を行うのがその事業の内容である。貸付利用に当たっては、預貯金や資産がないことに加え、一定金額以上の就労収入があることが要件とされ、ハローワークを窓口とする就職安定資金融資制度が活用された。しかし、利用者の減少（二〇〇九年一―六月に約一五〇〇件であった月平均融資件数が翌年七月頃には一〇〇件以下に減少）に伴い、貸付は二〇一〇年九月末に終了した。

この施策の特徴は、（一）チャレンジネットにてハローワーク職員や弁護士などが出張相談を行い、一ヵ所で各種相談ができるワンストップサービスであること、（二）住宅費のみならず、生活・就職活動費も合わせて貸し付けるなど利用者の生活を包括的に支える視点をもった施策であることがあげられる。

しかしながら、わが国の現行の公的扶助制度の下では、本来なら、預貯金・資産がなく、低収入で、住居喪失状態にあるこれらの対象者に対しては、生活保護を適用し、生活扶助額から収入を差し引いた額を支給して、自立を支援すべきではないだろうか。融資型の施策では、所得が極めて少ない人々は排除されてしまう。雇用不安により住居喪失者が広がる現在の社会状況にあっては、ネットカフェ生活者といった特定の対象者カテゴリーを設けた緊急一時的な制度を応急手当的に展開するだけでなく、生活保護制度を出入りしやすく使いやすい制度にしていくことが求められているといえよう。そしてまた、住居喪失を予防する観点から、住宅困窮者を対象とする家賃補助（図1の（k））が恒久的な制度として整備されることが望まれる（この点については次節の（2）を参照のこと）。

（3）住宅手当緊急特別措置事業

二〇〇八年のリーマンショック後、失業と同時に住まいを失った労働者が大量に出現したことを契機に、月収が一定額未満で預貯金が五〇万円以下（単身の場合）の者を対象に、六―九ヵ月間の家賃（住宅扶助相当）を支給する住宅手当緊急特別措置事業が二〇〇九年一〇月に開始した。

この事業は対象者を野宿者やネットカフェ生活者といった起居する場所によるカテゴリーで区分せず、最近職を失った失業者としており、また、住居を失う恐れのある者も含むことで、住居喪失者のみならず、住宅困窮者を包括する施策へと一歩近づくものとなっている。しかしこの事業は、家賃のみを支給するものであるので、敷金・礼金や不動産手数料といった入居一時金については、これとは別に社会福祉協議会を窓口とする総合支援資金貸付を利用することになっており、利用手続きが非常に煩雑で、使いにくいことが指摘されている（湯浅 二〇一〇：一一）。そのためか、二〇一一年一〇月末までに支給を受けたのは、見積もり（当初二年間で三二万人）よりも大幅に少ない七万二二四〇人にとどまっている（厚生労働省社会・援護局 二〇一二：二九）。

家賃補助による新たな住宅保障施策の試みである住宅手当緊急特別措置事業は、今後、普遍的な家賃補助制度に転換していくことが期待されている。また、生活保護の住宅扶助受給要件を緩和し、住宅扶助の単給を認めるなどして、制度を一本化することも検討すべきとの提案もあげられている（小林 二〇〇八：一八）。

安定的な居住が基本的人権であることを鑑みれば、就労支援とは分離した住宅保障施策として位置づけられるものが必要であろう。重要なことは、失業や低収入に陥ったとしても住居を失わないための手立てが社会保障制度に組み込まれることである。

4　居住権保障に向けた課題

（1）低所得者向け住宅供給策の再構築

日本の低所得者を対象とする住宅政策は、地方自治体が供給する公営住宅を主軸とする公的賃貸住宅が担ってきた。しかし、前述のハウジングファースト施策では主として民間アパートが活用されている。その背景には、新自由主義政策のもと、一九九〇年代半ばに住宅政策も市場化へと舵が切られたことにより、公的賃貸住宅が後退している実態がある。

基本的に公営住宅は、国の指導と援助のもと、都道府県および市区町村が住宅の建設、保有および管理を行う、直接供給という形で実施されてきた。新規建設は一九七〇年代にピークを迎えたが、現在ではほとんど行われていない。公営住宅の多くは老朽化し、建替えの時期を迎えている。多くの自治体では、公営住宅の建替えに際して、戸数の削減を計画している。

人々の生活が困難化する中、公営住宅削減の問題は深刻で、公営住宅への入居応募倍率は驚くほど高くなっている。全国平均で、二〇〇三年に九・三倍であったが、二〇〇七年には九・九倍になった。東京都では二〇〇五年に三二倍超にも達した。この事態について、公営住宅の公平性と的確な供給を改善するために国土交通省がとった対策は、入居資格の収入基準を引き下げ、対象者を絞り込むというものであった。

また、公的賃貸住宅の代わりに民間賃貸住宅を活用していく方針のもと、市場では自力で住宅を確保することが困難な層への対応が不可欠となり、二〇〇七年に成立したのが住宅セーフティネット法（住宅確保要配慮者に対する賃貸住宅の供給の促進に関する法律）である。しかし、その内容は、賃貸住宅の貸主は、住宅確保要配慮者が円滑に入居できるよう努めなければならない、また、地方自治体は不動産業者や居住支援を行うNPO法人などを構成員とする居住支援協議会を設置することができる、など実効性に乏しいものになっている。これでは安定的な住居を守り抜くための仕組みとはいい難い。居住権を守るための仕組みが現在の住宅保障制度には備わっていないのである。

民間の低家賃住宅が減少傾向にあり、内容的にも良質とはいえない今日の状況においては、公的賃貸住宅の意義は大きい。公営住宅の対象者をより貧困な層に絞り込むよりも、公的介入によって一定の水準以上の質の低家賃住宅供給を増やし、住宅困窮者の広がりに対応すべきではないだろうか。

低所得者向け住宅供給策再構築の選択肢として検討したいのが、欧米で推進されてきた社会住宅（図1の（l））である。社会住宅とは、民間アパートに様々な形で政府が介入し、低家賃化した良質な住宅のことである。西欧における社会住宅は、政府と公的機関が所有する公的賃貸住宅だけではなく、多彩な非営利組織が供給する住宅、政府援助を受ける民間アパートなどから構成される。西欧、北欧諸国でも住宅政策の市場化が進んではいるが、公的賃貸住宅を含む社会住宅が住宅ストック全体に占める割合は、ヨーロッパ先進諸国で二〇％以上となっている。その一方で、日本は七％弱と小さい（海老塚 二〇一〇：三―四）。日本でも社会住宅の普及に向けた環境整備が検討されるべきである。

家賃を市場価格に連動させず、低家賃の借家経営を行う事業者あるいは家主に対して、公的資金援助を行う制度の導入が課題である。この中で、中古住宅の改修にかかる費用を助成する、住宅の質、家賃に応じて助成金額に差を設ける、不動産関連税を優遇するなどし、少しでも良質な低家賃住宅の供給増が望めるよう、制度設計する必要があろう。

（2）家賃補助制度導入に向けた課題

住宅の直接供給による住宅保障政策が行き詰まりをみせる中、注目されてきているのが家賃補助制度（図1の（k））である。居住権が守られておらず住居が不安定な住宅困窮者が、さらに不安定な状態あるいは住居喪失状態に転落するのを予防する制度で、図1の×印が示す役割をもつものである。前述の住宅手当事業を恒久的なものにし、生活保護制度の手前で機能する住宅セーフティネットとして設置することはできないだろうか。平山（二〇〇九：二六四）は、民間アパートの入居者に対する家賃補助は、公的賃貸住宅に入居できない世帯にも政府の援助を届けることができるという点で、住宅保障の不公平を緩和する有力な選択肢であると指摘する。

そこで、生活保護の住宅扶助とは別の住宅保障としての家賃補助制度の整備に向けた主な課題として、財政と住居水準の問題について検討したい。

まず、財政について。イギリスやフランスでは低所得者に対する家賃補助制度がかなり普遍的に行われており、対象になる人は国民の一〇—二〇%に及ぶ。その予算規模はGDPの〇・五—一・五%で、日本円では三～五兆円になる（湯浅 二〇一〇：一二）。日本で家賃補助制度を導入しようとする場合、厚生労働省の試算では、六〇〇〇億—一兆円（約一〇〇〇万世帯で試算）の財源が必要で、自治体に負担を求めることも考えられるとのことである（住まい連 二〇一一：二四）。アメリカでは家賃補助費は全額国負担、ヨーロッパでは社会保障制度に統合する形で賄っているが、これらを参考に議論していく必要があろうと式は述べている（式 二〇一一：一〇）。

次に、家賃補助を適用する住宅の水準についてである。すでに述べたが、日本において、低所得世帯が入居する低家賃の民間アパートは、狭隘、日が当たらない、老朽化しているなど、往々にして低水準である。現状で家賃補助を実施しても、良好な居住水準が保障されず、家賃補助の費用が家主に吸収されるだけであると指摘するのは住田である（住田 二〇〇三：一三三）。家賃補助制度の導入は、民間アパートの質が一定の水準に達していることが前提であるとする見解は、住宅困窮者の緊急性を無視するなら、的を射たものといえる。国土交通省は低水準住宅への家賃補助は認めない姿勢である（住まい連 二〇一一：二四）。

住居水準については、生活保護の住宅扶助をあてる被保護者の住居の水準も問題である。最低生活保障に見合った水準の住宅に被保護者が入居できるようにするには、適用基準の設定が考えられる。しかし、低家賃住宅は全般的に低水準であり、しかも減少傾向にあることを考えれば、被保護者が必要とする地域内で住居を確保することが困難になることも予想され、生活保護制度をかえって使いにくいものにする可能性もある。

ところで、現在のところ、低所得世帯に対する家賃補助の制度がないのは、OECD二八ヵ国中、日本を含む七ヵ国のみである（埋橋 二〇一一：一三八）。西欧、北欧諸国の多くでは、低所得層の住宅政策として、家賃補助政策が重視される傾向にある。その背景には、社会住宅のストックが充実していることがある。良質な低家賃住宅が十分にあれば、家賃補助は、低所得層に住宅の選択機会を提供するという意味をもってくるのである。

（3）住宅困窮者を包摂する社会保障制度

本章ではまず、生活保護制度及びその他の低所得者対策において、住居喪失者に対する特別な運用、特別な施策が実施されてきたことを指摘した。住居喪失は、住居のある状態から労働者がたどる貧困化の過程の底辺にある状態であり、そのプロセスは連続したものである。したがって、住居喪失問題への対応及びその予防は、一般的な低所得者施策に包摂されるべきであることを最後に強調しておきたい。住居喪失者に対する生活保護の適用にあたっては、低所得者住宅の供給整備を一方で進め、社会的排除を象徴する収容主義と早期に決別すべきである。

また、現在の住宅困窮者の広がりは、基本的人権である居住権を社会保障制度でもって守っていくという発想が日本の社会保障制度に欠落していることの現れであるといえる。ハウジングファースト施策が動き出しているが、今後、就労支援とは切り離した住宅保障制度の構築が求められる。その具体的な内容として、家賃補助制度の整備と社会住宅のような方法を活用した良質な低家賃住宅の供給拡充をあげた。ただし、後者については、公営住宅の削減や民営化を容認するものではない。

住居を社会政策によって保障することは、人間の生活の「土台」を守るという意味で、その重要性がより広く理解されていくことが日本においては必要と思われる。また、低所得で社会的に排除されてきた、あるいは排除されやすい被保護者が、地域社会の中で他者とのつながりをもちながら暮らしていくため、仕事や社会活動への参加をサポートする仕組みも居住権を守る手立てとして不可欠であり、その普及もまた望まれるところである。

【注】

（1）公的規制の必要性が低い社会福祉事業とされており、主として通所事業が含まれ、経営主体に制限がない。社会福祉法第二条に規定されている。

【参考文献】


岩田正美（一九九五）『戦後社会福祉の展開と大都市最底辺』ミネルヴァ書房。

岩田正美（二〇一二）「『ホームの喪失』と福祉国家――『住宅保障』を介した社会的包摂への道」齋藤純一・宮本太郎・近藤康史編『社会保障と福祉国家のゆくえ』ナカニシヤ出版、二二八―二五二頁。

稲葉剛（二〇〇九）『ハウジングプア――「住まいの貧困」と向きあう』山吹書店。

埋橋孝文（二〇一一）『福祉政策の国際動向と日本の選択――ポスト「三つの世界論」』法律文化社。

海老塚良吉（二〇一〇）「はじめに」『住宅白書 二〇〇九―二〇一〇――格差社会の居住貧困』ドメス出版、二―九頁。

奥田知志（二〇一〇a）「絆の制度化――『第三の貧困』に向き合うパーソナルサポーターの実現へ」『都市問題』二〇一〇年七月、四〇―五〇頁。

奥田知志（二〇一〇b）「ホームレス支援の今日的課題――第三の困窮をめぐって」『生活と福祉』第六五三号、全国社会福祉協議会、二〇一〇年八月、三―一一頁。

小川卓也（二〇一〇）「無料低額宿泊所の現実――行き場のない人を支える最後のセーフティネット」『都市問題』二〇一〇年七月号、七二―七七頁。

小林秀樹（二〇〇八）「ストック重視時代における自治体の住宅政策」『地方自治体職員研修』二〇〇八年六月号、一七―一九頁。

嵯峨嘉子（二〇一〇）「ドイツにおける公的扶助改革とホームレス支援――『ホームレス』支援から『住宅難』支援へ」『ホームレスと社会』第二号、二〇一〇年四月、八二―八九頁。

笹沼弘志（二〇〇三）「最低生活保障は住居を含む――静岡事件裁決の意義」『福祉のひろば』二〇〇三年一月号、五三―五七頁。

笹沼弘志（二〇一二）「生活保護法における稼働能力活用要件の解釈」『賃金と社会保障』一五五三・五四号、二〇一二年一月、一三―二五頁。

式王美子（二〇一一）「地方分権化と公営住宅のゆくえ」『住宅会議』八二号、二〇一一年六月、六―一〇頁。

厚生労働者社会・援護局（二〇一二）「全国厚生労働関係部局長会議資料」二〇一二年一月一九日。

鈴木亘（二〇一〇）「無料低額宿泊諸問題とは何か」『ホームレスと社会』第二号、二〇一〇年四月、二二―二七頁。

住まい連（二〇一一）「提言にもとづく要請書と厚労省、国交省の回答について」『住宅会議』第八二号、二〇一一年六月、二三―二四頁。

住田昌二（二〇〇三）『マルチハウジング論――住宅政策の転回』ミネルヴァ書房。

寺尾徹×奥田知志（二〇一〇）「（対談）貧困ビジネス論を超えて――ポストホームレス支援法体制を展望する」『ホームレスと社会』第二号、二〇一〇年四月、八―一五頁。

戸舘圭之（二〇一二）「新宿七夕訴訟東京地裁判決弁護団報告」『賃金と社会保障』一五五三・五四号、二〇一二年一月、四―一二頁。

平山洋介（二〇〇九）『住宅政策のどこが問題か――〈持家社会〉の次を展望する』光文社新書。

藤井克彦（二〇〇八）「ホームレスに対する生活保護と法外援護問題」『季刊公的扶助研究』第二一一号、一六―一九頁。

藤田孝典（二〇一〇）「求められる無料低額宿泊所の規制――シェルター機能への特化を」『都市問題』二〇一〇年七月号、七八―八三頁。

藤田孝典・金子充（二〇一〇）『反貧困のソーシャルワーク実践――ＮＰＯ「ほっとポット」の挑戦』明石書店。

水内敏雄（二〇〇七）「もう一つの全国ホームレス調査――厚生省調査を補完する」『季刊 Shelter-less』三二、二〇〇七年 summer、八三―一一二頁。

水内俊夫（二〇一〇）「居住保障とホームレス支援からみた生活保護施設」『都市問題』二〇一〇年七月号、五一―六三頁。

湯浅誠（二〇一〇）「公設派遣村の教訓と住宅政策・住宅運動に望むもの」『住宅政策の転換』日本住宅会議、国民の住まいを守る全国連絡会、住まいの貧困に取り組むネットワーク、四―一七頁。

第9章

障害者の生活と生活保護制度

山村りつ

生活保護制度とそれに纏わる議論の中で、障害者に焦点が向けられることはあまりないように思われる。しかしながら障害者の側からみれば、生活保護制度はその生活と深いかかわりをもち、切り離すことのできないものだといえる。

ここでは、生活保護がどのようにして障害者の生活を支えているのか、あるいは、障害者という特定の対象であるがゆえに生活保護制度に持ち上がる課題はどのようなものであるかを提示していく。それと同時に、公的扶助の中心として普遍的要素をもつ生活保護制度を、あえて障害者福祉の領域でみられるいくつかの特有の視点や認識に基づく立場から、その制度が障害者の生活に与える影響について考えていきたいと思う。

障害者の生活と生活保護制度は、その他の障害者にかかわるさまざまな法律や制度、そして社会的・文化的要素との関連の中に位置づけられるものであり、その様相を完全に明らかにすることはできないかもしれない。しかしながら、障害者の生活の保障のあり方についての示唆を多少なりとも提示することができればと考えている。

1 生活保護制度の中の障害者

(1) 障害者の生活を保障する制度

生活保護制度は、さまざまな要因により生活困窮の状態にある者に対する生活の保障制度と自立助長を促すサービスを主な柱とした制度である。これは日本国憲法が保障する生存権に基づくものであり、生活に困窮するすべての国民が対象となる。もちろん、その生活困窮が障害による場合も例外ではなく、補足性の原則という条件はあるものの、障害を理由として必要な生活費を稼得することができない者も生活保護を受給することができる。

実際、障害者は生活保護制度の開始当初から、制度を利用する人々の代表的なカテゴリーの一つであった。特に近代までは、障害者はほぼ同時に就労無能力者として認識され、障害は就労能力を直接的に低下させるものであり、障害の程度が重くなるほど就労能力は低くなるという認識の下で、障害者が他者からの庇護を受けて生活することには疑問の余地はなかった。また、家族による扶養が一般的であったとはいえ、その庇護を与える他者として国家が一定の役割を果たすこと、つまり税金を源とする国家財源が用いられることについても、それが問題とされることはほとんどなかった。その意味でいえば、「働かざる者食うべからず」という社会通念さえ、障害者は障害者であるということだけでその適用から除外されていた。

そのような社会全体の認識の中で、障害者への生活を保障するための現金および現物による給付は、その給付水準についての議論は別としても、給付自体が否定されることはほぼなかったといえる。そのような認識も手伝って、生活保護制度は障害者にとっても重要な生活保障のための制度として位置づけられているということができる。

(2) 給付における就労の強調

障害者に対する国家による生活保障のための給付は、現在においても決して否定されるものではないが、一九九〇年代に入り、その様相は若干の変化をみせるようになっている。その一因となるのが、ワークフェアの登場である。ワークフェアの概念はその世界的な広がりの中で多様な定義を持っているが、概ね福祉的な給付制度の利用と就労もしくはそれにつながるような活動への参加を抱き合わせで提供するプログラムと考えて問題ないだろう。このワークフェアの流れは障害者に対する給付にも適用され、わが国においても『「福祉から雇用へ」五か年計画』や障害者自立支援法など、障害者の就労が強く後押しされる傾向にあることは明らかである。

同様の傾向は生活保護制度においてもみられる。被保護者に対しては資産や収入だけでなく、就労の可能性についても継続的に確認が行われ、可能性があると判断されれば就労支援が提供される。二〇〇五年からは被保護者に対する自立支援プログラムも実施され、被保護者による主体的な参加を前提としながらも、参加を拒否すれば保護の停止につながる場合もあるのが現状である。

ただし、一つ注意が必要なのは、わが国の生活保護制度は当初よりその目的に「自立の助長」があげられていたという点である。ここでいう自立の助長が、ただちに就労支援に結びつくものであるとは必ずしもいえないが、少なくともわが国の生活保護制度は、そもそもが保護のみを目的としたものでなかったとはいえるだろう。

しかしながら、他国の例にもれずわが国においても国家財政の危機が叫ばれ、生活保護費の増大が問題視されるなかで、より就労が強調され、生活保護からの自立が明確に目指されるようになっていることも事実であろう。

(3) 受給者の中の障害者の状況

そもそもどれほどの障害者が生活保護を受給しているのだろうか。厚生省の「社会福祉行政業務報告」および「国民生活基礎調査」によれば、二〇〇九（平成二一）年度時点において、障害者世帯は全被保護世帯数の一一・六%、約一四・七万世帯にのぼり、さらに年々その数を着実に増やしている。

この割合だけをみた場合、高齢者世帯が四四・三%、傷病者世帯が二二・八%、その他世帯が一三・五%という割合にあることを考えれば、生活保護を受給する障害者は少ないということもできるかもしれない。しかしながら障害者の全人口に対する割合から考えれば、やはり高い割合ということができる。さらに生活保護の受給世帯数の統計においては、障害者世帯に数えられるのは世帯主が障害者の場合に限られるため、実際にはこの数値以上の障害者が生活保護によって生計を維持していることが予測される（金 二〇一〇）。

また、生活保護には八つの種類[1]があるが、生活保護の受給といった場合にはいわゆる生活扶助にあたる現金給付がイメージされる場合が多いように思われる。しかし障害者の生活には、それ以外の現物給付、特に医療扶助なども大きく関わっている。

そこで医療扶助の受給状況に絞ってみてみると、生活保護を受給する障害者世帯のうち、九六・六%が医療扶助を受給しており、非常に高い割合にある。ただし、このような状況は他の世帯にもいえることである。障害者の場合に特徴的なのは、医療扶助の単給[2]、つまり医療扶助のみの受給世帯が多い点である。全体では医療扶助の単給世帯は受給世帯の九・九%となっているが、医療ニーズが高い高齢者世帯でも一〇・六%であるのに対し、障害者世帯はそれ以上の一六・七%にのぼる（厚生労働省「平成二一年被保護者全国一斉調査」より）。このように、医療扶助の単給の割合が高いのは、後に述べる障害者年金との関連があることが推測される。

さらに、障害者の生活に大きく関わるものとして、生活保護法における保護施設の利用がある。保護施設には、救護施設・更生施設・医療保護施設・授産施設・宿所提供施設があり、なかでも救護施設は「身体上又は精神上著しい障害があるために日常生活を営むことが困難な要保護者を入所させて、生活扶助を行うことを目的とする施設」（生活保護法第三八条二）とされ、まさに生活困窮状態にある障害者にとっての最後の砦のような役割を果たしている。

これらの施設における障害者の状況は、厚生労働省による「社会福祉施設等調査」（二〇一〇年）によれば、障害のある者に対して生活扶助を行うことを目的とした救護施設の在所者数が一万七三七五名となり、保護施設全体の在所者数一万九七四五名の実に八八・〇%を占めている。これらの保護施設もわが国の公的扶助において重要な役割を担うものであり、詳細については本書の第10章で述べているため参照されたい。

（4）障害者の中の生活保護受給者

前項でも述べたように、世帯単位を基本として把握される生活保護制度における統計では、障害者の生活保護受給の実態を把握することは難しい。そこで次に、生活保護受給者の中の障害者ではなく、障害者の生計における生活保護という観点から確認していく。

東京都が行った調査である「二〇年度　障害者の生活実態」によれば、身体障害者の七・〇%、知的障害者の二・七%、精神障害者の三一・〇%が自らの収入の種別として生活保護をあげている（回答は三つまで選択可）。同様の調査は各地方自治体で行われているが、多少の地域差はあるものの、概ね身体障害者の五—一〇%、知的障害者の二—五%、精神障害者の二〇—三〇%程度が生活保護を受給しているとされている。

これらの調査では精神障害者が他の障害者と比べて生活保護受給の割合が高い傾向が共通してみられる。これは精神障害者の場合に、他の障害種別と比較して就労している割合が低い、単身世帯が多い、年金の未受給率が高い（百瀬 二〇〇八）、さらにその障害のために近親者との関係が破綻する場合も少なくなく、他の障害と比べて援助を期待することのできる近親者が少ないことなども影響していることが推察される。

2　障害者年金との関係

障害者に対して生活のための現金給付を行う制度として考えた場合、そこには障害者への年金制度というもう一つの制度が存在している。一般に障害者の年金制度という場合、国民年金制度の一部である障害年金、それも主に障害基礎年金をさしていることも多いが、老齢年金がそうであるように、障害年金にも厚生年金保険法によって規定される障害厚生年金が存在する。ただし、障害厚生年金の場合には標準報酬月額等によって給付額が変わるため、特に給付水準などについて議論される際には、障害基礎年金のみを取り上げる場合も少なくない。

次に、この障害年金との関係の中で、障害者にとっての生活保護の状況を明らかにしていく。

（1）障害者による生活保護制度の利用

それではまず、障害者が生活保護を受給するということは、具体的にどのようなものなのだろうか。

生活保護制度を利用するという点についていえば、障害者であってもその他の受給者と大きな違いはない。補足性の原則に則り、保有する資産や扶養義務者による扶養、就労可能性の活用はもちろんのこと、他法優先主義により生活保護制度以外の社会保障制度等のあらゆる方策を可能な限り活用しても生活が維持できない場合にのみ、受給が可能となる。特に障害者の場合には、前述の障害者年金だけでなく、特別障害給付金や特別障害者手当、労災保険など、障害者への給付がなされるさまざまな制度があり、たとえば生活扶助であれば、それらをすべて利用したうえでさらに基準額に及ばない部分が給付の対象となる。また、障害とは基本的に固定的なものとして認識されるが、それでも就労の可能性についての確認は、ほかの受給世帯と同様に受給後も継続的に行われる。

ただし、就労の可能性の「判定」という点においては、手帳（身体障害者手帳、療育手帳、精神障害者保健福祉手帳）を取得している場合には申請が受理されやすいといった点があるとされる。あるいは、生活保護受給者に求められる就労に向けた取り組みという点においても、障害者の就労支援に関する施設（授産施設、自立支援法における就労支援事業所、デイケアなど）への通所をもって、その義務を果たしていると認められる場合もある。

また受給額についても、生活扶助などの基準は基本的に、障害を持たない者と同じ基準が適用されるが、障害者に対する加算制度（たとえば二〇一一年度には障害程度等級一級で1級地-1に居住している場合に年額二万六八五〇円）がある。さらには、障害のために必要となる医療や介護にかかる費用については、医療扶助などの現物による給付を受けることができるうえ、障害者サービスの利用において、生活保護受給者には利用料の自己負担分が免除されるといった状況もあり、生活保護制度においてというよりは、障害者が生活保護を受給することに伴う付加的あるいは周辺的といえる部分の恩恵があるといえる。

その他、障害者の生活保護制度の利用において特筆される点としては、たとえば世帯単位の原則との関連がある。障害者の場合、家族員であっても生活保持義務関係にない者が障害者の世話のために同居するような場合がある。その場合に、同一世帯扱いとされた場合には保護の対象とはならないが、世帯分離によって障害者のみを対象として受給が可能な場合がある。

ただし、生活保護自体はやはり障害者を特定の対象として位置づけた制度ではないため、障害者の生活状況に合わせた特別な構造やサービスを持ち合わせているわけではない。あくまでも、国民全体を包括する普遍的な制度であることにより、障害者もそれを利用することができる状況にあるというものである。

（2）障害年金の受給

広く国民全体を対象とし、その中の部分として障害者を対象にする生活保護制度に対し、障害年金は、その名の通り障害を給付対象とした制度である。そして、障害年金を受給するために必要なのは、当該年金について被保険者であり、かつ受給要件を満たしているということである。

障害基礎年金の場合、⑴その傷病について初めて診療を受けた日（初診日）から一年六ヵ月を経過した日（障害認定日）において、規定される障害等級に該当する程度の障害の状態にあることと、⑵初診日の前日において、初診日の属する月の前々月までに被保険者期間があり、かつ当該被保険者期間に係る保険料納付期間と保険料免除期間とを合算した期間が当該被保険者期間の三分の二以上あることが求められる。

障害者年金の受給額の水準は、基礎年金に限っていえば、生活保障という観点からみて必ずしも十分な水準にあるとはいい難い。障害者等級一級の場合で年額九八万六一〇〇円、二級で七八万八九〇〇円（いずれも二〇一一年度の額）であり、居住地域によっては、生活保護の生活扶助よりも低い水準となることもある。生計を一にする子（満一八歳の誕生日の前日以後、最初に到来する三月末日までにある子）がいる場合には、第二子までは一人当たり年二二万七〇〇〇円、第三子以降は一人当たり年七万五六〇〇円の加算がされるが、実際に扶養の必要な子がいることを考えれば、その加算で十分な水準になるとは考えにくい。

それに加えて障害年金受給者の場合には、その受給だけをもって生活保護受給者のような福祉施設等の利用料免除などを受けられることはほとんどなく（収入が年金だけであれば低所得であることを理由とした優遇などを受けることは考えられるが）、障害に伴う医療費等も、別の補助制度などを活用しない限りは自らが負担しなければならない。

障害年金が生活保護と比べて障害者にとって魅力的な点は、年金を受給する本人に対する所得制限はあるが、同一世帯内の他の世帯員の所得には制限がない点である。また本人に対する制限も基本的にはないものとされ、二〇歳前に初診日があった場合などに例外的に、前年の所得が三六〇万四〇〇〇円（扶養親族がいる場合には、一人につき三八万円を加算）を超えた場合に初めて半額となり、年金を受給しながら就労をすることも可能である。

そもそも障害基礎年金は障害によって「国民の生活の安定がそこなわれることを国民の共同連帯によつて防止し、もつて健全な国民生活の維持及び向上に寄与すること」（国民年金法第一条）を目的として給付されるものである。障害厚生年金も、その対象者が労働者であることなどを除けばほぼ同様の目的が示されているが、いずれの場合も生活保護制度のような自立の助長やそれに類する表現はみられない。それゆえ、当然のことながら、受給者に対する就労や生活向上の義務も存在しない。

さらには、特に中途障害者などの場合であって障害が生じた時点で障害厚生年金や共済年金の受給資格を得ている場合には、標準報酬月額によっては相当額の給付を受けることができる場合もあり、障害者になったからといって必ずしも生活保護を必要とするほどの生活困窮に陥るわけではないというのも事実であろう。これは、明確に最低生活を保障するための制度である生活保護と、受傷以前の所得の保障あるいは補填を目的とした障害年金との違いでもある。

（3）重なり合う二つの制度

同様に生活を保障するための給付を行う両制度であるが、障害年金が生活保護と同様に公的扶助として呼べるものであるのかといえば、もちろんそうではない。なによりも、障害年金制度は社会保険制度であり、受給のために就労を求められることはないが、前述の通り被保険者として受給資格を得ていることを求められる。つまり障害年金は、全国民に対して無差別平等に提供されるものではなく、基本的には一定の保険料の納付が前提とされるものであり、国民年金法の根拠も、生存権を規定する日本国憲法第二五条の第一項ではなく、同条第二項によるものとされている。

社会保険方式を採用しているという点で、障害年金制度は、公的扶助の一部としては捉えられない。しかし現実には、障害者の生活を保障するという文脈において、障害年金制度は実質的にその機能を果たしており、障害者の生活を考えるうえで生活保護とは切っても切れない関係にあるといえる。

生活保護制度と障害年金制度は、制度としてはそれぞれに独立したものであり、その理念も方式も異なるものであるが、現実にその受給者には重なり合う部分がある。つまり、障害年金を受給しながら生活保護も受給するケースもあるということである。

具体的には、厚生労働省による「被保護者全国一斉調査」（二〇一〇年）によれば、被保護世帯のうち一〇万八三四世帯が障害年金を受給している。同年の被保護世帯の総数（一一四万五九一三世帯）における割合では八・八％に過ぎないが、仮に（そしておそらく実態もそれに近いと思われるが）この障害年金の受給世帯がすべて被保護世帯の内の障害者世帯に含まれるものとすると、障害者世帯（一三万七七三三世帯）のうち七三・二％もの世帯で、同時に障害年金を受給しているということになる。

このような状況には、障害年金の支給額の低さも考えられるが、加えて同時に先にあげた医療扶助の単給を受けている障害者の多さが影響していることが考えられる。

（4）障害者にとっての二つの制度の違い

生活保護制度も障害者年金制度も、障害者が経済的な援助を受けることができるという点では共通している。また状況によっては、その両方を併用している障害者もいる。しかし、前にも示したように、両者の間にはさまざまな違いがある。

条件だけをみてみれば、やはり生活保護よりも障害者年金の方が、さまざまな面で障害者にとって魅力的な要素を揃えているように思われるかもしれない。厚生年金や共済年金に加入していれば受給額は相応のものになるし、そうでなくても相当量の就労が可能だという点が魅力的である。先にも述べたように、障害年金にも所得制限がないわけではないが、実際に制限が課せられる年収額はフルタイム勤務であってもそれ以下に収まる程度のものである。

このような障害者年金の状況は、障害者の生活を保障するという点でいえば、最低限の必要額は現金で保障しながら障害者自身の就労意欲を高め、さまざまな意味での自立あるいは自律を実現できる可能性もある。あるいは、就労を継続しながら障害による収入の減少分のみを年金によって補っているともとらえることができるだろう。

しかしながら、そのような考え方は、働くことができる障害者にとってのみ適応されるものだともいえる。障害によって実際に就労が困難となった者にとっては、障害者年金を受給するよりも、生活保護によって一定の現金と必要な現物での給付を受ける方が充足された生活を送ることができる場合もある。特に医療扶助等の現物給付の存在は、生活保護の大きなメリットだといえる。

また就労との関係でいえば、先述の通り、生活保護の場合に働く能力があると判断された者は就労（つまりは自立）のための取り組みの義務が課せられるが、障害年金の場合にはそれがない。このことの根底には、税方式を取る生活保護制度と社会保険方式を取る障害年金の違いがあるが、詳細については次節で述べる。

その他の制度上の違いとしては、受給までの期間の違いがある。障害者年金は初診日から一年六ヵ月以上が経過しなければ受給できないが、生活保護であれば急迫した場合の職権保護によって、比較的早く受給が可能となる場合がある。少なくとも申請から一年六ヵ月ということはないだろう。障害者の生活が変化するのは受傷直後からであることを考えると、この緊急対応も生活保護制度の重要な役割の一つである。

生活保護制度が障害者の生活において果たす役割は他にもある。福祉事務所による定期的な訪問調査も、独居の孤立しやすい障害者にとっては重要な意味をもつ場合がある。利用する施設等のスタッフと同様に、生活保護のソーシャルワーカーを信頼できる支援者として頼りにする障害者は決して少なくない。これもまた、単なる現金給付だけではない生活保護制度の評価すべき側面ということができるだろう。

実際の制度の利用にあたってそれぞれに長所と短所のある二つの制度であるが、本節の最後に障害者にとって最も重要な違いともいえる点をあげておかなければならない。それは二つの制度におけるスティグマの違いである。

元来、税方式による社会給付は社会保険方式によるものに比べるとスティグマが強い傾向がある。社会保険方式の場合、保険料の納付によって権利性が明確になることがその一因である。また、障害厚生年金がそうであるように、納付額が多いほど給付額が多くなることから、社会保険方式である障害者年金を受給するということは、少なくともそれに見合うだけの収入があったことを示している。

それに対して生活保護は、まず制度自体が生活困窮者を対象としたものであり、その制度を利用することに対するスティグマは、障害者でなくとも感じるものである。そしてこのスティグマが、社会保険方式による障害年金との対比の中で、さらに強調されていく。また補足性の原則などの生活保護の掲げる原則にたって考えれば、それを受ける人間は働く能力もなく頼るものもないということになる。障害者の場合には、障害者年金などを一切あるいは十分に受給することができない者であるということも暗に意味するものであり、さらには経済的な資源の不足だけでなく、援助してくれる家族の不在やその人のもつ人的な資源の不足をも意味する。その結果、生活保護を受給する障害者は、障害者であることと生活保護を受給することの二重のスティグマをもつこととなるのである。

3　所得の保障と就労可能性

（1）就労可能性に関する論点：障害者の場合

生活の保障、特に生計における所得保障を考えた場合、働いて生活に必要な費用を得ることのできる能力、つまりは就労可能性についての議論が付いて回る。それは、「働くことができない→生計を得ることができない→援助が必要」という構図のもとに所得保障が正当化されるからである。

無差別平等を原則とする生活保護であっても、その理由の如何は問わずとしてはいても、働けないということは受給のための条件となる。そして、そこで議論となるのが就労可能性の判断の問題である。さらにこの議論において、障害者の場合には、さらに他とは異なる特徴をもったものとなる。

障害者の就労可能性の議論は、障害等級、あるいは障害の程度等との関係に論点を置いている場合が多い。つまり、障害等級等やそれに置き換えられる障害の程度が、はたしてそのまま就労可能性に結びつくのかという疑問である。

確かにかつて、障害やそれに伴う能力の低下の責任を個人に帰す医学モデルによって障害をとらえていた時代には、障害者であることは労働における無能力者であることを直接的に意味していたこともあった。しかしながら、四肢の欠損など補う道具や技術が進歩し、同時に医学モデルから社会モデルへと障害の認識が変化するなかで、たとえ障害があっても物理的・社会的環境によっては就労や社会参加が可能だという認識へと変化した（Bernd 2003）。金（二〇一〇）によれば、ワークフェアの概念の展開においても、政策理念の基盤にそのような障害に対する社会的認識の変化が存在している点が、障害者が他と異なる点であるとされる。つまり、それまで社会において「働けない者」であった障害者が「働ける者」として認識されるようになったことや、障害者を「働けない者」にする社会への批判、そして障害者自身がそれまで以上に就労を希求するような、さまざまな意図の下での就労を推し進めようとする動きが、障害者への給付において就労が強調される背景にはあったということである。

障害の社会モデルが採用されることによって、同時に障害の程度とその障害を持つ者の能力の間の直線的な関係性も否定されることとなった。また、これまで障害の特徴としてあげられてきた固定的という側面も、やはり環境や時間的経過の中で変化しうるものと（機能障害の点では固定的な部分もあるが）考えることができるようになった。障害者の能力は、物理的・人的・社会的そのほかあらゆる環境によって規定されるものであり、一律の、一直線上に並べられるような基準によって規定することはできない。それが、現在の障害に対する理解であり、就労可能性においても例外ではないのである。

(2) 生活保護制度における就労可能性の問題

実際の制度においてもさまざまな形で就労可能性の問題は関わってくる。生活保護制度においてワークフェアの流れと同様に就労を強調する方向性が示されていることについてはすでに述べたが、そこでは障害者の就労可能性が給付の一つの判断基準とされ、その能力があると判断される者については自立支援プログラム等の就労支援のためのプログラムへ参加することが、半ば必須条件となっている。そして、すでに障害者手帳などを所有し障害等級を得ている場合には、それが就労可能性の評価に直接的に影響する。

障害者年金制度においては、その受給要件において「規定する障害等級に該当する程度の障害の状態にあること」が求められ、障害等級によって受給額も異なる。これは障害が重いほど経済的援助を要するという認識に基づくものであるといえるが、その背景には、障害が重いほど医療費や日々の生活環境を整えるための費用がかかるという側面と同時に、障害が重いほど就労可能性が低く生計のための援助をより必要とするという考えがあることも否定できない。

しかし、前にも述べたように、障害者の就労可能性は必ずしもその障害の程度に比例しない。そのことによって、生活保護制度の側からみれば、本当に働くことのできない者が保護を受給しているのかという疑問と、それを適切に把握するにはどうすればよいのか、という課題が生じる。おそらく、少しでも受給者を減らしたい行政側にとって、これは今後の重要な課題となっていくことが考えられる。

さらには、障害の程度にかかわらず就労が可能であるということは、裏を返せば障害の程度が軽いからといって就労が可能とは限らない、ということでもある。このことは、障害が軽度であるために就労可能性を過大に評価された者が、生活保護制度からの締め出しを受ける可能性があることを意味している。

このような制度の実施上のひずみともいえる状況は、就労可能性と障害程度の間の非直線的な関係性が背景にある限り、生活保護制度に限らず、類似したあらゆる制度において起こりうることである。この問題はさらに、障害者の権利や社会的排除との関連において、単なる受給資格の認定の域を超えた問題となっていく。

4　障害者の生活からみた課題

(1) 就労可能性にかかわる課題

前項で就労可能性の判断に伴う生活保護制度の課題について触れたが、ここであらためて障害者あるいはその生活の視点からこの問題について整理していく。

先にも述べたように、障害者の就労可能性はその障害の状況と、職種や人間関係から社会の価値までをも含む周辺環境との、いわば相性によって決まるものであり、それゆえにたとえ障害が固定的であったとしても、環境を変化させることによって就労可能性も変化するものだといえる。

それでは、障害者自身は就労について、どのように考えているのだろうか。さまざまな調査でも明らかになっているように、働いていない障害者の相当数が働きたいと考えていながら、それが実現していない状況がある（山村 二〇一一）。その背景には、もちろん障害に伴う身体能力等の限界もあるのと同時に、彼らが働ける、あるいは彼らを働かせる職場がないという状況がある。

このような社会的排除や障害者雇用における問題にまで話を広げると、これは生活保護制度の課題の範疇を超えてしまうかもしれない。しかしながら、生活保護が「働くことができないこと」を受給の条件にしている以上、この就労可能性の問題を避けて通ることはできない。就労可能性との関わりから切り離すことのできない制度であればこそ、障害の程度に一律に当てはめるようなとらえ方ではなく、個人の状況に応じて環境的要素も含めて個別的に判断される、新たな就労可能性のとらえ方が求められるといえるのではないだろうか。

さらに、生活保護制度においては、障害者手帳などの取得をもって一律的に就労可能性が判断されることがある。これは、保護を求める障害者にとっては優しいシステムといえるかもしれない。しかしながら、見方を変えれば、障害者としての認定と受給を直接的に結びつけることは、障害者＝就労可能性のない者という認識を強調し、ラベリングをし、障害者自身の自らに対する自己肯定感を低め、就労に向けた意欲を削ぐ可能性があるともいえる。障害者に限定した制度には障害者のスティグマ化を促進する側面もあり（スコッチ 二〇一二）、障害者の自立の視点から考えた場合にも、やはり障害ではなく個人に焦点を当てる視点が生活保護においても求められるのではないだろうか。

（2）障害年金制度の欠陥と生活保護

多くの障害者が生活保護を受給し、それによって生活を維持しているのは、就労の難しさなどにより生活に十分な所得を得ることができないことが根本にはあるのだが、同時にそのような状況において、生活保護以外の選択肢を選択できない状況、なかでも障害年金を受給できない状況があるためといえる。

障害年金を受給できない状況としては、いくつかのことが考えられるが、一つには無年金の問題がある。学生の間もしくはその後も含めて国民年金の加入が任意であった時代に、加入をしない状態で障害者になった者が無年金状態になるという問題は、特に大学生の無年金問題などを中心に、かつて注目を浴びた問題であった。あるいは近年では、保険料の未納に伴う障害年金の受給資格の喪失という問題も生じている。知的障害の場合には先天的あるいは幼少期に障害が確認される場合が多いため、そのような例はそれほど多くないと考えられるが、中途障害による身体障害や精神障害の場合など、成人以降に障害者となった場合に、それまでの納付状況によって受給資格が得られないということが起こりうるのである。

実際、先にもあげた二〇〇三年の「障害者の生活状況に関する調査」（厚生労働省）によれば、年金を受給していない身体障害者のうち二二・二%、精神障害者のうちの二・五%が年金の未任意加入、身体障害者の二八・九%、精神障害者の六・〇%が保険料の納付期間の不足を、年金を受給していない理由としてあげている。

また別の大きな理由としては、障害の認定が取れないという状況もある。その理由としては、障害が軽度で年金の障害等級に該当しないというものがあり、これは同調査で年金未受給の身体障害者の三五・六％、精神障害者の四・六％が該当している。しかしもちろん、先述の通り、障害の程度が軽いからといって稼働能力があるということではないという点は忘れてはならない。その他、障害の認定の難しさが年金未受給の一因となっている側面もあり、特に精神障害者は、それによって他の障害と比べて年金未受給者の割合が高くなっている（百瀬 二〇〇八）。

さらには、制度の複雑さなどさまざまな理由で、多くの障害者が障害年金を受給することができない状況がある。生活保護の受給という選択肢は、そのような障害者にとっての最後の手段でもあるのである。ただし、繰り返しになるが、生活保護制度は補足性の原理に従うものである。むしろ本来的に障害者の所得保障としての機能を果たすべき障害年金制度の穴を、生活保護制度が補っているという点でいえば、このような二つの制度の構図自体に問題があるということではないといえる。上述の課題は、本来皆保険であるはずの障害年金制度のシステム上の問題であり、生活保護制度そのものの問題ではない。

しかし、この二者関係が避けることのできないものであるならば、この障害年金制度の問題についても、生活保護制度に大きな影響を与える重要な課題として、公的扶助の立場からも取り組んでいく必要があるのではないだろうか。

（3）特別なニーズと給付水準

生活保護と障害年金の比較のなかでも示したように、生活保護受給者の場合、生活扶助等の現金給付のみではなく、さまざまな現物給付や生活保護受給者への負担免除等の制度の存在があり、現金での受給額以上の恩恵を受けることができる。逆に、年金所得によって生活する障害者や、就労所得によって生活する障害者は、それらの費用を負担しなければならないため、結果として生活保護受給者の方が高い生活水準となる場合がある。

このような課題は、障害者に限らず生活保護全体の課題としても指摘される点ではあるが、障害によって医療を含む特別なニーズをもつ人々にとっては、より深刻な問題となる。あるいは、同じ生活保護受給者の間であっても、障害をもつ者ともたない者では生活上のニーズが異なることは容易に推測される。

もちろん、障害者福祉サービスについては、生活保護を受給しておらずとも低所得であることを理由とした利用料の減免制度などの対策も取られている。しかしながら、それらの対策がはたして障害者のもつ特別なニーズに十分に応えるものであるのかについて、十分な検討がなされているとはいい難く、具体的な根拠も示されてはいない。

ただしここで考えたいのは、このような貧困線周辺の低所得層で起こる逆転現象の問題ではない。問題は、生活保護が普遍性を前提とした制度であったとしても、だからといって障害者を障害をもたない者と同じ基準で判断することの是非である。これは、受給資格の判断にもちいられる所得水準において、障害者であることが考慮されていないことへの疑問であり、受給資格を得た後での配慮に当たる障害者加算は、この問題に応えていることにはならない。

生活保護で保障されるべき最低生活の水準、あるいはそれに必要な生活費の水準が全員に同等に適用されること自体に異論はない。しかしその場合でも、居住地や家族構成は必要な生計を変化させる要因として考慮されている。同様に、障害をもっているということが考慮されないのはなぜなのか。

現在、障害者福祉の領域において共通認識を築きつつある合理的配慮の概念によれば、障害をもつ者がもたない者と同様の権利を享受するために必要な配慮が提供されないことは障害者の差別に当たる。わが国には障害者差別を原則的に禁止する法律は現在のところないため（東 二〇〇八）、本来その配慮がないことが違法にはならないが、本来であれば生活保護の受給にかかわる所得水準においてもこの配慮、すなわち障害をもつ者に適用される別の基準や、別の受給資格判断の方法が設定されてしかるべきなのではないだろうか。

（4）生活保障と就労の強調

生活保護制度は公的扶助の中心的な制度の一つとしてとらえられ、その理念は日本国憲法第二五条第一項の生存権保障にある。生活保護制度が無差別平等を原則とし、生活困窮に陥った理由や保険料の納付などを問わず、すべての国民に適用されるのは、この生存権が、すべての者がもつ権利とされるためである。

生存権を保障するという点からいえば、生活保護制度を基盤とする公的扶助制度によって保障されるのは人々の生活であり、必ずしも所得を保障することではない。しかしながら、日本のような資本主義経済下の社会において現実に人が生活していくためには、必要なものを得るための金銭の獲得は不可欠である。その意味で、生活を保障することは現実的にも理念的にも、かなりの部分で所得保障と結びつけられることとなる。

それでは、この生活の保障において就労へ向けた努力が義務化されることは、どうとらえることができるのだろうか。

たとえば、障害年金の場合であれば、年金の受給は要件を満たした被保険者の権利であり、そこに就労やそれに向けた努力が求められることはもちろんない。また、第二五条第二項に定められた生活部面における「社会福祉・社会保障及び公衆衛生の向上及び増進」に向けた取り組みについての国の義務を果たすためのものとして位置づけられる障害年金は、より具体的には、障害を負った者の生活の安定と維持を目的としたものであり、そのための所得の保障をより直線的に志向し、現金による給付が前提となる。

しかし、生活の保障を目的としてはいても、必ずしも現金給付による所得保障である必要のない生活保護制度では、代わりに生活に最低限必要な社会サービスを現物給付という形で提供することが許容される。とするならば、所得そのものではなく、人々が所得を手にすることができるようなサービス、すなわち就労支援を提供することが、生活の保障の手段として正当化されるのだろうか。

もちろん、それは難しいといえるだろう。一つには就労支援はあくまでも支援であって、就労そのものを提供するものではないからである。支援を提供してもそれが就労に結びつく可能性は不確かで、どちらかといえば低いといえる。そのような状況で、就労を支援することを生活の保障の手段として位置づけることは無理がある。そしてもう一つには、当然のことながら、生存権の保障のための手段が、その権利を享受する立場の者に義務とされることなど、正当化できるはずがないのである。確かに就労に向けた取り組みは、確かに制度上の厳密な規定として義務化されているわけではない。しかしながら、現状ではそれに近い状況が指摘されている。

あるいは、就労支援は生活保障ではなく、生活保護法に掲げられたもう一つの目的、すなわち自立の助長のための手段だと考えることもできるかもしれない。しかし、生活保護法の基盤にあるはずの公的扶助のもつ本来の性質を考えた場合、自立の助長という目的も生存権の保障という役割が果たされた上でのことでなければいけないのではないだろうか。

特に障害者の場合、就労の可能性はその本人の状態や努力よりも、周囲の環境によって規定されている部分が大きいといえる。そのような障害者が置かれた状況から考えても、受給者本人に就労のための努力を迫ることの意味と妥当性についてもっと考える必要があるのではないだろうか。

5　制度に求められる変化

ここまで、生活保護制度と障害者の生活のかかわりを明らかにするため、障害年金制度とともにいくつかの視点から述べてきた。しかしながら、生活保護についても障害年金制度についても、非常に表面的な論点を示すのみで結論を提示するには至っていないといえる。

そもそもこれらの制度と障害者の生活との関連という点では、概念上も実際上もさまざまな要素が複雑に絡み合い、生活保護一つをとってもこの紙幅に収まるものではないといえるだろう。またここにあげた以外にも、支給水準の妥当性や先だって話題になった生活保護の移送費問題[3]など、指摘されるべき課題も多く存在する。

しかし本章で筆者が試みたのは、生活保護制度にしても障害年金制度にしても、何らかの正しい答えを得ることではない。本書のテーマである「公的扶助」という言葉をあげた場合、それは生活保護を意味する部分が大半であるように思われる。その際、障害者というカテゴリーは生活保護の受給者の一部、それも決して多数派ではないグループとして、それ以上の扱いにはならないことも多い。

しかしながら障害者の側から、そして障害者の生活という視点から考えた場合には、生活保護制度は彼らの生活を支える重要な社会保障制度の一つであり、同様に重要な障害年金制度と切り離して考えることはできないし、また障害者であるがゆえの生活における特性を考慮に入れずに考えることも無意味である。そして、それらの制度間の関係や、障害者の生活の特性との関連のなかからでなければ表すことのできない多くの課題を抱えている。たとえば先に触れた生存権保障と就労支援の問題についても、障害者の場合には同時に、「障害者の側にも受給より就労を望んでいる者も多い」という背景を踏まえなければいけないだろう。

本章は、そのような現状の一端に触れる機会を提供することを試みたものである。その結果として、非常に中途半端で後味の悪い状態で終えることになってしまった。最後に、それでも一応、このようなさまざまな課題を抱えた生活保護制度（障害年金制度も含んで）の今後について考えを述べるとすれば、次のようなことがいえるだろう。

生活保護制度にしても障害年金制度にしても、障害者の生活を支えるこれらの制度は、その基礎が築かれてからかなりの時間が経過している。その間に、障害者観は変化し、障害者への支援の在り様、そのなかで中心に据えられる価値、あるいは障害者自身の認識も大きく変化してきている。そうであるならば、制度によって提供されるべき支援、保障されるべき生活も変化していなければいけないはずである。そのように考えたとき、これらの制度には今後、このような障害者とその生活に係る変化に応じ、その役割や機能の再考も含めて、現状に即したものとなることが求められているということができるだろう。

【注】

（1）生活扶助、住宅扶助、教育扶助、医療扶助、介護扶助、出産扶助、生業扶助、葬祭扶助の八種類。

（2）医療扶助の単給とは、医療費の援助のみがあれば生計を維持できる（実質的な所得が最低生活費を上回る）と福祉事務所が判断した場合に行われる、医療扶助のみの受給のことである。

（3）ここでいう「移送費問題」とは、厚生労働省により二〇〇八年四月一日から生活保護における通院移送費（主に障害者等の通院にかかる費用）の削減が強行された問題。その後、関係各所より削減策の撤回を求める動きが起き、その結果、厚生労働省が二〇一〇年三月の医療扶助運営要領の改正において「通院移送費で生活保護受給者が通院等する際に必要な交通費を支給」することを明示するに至った。

【参考文献】

東俊裕（二〇〇八）「障害に基づく差別の禁止」長瀬修・東俊裕・川島聡編『障害者の権利条約と日本――概要と展望』生活書院。
金仙玉（二〇一〇）「生活保護制度における障害者就労支援の現状と課題」『東アジア研究』五三、大阪経済法科大学アジア研究所、一一三―一二五頁。

厚生労働省（二〇〇三）『障害者の生活状況に関する調査結果の概要』。

スコッチ、リチャード／山村りつ訳（二〇一二）「国際講演会報告　アメリカにおける障害者福祉政策――過去、現在、そして未来」『同志社社会福祉学』第二六号、同志社大学社会福祉学会、一〇五―一二二頁。

百瀬優（二〇〇八）「障害者に対する所得保障制度――障害年金を中心に」『季刊社会保障研究』四四（二）、国立社会保障・人口問題研究所、一七三頁。

山村りつ（二〇一一）『精神障害者のための効果的就労支援モデルと制度――モデルに基づく制度のあり方』ミネルヴァ書房。

Bernd, M. (2003) "Transforming Disability Welfare Policy Completing A Paradigm Shift" in Edited by Prinz, C., *European Disability Pension Policies*, Achgate, pp.23-76.

【資料】

東京都福祉保健基礎調査　平成二〇年度「障害者の生活実態」報告書。

第10章

「食わせて寝かせる」から四〇年
――救護施設と「最低基準」――

松木宏史

生活保護法による救護施設は、入所者の生活課題が多岐にわたるにもかかわらず、その施設最低基準が低く抑えられている。そのため利用者の個別支援には限界があり、かつては「飼い殺し部屋」で「食わせて寝かせる」ことしかできないとまで言われた。そんな限られた条件の中で、少しでもゆたかな実践を志向して、さまざまな現場レベルでの試行錯誤があった。典型的な大規模収容型施設から、地域に根差したくらしの拠点を模索する救護施設の実践から学べることは多い。

1 救護施設とはどのような施設か

（1）社会的な位置と役割

救護施設は生活保護法第三八条二項で、「身体上又は精神上著しい障害があるために日常生活を営むことが困難な要保護者を入所させて、生活扶助を行うことを目的とする施設とする」（傍線引用者）と規定されている。障害の種別や年齢を問わず、さまざまな理由で生活に困窮する人々がくらす施設である。障害の有無や軽重、年齢は問われず、広く生活に困窮している人が対象となる。そのため、職員の仕事は、「おむつ交換からアパート探しまで」（田中 二〇〇六）と比喩されるように、幅広い。

したがって、救護施設の平均像を描き出すことは極めて困難である。ただ、その社会的な位置と役割を考える際、二〇〇〇年に生活保護法が一部改正される前の条文が手掛かりとなる。そこでは「障害」が「欠陥」、「入所」が「収容」と書かれていたのだ。そのような時代錯誤的文言がこの年になるまで放置されていたという事実に驚くばかりであるが、このことがいみじくも救護施設が半ば「忘れられた施設」であったことを物語っているかのようだ。ところで、著しい「欠陥」がある人間とはいったい誰のことか。小山進次郎によれば、それは「所謂廃人の状態にあるもの」（小山一九五一＝二〇〇四：四七六）である。すなわち、かつての救護施設とは、あえて言葉を選ばずにいえば、「欠陥のある廃人を収容する施設」という位置づけだったのである。「障害」ならばまだ打つ手はあるが、「欠陥」なのだからどうしようもない、「食わせて寝かせて」おくにとどめる……という状況を、貝塚は「（戦後のバラック時代に生まれた生活保護法が）バラック時代のままで呼吸し続けている」（貝塚　一九七〇：八三）と喝破している。

（2）どのような人たちが利用しているか

先に述べたように、救護施設はさまざまな人々が利用しており、ひとことでその傾向を表すのは困難である。ここではまず、「平成一九年度全国救護施設実態調査報告書」（以下、「報告書」）のデータをもとに大まかな傾向を把握したい。なお、本節における図表はすべてこの「報告書」記載の数値をもとに筆者が再構成して作成した。

「報告書」によると、入所期間は、二〇年以上入所している利用者が三一・一%を占めている。半面、一年ないし一年未満という利用者も二〇・七%である。利用者の「滞留」と「新規入所」という二極化が見られる。

入所者一万六七七八人を障害種別で見ると（図1）、障害者問題対策の中でもとくに立ち遅れている精神障害者や重複障害者の割合が高くなっている。平成五年度の調査では「精神障害のみ」は一四・三%、重複障害者も一八・九%にとどまっていたことから、この十数年の間に両カテゴリーの利用者が急増したことがうかがえる。「障害なし」七・〇%、「生活障害」五・八%と、目立った障害のない利用者も入所している。「生活障害」とは、全国救護施設協議会による定義で、「障害三法（身体／知的／精神）の対象にはならないが、何らかの日常生活上の障害のある人」を指す（全救協　二〇〇四）。こうした他では見られないカテゴリーは、救護施設利用者の多様性を端的に示している。

（3）他に行き場のない状態で入所

また「新規入所者」の一七九五人に話をしぼる

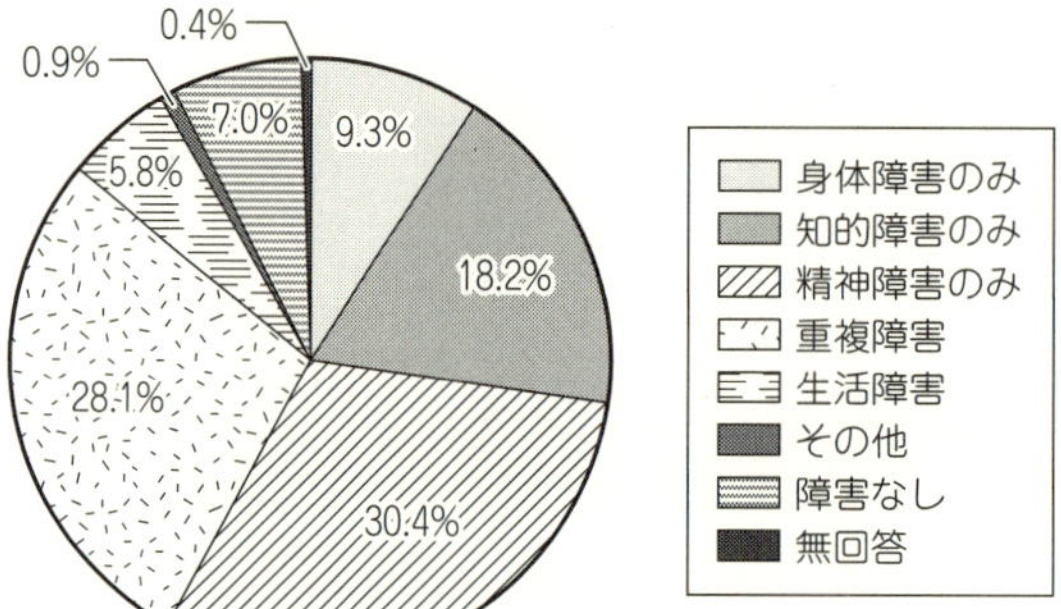

図1　入所者全体の障害状況 n＝16,778

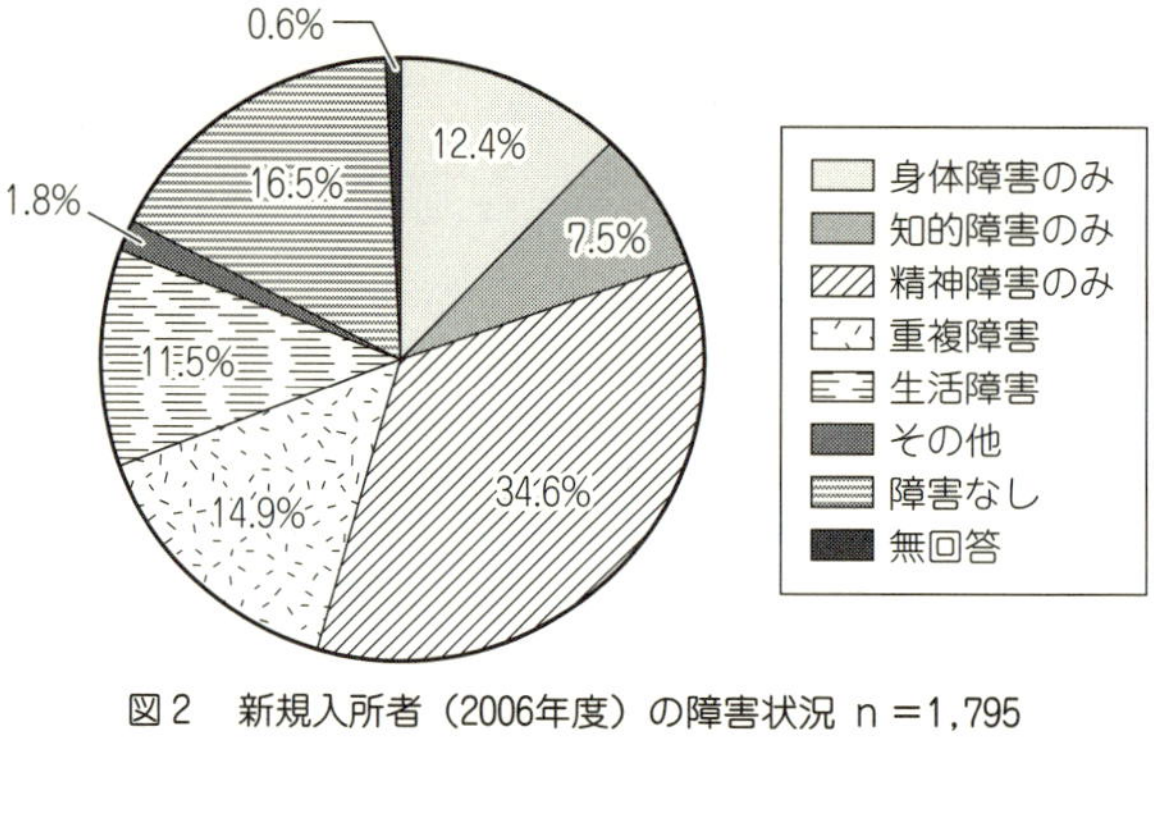

図2　新規入所者（2006年度）の障害状況 n＝1,795

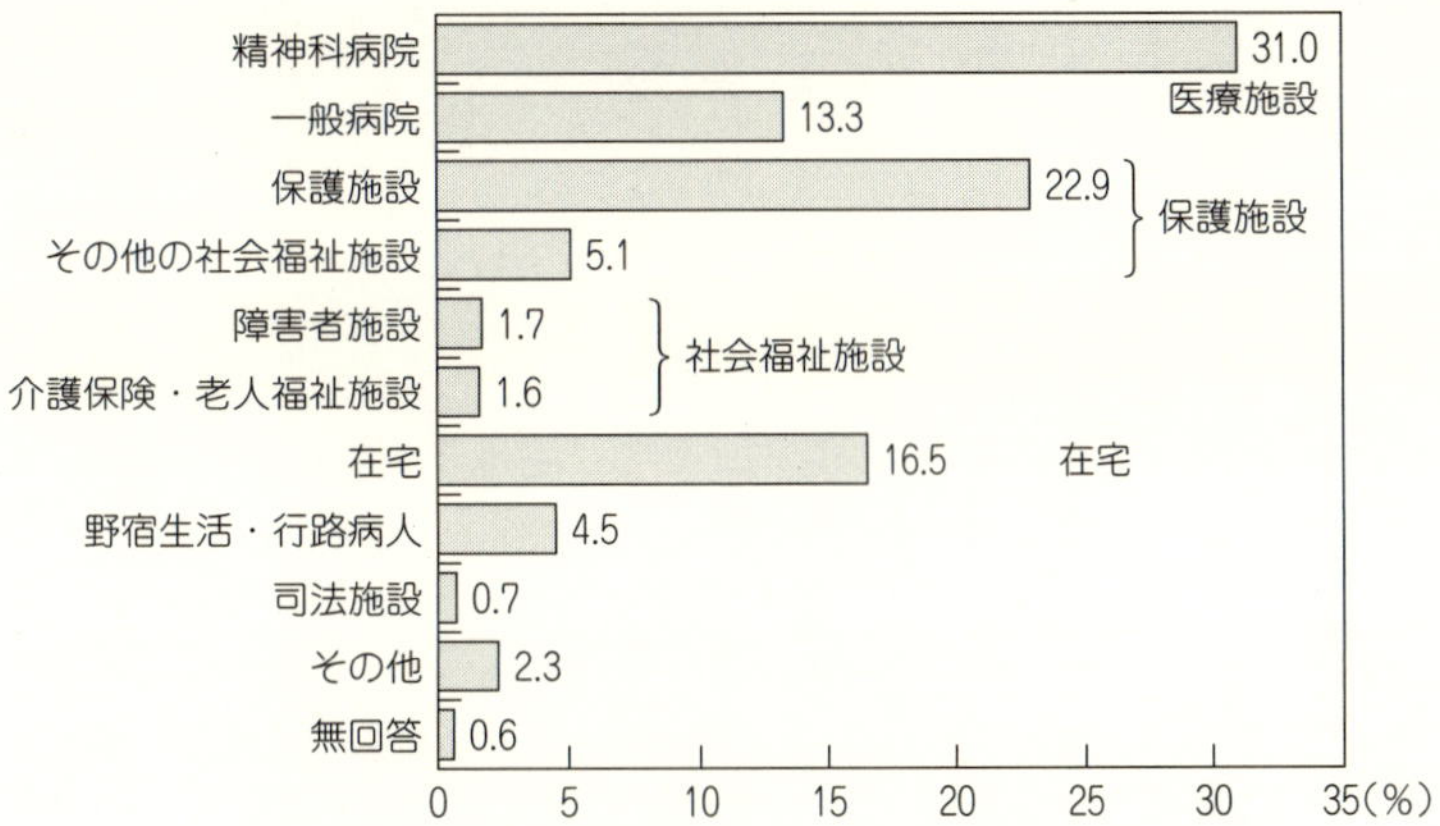

図3　新規入所者（2006年度）の入所前の状況　n＝1,795

と、近年の傾向がはっきりと見えてくる（図2）。「精神障害のみ」が最も多く三四・六%をしめ、ついで「障害なし」が一六・五%である。重複障害者は一四・九%であり、「いわゆる生活障害」も一一・五%である。入所直前の状況を見ると、精神病院からの入所が三一・〇%を占めているほか、他の救護施設・保護施設からも二二・九%である。一般病院からは一三・三%である。こうして見ると、新規入所者の多くが、保護施設や病院等を「漂流」し、他に行き場のない状態で救護施設入所に至っている様子が見て取れる（図3）。

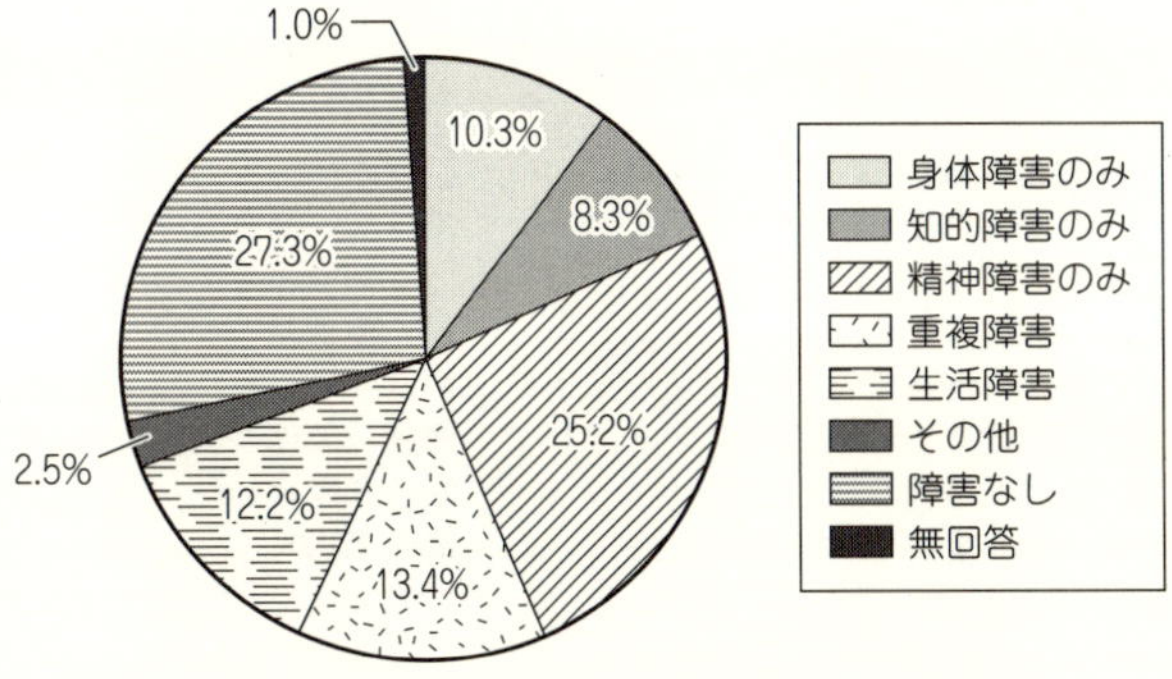

図4　退所者（2006年度）の障害状況　n＝2,253

(4)　退所者の進路：「死亡」「不明」も見逃せない

「退所者」は、全体で二二五三人である（図4）。そのほぼ半数が一年以内に退所している。退所者全体の内訳は、「障害なし」二七・三%、「精神障害のみ」二五・二%、「生活障害」一二・二%となっている。退所後の進路はアパートやグループホームなどでの生活（単身・共同生活ふくめ）をまとめると二九・四%を占めている。一方で「死亡」一六・六%、「不明」一三・五%も見逃せない数字である。ここからは、一定数の利用者が何の支援もないままに（あるいは支援を断って）「地域生活」に移行していることがうかがえる。精神病院や一般病院への入院も約二割を占めている。介護保険施設を含めた高齢者施設への移行は七・六%にとどまっている（図5）。

(5)　救護施設の社会的役割＝他法他施策の補完・代替

こうしたデータから、以下のことが指摘できる。まず、(1)入所年数の浅い利用者は、精神病院を退院した精神障害者と、障害者手帳を持たない（しかし生活障害を抱えている）生活困窮者に大別できる。また退所者の多くを彼らが占めており、地域生活支援体制の確保が課題である。加えて、(2)地域生活移行に成功した人々とほぼ同じ割合で「死亡・不明」の人がいることに注目すべきである。救護施設退所者のその後は、必ずしもハッピーエンドではない。そして、(3)長期に滞留して

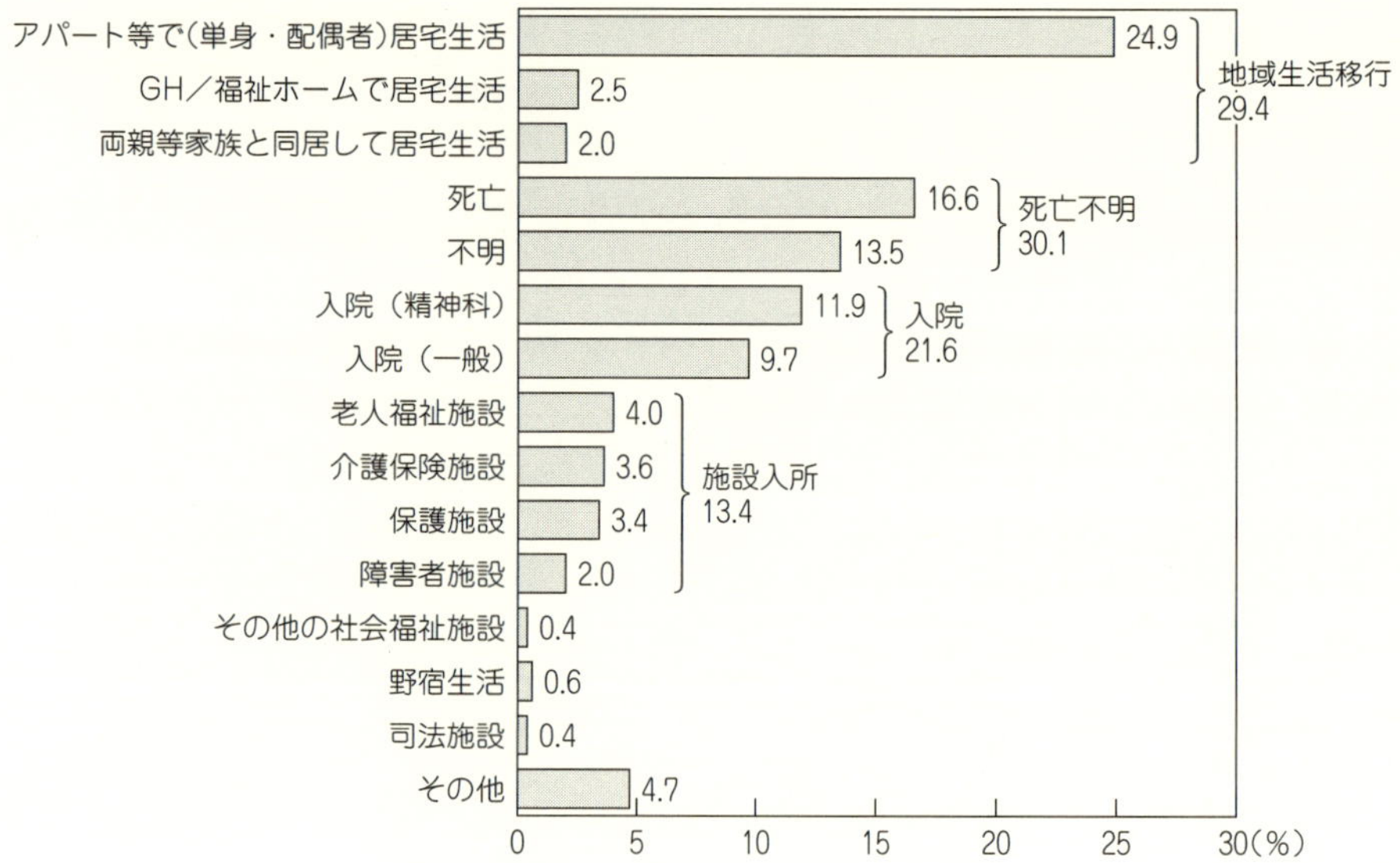

図5　退所者（2006年度）の進路 n＝2,253

いる利用者は、身体障害や知的障害を抱え、徐々に高齢期を迎えつつある。しかし高齢者施設への移行はあまり進んでいない。救護施設で天寿を全うされる人も一定数いる。

最後に、(4)現在の障害者問題対策の中で制度の網の目から漏れてしまいがちな重複障害者の受け入れも重要な役割である。

こうした救護施設の利用者像からは、救護施設が生活問題対策の中で、他法・他施策の補完・代替の役割を担っていることがよくわかる。

たとえば、精神病院を退院した精神障害者への生活支援の立ち遅れは、事情を知る人にとっては周知のことだろう。何しろ、精神障害者対策として福祉が明確に位置づけられたのはようやく一九九五年「精神保健福祉法」の制定によってである。救護施設は従前から彼らを受け入れ、不十分な精神保健福祉の「補完」を行っている。

さらに、重度重複障害者や高齢期を迎えた知的障害者を受け入れることができる高齢者施設は、近年ようやくその重要性が議論されるようになったが、その実践は端緒についたばかりといってよいだろう。救護施設はそうした人たちのケアを担うことで、介護保険施設の不備・不足を「代替」しているのである。

こうした「他法施策・施設の補完・代替」状況を指して、救護施設は「最後の受け皿」「最後のセーフティネット」と形容されている。

(6) 救護施設利用者の抱える困難

統計的には、先述のような傾向が見て取れるが、ある救護施設の職員は利用者の特徴を以下のように語る。「たとえば障害者分野なら当事者運動などあるが、救護施設の利用者は本人があまりに疲弊している。社会に主張する気力もない、社会的にスポイルされた状態。そういう意味で他の施策との成り立ちの違いを感じる。利用者の中に『生活保護は権利である』と思えるような（権利意識のある：筆者注）人はいないのでは。こちらがストレートにそのこと（権利としての生活保護）を伝えても、受け止めかねる人もいる」。

つまり統計的には表れにくいが、救護施設利用者の特徴として、生活困窮に加え社会的にも孤立し、SOSを出せない状況に追い込まれている人たちや、「権利としての社会福祉」を実感できないまま、さながら慈恵を受けているがごとく主張しない（できない）人たちというとらえ方もできる。職員が指摘したように、救護施設利用者には自らの窮状を代弁してくれるような運動・組織はない。社会からつまはじきにされ続けた結果、「つながる」ことすら奪われ、無力化されているといえる。

表１　他法施設と救護施設の最低基準比較

	障害者自立支援施設（生活介護）	特別養護老人ホーム	救護施設
直接処遇職員の人員配置（入所者：職員）	平均障害程度区分 5以上　3：1 4以上　5：1	介護職員・看護職員の総数は 3：1	5.4：1
専門職の配置	機能訓練指導員（理学・作業療法士）	機能訓練指導員 介護支援専門員	—
リハビリ・作業等の設備	提供するサービスの種類ごとに訓練・作業室を設置	機能訓練室	—
入所者１人当たり床面積	9.9㎡以上	10.65㎡以上	3.3㎡以上
廊下の幅	1.5m以上	1.8m以上	1.35m以上

（7）救護施設の設置基準は？

ある施設でどのような支援を受けることができるのか、かなりの部分、それは人員配置も含めた施設最低基準に左右される。しかし救護施設は、「最後の受け皿」という困難な役回りを演じているにもかかわらず、その基準は低いといわざるを得ない。表1で、他法施設と比較してみたが、その差は一目瞭然である。

このような劣悪ともいえる最低基準で、多様な生活課題を抱える利用者を支援していくには、かなりの困難を伴う。本章の冒頭にふれた「バラック時代」をほうふつとさせる「食わせて寝かせる」状況の根源がここにある。そして、それはこの四〇年間、本質的な解決には至っていないのだ。そしてこの居住環境が、わが国の「健康で文化的な最低限度の生活」を体現している。いいかえれば、一人あたりわずかタタミ二畳分の床面積に、さまざまな障害を抱えた人々がひしめき合って暮らす状況が、わが国の「最低限度保障しうる居住環境」なのだ。

なお、二〇一一年に「地域の自主性及び自立性を高めるための改革の推進を図るための関係法律の整備に関する法律」制定を受け、二〇一二年度より保護施設の最低基準を、国の定めたものを基準として、都道府県条例により定められることとなった。しかし各都道府県も財政難の中で、どのように運用されるのか予断を許さない。現在の居住環境を改善する方向で検討されることを望みたい。

（8）救護施設の類型

救護施設は入所に際して、法律上年齢・性別・障害の有無は問われない。しかし実際には、すべての救護施設が分け隔てなくすべての人に対して入所を受け入れているわけではない。個々の施設の立地条件や歴史的経過によって、入所者の生活課題や年齢などは様々である。その特性に着目すると、三種ほどに類型化できる。

一つには「生活困窮型」である。大都市圏中心部に設置され、対象とする利用者の大半がホームレスをはじめとする生活困窮者である。先述の「いわゆる生活障害」を負った人が多い。年齢層は救護の中では相対的に若く、入退所のスパンが短い施設である。

二つ目には「精神障害特化型」である。一九五八年の厚生省社会局通知「緊急救護施設の運営について」で定められた、精神障害者の受け皿として定められたかつての緊急救護施設（現在はこうしたカテゴリーはない）か、自治体の方針等で精神障害者に特化している。

三つ目の類型は混合入所型である。大都市圏の衛星都市ないしは地方都市に設置され、障害種別を問わず受け入れを行っている、救護施設を代表するタイプである。過去に入所し救護施設で長年過ごした高齢の知的障害者と、最近増加している若い精神障害者・ホームレスとの生活課題の二極化が進む傾向にある。比較的入所年数の長い利用者が多い。

ほかにも、入所者を女性に限定している施設や、視覚障害など特定の障害に特化した施設もあるなど、そのタイプは多様である。

2　救護施設はどのように論じられてきたか：これまでのあゆみ

(1) 現場からの告発：安上がりの収容施設として

実はこれまで救護施設がテーマに取り上げられた学術論文というのはきわめて少ない。全国でわずか一八〇施設あまり、生活保護のごく一分野ということもあって、アカデミックな世界で注目されることは少なかった。そうしたなか、救護施設を知るうえで重要な役割を果たしたのが現場からの告発・ルポルタージュである。とりわけ出色なのが冒頭でもふれた貝塚（一九七〇）『食わせて寝かせる』救護施設か——この人間的要求をどうする？』である。東京・くるめ園の実践のルポであるが、いかに救護施設が「安上がり」に設置されているか、そして限られた条件の中で職員と利用者が「人間としての連帯の上に立ち」励ましあう様子が描かれている。また他法施設とくるめ園の現状を比較し、その劣悪な環境を明示している。当時のくるめ園の現状を「（利用者の）要求の数分の一」しかケアを提供できない状況であると告発している。

同じく、くるめ園の実践をレポートしたものに、渡辺（一九九二）「入所者の痛みをわが痛みとして」がある。ここでは、全身性の障害を持つ利用者に必要なケアを提供できない職員の苦悩がつづられている。重度の障害を持つ利用者の死に際しての、「ああ、もう彼のたいへんな介護をしなくてもよい。自分の体がつぶれてボロボロになっていく恐怖から、ようやく解放される」という述懐には胸を突かれる。介護に追われ、疲労が蓄積し、「自分を追い込んでいるのは入所者であるという錯覚」にすらとらわれる状態のなかで、「怒りのぶつけ先は貧しい最低基準」と結論づけ、自治体との交渉で加配を勝ち取るまでが描かれている。貝塚（一九七〇）から二〇年を経てもなお、状況が目立って改善されていないことがよくわかる。

一番ヶ瀬ほか（一九八八）『救護施設——最底辺の社会福祉施設からのレポート』は、救護施設を扱った数少ない単行本である。救護施設を取り巻く歴史・政策動向・実践の各方面からまとめられている。当時、福祉事務所のケースワーカーすらあまり把握していなかったという救護施設の実態を明らかにし、施設最低基準の低さ、人員配置の手薄さを告発する内容になっている。

(2) 「福祉の市場化」で迷走する救護施設

半ば忘れられたような救護施設であったが、八〇年代九〇年代に社会福祉の市場化が進むなかで、そのあり方が再検討されるようになった。

一九七六年には、専門社会福祉施設の充実により救護施設は必要なくなるという「救護施設無用論」ともいうべき「勧告」が、行政管理庁よりなされた。それに呼応する形で、全国救護施設協議会（以下、全救協）において「救護施設のあり方」が検討されるようになった。文書になったものはいくつかあるが、基本的な主張としては「救護施設の実態は障害者の総合施設である」「他法施設の最低基準との格差是正を求める」ことが二本柱となるだろう。

とりわけ、一九八七年「選ばれる救護施設を目指して」では、救護施設関係者の危機感がタイトルにもにじみ出ている。実際、ここでは救護施設の名称変更（心身障害者愛護ホームや、生活援護ホームなど）も検討されていて、「生活保護施設」のイメージ払しょくが意識された内容になっている。

九〇年代に入り、「総合福祉施設」への志向性がより強調されるようになる。二〇〇〇年「生活保護制度および救護施設の今後の方向性に関する検討会」では、救護施設の「障害者総合福祉施設化」がうちだされ、生活保護からの脱却までもが選択肢として示されるようになる。他法施設の一定の充実や、介護扶助創設による介護保険施設との競争激化が想定されており、ここでも救護施設経営陣の危機感がにじみ出ている。

救護施設の行く末を議論するうえで、様々な選択肢を検討すること自体はあってよい。しかし、八〇年代後半から議題に上がってきた「障害者総合施設化」「生活保護からの脱却」論には決定的に欠けている視点がある。

それは、これまで救護施設が果たしてきた「他法・他施策の補完・代替」という役割への正当な評価と、救護施設の対象認識である。縦割りの色が濃く、福祉先進国に比較して立ち遅れている部分（例えばすでに述べた精神障害者の社会復帰など）の多いわが国の社会福祉施策において、制度からの「漏れ」「排除」によって、行き場のない人たちは一定程度出てくる。また、そうした人たちは家族をはじめ近親者からの支援も受けにくい状況にあり、社会的孤立を深めている。すでに述べているように救護施設はそういった人たちを主な支援の対象としている。その意味では確かに救護施設の利用者は多様である。

しかし、救護施設を単に「総合施設」とし、生活保護からの脱却を志向する議論は、いま目の前にいる利用者の障害が多岐にわたるということに目を奪われ、「ほかに行き場がない」「あらゆる制度からこぼれ落ちた」という救護施設利用者に共通する生活課題を見落としてしまっているといわざるを得ない。もし救護施設が本当に単なる「総合施設」であれば、他法施設の数的拡充により、その役割は早晩失われていたことだろう。

救護施設が果たしている「補完・代替」という役割は、単に数的不足を補うというだけでなく、従来の社会福祉の枠組みからつまはじきにされてきた人々をも支えてきたというところに、その独自性がある。そうした役回りは、「最後のセーフティネット」である生活保護に位置づけられているることによってこそ可能であった。実際、社会福祉の市場化が進んでも、救護施設が介護保険施設や他法障害者施設と「客を奪い合う」ことなどなかったのである。全救協の「迷走」は、目まぐるしい制度改革に飲み込まれまいとする「模索」の結果ともいえようが、長期的展望に欠けていた感は否めない。

（3）救護施設の機能強化

二〇〇四年「生活保護制度の在り方に関する専門委員会報告書」において、保護施設のあり方について言及された。そこでは⑴居宅保護や他法施策の優先、⑵施設最低基準の再検討、⑶救護施設については地域生活移行と地域の被保護者への生活訓練の場としての活用が柱としてあげられている。

全救協は、これをうけて二〇〇七年にはいってから、「救護施設の機能強化に向けての指針」を打ち出している。ここでは、救護施設の担ってきた機能を「セーフティネット」とし、生活保護法第一二条の「生活扶助」にとどまらない多様な役割をこれまで演じてきたことが強調されている。この総括をうけて、⑴セーフティネット機能、⑵地域生活移行機能がこれから強化すべき機能としてあげられている。

両者に共通しているトーンは、「セーフティネット」としての救護施設のこれまでのあり方を評価しつつ、新たな役割として「地域生活移行」や地域の被保護者への支援を担わせようとするものとなっている。

実際、救護施設では二〇〇〇年代以降、様々な形で地域展開の試みがなされている。補助金事業である「保護施設通所事業」「居宅生活訓練事業」を通じて、救護施設の実践に地域生活移行・支援を位置づけ、退所に向けてのケア（自立支援）、退所後のケア（生活相談、つながりづくり）を志向するものである。これは、「食わせて寝かせる」大規模収容で是としてきたこれまでの救護施設の実践に一石を投じるものである。取り組んでいる施設はまだ全体としては限られているが、そこでは利用者のくらしや職員の意識に変化がもたらされている（松木 二〇一一）。

しかし一方で、補助金事業が創設されたとはいえ、救護施設の最低基準は依然として低くおさえられたままであることを忘れてはいけない。

3 救護施設での「くらし」：槻温心寮の実践から

（1）救護施設で営まれているくらしとは

これまで、統計資料や政策動向などから救護施設の置かれている状況を再検討してきた。ここで、ある施設にスポットを当てて、実際に救護施設でのくらしがどのように営まれ、支援が展開されているか、具体的に見ていきたい。

高槻温心寮は、一九五二年開設、二〇〇人定員と、救護施設の中でも大きな部類である。先に述べた施設の類型では第三の類型、すなわち障害や年齢で分け隔てなく受け入れる施設である。したがって、寝たきりに近い重度重複障害者から、体は元気な精神障害者や路上生活者など、様々な人々を支援してきた。

その六〇年の実践の中で、低劣な最低基準に据え置かれながら、利用者・職員の様々な創意工夫で、つましいながら少しでも豊かな生活が目指されてきた。二〇〇八年には救護施設では初めて居室の「個室化」が実現されている。職員や施設長への聞き取りも交えながら、高槻温心寮でのくらしを見てみよう。

（2）大部屋・雑居の時代

建て替える前の高槻温心寮には、一二―一三人の大部屋があった。通称「ベッドブロック」と称されたそこでは、常時ないしはかなりの頻度で何らかの介助を必要とする人たちがくらしていた。ベッドを囲うカーテンだけがプライベートスペースである。おむつ交換時の音やにおいはすべて筒抜けであるし、がんの痛みに耐える人のうめき声も聞こえてくる。「介護」を展開する環境としてはとても適切であるとはいえなかった。

また、ベッドブロックの利用者ほど介助を必要としない人たちは、八畳敷の部屋に四人でくらすのが基本であった。当時の部屋の様子を、施設の機関誌「寮だより第一五号」（一九九六年一月）が紹介している。掲げているイラストは、職員が利用者の了解を得てスケッチし、機関誌に寄せたものである（図6）。機関誌には、窮屈な共同生活を強いられる利用者の声も掲載されている。

部屋のみんなと仲良くするために「笑顔を心がけています」「旅行へ行った時のお土産は部屋のみんなと一緒にね」といった声がある。狭小な生活空間でなんとか円満にくらしたい。しかし皆が皆しなやかに現実を受け入れ適応できるわけではない。「早く目が覚めたら、そっと散歩に出ています」「無口を通すことかな」といった声からは、あきらめすら感じられる。空間的な狭さが、気持ちの余裕を奪い、人間関係がぎくしゃくすることは容易に想像できる。しかし、部屋でトラブルがあったとしても、「お部屋の人と話し合ったり」「他の人と部屋を代わってもらったり」といった解決法しかなかったのである。

（3）強いられる制限的なくらし

このような居住環境に加え、人員配置基準の低さも相まって、利用者のくらしはいきおい制限的なものにならざるを得なかった。

先述のように、重度・重複障害を抱える人々は、十分な介護を受ける条件になかった。対話不在の職員サイドからの一方的な援助とならざるを得ず、「矮小化された三大介助」にどまっていた（松木二〇〇〇)。対話不在の一方的な介護は、その人の生きる意欲・生きる力をそぐ。「食わせて寝かせる」と形容された救護施設の貧しい最低基準の本当の恐ろしさはここにあるだろう。

また、比較的「元気な人」にしても、その人にあった支援を受けられないことによって社会復帰・地域生活移行へとなかなか結びつかない。このことが、入所期間の長期化へとつながっている。実際、施設創設のころに入所した知的障害を持つ人たちが現在高齢期を迎え、その人たちへのケアの確保も今日的な課題となっている。長期的には地域生活移行も視野に入れた就労支援や自立生活支援などの「その人にあった支援」ができないことが、入所期間の長期化（＝いったん入るとなかなか出られない）につながっている。ある職員は「救護施設で個別支援をやろうとしても、最低基準のままでは『絶対数が足りない』という壁に阻まれてしまう」と指摘する。

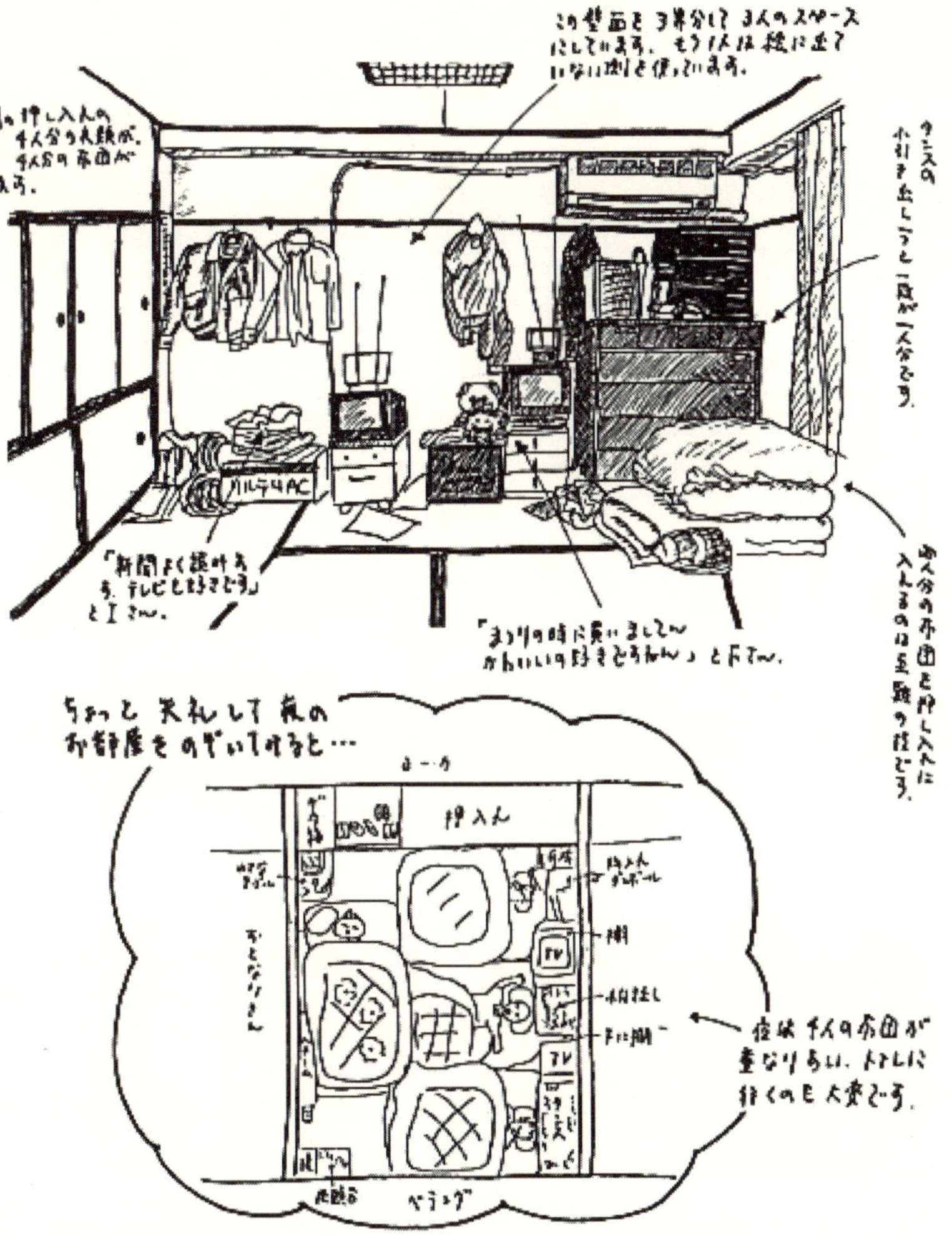

図6　施設の機関誌「寮だより」に掲載された職員による居室のイラスト
注：「8畳に4人」の居室の様子が描かれている。
出所：高槻温室寮「寮だより」第15号（1996年）。

（4）創設当初のくらしの様子

こうした厳しい居住環境や、最低基準の低さからくる慢性的な人手不足のなかで、職員はどのように実践に取り組んだのか。高槻温心寮創設当初の様子を、現在の施設長に伺った。

施設長によれば、施設創設当初は「利用者を『支援』するというより、まだ『保護』という感覚が強い時代」だったという。提供する娯楽にしても「まとめてみんなで旅行」という感じであった。日中活動もわずかに内職やクラブ活動がある程度であった。

ただ、職員の人手不足の中にあって、「利用者同士の助け合い」があったという。比較的障害が軽度な利用者が、重度の利用者の身の回りを世話したり、トラブルの仲裁をしたりといった役回りを果たしていた。もちろんこのことは、美化されうるようなものではなく、職員・専門職配置の不備・不足からのやむを得ぬ行為と見るべきだろう。

こうしたなか、七〇年代の半ばころ、若手職員が中心となって、「何も日課がないのはおかしい」ということで、日中活動の模索が始まった。若手中心でプログラムを組み、いまとなっては当たり前の作業やクラブ活動などを作っていった。

日中活動の創設と前後して、利用者自治会「心友会」ができた。きっかけは職員から利用者に働きかけたものであったが、自治会の創設は、「福祉運動」の高まりと呼応している部分もあった。当時の会長さんは「心友会の目的は〝要求〟ではなく〝親睦〟」と言っていたが、施設の改善も含めて、率直な要望が出されることもあったという。これは単調で受け身となりがちな生活を改善したい当事者と、職員との協力・共同の形でもあった。形骸化しがちな入所者自治会にあって、今日まで活動を続け、施設と定期的に懇談を設け、機関誌を発行し続けることは並大抵のことではなかったであろう。

(5) 地域に根差した施設へ

高槻温心寮の実践で見落としてはいけないのは、早い段階からさまざまな地域に開かれた実践を意識してきたことである。母体の社会福祉法人が「社会福祉施設は地域の福祉のとりでで」と位置づけていたことも相まって、広くボランティアを受け入れ、送迎事業や福祉まつりの開催など、幅広い実践に着手してきた。

とりわけ、二〇〇〇年代に入って取り組まれた「保護施設通所事業」「居宅生活訓練事業」は、これまで「入ったらなかなか出られない」施設であった救護施設を、大きく変えるものであった。これまで「個別支援」の重要性を認識しながらも、条件が整わず十分に取り組めなかった救護施設にとって、利用者に寄り添って支援することにより得られる成果は、単に地域生活移行が何人という数値だけでは表せないものであった。もし、地域生活に定着できなかったとしても、事業に取り組んだことでマンネリに陥りやすい支援を、大きく見直す機会となった（松木 二〇一二）。高槻温心寮も例外ではない。保護施設通所事業に取り組むことで、現に入所している利用者だけでなく、地域にくらす障害者の実態把握につながった。そして地域に根差した施設への志向性がより高まっていった（中川 二〇〇三）。

(6) 建て替え・個室化へ

一方で、利用者の障害の重度化は深刻の度合いを増してきた。また、建物の老朽化も進み、建て替えに着手せざるを得なくなった。建て替えにあたって、資金集めは困難を極めたが、各方面からの協力を得ることができた。また、建て替え後の高槻温心寮をどのように構想するか、職員の中でも議論が行われた。

特に、「大部屋・雑居」の解消は喫緊の課題であった。しかし、大部屋だと利用者の様子が一目でわかり、安否確認や状態把握がしやすい、という意識も強かった。当然、居室の規模が小さくなるとその分状態把握はしにくくなる。個室ならなおさらである。ただ逆にいえば、一目で状態を把握できるということはプライバシーが皆無であることも意味し、その人に沿った支援を行う上で個室化は必須である、という意見も強く出された。

様々な議論を経て、結局二〇〇八年に、救護施設としては全国に先駆けて居室の原則個室化を実現した。建て替えられた温心寮の外観はさながらマンションのようであり、居住環境は「大部屋・雑居」の時代に比べると改善された。今となっては、精神障害を抱える利用者を中心に、「もはや個室以外では考えられない」という人も増え、高槻温心寮の支援にとって「個室」はなくてはならない要素となった。

ただ、個室化が実現したからといって正規職員が増えたわけではない。二〇〇人という大集団が解消されたわけでもない。職員が見渡せる範囲に多くの利用者がいた時代と違い、労働密度は確実に上がっているだろう。実際、今でも職員の間では人員増を望む声は大きいという。しかしそれでも、個室化に踏み切ったことは、救護施設の歴史の中でも画期的なことであろう。

（7）好きなことができるように

個室化を実現した後の利用者の反応は、社会福祉施設において居住環境がいかに重要な要素であるかを、あらためて考えさせられる。これも施設の機関誌「寮だより第四九号」（二〇〇八年一一月）に寄せられた利用者の声から見てみよう。

「みんなの大声やケンカが起こったときなど、集団の中にいるのがしんどい時、自分の部屋に戻り、気持ちを落ち着かせることができるようになりました」「風邪をひいたとき、咳をするのも同室の人に気を使ったけれども、そんな心配がなくなり、楽になりました」という声からは、これまでいかに同室者とのしがらみの中でくらしてきたかがうかがえ、自分の空間が確保されることでそうした煩わしさから解放された喜びが伝わってくる。また、「着替えも、今までは、みんなの前で着替えるのが恥ずかしかったけれども、今は個室なのでうれしいです」といった声は、ごく当たり前の居住環境を提供できていなかった従前の居住環境の問題点を改めて浮き彫りにしている。

結局「一人部屋になり、落ち着いて本を読んだり、テレビを見たり、好きなことができるようになりました」という声に代表されるように、利用者が望んでいたごくつつましい生活が、個室化によってようやく実現の運びとなったのである。

また新しい施設には、地域交流スペース「ほっとホール」が設けられた。建て替え当時の施設長は、先の機関誌において「このたびの建て替えは施設の老朽化にありますが、一つの部屋に四人が生活する状況は解消したい、そして地域の皆さんにも使っていただける施設にしたいという思いをもち計画してきました」と述べている。施設利用者の居住環境向上とあわせて、地域に貢献できる施設づくりが志向されていることがよくわかる。

（8）ありとあらゆる生活問題を受け止めて

高槻温心寮の歩みは、利用者の障害の有無や年齢・性別を問わず受け入れてきた混合入所型救護施設の歩みを象徴するかのようだ。それは、乏しい条件の中にあって、利用者その人に寄りそったくらしを求めた、現場レベルでの試行錯誤といえる。それは「食わせて寝かせ」ざるを得ない現実を追認せず、利用者本位の支援を模索した実践といえるだろう。ただ、収容するだけでは生活問題の解決にならず、利用者の滞留・重度化・高齢化を招くのみ。だからこそ、支援の幅を広げる試みが重要となる。

そして、現場実践を振り返って、あらためて救護施設の現行の施設最低基準では不十分であることを指摘せざるを得ない。高槻温心寮に限らず、現場の先進的な取り組みは、ほとんど例外なく、その施設や担当職員の負担（場合によっては非正規職員を雇うなどして）によって成立している。近年、全救協の機関誌にも先進的な事例が紹介されることも増えてきたが、一方で、施設最低基準の底上げを強く求めていく必要があるだろう。

4　救護施設からわが国の社会保障・社会福祉を照射する

（1）社会保障・社会福祉の矛盾が集中

筆者はかつて、「救護施設は社会政策の矛盾を映し出す鏡」と表現したことがある（松木 二〇〇八）。救護施設利用者は、前提となる制度・施策の不備・不足がなければ救護施設に入所する必要のない人たちである。建前上とはいえ「選択と自己決定」によって入所する他法施設と異なり、希望して救護施設に入所してくる人はまずいない。仕事でけがをしたときに「もし労災できちんと治療が受けられていたら」、施設ケアが必要になったときに「もし身近に入所できる施設があれば」、精神病院を退院したときに「もし生活を丸ごと支えてくれるサービスがあれば」、困ったときに「もし十分に支えてもらえる環境があれば」救護施設に入所する必要はない。たとえば、救護施設利用者で精神障害者や野宿生活者といった人たちが増加傾向にあるが、それは彼らの抱える生活問題に対する施策が大きく立ち遅れていることの表れである。

今後、社会福祉サービスの「市場化」「保険化」が進むなかで、救護施設のこうした「補完・代替」の役割はいっそう鮮明になるだろう。入所している人の障害の種別や生活課題そのものは、時代によって変遷するだろうが、「どこにも行き場がない人たち」の最後の受け皿であるという点は変わらないし、変えてはいけない。あらゆる生活課題に対応する施設として、その役割は重要である。ただ、救護施設の役割の大きさは、わが国の他法社会福祉サービスの立ち遅れを裏書きしている、という視点は忘れてはいけない。

(2)「最低基準」が示すもの

本章に取り組んだことで、あらためて認識させられたのは、救護施設の歩んできた道のりが「低劣な施設最低基準と向き合い、たたかってきた実践の歴史」であるということだ。

救護施設は、「ひとりにつきタタミ二畳」の環境で、専門職の配置もないなかでくらしを構築してきた。施設最低基準の底上げは救護施設の積年の悲願といっても大げさではない。

最低基準にこだわり、そして泣かされてきた救護施設関係者は、「規制緩和」がすすめられる現在の状況をどうとらえるだろうか。たとえば保育に関して、待機児童解消のために保育所への参入障壁を下げるため、子ども一人当たりの床面積の規制を緩和する条例が、東京都や大阪市で制定されている。これに対し日弁連の宇都宮健児前会長は「待機児童解消を名目としながら、子どもの安全・安心な成長発達を大きな危険にさらすことと引き換えに、保育所の居室面積基準の緩和をすることを許容するもの」と厳しく批判している(「子どもの成長発達権を侵害する保育所面積基準の緩和を行わないよう求める会会長声明」二〇一二年四月四日付)。

一般には、「待機児童がこれで少しでも解消されるなら、少々詰め込み保育になってもいいではないか」と考える人もいるだろう。しかし、たとえ待機児童解消を目的としても、施設最低基準を引き下げることを容認するのは、自殺行為ではないか。見かけ上待機児童は減らせても、子どもたちが日常過ごす場としてふさわしいかどうかが議論されなければならない。私たちは過去に、詰め込み保育のベビーホテルでの痛ましい死亡事故を経験しているのである。

今後、財政難や待機者解消を口実として、社会福祉の「規制緩和」がすすめられる可能性は十分にある。最低基準は、援助の水準を規定する最も重要な生命線といえるものである。これがさしたる科学的根拠もなく、ただ政治的判断で引き下げられるということはあってはならない。その点で、これは保育分野にとどまらない大きな論点だ。

(3)「周縁的〝社会福祉〟施設」をどうとらえるか

まだ記憶に新しい群馬県渋川市「静養ホームたまゆら」の火災事故では、入居者の多くが身よりもなく、はるばる都内から入居せざるを得なかったという事実の重さに、あらためて考えさせられた。「たまゆら」に入居されていた人々の「寄る辺のない」「どこにも頼ることができない」という切羽詰った状況がその生活苦に拍車をかけている構図は、救護施設の利用者とも重なるところがある。

また、ホームレス対策として近年存在感を増している「無料低額宿泊施設（無低）」や、貧困ビジネスの温床となった「無届施設」や「胃ろうアパート」に入らざるを得ない人たちも、救護施設利用者と同じく、「他にどこにも行き場のない人たち」である。

第二種社会福祉事業として位置づけられている「無低」は措くとしても、その他の「施設」は、生活インフラの一翼を担う他の社会福祉施設と同列に論じることは困難であろう。あくまで「周縁的」な位置づけに留まらざるを得ない。なぜなら、救護施設の最低基準をも下回るような環境で、専門職の配置もなく、生存権にもとづいた支援・ケアは困難と考えるからだ。もちろん「無低」にしても適正な施設最低基準・職員配置と行政による規制が最低条件となる。その理由は、もう繰り返すこともないだろう。

（4）誰のための何のための基準か

救護施設に関わって調査・研究していると、最低基準に敏感にならざるを得ない。それが重しのようにのしかかり、支援内容を規定していることを実感させられるからだ。「最低基準」には、国がどのような水準で社会福祉サービスを展開しようとしているかが如実に表れる。これが財政的・政治的判断で自由に上げ下げすることを認めることは、「健康で文化的な最低限度の生活」をそのときのさじ加減でどうとでもできるということに他ならない。

最低基準の引き上げが遂にはかなわず、わずかな補助金事業と職員たちの負担で、利用者の複雑化する生活課題に何とか対応している救護施設の姿は、将来ほかの施設に飛び火しているかもしれない。「健康で文化的な最低限度の生活」をどのように保障していくのか、真剣に議論すべきときが来ている。

＊　本章は、筆者が行った貧困研究会第二回研究大会自由論題報告「救護施設の『あり方』を問う――社会的位置と役割の再検討」やそこで頂いた質疑・討論に依拠しています。また、業務がご多忙ななかインタビューや資料提供に快く応じていただいた高槻温心寮の丸野ちづる施設長・松木まゆみ生活部主任にあつく御礼申し上げます。

【参考文献】


一番ヶ瀬康子ほか（一九八八）『救護施設――最底辺の社会福祉施設からのレポート』ミネルヴァ書房。

貝塚邦郎（一九七〇）「『食わせて寝かせる』救護施設か――この人間的要求をどうする？」『社会福祉研究』七、七九―八四頁。

小山進次郎（一九五一＝二〇〇四）『改訂増補　生活保護法の解釈と運用』全社協。

田中彰（二〇〇六）「救護施設における自立支援事業の実践と課題」『社会保障法』第二一号、五一―六四頁。

中川健太朗監修（二〇〇三）『救護施設との出会い――「最後の受け皿」からのメッセージ』クリエイツかもがわ。

西村憲次（二〇〇九）「全国で初めて全室個室化を実現〝高槻温心寮〟」『福祉のひろば』二〇〇九年二月号、一〇―一八頁。

松木宏史（二〇〇五）「救護施設の地域展開から見えてくるもの」『同志社大学大学院社会福祉学論集』第一九号、三三―三八頁。

松木宏史（二〇〇八）「救護施設は社会政策の矛盾をうつしだす鏡」『福祉のひろば』二〇〇八年一一月号、七〇―七一頁。

松木宏史（二〇一一）「地域に根差した施設発のソーシャルワーク」中川清・埋橋孝文編『生活保障と支援の社会政策』明石書店、一七三―一九六頁。

松木宏史・松木まゆみ（二〇〇〇）「救護施設から『介護』を考える」野村拓監修『二一世紀の医療・介護労働』本の泉社、一七七―一八二頁。

渡辺孝臣（一九九二）「入所者の痛みをわが痛みとして」『日本の福祉はこれでいいのか』編集委員会編『日本の福祉はこれでいいのか――最前線から福祉労働を問う』あけび書房、七三―七八頁。

全国救護施設協議会（二〇〇四）『平成一五年度全国救護施設実態調査報告書』。

全国救護施設協議会（二〇〇六）『全救協』一二一。

全国救護施設協議会（二〇〇七ａ）『全救協』一二四。

全国救護施設協議会（二〇〇七ｂ）『救護施設の機能強化に向けての指針』。

全国救護施設協議会（二〇〇七ｃ）「地域生活支援関係事業実施施設等連絡会　資料」。

全国救護施設協議会（二〇〇八ａ）『地域生活支援関係事業ガイドブック』。

全国救護施設協議会（二〇〇八ｂ）『平成一九年度全国救護施設実態調査報告書』。

全国救護施設協議会（二〇一〇）『全救協』一三三。

第11章

医療ソーシャルワーカーが取り組む経済的相談
――医療扶助を中心に――

野村裕美

どんな立場であっても、人は診療の拒否をうけることなく、安心して医療をうける権利が守られなければならない。かつて、国民皆保険制度の登場は、人々に、誰もがいつでもどこの医療機関にも自由に公平にアクセスできる権利を付与し、一部負担で保険診療の恩恵が受けられることに人々は躍起となった。しかし、実際は、個別の事情により、保険料の納付ができておらず、保険があっても医療が受けられなかったり、自らが受療を先延ばしにしてしまい、結果として病気が悪化していく人々も散見された。

生活保護法の医療扶助は、さまざまな立場の人々の受療受診の機会を臨機応変に保障し、社会情勢や制度の変化にあわせ、他法へそれを委ねるという役割を担ってきたといってよい。本章では、医療扶助の果たしてきたワンポイントリリーフとしての役割の重要性を、医療ソーシャルワーカーの取り扱った事例を通して考えていきたい。

1 医療ソーシャルワーカーが取り扱う経済的問題

かつては、生活保護の医療扶助をうけることによって、「初めて医療の恩恵にあずかることができる人々がいる」（杉本 一九八一：二四）と論じられたように、疾病と貧困の関係は表裏一体的であった。「経済は人間が生活していくうえでの基底的要因であり、疾病者の経済的必要性は高い」（杉本 一九八一：一四五）と指摘されているように、医療ソーシャルワーカーのもっぱらの課題は貧困問題であったといっても過言ではない。一九

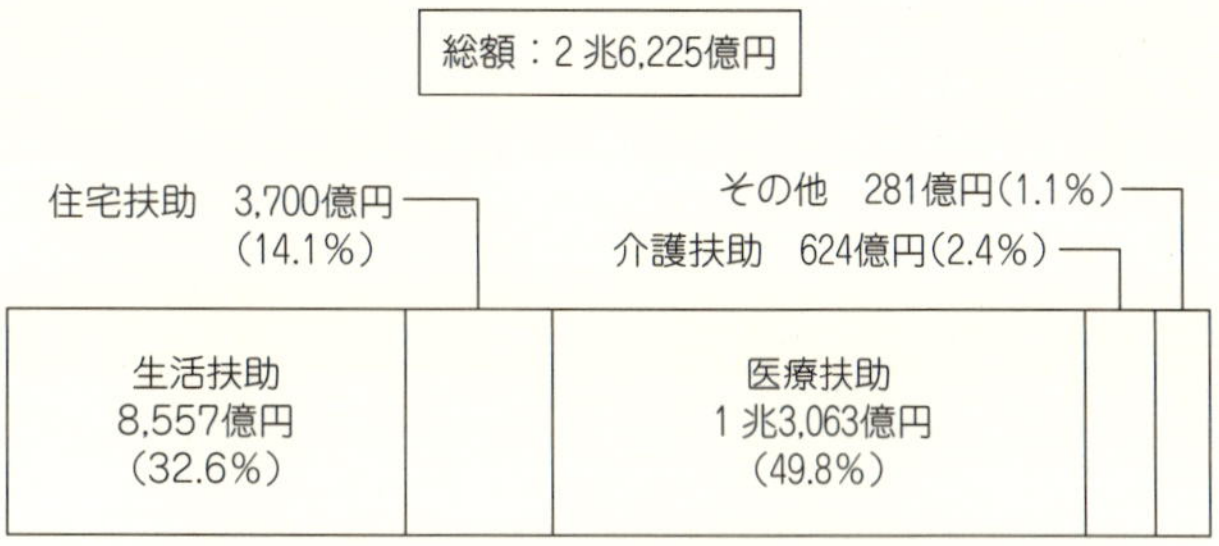

図1　保護費の総額及び扶助の種別の構成（2008年度予算ベース）
注：保護費の負担割合は，国3／4，地方1／4。
出所：厚生労働省（2008）「生活保護の医療扶助について」（http://www.mhlw.go.jp/shingi/2008/11/dl/s1104-3b_0002.pdf-200811-13-）。

五四年の日本医療社会事業家協会（現 公益社団法人日本医療社会福祉協会）創設期においては、協会として医療扶助一部負担調査を実施し、一九五六―一九五七年にかけて、調査委員会がたちあがり、生活保護基準額の低さが一部負担金を生じさせ、結果として受療を妨げる一因となっていることを調査し、報告するなど活発な活動を組織として展開している。

しかし、たとえば、老人医療制度や高額療養費支給制度が登場したことにより、生活保護費の中での医療扶助が占める割合が減少したように、時代によって、医療ソーシャルワーカーが対象とする問題や生活課題も流動していると思われる。取り扱うメインイッシューが退院計画等へ移行しつつある現代ではあるが、医療ソーシャルワーカー業務指針において、経済的問題への対応は以下のとおり定義されている。

5）経済的問題の解決、調整援助
入院、入院外を問わず、患者が医療費、生活費に困っている場合に、社会福祉、社会保険等の機関と連携を図りながら、福祉、保険等関係諸制度を活用できるように援助する。

日本医療社会事業協会（現 日本医療社会福祉協会）位置づけ調査研究委員会の定義においても、以下のとおり、経済的な支援に関わる項目は一六項目のうち二項目に表記されている。医療費の支払いに関しては、医療保険制度などの活用などを通して支援をし、また、医療費以外の経済的問題があれば同時に問題解決に取り組んでいくことがあげられている。

1．医療費に関する問題の解決、調整援助
2．生活費等に関する問題の解決、調整援助

病院組織としても、患者の医療費の支払いが困難な状況は、組織として認めがたく、昨今の助成制度の複雑さでは患者や家族の力だけでは制度の利用までたどり着かないことも想定される。医療保障に関わる制度への迅速なアクセスや円滑な制度の活用は、組織としても医療ソーシャルワーカーに期待したいのはいうまでもない。

2　医療ソーシャルワーカーの最近の動向

さてここでは、現代の医療ソーシャルワーカーのメインイシューについて考えていきたい。病院には、医療ソーシャルワーカーという職種の相談員が、医療福祉相談室や医療相談室、地域医療連携室等で相談活動をしている。戦前に聖路加国際病院に初めてのソーシャルワーカーが配置されたのを皮切りに、現在、全国には五〇〇〇人近くの保健医療分野を専門とするソーシャルワーカーが働いている（公益社団法人日本医療社会福祉協会調べによる。ホームページ http://www.jaswhs.or.jp/）。

医療ソーシャルワーカーは、厚生労働省「医療ソーシャルワーカー業務指針」に則り、本章で取り上げる経済的問題の解決や調整援助のほか、療養中の心理的・社会的問題の解決や調整援助、退院援助、社会復帰援助、受診・受療援助、地域活動などを行い、患者及びその家族の抱える経済的・心理的・社会的問題の解決、調整を援助し、

社会復帰の促進を図る業務を行っている。

現在、多くの医療機関においては、医療ソーシャルワーカーは社会福祉士資格を有し、病院や保健所だけでなく、介護老人保健施設や在宅介護支援センターなどにも活躍の場を広げ、医療と福祉の連携強化を図っている。

医療ソーシャルワーカーが社会福祉士を基礎資格とすることは、社会福祉士法改正において認めることができる。一九九八年には「医療ソーシャルワーカーのあり方等に関する検討会」において、社会福祉士の実務経験施設に医療機関が追加となり、現任のソーシャルワーカーが資格取得する門戸が一挙に開けた。二〇〇五年には社会福祉援助技術現場実習指定施設として病院・診療所・介護老人保健施設が認定を受け、追加となり、社会福祉現場実習において保健医療分野でのソーシャルワーク実践が取り入れられることとなった。さらに、二〇〇七年には社会福祉士及び介護福祉士法改正により、医療ソーシャルワーカーの基礎資格が社会福祉士であることが明記され、さらに二〇〇八年には診療報酬改定により社会福祉士が行う退院調整が診療報酬点数表で評価されるようになったのである。

この診療報酬改定における社会福祉士の退院調整の評価は、医療ソーシャルワーカーへの期待が、入院治療計画及び退院計画の支援、および社会復帰の支援にあることを裏づけているともとれる。二〇〇一年の第四次医療法改正により、急性期と慢性期への病床区分が見直された結果、医療費の包括化や入院期間の短縮化が進められるようになった。次いで二〇〇七年の第五次医療法改正では、医療機能の分化や連携の促進が進められる中、医療ソーシャルワーカーはますます社会的入院の解消や退院支援・退院調整に関わる業務を組織の側からも強く担わされ、二〇〇八年にはその働きが診療報酬上でも評価されるようになっていった経過が窺える。

とはいえ、昨今の長引く不況や東日本大震災による被災地域の生活困窮の現状を鑑みれば、医療費や生活費の工面で困難にある人々への支援へのニーズは確実にある。医療ソーシャルワーカーが取り扱っている問題の実態として、二〇〇三年に日本医療社会福祉協会が実施した「病院における社会福祉活動推進に関する調査結果報告書」は大変興味深い。現任のソーシャルワーカーに対し、質問紙においてソーシャルワーク業務八項目から上位三項目に順位をつけるように求めたところ、「退院援助」「心理社会問題解決」「受診受療援助」「社会復帰援助」に次いで、「経済的問題援助」「地域活動」「苦情解決」と続いている。中味の詳細を見ると、五九歳までは「医療費の問題」が多く、六〇歳を超えると「退院援助」が最も多くなる。四〇歳代は「生活費の問題」が最も多く、七〇歳代になると「在宅ケア」に関わるものが多くなる。援助期間でみると、開始当日の援助では「医療費」と「受診」に関わるものが上位となり、その後は「退院援助」が第一を占めてくる。以上のことから、医療ソーシャルワーカーは、四〇—五〇代までの稼動世代に、医療費や生活費の確保などの経済的問題の解決に関わることを今もなお要請されていることがわかる。

3 援助開始期に多い「医療費」と「受診」に関わる相談

医療ソーシャルワーカーが早期に介入して行う退院援助には、それより先行して医療費や受診受療に関わる援助が始まっていることは、救急救命センターなどの高度医療を提供する機関におけるソーシャルワーク実践で見られる。木村らは、大学病院の救急救命センター専属のソーシャルワーカーとしての相談業務内容を分析し、限定的な時間内で「難航しているこれらの生活課題に対し、的確に援助を展開するためには、生活課題を分析し、アセスメントのあり方を検討することが必要である」（木村・竹本 二〇一〇：五二）としている。実際に介入したケースの生活課題の構造の分析にあたり、救急救命センターへの相談内容の特徴を踏まえ、以下の一〇項目を作成している。

1．転院問題
①治療　継続治療を必要とするため医療機関を選定する上で生じる問題
②介護　療養を必要とするが介護力がないために生じる諸問題
③居住環境　居住環境の未整備等に伴って生じる生活場所の確保の問題

2．経済問題
①医療費　傷病によって伴う高額な医療費によって生じる問題
②生活費　生活費や借金等、金銭に関わる問題

3．心理的問題
①本人　患者本人の性格や感情のありようによって生じてくる問題
②家族　家族に生じる心理的な不安など

4．日常生活上の問題
①金銭管理　金銭管理が患者本人でできない時に生じる問題
②身の回り品　入院中に必要な物品を患者本人で手配できない場合に生じる問題

5．方針選定上の問題
①治療　患者本人が自己決定できない場合に、今後の治療方針などをきめなければならない時に生じる問題
②転帰　転帰先を決めていく上で生じる問題

6．在宅療養上の問題　自宅へ退院する場合に生じてくるさまざまな問題

7．家族問題
①言語　治療上妨げとなる家族の言語能力の問題
②理解力　治療上妨げとなる家族の理解力の問題
③人格　治療上妨げとなる家族の人格上の問題
④関係性　患者の発病によって患者家族間に生じる関係性の問題

8．身上問題
①身寄り　傷病や疾病にかかわりなく、身寄りがないことから発生する問題
②ホームレス　傷病や疾病にかかわりなく、身寄りがないことから発生する問題
③外国人　傷病や疾病にかかわりなく、外国人であることから発生する問題

9．コミュニケーション
①言語　患者本人の言語能力によるコミュニケーション上の問題
②理解力　患者本人の理解力によるコミュニケーション問題
③人格　患者本人の人格上の問題によるコミュニケーション問題
④意識障害　患者本人が意識障害であるが故に生じるコミュニケーション上の問題

10．葬祭の問題　患者がなくなった時に生じてくる様々な問題

（木村・竹本 二〇一〇：五二—五三）

木村らの分析によれば、経済問題（医療費）は転院問題（治療）に次いで二位であり、一般病床よりも診療報酬が高い救命救急センターでは、健康保険の高額療養費上限額の適用・限度額適用認定証の活用により経済的不安を早期に払い、治療に専念させる必要があることを指摘する。中には経済的負担感が大きすぎるため、蘇生措置を拒否するケースがあることも書かれていた（木村・竹本 二〇一〇：五三）。また、コミュニケーションの問題（言語）では、本人が意識不明等でやり取りが難しい場合もさることながら、滞日外国人や旅行者などクライエントが外国人の場合、通訳などの手配や情報弱者にならないことに配慮するべきことを指摘している（木村・竹本 二〇一〇：五三）。

4 経済的問題解決のためにソーシャルワーカーが活用する主な制度

次に、医療ソーシャルワーカーが、経済的問題の解決に活用する代表的な制度を解説したい。

まずは健康保険制度で保障されている高額療養費制度である。これは、病院などの窓口で支払う医療費を一定額以下にとどめる目的で支給される制度であり、健康保険の制度であるため、保険加入者にとっては医療費助成の基本的なものとなる。一ヵ月間（同月内）に同一の医療機関でかかった費用を世帯単位で合算し、自己負担限度額を超えた分について支給される。基本は、保険者に対し高額療養費支給申請書を提出することで自己負担限度額を超えた分について後に支給されるが、保険者によっては支給申請書を提出しなくても自動的に支給される制度を採っていることがあるため保険者に確認が必要である。

なお、入院に際しては、事前に手続きをして、限度額適用認定証の交付を受けていれば、医療機関に提示することで、そもそも自己負担限度額を超えている分について医療機関に支払う必要がない。また、入院時の食事療養や生活療養、部屋代等の特別料金、歯科材料における特別料金、先進医療の先進技術部分、自費診療を受けて償還払いを受けた場合における算定費用額を超える部分など、保険外の負担については対象外となる。低所得者に該当する人は、入院の場合保険者に「限度額適用・標準負担額減額認定証」を申請し医療機関に提示すると、入院時の食事代も一食二六〇円から二一〇円に減額されることとなる。

次に、七〇歳になると交付される「高齢受給者証」についてである。医療保険に加入している人には、保険者から「高齢受給者証」が交付される。医療機関を受診するときには、もともと持っている保険証と高齢受給者証の両方を提示して、かかった医療費の一割（現役並み所得者は三割）を負担する。一ヵ月間の医療費の自己負担が所得に応じた限度額を超えた場合は、申請により払戻しを受けることができる。七五歳以上となると「後期高齢者医療」の対象となり、被保険者証が発行される。医療機関を受診するときには、後期高齢者医療被保険者証を提示して、かかった医療費の一割（現役並みの所得者は三割）を負担する。

出産費が工面できない場合、世帯の所得に応じて出産費の負担を軽減する制度を入院助産制度という。地域の指定の病院でのみ対応している。外国人登録をしている外国人も対応可能である。

制度の狭間にある人々の困窮に対し、最後の切り札としての役割を担っている医療扶助は、その適正化と改革について議論が高まっている。ホームレス等への要保護者の急迫保護対策、頻回受診者対策、精神疾患・社会的入院対策、慢性疾患、生活習慣病患者対策において、医療扶助費を削減するべきとの見解である。ケースワーカーとの専門的支援関係を基礎とした、自立支援への具体的方策としては、医療扶助への一部負担導入、後発医薬品の積極的使用、かかりつけ医や救急時の搬送医療機関の登録制などを導入し、適正化への取り組みを図ることが考えられている。

傷病のため仕事ができなくなり、預貯金もなくなり、生活費や医療費などの見通しなどが立たないで困っている人は、生活保護の活用が考えられる。他に活用できる制度がなく、また活用できたとしても世帯の収入が最低生活基準を下回る場合に活用できる。生活保護には、生活扶助、住宅扶助、教育扶助、医療扶助、介護扶助、出産扶助、生業扶助、葬祭扶助の八種類の扶助があり、貧困・低所得者に対する支援施策となっている。国民健康保険制度の被保険者は適用されないため、ほとんどの保護受給者は全額補助となる。また、自立支援医療が適用されるものや、被用者保険の被保険者、被扶養者については各制度において給付されない部分が補助される。医療扶助の範囲は、生活保護法第一五条において、「診察、薬剤又は治療材料、医学的処置、手術及びその他の治療並びに施術、居宅における療養上の管理及びその療養に伴う世話その他の看護、病院又は診療所への入院及びその療養に伴う世話その他の看護、移送」と規定されている。この医療扶助をワンポイントリリーフ的な役割というのは、医療費のみ不足する者には医療扶助は単給されることがあるからである。困窮のため最低限度の生活を維持することのできない者に対して、先に掲げる事項の範囲内において行われる。

なお、二〇〇八年三月三日に開催された厚生労働省社会援護局関係主管課長会議において、生活保護の医療扶助における通院移送費に関する適正化の指導がなされた。これを受け、大阪府下一部市町村では、被保護者に対し、移送費の停止と通院先変更の指導を行った。大阪医療ソーシャルワーカー協会、大阪社会福祉士会、大阪精神保健福祉士会、大阪医療ソーシャルワーカー協会は連名にて通院移送費取扱いの要望書を提出し、管内にない専門治療をうけるための医療機関に受診できるようにするため、個別の対応や特別措置対応を強く要望した。

給付方法は、原則現物給付となっており、医療扶助を受ける場合は、通常、事前に被保険者が保護の実施機関より交付された医療券をもらう。その医療券を外来受診時に、指定医療機関に提出し、必要な医療を受けることができるのである。

医療扶助の活用に医療ソーシャルワーカーの支援が求められるのは、以下の理由による。まず、手続きにおいて、生活保護申請書・家賃証明書・収入申告書などの指定書類が必要であること、次に、申請受付日からの適用となるため、医療にかかるときは早めの手続きが必要であること、決定には時間を要すること、などがあげられる。したがって、申請受付日などと入院日とのブランクがないよう、円滑に進める必要がある。

さらに、他の医療費助成制度や生活保護の申請を検討したが、体調が思わしくなく医療費の負担もできないのにもかかわらず、生活保護の条件や基準に該当せず受給できなかった人については、無料低額診療事業がある。生活困難であり、経済的な理由によって必要な医療サービスを受ける機会を制限されることがないようにするため、無料または低額な料金で医療利用を行うものである。社会福祉法人や財団法人などの限られた病院・診療所で実施され、各機関が独自に運用規定を策定し、医療機関が必要であると認めた事例について補助が受けられる。減免の内容や期間などもさまざまである。対象もさまざまである。健康保険加入者か、あるいは一部無保険者で、DV被害者、無国籍者、同居人の扶養放棄、多重債務者、などであれば、生活が改善するまでの一定期間の措置として認めることができる。もちろん、医療機関が決めれば、不法滞在の外国人にも適用される。生活保護基準は満たしていないが、健康保険料が支払えない、窓口負担も難しい制度のはざまにある困窮者はたくさんいる。無料低額診療事業は、生存権の保障を医療扶助とともに果たしていく重要な役割を担っているといえる。

5　医療扶助の適用の停止：外国人の医療保障

医療ソーシャルワーカーが実際に相談をうけている事例として、以下のようなものがある。消化管穿孔で大学病院の救命救急センターに搬送されてきた登場人物スミス氏は、無保険の超過滞在者であった。いわゆるオーバーステイである。

緊急入院したスミスさん（仮名）は、健康保険証を持っておらず、ソーシャルワーカーへ経済的支援について依頼があった。かなり放置してしまった「消化管穿孔」のため手術も何回かに分けてする必要があり、入院期間は「二～三ヶ月必要」という重症である。

本人は日本に観光ビザで入国し、その後一〇年以上滞在しているといういわゆる「超過滞在」である。その間B市にある鉄工所にまじめに勤務していた。母国に親と兄弟姉妹がおり、そこへ仕送りをしていた。日本滞在中に同国の女性といっしょに生活をはじめ、現在に至っている。

本人と同居の女性はあまり日本語ができなかったが、彼らは同国人のコミュニティがあり、日本語のわかる友人たちが間に入ってくれた。そこで、経済状況等を確認したところ、「超過滞在」のため健康保険証が作れずにいて、ここ最近具合が悪いながらも我慢を重ね、仕事を続けていたことを話し始めた（左右田 二〇〇八：六）。

以上のようなケースは、観光ビザで入国しそのまま労働者として超過滞在している人たちである。特に、労働者としての外国人の入国や、婚姻による入国は増えており、彼らの国籍も多様化している（表1・2参照）。彼らは、雇用上や文化の違い等の問題とともに、外国人が日本において傷病者となった場合の医療保障の問題を投げかけている。この問題は、母国の医療事情とも関連して、複雑化・深刻化していると言えよう。

表1　国籍（出身地）別不法残留者数

(1) 韓　国	24,198人	〈構成比21.4%〉
(2) 中　国	18,385人	〈 〃 16.3%〉
(3) フィリピン	17,287人	〈 〃 15.3%〉
(4) タ　イ	6,023人	〈 〃 5.3%〉
(5) 中国(台湾)	4,950人	〈 〃 4.4%〉
(6) ペルー	3,396人	〈 〃 3.0%〉
(7) インドネシア	3,126人	〈 〃 2.8%〉
(8) マレーシア	2,986人	〈 〃 2.6%〉
(9) スリランカ	2,796人	〈 〃 2.5%〉
(10) ベトナム	2,527人	〈 〃 2.2%〉
その他	27,398人	〈 〃 24.2%〉
計	113,072人	

出所：法務省（2009）「国籍（出身地）別不法残留者数」
（http://www.moj.go.jp/nyuukokukanri/kouhou/press_090217-2.html）。

表2　在留資格別不法残留者数

(1) 短期滞在	76,651人	〈構成比67.8%〉
(2) 留　学	5,090人	〈 〃 4.5%〉
(3) 興　業	5,015人	〈 〃 4.4%〉
(4) 就　学	3,186人	〈 〃 2.8%〉
(5) 研　修	2,561人	〈 〃 2.3%〉
その他	20,569人	〈 〃 18.2%〉
計	113,072人	

出所：法務省（2009）「在留資格別不法残留者数とその推移」
（http://www.moj.go.jp/nyuukokukanri/kouhou/press_090217-2.html）。

医療機関としては、外国人の患者の受診に際し、健康保険に加入しているかどうかや、在留資格といったものがまず気になりがちである。また、受診する側の傾向としても、特に健康保険のない外国人は、症状がかなり重症にならない限り医療機関にかからない現状もある。しかし、医療機関はあくまでも人道的な立場から、医療ソーシャルワーカーは「コミュニケーションの保障」「帰国希望者への支援」「医療費の問題」という三つのポイントに配慮して、目の前にいる傷病を負った人に対して必要な医療を提供する役割を果たす必要があると言える。

まず第一に、コミュニケーションの保障である。日本語でのコミュニケーションが十分でないと判断された場合、病状の説明や治療に関する意思の確認のために、まずは母国語での通訳の確保が必要となる。プライバシーの問題上、患者に同行した友人・知人に安易に通訳を依頼することは避けなければならない。また、病名の告知や日本での治療の継続に際し、母国語の通訳の協力を得た適切なカウンセリングも必要となってくるかもしれない。地域の外国語通訳派遣・医療通訳派遣の支援団体・ボランティアに関する情報収集が必要となってくる。

第二として、帰国希望者への支援である。患者が母国への帰国を希望した場合、母国の医療事情に関する情報収集が必要となる。そのためには、大使館や入国管理局と連携し、母国での治療継続のための治療上の準備、セルフケアの指導、また、受け入れとなる医療機関の確保や申し送りを視野にいれた支援が必要となる。また帰国に関する出国に関する具体的な手続きや費用の確保などに関する支援も行い、帰国後の生活の見通しを立てることが必要となる。

最後に、医療費の問題である。不法という場合、入国管理法上でいう定住外国人なのか、短期滞在外国人なのか、あるいは、不法残留や不法入国を含む不法滞在外国人なのかの別がある。不法在留外国人とは、不法入国者と超過滞在入国者の二種であると整理されている。（下山 二〇〇八：九五）。超過滞在入国者とは、正規入国をしたが、更新をせずにそのまま滞在していることが違法となる場合である。超過滞在をする多くのケースが、労働者としてい続けることと大きく関連していると下山は指摘している。

不法滞在の人が使える社会保障制度は原則的にはないが、一九九〇年までは人道的な観点から、不法就労の外国人労働者であっても入院治療の必要がある場合は、生活保護を申請して医療扶助を受けることができていた。しかし九〇年代ごろ、不法就労の外国人労働者問題が顕在化してきたこともあり、一九九〇年一〇月、厚生省（当時）は定住者ではない外国人への生活保護医療扶助を準用しないよう、全国の自治体に指示した。

しかし、それ以降も、外国人の未払い医療費問題は広まり、外国人救急医療費の未払い医療費を補塡する事業を地方自治体によっては設けるところがでてきた。補助基準や補助金額等が十分とは言えず、ばらつきがあるのが現状である。群馬県外国人未払医療費対策、埼玉県外国人未払医療費対策事業、東京都外国人未払い医療費補塡事業、千葉県外国人救急医療費対策補助など、各自治体が努力しているのが現状である。東京都では、増え続ける未収医療費に対応すべく、一九九二年に行旅病院及び行旅死亡人取扱い法を適用させ、対応をし始めた。もともと本法は、定住の実態がなく、健康保険加入が難しく、旅人と認められる患者であれば、と解釈し不法外国人への適応を図った。

ただ、不法滞在、特に、滞在期間が超過してしまったからといって、生存権にある医療を受ける権利は否定されるべきではないと下山は指摘する（下山 二〇〇八：九九）。生活保護法における緊急医療を受ける権利は特に設けられておらず、これにあたる役割を医療扶助が果たしてきたのは事実である。現物支給の扶助として、保護の実施機関や社会保険の保険者から「直接確実に迅速な」医療費を受ける方が望ましい。実際、困窮者がいったん医療費を立て替えて支払うのは非現実的であるが、生活保護法の外国人への適応解釈は、昨今の医療扶助適性化の流れには反しているともいえ、無料低額診療事業で応急的に置き換えることができたとしても、抜本的な解決にはなかなかならないのが現実である。

【参考文献】

木村亜紀子・竹本与志人（二〇一〇）「ソーシャルワーカーが介入する生活課題の状況──救命救急センターのケースを通して」『医療と福祉』八八（四四─二）、日本医療社会事業協会。
左右田哲（二〇〇八）「超過滞在をしている外国人の医療」大谷昭・大本和子ほか『改訂　医療ソーシャルワーク実践事例五〇例』川島書店。
下山重幸（二〇〇八）「不法在留外国人の緊急医療を受ける権利と憲法二五条の理念」『和光大学現在人間学部紀要』第一号、和光大学。
社団法人日本社会福祉士会（二〇一二）『滞日外国人支援の実践事例から学ぶ多文化ソーシャルワーク』中央法規出版。
杉本照子（一九八一）『医療社会福祉学入門』医学書院。
日本医療社会事業協会社会保険部救急小委員会（二〇一一）「救命救急センターにおけるソーシャルワーク援助の業務実態調査」『医療と福祉』九〇（四五─一）、日本医療社会福祉協会。
法政大学大原社会問題研究所（一九九四）「『不法就労』外国人労働者問題の深刻化」『日本労働年鑑』第六四集、労働旬報社。

第12章

「自立支援」は生活保護をどのように変革（転換）したか
――希望をもって生きる釧路チャレンジを通じて――

櫛部武俊

現行生活保護法によって生存権について国の責任と国民の権利が確立した。しかし「適正化」の生活保護制度運用によって、権利としてのそれは受給者の自尊心を失わせるスティグマ構造となり、同時に福祉事務所から現業機能の縮小、公的扶助の後退をもたらした。ワークファーストモデルから発した生活保護受給者自立支援ではあったが、当事者目線と地域資源との「分担」で支援が組立てられるとき、受給当事者の発達保障と生存権保障を担う福祉事務所の再生という課題に向き合うのではないか。

本章では、釧路モデルと呼ばれる「釧路市生活保護受給者自立支援」の取り組みを通じて、その手がかりを提示する。

1　自立支援の黎明

釧路モデルといわれる生活保護受給者自立支援の取り組みは、国の社会保障審議会福祉部会「生活保護制度の在り方に関する専門委員会」の報告書（二〇〇四年一二月）がもたらしたものだった。「自立の考え方をプログラムという手法で転換し、現場実践の可能性をもたらした」という点にこそ基準問題などへの批判を越えてなお価値あるものであった。報告書の中心は、「一、被保護世帯が抱える様々な問題への『多様な対応』、二、『早期の対応』、三、組織的取組を推進する『システム的な対応』の三点を可能とし、経済的給付に加えて効果的な自立・就労支援策を実施する制度とすることが必要、四、被保護世帯の現状や地域の社会資源を踏まえ、自主性・独自性を生かして自立・就労支援のために活用すべき『自立支援プログラム』を策定し……支援を実施すること」にある。

特に委員の岡部卓の提言を元にした「経済的自立・社会生活自立・日常生活の自立」論は、これまでの「保護廃止＝自立」呪縛論からの解放であり、「自立支援プログラムの導入」を通じて地域からケアを創造していくこと、基礎自治体が目の前にいる市民、受給当事者と向き合う手掛かりを提示した。二〇〇五年三月、「平成一七年度における自立支援プログラムの基本方針について」という厚生労働省社会・援護局長通知（技術的助言）が発出され、福祉事務所現場の取り組みが期待されたが、現場はむしろ冷やかだった。足を踏みだせない問題が職場にはたくさんあったからだ。

（1）ＮＨＫ職場

納税のＮ、保護のＨ、国保のＫの頭文字をとってＮＨＫ職場と言われているこの部署は、全国の自治体職員が行きたがらない不人気職場のベスト3だ。なかでも生活保護を担当する福祉事務所は、国民から支持が得られにくく、むしろ叩かれる「公務員問題と生活保護問題」の二つをかかえている点で特別困難を抱えている職場だ。「三年だけ我慢していってくれ」とローテーションを決めている自治体もある。生活保護受給者が増加しているところでは、生活保護を担当するケースワーカーの配置が追いつかず、一人のケースワーカーが一三〇―一五〇世帯を担当していることも珍しくはない。生活保護職場は所帯が大きいだけに、今はどこの自治体でも課題になっている心の病を持った職員が他課から異動で来ることも多い。全国に約一万九〇〇〇人ほどのケースワーカーがいるが、多くのケースワーカーは鬱々としたり、自尊感情をなかなか回復できない現状にある。

筆者の二二年間のケースワーカー人生の三分の二もそういう只中にあった。

（2）夜明け前は本当に暗い

一九八八年、一三年間勤めた障がい児施設から保護課（当時）に異動となった。障がい児療育に燃え、「生活力形成」的な視点で取り組んでいたが、結果的に「生活リズム点検運動」の自己目的化、問題発見型専門家主体の限界を感じながらの異動となった（ただし筆者にとってはここでのいわば負の遺産が自立支援の取り組みの中で生きることになった）。

そうしてケースワーカー生活が始まった。バブル真っ盛りの中、その「明るさ」とは逆に生活保護職場は、暗い時代を迎えた。「いかに受給者を減らすか」を基本とした福祉事務所の運営がされていくと、職場はだんだんバラバラになり腰が砕けてしまう。保護費の減額補正をすると「焼き肉を驕られる」（減らせ！　ということ）。受給者向け広報お知らせ紙に「義務・義務と書け」、「権利も両方あります」と言うと立たされたまま叱責される。これが日常化すると自尊感情は失われ、弱い受給者に向かったり、職場から逃げ、スナックで憂さを晴らす日々が繰り返された。仲間のケースワーカーが過労死のように突然亡くなった時は、そのことを想い出すたびに急に体が震え、涙が訳もわからず出てしばらく安定剤のお世話になることもあった。わずか二〇年ほど前の一二三号通知下の福祉事務所の出来事だ。そうした極端な職場状態はその後回復したが、自尊感情はあまり持てないままだった。

釧路市は一九九七年ぐらいから右肩上がりで生活保護受給者が増加する。基幹産業である水産業が低迷し、二〇〇二年には国内最後の営業炭鉱が閉山するなど、地域経済の衰退が顕著になり、それが生活保護増に直結し地域から非難の声が殺到することになる。「あんなやつ受けさせていいのか」「財政がもつのか」等々……。市民二五人に一人そして二〇人に一人が受給するということは、隣の家問題ともいうべき状況で、市民的関心を巻き起こさずにはいられなかった。こうした中で「ケースワーカーを増やせ」の対決型では職員増も図れない職場に提案型の業務検討委員会が立ち上がり、自ら考えるしかなかった。内部的なことであったがその動きは一筋の光明だった。これが自立支援夜明け前の福祉事務所の出来事であった。

(3) 異文化・地域と向き合う第一次ワーキング

二〇〇三年度末、国から母子世帯に特化したモデル事業をという話があった。部内的にも生活保護が目立つこの時期にわざわざやる必要があるのかという意見もあって、市長の委嘱状を伴う委員会方式が取りやめとなり、福祉事務所が行う半公式的な取り組みとなった。お手本なし、自分たちで考えなければ進まないことになってきた。近畿圏のモデル市が〝シンクタンクに調査依頼する〟との話を聞きつけ「負けたくない」一心で資源があるわけではないが地元には大学があるじゃないかと公立大学の門を叩き、また既成の諸団体に集まって頂くのではなんとなく答えが決まっていそうだったから、大学教員、教育委員やNPO役員など、簡単に合意形成ができそうもないが知恵がでそうなメンバーに依頼し、通常は作業部会と呼ばれるワーキンググループという検討会を設けた。福祉事務所は、大学等に仕切ってもらい、受け手に回りたいという心理が働いたがことごとくボールは福祉事務所に返され、他力本願はとん挫し、支援案策定など、まさしく当事者として自ら動き回らなければならなくなった。

ワーキンググループに提案する諸資料、特に支援策の検討をし、検討会に諮った。そこからがまさに異文化とのぶつかり合いだった。いわく、「エンパワメントの視点がない」「エンパワメント?(何? それ?)」「自尊感情の醸成がなければ当事者は乗ってこない、失敗する(当事者って? ケースのことか?)」等々、手厳しい指摘の連続だ。言葉の意味がわからないし、多少の感情も入った議論だったが、思いもしない視点は刺激に満ちていた。

(4) 段階的自立論としての「中間的就労」

就労・養育等の支援策を、負けたくないという気持ちで見直した。「自尊感情」というところを基本に「高齢者のご機嫌伺い」というヘルパーさんに同行し、話し相手になるボランティア的な取り組みや料理教室、ヘルパー・OA資格取得支援などを支援策として策定、再提案し合意が得られ実施した。参加した母親たちに受け入れられたことが、この試みの最大の特徴だった。「訪問先のおじいちゃんに褒められて嬉しかった」「ヘルパーさんの仕事を傍で見て働くことを考えた」「資格の教室で同じ境遇の人と話せて元気になった」等々、当事者の声が返ってきて、右往左往しながら取り組むケースワーカーを励ました。

地域の資源にお願いし取り組んだモデル事業と異文化と向かい合ったワーキンググループ会議は、「ただちに就労に向うにはハードルが高い」「社会的な時間・場」「自尊感情」「当事者」というキーワードと「中間的就労」(ボランティア活動)段階の必要性を明らかにした。これからは地域資源・事業者と相談したり当事者と話をしたりという関係性が見える、向かい合ったキャッチボールになりそうに思えた。

(5) 同好会からはじまる自立支援

モデル事業終了後、外だしの自立支援事業としてメニューの豊富化を図り、母子世帯に限らず、高齢世帯を除く全世帯対象に広げようと、公園事業者、動物園事業者などを廻り委託先を増やしていった。国の事業費補助もいつ要綱通り二分の一になるのかもわからない中の船出だった。モデル事業では、親戚のような福祉事業者やNPOにお願いしてきたが、もう一回り外の事業者に対しては生活保護世帯への理解促進という新しい課題もあった。

もう一つの課題はケースワーカーの理解である。

なんと言っても「仕事に結びつくのか」という伝統的な就労価値観との違和感がケースワーカーにはあるからだ。「就労に繋がらないなら誘いません」「ボランティアできるくらいなら働けるべさ」とか、「世帯の状況が判らないので……」と受給者向けのボランティア案内すらケースワーカーから断られる事例もあった。「自立支援は同好会」という冷めた見方は的を得ていた。

(6)　生まれる新しい関係

そのような雰囲気を変えたのは、参加する受給者自身の変化と、給付事務をしない嘱託の自立生活支援員の活躍だった。受給者と事業者、受給者同士、ケースワーカーと受給者、その間を自立生活支援員が繋ぐ動きをする。決めてかかって受給者と話をしたり受け答えをしないので受給者が話しやすそうだった。笑顔や笑いが出ていたり、困ったことやわからないことを気軽に話してもいいんだなという安心感が、作業現場にあった。一緒に作業しながら話をしている姿も受給者に受け入れられた。そのうちケースワーカーが把握するのとは違う、受給者の悩みや思いなどが徐々に見え、聞こえるようになった。支援員が当事者の思いや事業者の意向などを翻訳しながら伝え合ったので、新たな受給者の様子に「エッ!?」という驚きがケースワーカーに生まれることもあった。「以前なら一〇分と居るのも苦痛だったが、家庭訪問に行って話す話題が増えて、訪問が苦痛でなくなった」というケースワーカーの声も聞こえてきた。支援員を間にしたケースワーカーと受給者の新しい関係が生まれたのである。

そうした中で次第に語り始める受給者が表れ始め、全国の研究者やマスコミが少しずつ注目し始めヒアリングや取材に訪れるようになった。釧路のステップアップの三角形（図1）を「出口が見えなくて息が詰まりそうだったこれまでの生活保護の枠組みとは違って希望を感じた」という評価が印象深かった。そうした肯定的な評価を得て外に向かって拓かれている感覚、間違っていないんだ！　という確信めいた感覚がうまれた。当時の国の自立支援の補助要綱にはまだこの中間的取り組みを対象としたものがなく、「就労意欲喚起事業」という名称でこうした中間的就労が補助要綱に明記されたのはそれから数年先のことであった。

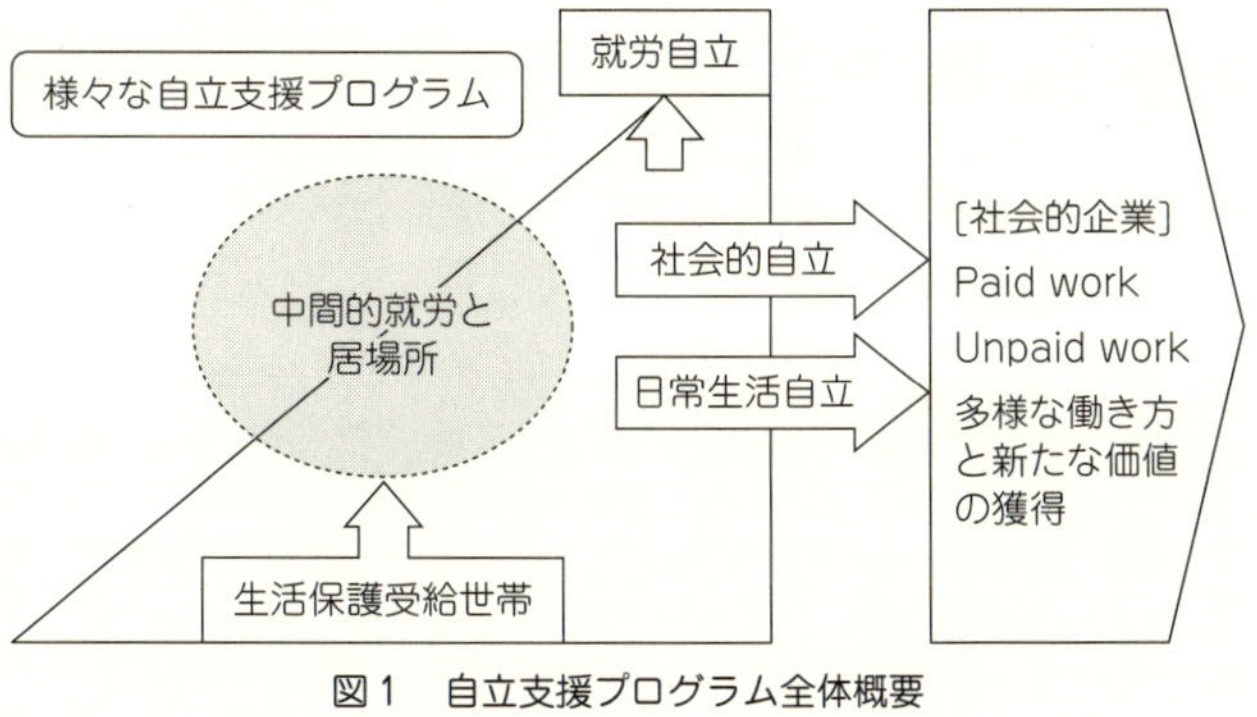

図1　自立支援プログラム全体概要
出所：釧路市福祉部生活福祉事務所（2012）「くしろ自立支援プログラムのススメ」。

(7)　溢れ出る受給当事者群像

参加する受給者の声が上がり始め、「手ごたえ」を感じた。廃棄物の現場で廃材分別をされている単身のSさんは、「普段は買い物程度と職安にいくってことぐらいの生活で……負い目っていうんですか、そういったものがあり、あまり外に出るのをさけているっていうかそういった生活でしたね。（ボランティアに来るようになって）福祉事務所の方にも行く回数が増えましたし、行きづらかったのが行きやすくはなりましたね」。NPOの動物園協会でお客さんが熊に投げる餌づくりや園内清掃ボランティアに参加する母子家庭のEさんは、「（生活保護を受けた途端）外の空気にあたるのも嫌で、それだけでふらふらっとしてしまう……そんな状態だったんですが、……(動物園に)行くときにバスに乗るんですが皆さんと途中から一緒になるんです。まずオハヨーって声かけしてもらって……今日は何するんだろうね……この間はこんなことしたよって話から、私こういう病気でって……あら私もなのよ……という話になり、意気投合しましたね。やっとそこで自分だけじゃないんだと思えるようになって。やっとそこで自分の殻を打ち破れたような気がする」。

従来であれば侮蔑を込めた「働かないヤツ」「どうしょうもネーなー」という言葉で片づけられていた受給者がここにいる。自尊感情を回復しつつ自己を承認する受給者の群像だ。受給者が変わったのではない、支援の側が制度目線でしか見ていなかったからそのことに気がつかなかったのだ。

(8) 自立の枠組み三角形の定義(釧路モデル)

当事者のニーズに合致した実感を生み出してきた自立支援の枠組みについてふれる。釧路が取り組んだ自立支援を図形化したものが図1である。釧路の三角形と呼ばれている。国の自立観を踏まえ、下から上に日常生活の自立・社会生活の自立・経済的自立というステップアップ構造になっている。高齢者を除く世帯類型を対象としたプログラムは、就労支援プログラム、就労体験的ボランティアプログラム、就労体験プログラム、日常生活意欲向上プログラム、多重債務やDV被害者プログラムなどがある。二〇一一年度の全プログラム参加延べ人数は五二〇〇余名であった。

釧路モデルと呼ばれるプログラムの最大の注目点は「中間的就労」と呼ばれる社会生活自立の項目の就労体験的ボランティア、就労体験ボランティアである。これについては現在(二〇一二年度)は一七ヵ所ほどの行き場所があって、約二百余名の受給者が平均して週一—二回程度様々な事業所に出向いている。野外系のものとしては、公園整備・動物園整備・農園作業・廃材分別作業・水耕栽培作業・スケートリンク整備作業など、また屋内系は介護・病院・知的・精神福祉施設授産・デイケアなどがある。これらのプログラムの二〇一一年度延べ参加人数は三六〇〇余名である。

2　子ども支援は自立支援の魂

小学生や幼児であれば家庭訪問で会う機会もあり、キャッチボールをして帰ってくるというようなこともあったが、中学生や高校生になると帰宅が遅かったり、部屋から出てこなかったりして会えることは少ない。話をすることもほとんどない。そのうちに高校に行かない、行っても中退する、大学に推薦入学したが学費捻出のアルバイトで疲弊し留年、学費が続かないの悪循環で退学せざるを得ない。直接子どもに届く支援はできず、親の嘆きを聞くだけだった。

二〇〇七年一一月のある日、コミュニティーハウス冬月荘に電話をかけ、相談を持ちかけた。冬月荘は道州制特区の芽の会議で活用が議論され、NPOが制度外で運営している。コンセプトは、『新しい地域福祉の在り方を探るため、福祉のユニバーサルデザイン化と循環型地域福祉を目指して、既存の福祉分野枠にとらわれない、多様な人たちの自立のため「居住」「集う」「仕事づくり」を柱にした』実験的な取り組みの場だ。「中学三年生の受験勉強の取り組みをなにかしたいけれど……」。「いいですよ。やりましょう」という返事が返ってきて、パーッと目の前が明るくなったような、励まされる気持ちになった。

二〇〇七年一二月に打ち合わせをして二〇〇八年一月から八日間程度、中学三年生を対象に行うことになった。打ち合わせにはNPO職員や二名の受給者、自立生活支援員などが集まり、どのように取り組むかを話し合った。ケースワーカーやボランティアの受給者の側には「教える」という気負いがあったが、NPOから「受験勉強をテコにした子どもの孤立化防止・居場所づくり。私たち素人の地域の大人が子どもを支援するということでいいんじゃないですか」と言われ、力みが消えた。当事者＝子ども目線で……ということを教えられたのだと思う。子どもに「生活福祉事務所の○○です」という自己紹介は相応しくないがどうしたものかと困っていたところ「誰もが呼ばれたい名前でいいんじゃないですか」とNPOに言われ「タケちゃんです」と子どもたちに言えることとなり、これまた楽になった。生活福祉事務所ではこの取り組みを「高校に行こう会」として中学三年生の世帯に案内をした。親から「高校受験の勉強はもう教えることができないのでありがたい」と言う声や「行かせたいが皆生活保護の子どもだから娘が行きたくないと言っている」という声も寄せられた。蓋を開けてみると生活保護受給の子どもだけではなく、友だち（非生活保護世帯）も連れてくるようになった。

生活保護行政的には生活保護世帯子弟の「対策」の意味合いから始まったのだが、NPOが介在することで「対策」を越えて子どもの領域から生活困窮者層への生活支援、居場所に組み立てられたところに意味があった。三月の終了時に、子どもたちは話し合いを持ちここは自分の居場所だと「Ｚっとｓｃｒｕｍ（ずっと　すくらむ……実家のような、ずっとと言う意味を込めた造語）」と呼んだ。中学三年生で冬月荘に通い、今は高校生でチューター役になっているあゆかさんは「明るくなった。今までは暗かった。触れ合う人が多くなった。あと可愛くなった。あと親に楽しさを話すようになった。今まではコミュニケーションは取らずだった……。あとは大人と話せるようになった。それまでは全く苦手だった。ここはそれこそ自分の居場所。学校は居たいとは思わなかった。家も居づらい雰囲気で勉強しづらい雰囲気でここが唯一の居場所で家族みたい。ここでは後輩との触れ合いも増えたし勉強教えることがなかったから今まで深く考えてこなかった。ここにきて少しは考えるようになった」と笑顔で話す。

生活保護受給者で教材販売の職歴のあるMさんは、子どもたちから「オンジ」と呼ばれこの勉強会開設以来のチューターである。「ここにきて外に目が行くようになった。姉の介護とかでずーっと引きこもり状態だった。外に出るということがなかった。今なら目的みたいのがあるじゃないですか。上手く教えられないっていうのもしゃくだから常時どうやろうかというのが頭にある。そういうのが生きてて面白いなという実感ですね。ここ（冬月荘）は相互お互いに存在を認められる、認めてもらえる居心地の良さがある。（これまでの就職活動の厳しさに）恐怖心持ってきますね、あまりにも断られると。精神を病んでくるというか……そういう点でも今は完全に解放されたという感じで……そのなかでのここ（冬月荘）ですよね……。今はもう生きてるって感じです」と語る。

否定されること（自らが自らを否定することをも含んで）が多かったであろう、あゆかやオンジが自らの居場所だというこの場でまさに「相互お互いに」循環的な関係性の中で自尊感情の回復にとどまらず、自分の承認を経て役割を再認識する様を自ら伝えている姿は聞く者の心を打ってやまない。それは「支援者自身の問題」を問いかけていた。

筆者自身、大人の受給者と自立支援で会いまみえながらもまだ若干の違和感――それは金銭給付をしているものとされるものという上下関係を抱えていた。しかしこの子どもたちとの関係と場によって自らの属性から離れ向かい合うことができ、「タケちゃん」と子どもから呼ばれるたびに嬉しくて励まされている自分を発見した。支援者側も励まされる関係になってこそ自立支援だと学んだ。また、福祉事務所の固有の責任・役割がだんだんわかるようになった。今までは「支援する↔される」という一方向の中で考えていたが、もっと土台となるような条件づくり、たとえば大学などに出向いて学生に訴えてチューターを募ることや、必要な予算措置、ケースワーカーがこの勉強会にも参加して支援の本質を感じ取る等のいわば関係づくりに力を注ぐことが役割だという気づきだ。実際の場づくりは、柔軟性があり、当事者性にすぐれているNPOなど地域との分担によって担われることが、質を上げていくことになることも確信した。

その後この取り組みは「子どもの健全育成」としてセーフネット補助金の十分の十の補助メニューとなった。「貧困の連鎖防止」として高校進学が課題視され全国各地で中学三年生支援が取り組まれている。しかし、高校進学の自己目的化傾向、高校に入れば問題解決かのような、勉強のできない子どもの対策発想に往々にして陥りやすい。

「最初の頃先生は（授業中に）当ててくれたけれど、今はできる人にだけで……ただ教室に座っているだけ」と自分の中学校生活の一端を子どもが語るとき、地域における取り組みは、子どもたち自身の長期的な居場所づくり、孤立化防止にこそ意味があるのである。子どもの当事者性に着目するならそこが出発点だ。高校に進学し卒業しても直面する諸困難（仕事等）が、子どもたちの前に立ちはだかっている。高校卒業後就職したがなかなか職場になじめなかった、過酷だった、働く意義を感じないなどの悩みや、仕事を辞めたが新たな仕事に就きたいなどの相談が冬月荘には寄せられている。「してあげる」支援者側中心、制度目線の自立支援を当事者目線へと切り替えたのが、子ども支援、冬月荘の実践であった。

3 当事者に根ざした新しいケアと枠組み創造

釧路モデルの到達点と今後の課題を共有すべく、第二次ワーキンググループを二〇〇九―二〇一〇年度の二ヵ年行った。委員の顔ぶれは七年間の取り組みを反映し、より地域的な広がりで多彩になった。そこで議論された論点をもとに大きく二つの視点を提起する。

（1）劣等処遇から当事者性と人間の尊厳回復のケアへ

近年いわゆる稼働能力はあるが失業を主な理由として受給する「その他世帯」が課題視され、第二のセーフティーネットを再構築する一環として「求職者支援制度」（これ自体は評価できる）が二〇一一年一〇月にできた。福祉事務所現場では、生活保護は最後のセーフティーネット（制度）だからこれを使って早く出ていきなさいという、一種の追い立てに使われている事例が少なくない。制度として良い方向をとっても変質してしまうのはなぜか。生活保護法の崇高な理念にもかかわらず、生活保護における技術過程としての〝ケア〟の視点はなかったに等しい。それは「働かない怠け者」あるいは「なにやっても駄目な人」「あいつら」という見下しが入った劣等処遇観が、生活保護法の運用の根底にあるからだ。「給付する・しない」の目線、制度目線はあっても、変容する主体としての受給者、当事者目線がない。受給者をけなす話はごまんとあるが褒めた話がほとんど聞かれないのはこのためである。

「疲れて帰ってきて夜眠れるようになったんです。朝起きてみて気づくんです。夜眠れたことがこんなにも良いものだなんて。私、体が動く限りやりますよ」「利用者のおじいちゃんから〝いつもありがとう〟って言われるの。実は私とそんなに歳変わらないんだけどね。こんな私でも役立っているって思ったら嬉しくてね」……という受給者自身の押し出しを支えるのが自立支援だと思っている。それは給付と受給という経済主義的な関係から生まれたものでもなく、また、ケースワーカーとの一対一の関係からも生まれなかった。当事者性と人間の尊厳の回復に関係軸を置いた社会的居場所と、近年呼ばれるいわば〝生きる場づくり〟のなかで生まれてきたのである。ここにあたらしい当事者性に根ざしたケアの創造の課題があるのではないか。そのためには生活保護における「自立」を改めて振り返る必要がある。

二〇一〇年七月厚生労働省社会・援護局「生活保護受給者の社会的な居場所づくりと新しい公共に関する検討会」は自立支援のあり方について「生活保護受給者の置かれている状況を把握し、自立支援を行うことが必要。経済的自立、日常生活自立、社会生活自立の三つの自立は、並列の関係であるとともに、相互に関連するもの」と再定義した。理念から始まった三つの自立が七年余の実践を反映し「並列・相互連関」とした意義は大きい。さらに報告は、多様な働き方という見方を示し「企業就労等の有給労働に就くことだけを目標とするのではなく、仕事に就く前段階の就業体験・技能習得や社会的就労を通して段階的に就労に向けたステップを踏んでいくことの効果や、ボランティア等を通じた社会参加の機会を作り、生活保護受給者が自尊感情や他者に感謝される実感を高めていくことが、生活保護受給者自身の持つ力を引き出す支援として意義がある」とし、〝当事者目線〟に着目していることは特筆されるべき視点であった。

釧路市の第二次ワーキンググループ会議はこの国の報告書を踏まえつつ釧路モデルを進化させるべくいくつかの試論を提起した。一つは、自立についてである。三つの自立のどれが大事かは当事者の個々におかれた状況で異なるので、三つを並列に考えそれを底辺とした円柱、円錐としてみる案と、社会的な自立を三角形の頂点に日常生活自立、就労自立を底辺に置いた考え方（図２）を両論併記した。

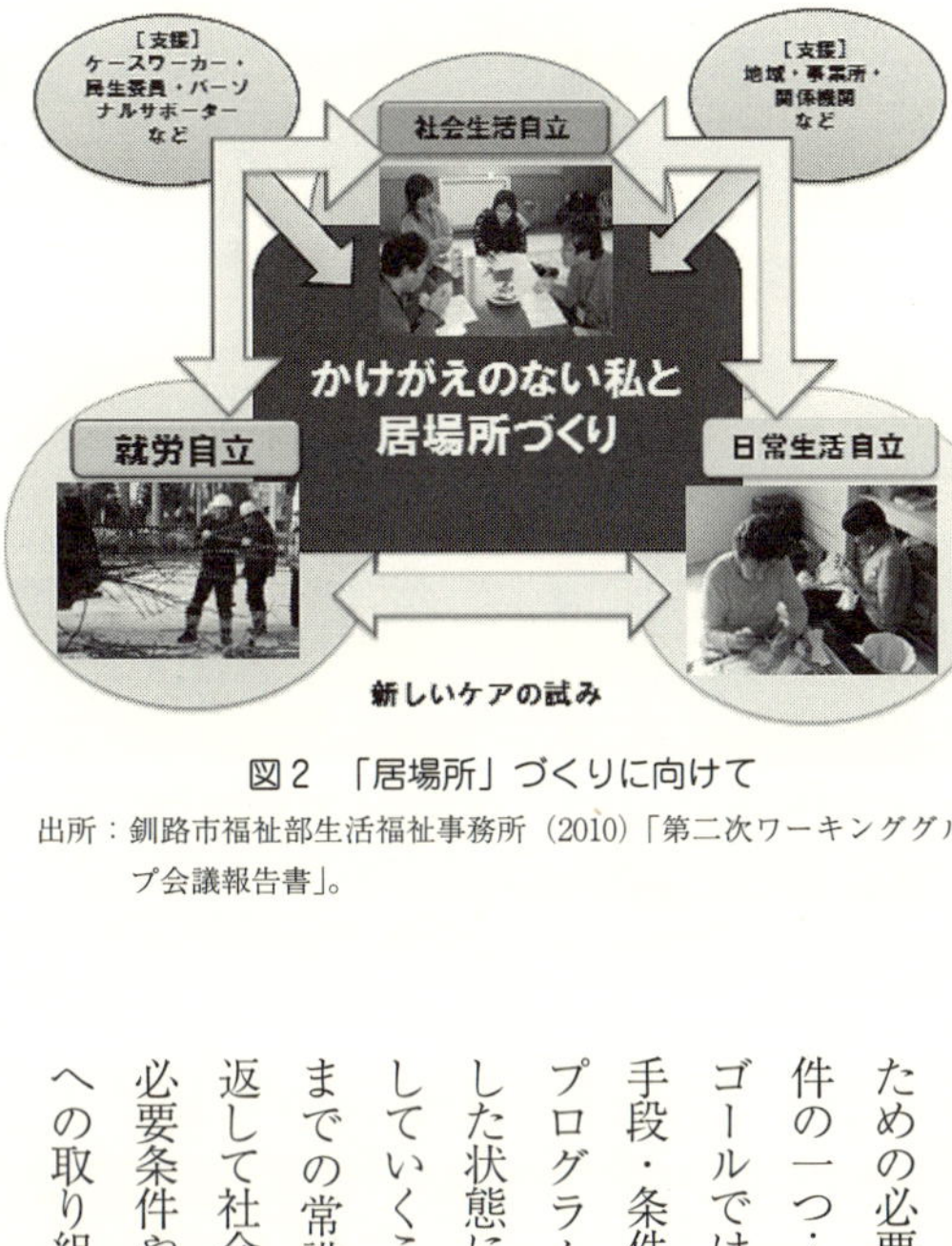

図２　「居場所」づくりに向けて

出所：釧路市福祉部生活福祉事務所（2010）「第二次ワーキンググループ会議報告書」。

特に後者、社会的自立を頂点にした自立試論は、今後のケアの創造実践の手掛かりになる。そこでは、自立した生活とは「かけがえのない私の獲得であり……そのために生きる場が必要」とし、「三つの自立の関係は……社会的存在としての私の獲得・再獲得がゴールで、日常生活自立はそのための必要条件、就労自立はそのための手段・条件の一つ……就労による経済的自立はそれ自体がゴールではなく、私のかけがえのなさを担保する手段・条件の一つ」とした。そのうえで自立支援プログラムというのは、「一時生きる場から退場した状態にある受給者が自身で生きる場を再獲得していくことを支援する」ことにあるとした。今までの常識（就労自立・廃止が頂点）をひっくり返して社会生活自立を頂点とした三角形を作ると、必要条件や手段である日常生活の自立や就労自立への取り組みが具体的に出やすくなった。

（2）学びの柱

釧路実践からみた日常生活自立の課題は、地域が取り組む子どもから成人までの「福祉教育」の取り組みだ。現在、中三勉強会や自立援助ホーム的な取り組みを志向する冬月荘、当事者同士で、就労・起業意欲資格取得等をたかめあう〝まじくる〟、若者サポートステーションや若年者から高齢者まで参加する自主的夜間中学〝くるかい〟などの地域から「学び」の取り組みが起こっている。ワーキンググループ会議の報告書は、そうした動きも踏まえ、成人基礎教育の知見を取り入れつつ自立支援を「学び」という面から位置づけることを提案している。すなわち「（一）衣食住の生活の在り方（二）健康保持にかかわる知識・技能（三）社会生活を営む上で必要な知識・技能（四）職業が保障されるための技能・知識（五）育児とか家事を含めての家庭生活の知識・技術などが学習内容となる……教育・福祉・労働の三領域にまたがる、成人が生きていくために最低限必要とする基礎的な学びの提供が成人基礎教育」だとしている。子どもから成人まで、行き戻りができる学びの居場所という寄り添いだ。

これは、『生活力の形成』（白沢・宮武 一九八四）、『生活関係の形成』（白沢・宮武 一九八七）で問われていたことと重なり合う。『生活関係の形成』の文中に「生活力形成をはかるには一定の転機がある……生活力がいろんな苦境の中から形成されながら、それが新たな生活関係を切り結ぶことによって……そこでの生活集団の有効性と自ら力量をはかる力を身につけていく……」。「生活力形成のみではなく、その個人をとりまく生活関係……の強さが貧困化を防止している作用」という記述があるが、当事者の生活力形成にかなうオルタナティブな地域からの居場所づくり、福祉教育づくりの意味が再確認できた。

（3）中間的就労の発展・社会的企業づくり

もう一つの柱は就労の場づくりである。「……自立支援プログラムにおける『中間的就労』の位置づけは保護から就労に至る垂直的な過程の『中間』というだけではない。それは、生活保護への全面的な依拠と『完全』な就労自立との間にある、就労収入と生活保護の組み合わせによって生活が成り立っているような、多様なグラディーションの『あいだ』に位置する状態という意味での、水平的な意味での『中間』でもある……『半就労・半福祉』の状態と捉えることによって、新たな視座を得ることができる。……多様な社会保障に支えられつつ、可能な範囲で……就労や有償・無償のボランティア等を通じて社会参加すること、またそのことによって一定の収入を得ること――なによりもそのような状態を積極的・肯定的なものとして評価する……（労働ダンピングとならないような仕組みを前提）」という視点と「半就労・半福祉という状態に置きとどめるのではなく、官と民の力を活かした地域づくりのなかで受給者を育て社会的起業を支援する仕組みを作るなど出口戦略を開拓すべきである」との見方を示した。

ベクトルはペイドワーク、仕事起こし社会的企業という方向性で一致している。社会的企業実践はすでに介護分野や障がい者分野で先行事例がたくさんある。そうした先行事例に学びながら釧路では生活困窮者の仕事づくりを念頭に一般社団法人釧路社会的企業創造協議会が二〇一二年度発足した。目的は「地域社会の困りごとやニーズを仕事起こしのタネとし、その解決を生活困窮者の力を生かしたソーシャルビジネス、社会的企業づくりの手法によって開発」することだ。新しい担い手が地域に生まれた。

4　地域の新しい共同の仕組み

（1）地域と分担し拓かれる福祉事務所へ

生活保護受給者自立支援の取り組みは、同時に福祉事務所、ケースワーカーのあり方を問い直すものであることは明白だ。周知のとおり、福祉事務所は抱え込むことはあっても福祉事務所の取り組み、存在を広く市民に可視化してこなかった。褒められることがないのはケースワーカーも同じだ。自尊感情の持てなさが受給者への見下しと結びつき、悪しき職場慣行で受給者や相談者と相対していたり、制度の中で自己完結していたから制度からこぼれている問題を感じてはいても、そこで止まっていたのだと思う。ケースワーカーが「給付と支援」の両方をしていることの矛盾でもある。

二〇一一年から全国のケースワーカーにヒアリングをする機会があった。「片手で殴って片手で握手するようなもの」「一体守備範囲はどこなんですか、何をどこまでやれというのか疑問」と語る。「昔は地域に今ほど多種多様な専門職も、ましてNPOなどもなかったから……まあ地域もそんなに壊れていなかったし……今になるとケースワーカーが……というよりいろんな方と分担するのが道理じゃないかな」「地域にNPOがなければ作ることのほうが大事じゃないか」「参加型の研修が、しかも看護師のような振り返りの制度的な研修が、なさすぎ。講演聴いて流れていくのじゃ……だめだ」等々の意見が寄せられた。戦後ケースワーカーはどうあるべきか。「岸・仲村サービス論争」に始まってケースワーカーが給付とサービス（支援）を行う一体論と分離論とが議論されてきたが、少なくとも地域資源と「分担する」という段階にきていることを釧路実践は示した。

釧路実践をふまえ、第二次ワーキンググループ会議報告書は、福祉事務所がソーシャルワーク機関と変容するための当面の課題を、次の五点にまとめた。

（一）抱え込まない職員文化の継承・発展と同僚性
（二）新たな専門性——当事者性と翻訳力
（三）勤務評定のパラダイム転換
（四）人事制度改革
（五）第三者評価機関の維持

特に（二）新たな専門性について触れる。今日問われている専門性とは、当事者性と翻訳力である。この二つは、資格教育の前提でもある。当事者性とは、第一に「担い手としての当事者意識」だ。当事者意識がないから丸投げする。第二に「もし私が相手の立場だったらどうだろうと問いかけながら受給者に向かい合う」こと。翻訳力とは、第一に「受給者の声にならない声を聴く耳」。第二に「受給者のニーズ、困り感を既存の施策や制度を最大限の読み幅で解釈しすり合わせていく力」である。

この「専門性」は福祉事務所に限ったことではなく、地域の資源、NPOにおいても同じ問いかけとなる。地域資源と分担しながら今後支援を進めるとき、福祉事務所には経験年数何十年という生え抜きケースワーカーがほとんど絶滅危惧種となっていたり、専門職がいない職場になる可能性大で、蓄積、力量は低下する。それは協働を正しく制御しなくなり、受託委託の繰り返しにもつながる。

そう考えると福祉事務所の人事政策が重要で、職員構成は、今のところ三分の一説——すなわち社会福祉士専門職職員が三分の一、経験年数が長く意欲がある生え抜きの職員が三分の一、ローテーションで動く一般職員が三分の一で構成することなどが必要と考える。外に拓かれたソーシャルワーク機関への変革が問われるなか、「組織的な対応」をするためにも新たに専門性を問い直す時を迎えている。

(2) 地域に人・情報・サービスの結節点創設

地域に共同の場が必要である。居場所としての地域センターの創設を目指している（図3）。生活保護受給者に限らず制度から零れ落ちる生活困窮者問題は今日的課題だ。結節点（ハブと呼んでいる）は、（一）受給者等のたまり場機能、（二）当事者のニーズ把握とアセスメントの場、（三）支援関係者の交流の場を想定している。この図に見られるように、福祉事務所やNPO法人などのいわゆる支援機関を中心として外に関係図を作る形ではない。逆に真ん中に当事者と当事者に寄り添うパーソナルなサポーターなどを置き、そこに関係者が向かっていく構図で共同デスク型の場である。福祉事務所は、そこで新しいソーシャルワークの役割を発見する構成員の一人というイメージである。

二〇一二年四月から国の社会保障審議会に「生

活困窮者の生活支援の在り方に関する特別部会」が設置された。芸能人問題に端を発した生活保護モラルパニックが起きている一方、孤独死、孤立死が目の前でバタバタと起こっており、生活保護制度に対し国民的な関心が巻き起こっている。

困った人に届かない制度をどうするのか。真に生活困窮者が制度の狭間で零れ落ちない仕組み、取り組みをどのように生み出すか、今日ほど福祉事務所と全国一万九〇〇〇余名のケースワーカーの存在意義が問われている時代はない。地域、生活困窮者、支援者が当事者意識をもって「生活関係」を切り結ぶことこそ、希望をもって生きる道につながるものと確信する。

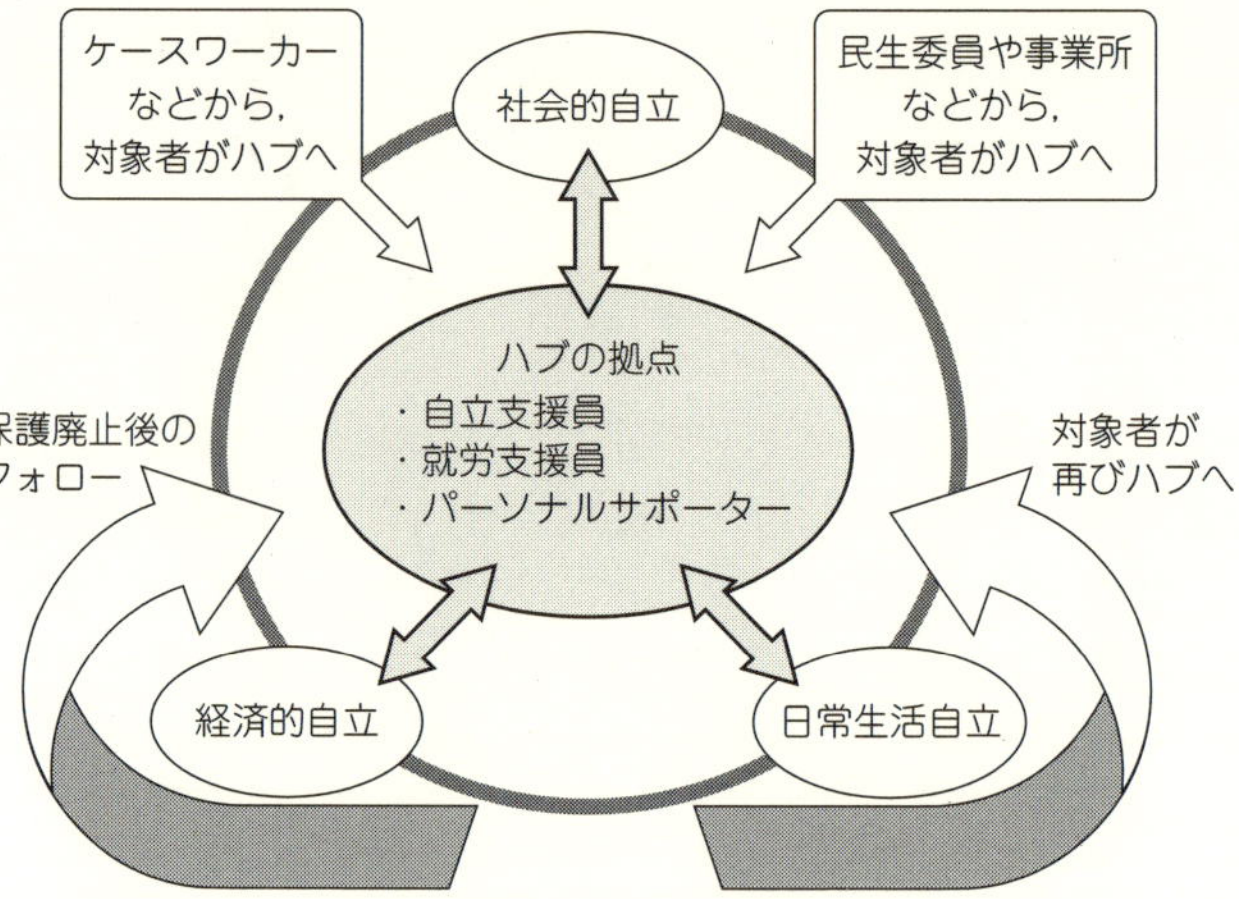

図3 自立支援ハブのイメージ

出所：釧路市福祉部生活福祉事務所（2010）「第二次ワーキンググループ会議報告書」。

【参考文献】


釧路市福祉部生活福祉事務所編集委員会編（二〇〇九）『希望をもって生きる――生活保護の常識を覆す釧路チャレンジ』CLC。

五石敬路（二〇一一）『現代の貧困ワーキングプア』日本経済新聞出版社。

白沢久一・宮武正明編著（一九八四）『生活力の形成』勁草書房。

白沢久一・宮武正明編著（一九八七）『生活関係の形成』勁草書房。

日置真世（二〇〇九）『おいしい地域づくりのためのレシピ50』CLC。

久冨義之（二〇〇六）「子育て家族の貧困化と教育」『教育』二〇〇六年一二月号、国土社。

久冨義之（一九九三）『豊かさの底辺に生きる――学校システムと弱者の再生産』青木書店。

本田良一（二〇一〇）『ルポ生活保護』中公新書。

正木浩司（二〇一一）「釧路市における生活保護自立支援プログラムの取り組みについて」北海道自治研究所『北海道自治研究』二〇一一年一月号。

第13章

何を考えてケースワークをしているのか
——反省も込めて——

石橋和彦

ケースワーカーの日常やケースワークの実例を筆者の経験を通して紹介するとともに、振り返ってみての反省も書いている。反省のきっかけになったのが児童相談所という生活保護との隣接職場でのケースワークであった。そこで受給者をまるごと理解していく視点が弱かったことを実感することになった。よって、今後に求められているのはその視点を活かしながら指示型ではなく寄り添い型のケースワークをすることにある。

1 ケースワーカーの日常

就職して初めての職場が税金を集める納税課だった。固定資産税課を含む税務事務八年と戸籍事務一二年を経験した後、生活保護現業員（以下、ケースワーカー）として福祉事務所に配属された。いずれは行こうと思っていた職場であり、この異動に異論はなかった。ケースワーカー歴一〇年を超える査察指導員（係長）や同じく一〇年を超えるベテランに囲まれながらケースワーカーの道を歩むこととなる。

（1）家庭訪問までに

担当する地域が決まると、各世帯の特性に合わせて家庭訪問の格付けと収入申告書の徴取基準の設定を行う。たとえば、稼働年齢層の場合は月に一回または三ヵ月に一回の訪問頻度とする、収入申告書は三ヵ月に一回の徴取とするなどだ。最初の配属先では、「目標とする年間の家庭訪問数が毎年増やされてきた。真綿で首を絞められているようだ」との声が出ていた。保護率と保護者数が大きく減少していた一九九五年のことであり、属した福祉事務所での保護率がほぼ六〇‰の高さにあったことからくる保護廃止への指導圧力が強かった時のことである。ただし、その実感を理解できないまま早速に家庭訪問を繰り返すことになった。

最初は、その月に家庭訪問と定めた世帯に一軒ごと連絡を取ってから訪問を実施していた。これで問題はないのだが、家庭訪問の月であることを事前に伝える方法がいいだろうと考え、家庭訪問をしたい旨の文面を収入申告書に加筆してその収入申告書を月初めに配ることに切り替えた。担当地域が自転車で行ける範囲にあり、しかも集合住宅が多いことから配布としたのである。この行為はすでに家庭訪問であるとの指摘を受け、それを家庭訪問数に加えるべきとの指導を受けていた。だが、あくまで配布であり、家庭訪問とは別物と筆者は判断していたので、家庭訪問数には加えなかった。

その後はこのスタイルを続けていった。後ほど連絡が入り、家庭訪問の日時を決める。ただ、連絡を寄こす人は少なく、こちらから連絡を入れることの方が多かった。なかなか連絡がつかない人もあり、飛び込みで家庭訪問をすることが何度もあった。実際に訪問してみると、ポストに投入した収入申告書がそのままであったりする。遺体を発見したこともあり、その時の様子はいまだに目に焼きついて離れない。

(2) 訪問終了直後にメモ

こうして家庭訪問の予定は埋まっていく。運転免許を持っていないため移動手段はもっぱら自転車である。夏も冬も自転車だったが、冬の方が億劫だった。自転車移動の利点は駐車に気をつかう必要がないことだ。自動車を路上に止めておいたため駐車禁止の罰金を払わざるをえなかった話は何度となく聞かされている。

家庭訪問を終わると、退出直後の五分から一〇分程度の時間で訪問時のやりとりをメモしておく。時間が経つと印象が弱かった項目を忘れてしまうからだ。職場に戻ってから初めて記録しようとすると、電話がかかったりして集中できずに記憶が薄れることもある。自転車のサドルの上にノートを置いて前屈みで何かを書いている姿は傍目にはおかしくみえたであろう。だが、そのときは雑音を感じることなく集中できていたのである。

メモはできるだけ保護台帳の記録に近いものにしようと心がけた。ケースワーカーの悩みのなかに記録が苦手、というのが意外と多い。どう書いたらいいのか、どこまで書けばいいのか、と記録を書くたびに思うことは共通している。できるだけ臨場感を持たせたいときに直接話法で書いたり、課題を明らかにするために項目毎の整理をして書いたりした。ケースワーカー歴が浅いときは直接話法を多用しており、その方式だとメモも書きやすかった。徐々に項目整理をして書くようになっていった。

生活保護業務で重要なものの一つは記録であり、記録が溜まるとますます追い込まれるため、守ったのは訪問当日に書き上げることであった。記録が済んでおれば保護費計算などの事務作業はそれほど苦痛にはならなかった。

(3) 家庭訪問の心構え

家庭訪問をする前には訪問先の記録を読んでおくことにしていた。課題の有無を確認することが主な理由だが、前回や前々回にどのような会話をしたのか、を確認することも家庭訪問にメリハリをつけるための大切な作業となる。ただし、記録全部を読み込める余裕はなかった。どうしても直近のことに対処するばかりであり、その背景を記録から知ろうとすることは限られた事例でしかできなかった。直近の問題への対応だけを考えてしまうため皮相的なケースワークが多かったのではないか、と思う。

課題があれば訪問時の会話がはずむ。当然ながら対立する課題もあるわけだが、解決を探ろうとする共同作業も可能になり、これはまたケースワークの面白さにつながっていく。ある先輩が

「ベッドから出た足を切るのか、それともベッドを替えるのか」との質問を投げかけたことがあった。ベッドとは生活保護制度の適用範囲であり、足とは受給者の要求のことである。先輩は、要求が正当であればベッドを替える運用を考えるべきだ、そのためには保護の実施要領や問答集を読み込め、と教えてくれたのである。これに該当する例として次のようなことをしてみた。人工内耳を必要とした人が自己負担をしてしまい、本人はその負担を当然と思っていた。医療扶助での対応を説得しつつ、当時の業者は医療扶助対象外との説明をしていたため何度かかけあったことがあった。

ケースワーカーになりたてのころはスーツとネクタイ姿で家庭訪問をしていた。いつのときか、ある受給者から思わぬ意見をいただいた。その姿はサラリーマンみたいであり、上から意見をいわれているようだ、とのことだ。筆者にいわゆるサラリーマンとの意識はなかったにもかかわらず、他者にはそう写っていることに少しショックを受けた。見た目の印象が相手に与える影響を無視できず、その後はネクタイをはずしてシャツとジャケットに切り替えた。ポロシャツ姿もしてみたが、私的な感じが強くなるのでシャツ姿に限定している。

ケースワークに服装まで気を遣う必要はないかもしれない。ただ、受給者との関係が公的なものであることからすれば、受給者を不快にさせないことも考えていい。受給者はさまざまな過去を持っており、そのなかには社会的地位や名誉も含まれている。ケースワーカーはそうした過去を知っているわけであり、配慮の一つとして形式張らない普通の服装を筆者は心がけてきた。

(4) 家庭訪問での対応と視点

家庭訪問では予期せぬことに出くわすことがある。ある高齢女性宅に伺ったとき、お茶らしきものを出された。彼女の説明によると、近くの土手に生えていた野草を煎じたものとのことだ。飲むか辞退するか、あるいは話を変えて飲まないようにするか、と考えた。今後の関係もあるからと思い、飲むことにした。また、精神疾患を持つ男性宅では賞味期限が切れたお菓子を出されたことがある。外に落ちていたから拾ってきたというので、さすがに断った。同時に、食品は拾うものではないことを注意せざるをえなかった。

家庭訪問ではその世帯の様子が見えてくる。質素だが整理整頓されている世帯がある一方で、ゴミ屋敷状態になっている世帯、万年床の世帯、家財道具がほとんどない世帯などからはそれぞれの受給者が抱える課題の一端が現れているからだ。

それだけではない。飾ってある娘さんとの写真をきっかけにして遠く離れて暮らす娘さんとの交流について話を聞くことができる。家庭訪問で最も苦痛だったのは、話題がなく話が続かないときであった。このような状態では受給者が要求を出しづらいことにもつながっていく。

家庭訪問の目的には世帯の生活状況の変化を見逃さないことがある。目につきやすいのは電化製品や家具だ。買い換えが分かれば話のきっかけがつかめる。高額であればあるほど買い物にはワクワクする気持ちを高めるのだから、買い換えようとした気持ち、そこに至った生活上の変化に着目するのである。また、日用雑貨がどんどんと増えているのを見たとき、百円ショップで不要なものを買いすぎたりしているかもしれない。物に示されている変化は生活に直結しているだけに重要なものを教えてくれる。

(5) 事務処理について

事務処理はケースワーカーの仕事の大きな部分を占めている。収入を認定した後の保護費算定が特に多く、その収入を把握することと併せて業務がのしかかる。パートやアルバイトで不安定な雇用にある人は月ごとに収入が変化する。保護費算定を毎月行うとケースワーカーも受給者も煩雑となることから、三ヵ月ごとの平均収入を認定している。市内で最も保護率が高い福祉事務所と最も低い福祉事務所を経験したが、地域による特徴が事務にも影響していた。保護率の高いところは働いている世帯主や世帯員が多いことからどうしても事務処理の量が多くなるからだ。同じ世帯数を担当しても一割程度の差を感じていた。

事務処理で最も嫌だったのは生活保護法第七八条による費用徴収に関する事務だった。不正受給を受給者に認めさせることから始まり、同意書を取り、月ごとの不正受給額を確定させなければならないからだ。ある受給者は偽名で働いて収入を得ていた。税調査をすると、その受給者に似た名前の人しか出てこなかった。生年月日と住所が同じなので給与の支払先にいろいろと尋ねてみた。話からはその受給者と思われるので、受給者を連れて支払先まで行き、本人確認をしたこともある。不正受給を認めさせる手間だけではなく、過去の保護費算定に遡って月ごとの不正受給額を明らかにする作業も繁雑なのである。こうした実情から、本来であれば第七八条を適用すべき事例を費用返還義務として生活保護法第六三条で処理したこともあった。

ある先輩は、生活保護法第六三条による費用返還と同法第七八条による費用徴収について、生活保護が継続する世帯にそれらを適用すると最低生活水準を下回るため認定しない、あるいは費用をゼロ円として認定する、との意見を語っていた。論理として理解はできるが、不正受給の事実をこうした手法で乗り切ることに賛同しづらい。できるだけ返還額を少なくしようと、控除できるものを探し出すことや返還期間を長くすることをしてきた。これらも受給者との話し合いで進めることになり、やはり基本は説得と納得にある。

意外と気を遣うのが監査である。生活保護にとって大きな年中行事になっている。上局による監査は指導を軸にした内容であったが、ケースワーカーにすれば口頭であれ文書であれ指摘されると改善をしなければならず、またできていないことへの指摘であり、現場では嫌がる傾向が強かった。

2　受給者との関わり

(1) 母子家庭への認識

職場で不人気なのは就労「支援」に従わない母子家庭の母や稼働年齢層などである。高齢者や障害者にはどの「支援」が必要かを考えるのに対し、健康体の母であれば就労「支援」をまず求めることになる。だが、言を左右にして「支援」に乗ってこない。たとえば、ハローワークへの同行を提案しても体よく断るなどだ。相談や申請受理を担当するインテークワーカーをしていたとき、聞き取りから生活保護受給の要件を満たしていたにもかかわらず、ある母子家庭の母は貸付にこだわって生活保護申請を受け入れなかったことがある。申請が権利であることなどを説明したが、考えは変わらなかった。こうした例に何度も出会っているだけに「支援」に乗らない母に苛立ちを感じてしまうのだ。

たしかに健康であるだけをもって就労が実現できるわけではなく、その人の能力など特性を把握しなければならない。これまでサービス業しか経験のない人に事務の仕事を勧めるわけにはいかないにもかかわらず、そこまで考えての「支援」はしていなかった。受給者にすれば、無理なことを要求してくる、と思っているかもしれない。そこには支援の前提となる相談が介在していないのであり、一方通行の関係になっている。

母子家庭が経済的困窮だけでなくさまざまな悪条件に囲まれていることは緒論に明らかにされている。その実態と直接に関わっているだけに、筆者は、母子家庭が半福祉半就労にあっても当然、と考えている。それはまた、母だけに焦点を当てるのではなく、子どもへの支援をどうするのか、という課題を浮かび上がらせる。この観点での取り組み事例を二つ紹介したい。

(2) 職業訓練校受験にむけた勉強会

この母はアルバイトで収入を得ていた。増収指導の対象者でもあったが、これにはあまり力を入れなかった。母には高校一年で中退した娘（Aさん）がいた。Aさんは修学していないので就労指導の対象者となる。Aさんはアルバイトをすぐに辞めてしまうから収入が安定しない。不安定な仕事ばかりでは将来に不安が残るためAさんに気持ちを聞いてみた。不安をもらしたことを受け、職業訓練校での訓練を提案した。

訓練内容にAさんがしてみたい仕事があったことから受け入れるとの返答があるまでは順調だった。問題は職業訓練校への進学である。十数年前でも職業訓練校は選抜試験があり、希望する学科の合格者をみると短大卒が多数を占めていた。高校一年中退では学力不足が明らかであり、勉強が必要となる。自主的な勉強だけでは間に合わないと判断し、週一回の勉強会を申し出た。

勉強会は職場で行った。これは、仕事の一環として位置づけていること、同じような事例があれば他のケースワーカーとの共同開催を期待したこと、Aさんに緊張感を持たせたいことを狙いとしたからである。定期的にAさんが来るので勉強会のことは知れていくこととなったが、共同者は現れなかった。

数ヵ月ほど勉強会は続くものの、だんだんとAさんが来なくなった。家庭訪問をしてもAさんに会えなくなっていく。母もあまり語ろうとしない。そして、ある日突然、Aさんから妊娠の事実を伝えられた。助産制度の利用など出産に向けての対応がすぐさま発生したため、ショックを隠しつつそれらの手続きを進めた。個人の取り組みだけではうまくいかないのである。

(3) 社会とのつながりに支援

次の例も似たような取り組みだった。精神疾患を抱える母と中学校から不登校でひきこもりになっている高校生年齢の男性（Bさん）からなる世帯があった。別のひきこもり状態の子どもは他者との関わりを拒否していたため会うこともできなかったのだが、Bさんは何とか社会とのつながりを求めようとする気持ちを持っていた。だから、家庭訪問では母に同席してくれていた。

あるときBさんから、学校に行っていないから身分を証明するものがない、何があるだろうか、との相談を受けた。すぐに考えられるのは運転免許証かパスポートである。その場では、パスポートは常に携帯する物ではないため運転免許証の方が便利だ、と助言したようだ。ただし、就労目的でないため技能習得費による運転免許取得に該当せず、しかも一八歳未満であることから原付免許取得しか道がない。原付免許取得ならば経費も安く済むが、問題は試験合格であった。Bさんも基礎的な学力が不足していたのである。そこで、Aさんと同じようにBさんにも一緒に勉強しようと呼びかけた。

Bさんは多くの人がいるところへ出ていくことにまだ苦痛を感じるだけに、自宅での勉強会とした。すぐに就労に結びつける必要がなかったことから、二週間に一度の頻度で一緒に勉強した。学力を調べると、中学一年レベルのものも身についていない。本当に学び直しであった。

Bさんに社会とのつながりをつけるため、青少年向けの相談とそこでの取り組み参加を提案して何度か同行した。すぐに効果が出るわけはなく、いくつかの相談窓口を訪れた。Bさんは嫌がらずについて来てくれたのだが、果たしてそれがBさんの気持ちと合っていたのかどうかはいまだに分からない。

二つの事例は経済的自立だけではなく社会的自立というものへも視野を広げて取り組んだものである。家庭訪問の格付けをする際、自立助長のため重点指導するケースを五点あげよ、と指導される。この場合の自立はほぼ経済的自立を指していた。だが、経済的なものだけを自立とすることへの異論として、あえて社会的自立をめざすケースをあげたこともあった。Bさんはその一つである。二つの事例は筆者が期待するものには達しなかった。問題は個人的な取り組みに終わったためであり、たとえ担当替えがあっても内容を継続できる方法を作れなかったことにある。

（4）単身高齢聴覚障害者への関わり

Cさんは高齢の聴覚障害者であり、身よりもなく単身生活を送っていた。担当になったのは介護保険制度導入前だった。Cさんが介護を必要とする状態になると、さまざまな関わりを重ねることとなった。Cさんが元気なころは手話通訳者と一緒に家庭訪問をしていた。また、すべてを自力ではできないためヘルパーを派遣していた。担当になった当初は簡単な会話をする程度であったのだが、Cさんは徐々に体調を崩していく。ヘルパーから早い対応をとの報告が入り、居宅生活から介護施設あるいは入院を検討することにした。しかし、体調悪化は急速に進み、歩くこともままならないようになってしまい、すぐに手を打つ必要が生じた。

ある病院で受診しても入院に至らない。自宅に戻すことはさらに危険度が高まるのでなんとか入院させるしかない。介護施設はすぐに利用できないため入院しか対応策を見出せず、いくつかの病院に当たっていった。聴覚障害者で言葉も発することができないCさんに代わって状態を伝えなければならないからだ。そのときは必死だから過剰に説明をしたこともあった。運良く入院させることができたが、それで終了したわけではない。

一定の回復が出てくると退院を求められる。これはこれで喜ばしいことであるが、居宅での生活ができるまでには至っていない。車いすを手放せず、誰かの支えがない限りは移動もできない状態にあるからだ。しかし、退院は変わらず、介護施設の受け入れまでは自宅でがんばってもらうしかない。

老人保健施設から受け入れ可との連絡があったときは安堵した。以降、Cさんは自宅に戻ることもなく老人保健施設を転々とすることとなる。施設を替えるたびに説明と対応、移動をしなければならない。福祉タクシーで二時間ほどかかる老人保健施設へ入所するときのことを覚えている。山の中を移動中にCさんが尿意を訴える。車いすは固定されているためすぐに動かせず、おんぶして路肩で済ませるしかなかった。立たせるまではよかったが、Cさんはズボンを下げることができない。仕方なくCさんの男性器を引っ張り出すしかなかった。

入院以降は手話通訳者に同行を求めることをしなかった。事態が次々と変化してしまい、同行を調整する時間が作れなくなったことが大きい。仕方なく基本的な手話を覚えて何とか会話するしかなかった。問題だったのはCさんの手話をなかなか理解できないことだった。だから、Cさんの気持ちを理解するには及んでおらず、その場をやり過ごすことに終始していたに違いない。

こんな関係であったが、Cさんは亡くなる前にある品物を記念として渡した。そして、ネクタイを締める仕草の手話をした。「好き」を意味するものだが、このときに初めてCさんとの関係をうれしく思った。身寄りもなく頼る人もないままケースワーカーとの関わりにすべてを任せざるを得ない人からの熱い感謝であった。

（5）生活保護受給に至るまで

一二年間のケースワーカー歴のうち四年間はインテークワーカーをした。どんな相談者が来るのか、相談にどう応えたらいいのかなど、ケースワーカーとは別の緊張感を求められる仕事であった。

従事した当初は生活保護相談の窓口との認識だ

ったため、生活保護に関わらない相談は他の窓口に回していた。生活のことを訴えているから、と再び戻されることもあった。いわゆる役所のたらい回しである。目の前には困って来所した市民がいるのだから、無視はできない。もう一度、話を聞きながら解決か改善を探すことになる。こんなことが続くので、生活保護だけの相談窓口ではなく生活全般の相談に乗ろうと気持ちを切り替えた。生活保護につながらない相談では一緒に当該窓口へ同行することにした。これは、何に困って相談に来たのかを相談者自身が充分に伝えられないことを避け、整理した内容を説明することでいい方向につなげられるからである。

年金が差し押さえられたので生活できない、とある高齢者が相談に来た。年金の差し押さえは違法ではないのかと思い、税務に事情を聞く。口座に振り込まれた年金は一般債権となったのだから差し押さえ可能との返事だった。納得がいかないので上局に確認を求めたところ、同じ回答であった。税務事務の経験があるからその論理が成立する意味は分からないでもない。しかし、あまりに機械的な解釈であり、市民の生活を顧みないものだ。いまだに納得はいっていない。

この相談者が生活できないことは明らかだったので、生活保護申請をさせて受給を開始した。税務との関係はなかなかに微妙なものだ。ある税務職員から「必死になって集めてきた税金を福祉は簡単に使ってしまう」といわれたことがあった。どちらの立場も経験しているだけにその言葉の持つ重みは感じざるをえなかった。

（6）相談の心得

相談窓口にはさまざまな相談者が来る。医療費支払いの相談から始まり、家賃滞納、賃金未払いの労働相談、離婚相談、パトロンとの関係整理、親子関係のもつれなどの相談が寄せられる。相談を聞きながらまず判断するのは、この相談者は生活保護制度で救うべきかどうか、ということである。話が進むと大体のことが見えてくる。生活保護になじまないとなれば、しかるべき相談窓口が何であり、それはどこにあるのかを調べる。区役所外となると同行できないので、相談者の面前で連絡をすることもした。インテークワーカー間には、「せっかく相談に見えたのだから何か一つのみやげを持って帰ってもらおう」とする認識がある。先輩から伝えられてきたものであり、相談というのはこうしたものなのだ。

記憶に強く残っているのは一年半ほど相談を重ねながら生活保護受給に至った事例である。会社を経営していた高齢者が倒産したため生活ができない、と相談に来た。個人名義で資産保有の可能性もあるため、資産調査をすることを説明した。後日に差し出された預金通帳には当座の生活が可能な金額が示されている。それも数ヵ月程度の生活費に当たるので、一ヵ月分程度の残高になってからの再来所を求めた。

通常であればそれで一件落着となるが、この事例はそうならなかった。その後に何度も窓口に来ては話をする。用件はあまりはっきりせず、話し相手を求めている様子も感じた。それはそれで助言するものの、来所は頻繁に続く。途中で通帳の残高を確認するが、思いのほか減っていかない。年金が入るからだ。いずれ生活保護になると判断しているため、残高をどう減らすかまで指南した。途中で自宅を売って負債に当てたそうだが、その残りが上乗せされてしまう。担当外の地域に転居となり、転居先の福祉事務所に申し送りをした。それでも相談にやってくる。もう話し相手しかできないが、それでも相談は受け続けた。一年半ほど経って生活保護の要件を満たし、保護が開始された。開始後もときおり顔を見せていたように、倒産で失ったものは資産だけでなく人間関係もあったのではないだろうか。安心できる微かなつながりを求めていたのかもしれない。

3 隣接職場からみた生活保護現場

（1）児童相談所という職場から

生活保護のケースワーカーを一二年した後、児童相談所で児童福祉司として働くこととなる。児童福祉という初めての分野へ飛び込んだ。異動した時点ですでに児童虐待が急増し、その対応に追いまくられている職場だ。三度目の希望で配属となった。異動希望調書には「お金を介在しないケースワークをしたい」と書いた。これは、生活保護ケースワーカーが生活保護費を決定する役割を持っていることへの違和感からであった。生活保護業務から離れてみると、お金をはさむと対等の関係を結ぶのはなかなかに困難である、との思いを強くしている。

児童相談所での仕事を実感として区分すると、七割程度が児童虐待対応であり、残りの三割ほどが非行や育成などに関する相談といえよう。児童虐待への対応件数が急増していることは厚生労働省の統計からも明らかになっているように、日々の仕事を通じても感じ取っている。後追いの対応に終始することがほとんどであり、事前に問題の発生を防ぐに至っていない。これは児童福祉司が圧倒的に不足しているためであり、増員しなければ児童虐待対応数は今後も増加していくだろう。

児童虐待が増えているのかどうかという議論について、増えていないとの見解を筆者は持っている。にもかかわらず、児童虐待対応数は増加する、と述べたのはなぜか。一つには「対応数」との表現に隠された仕組みにある。児童相談所が扱った数字として統計に上がってくるものであり、そこには前年からの持ち越し件数も含まれているからだ。すなわち、未解決のものが積み上がっていることを示している。単年度で解決する事例は限られており、そのため記録台帳がどんどん増えていき、収納できず机の側にはみ出している状態になっている。児童福祉司の増員がなく児童虐待そのものが減らない限り、対応数は今後も確実に増えていくのである。

（2）児童虐待の裏に貧困

もう一つの理由は貧困問題にある。貧困と児童虐待が交差していることは日々の仕事で感じ取っている。また、それを指摘する論文や統計を目にすることは少なくない。たとえば、社会保障審議会児童部会児童虐待等要保護事例の検証に関する専門委員会「第一次報告から第四次報告までの子ども虐待による死亡事例等の検証結果総括報告」（二〇〇八年）にある死亡事例での家庭の経済状況をみると、生活保護世帯が第三次報告（二〇〇五年）で二一・一％から第四次報告（二〇〇六年）でで一一・一％へ急増、市民税非課税世帯でも二二七・八％から三六・八％へ増加、市町村民税課税世帯（所得割）を加えると六六・七％から八四・二％へ増加している。東京都福祉保健局の報告、兵庫県子ども家庭センターの報告、全国児童相談所長会の報告いずれもが児童虐待の背景に貧困が潜んでいることを指摘しているのである。貧困問題が社会問題となっているにもかかわらず、その解決方向は明らかになっていない。生活保護受給の有期化が堂々と議論されるなど貧困問題の解決とは逆の動きが強まっており、児童虐待が減少する状況にはないといえる。

生活保護業務では過剰な要求をする人や解決策をすぐに見出せない世帯などを処遇困難ケースとしてあげていた。児童相談所で働いてみると、ほぼ毎日が処遇困難ケースに関わるのと同じ程度のエネルギーを費やしている、と感じている。これは筆者一人の感想ではなく、同僚も同じような発言をしていた。その他にも児童虐待への対応が増えることを示すものがあり、児童相談所はさらに過酷で緊張を強いられる職場となっていくだろう。

こうした状態にある児童相談所の現場からこれまでの生活保護でのケースワークを振り返ると反

省することがいくつも見つかる。そのいくつかをあげてみたい。

（3）関係者会議への臨み方

生活保護から児童相談所に異動したときにまず感じたのは会議の多さだった。一日に何度も会議を持つことはざらであり、すぐに資料をつくる必要から十数分で準備する綱渡りもしなければならない。これは児童相談所内での会議開催に関してのことであるが、他機関との関係者会議にも頻繁に参加している。

関係者会議で多いのは保育・教育機関との協議である。被虐待児が所属している保育所や学校は彼らの情報をつかみ、問題発生や再発の動きを感じ取っている。関係者会議は、この状況を相互に情報交換しながら対応策を検討していく作業である。児童相談所にとっては情報把握ができるとともに、緊急対応への判断を持てる。

この関係者会議には保育所や学校以外にも当該世帯に関わる関係者に参加が求められる。前述したように児童虐待と貧困が交差していることから当該世帯に生活保護受給世帯が多く、そのため生活保護ケースワーカーも参加対象となる。だが、参加対象とされながらも彼らが参加していない関係者会議が何度もあった。

保育所や学校と関係者会議を持とうとすると、保育と授業終了後に設定せざるをえない。一七時や一八時からの会議開始は当然となる。超過勤務を前提の時間設定であることから、超過勤務ができない、あるいはしない人にとっては困難な参加条件になってしまう。あるケースワーカーが超勤しないことを不参加の理由にしたときは複雑な気持ちになった。たとえば、母子家庭の子が母の放任によって食事に事欠いている事例では母の金銭管理が問題になった。ここでは生活保護の出番となる。しかし、ケースワーカーの不参加では会議の内容が深まらず、ケースワーカーも処遇の方向を検討できない。これは残念なことだ。

問題は超過勤務になるのかどうかにあるのではなく、当該世帯の抱える課題をどれだけ深くつかもうとするのかにある。筆者のケースワーカー時代から囁かれていた言葉に、ケースワーカーではなく計算ワーカーになっている、というものがある。この実態は今も変わらず、ケースワーカーの業務に保護費計算が占める割合は大きい。そのため収入申告書と給与明細書などを提出させることに力が割かれる。生活保護は経済的支援に限ればいい、と極論するケースワーカーもおり、この発想には新自由主義的なものを感じざるをえない。すなわち、最低生活を保障しているのだからそれ以外のことは自己責任で行うべき、というのである。

そこまで極論を唱えなくともケースワーカーのなかには、経済的支援をしっかりとやることが主な仕事と考え、世帯のその他の課題に深く関わることを避けようとする姿勢の人が少なからずいる。しかも、計算に時間を取られるとなれば、ケースワークへの意欲は後景に押しやられてしまう。ここでもケースワーカー不足という問題が横たわっている実態を理解したうえで、やはりケースワークへの意気込みがない限りは仕事としての魅力は半減する。

（4）これまでのケースワークへの反省

関係者会議で生活保護上やっかいな問題となる事実が出てくることがままある。不正就労、自動車の所有、他者からの援助、同居者の存在などである。毎日の生活と関わっている保育所や学校であればこそこうした情報をしっかりと押さえている。だが、ケースワーカーには困ったことになってしまい、ケースワーク以前の問題がいやおうなく突きつけられてしまうのだ。子ども視点から世帯の課題を明らかにする機会が余分な仕事を突きつけられることに変質してしまい、積極的に参加する気持ちを失わせる。

　再び生活保護ケースワーカーになったと想定し、関係者会議で知り得たケースワーカーに不利な情報、たとえば車の保有や同居者の存在などをどう扱うだろうか、と自問してみる。まず、情報の再確認をしなければならない。自動車の保有についてはナンバーさえ分かれば調べられる、不正就労も税調査を行う、ここまではすぐに行える作業だ。税調査で判明しない不正就労や他者からの援助、同居者の存在については関係する情報からたどっていくことになろう。こうしたことはケースワーカー時代でもしてきており、普通のことでしかない。つまり、作業としては変化しないのである。

　では、以前との違いをどこに見いだすのか、と問題を設定する。作業そのものに工夫を見つけても以前との違いは出てこない。結論をいうと、世帯をまるごと理解しようとする発想を強めることに鍵はあるはずだ。2(2)で紹介したAさんとの勉強会の失敗を検討してみよう。筆者の個人的取り組みで終わったことが大きな要因ではあるものの、母の気持ちにまで配慮をしていたのか、と問われると心許ない。母も子どもの安定した就労を望んだことは予想できるが、母に協力者としての役割を求めていなかったからだ。家族の応援がないと継続した努力は難しい。個人のAさんだけに焦点を当ててしまい、Aさんの属性に大きな影響を与えている家族にも配慮する視点がなかった。

　まるごと理解する視点について、もう一つの事例をあげる。ホームレスだった五〇歳代男性に生活保護受給が認められ、担当となった。当初は定期的な家庭訪問ができており、落ち着いたら就労支援をしようと考えていた。電話がないため家庭訪問は飛び込みになっていた。不在のときが続き、電気とガスのメータをチェックした。数度の訪問でもメータにほとんど変化がなく、そのたびに投入した不在連絡票への反応もない。彼の行方がつかめないまま家賃滞納でアパートの契約を解除せざるをえなくなり、生活保護も廃止とした。一年ほど経ってから、彼から生活保護申請が出たので以前の生活保護記録内容を知らせて欲しい、と別の福祉事務所から連絡が入った。連絡者に保護廃止後の彼の行方を聞いてみると、ホームレス仲間の所にいた、とのことだった。仲間との関係が切れたことの方がホームレスでなくなることよりも大切であったようだ。ここには、経済的支援だけでは見えない人としての存在についてまで視点を持つことが含まれている。まるごとの理解とはこの意味である。

（5）必要とされる視点

　対象者をまるごと理解しようとする視点は児童虐待に関わることによって筆者にはっきりとしてきている。すなわち、虐待を回避するだけでなく虐待の再発を防ぐことも同時に考えなければならず、そのためには被虐待児が抱える特性、虐待者の認識や感情、虐待者の配偶者や同居者の受けとめ、その他の世帯員の状況、世帯を取り巻く機関との連携などを把握しなければならないからである。別の表現をすると、被虐待児を軸にした関係性がどのようなものなのかを明らかにしていくことといえよう。

　世帯類型別被生活保護世帯の対前年同月伸び率の推移を見ると、その他の世帯の伸び率が二〇〇八年一二月から急増している。同年同月以降の完全失業率が同じような動きをしており、その他の世帯の増加には雇用状況の悪化が影響していることは明らかだ。この事実は、貧困に陥った要因を主に雇用問題に求めつつ、その他の社会保障制度でなぜ救えなかったのか、受給者が抱えている個別の問題はどこにあるのかなどにまで目を配ることを求めている。

　二〇〇九年一一月四日付『朝日新聞』社説は、「貧困率の上昇は、安易に非正規労働に頼った企業と、時代にそぐわない福祉制度を放置した政府の『共犯関係』がもたらした」と書いた。そうであるがゆえに「最後の砦」とされる生活保護が最初の入り口になっている。「共犯関係」に翻弄されれた人が年齢も関係なく生活困窮を余儀なくされたのであり、雇用問題と社会保障制度に関し、こうした社会状況の認識を深める必要がある。貧困は社会の矛盾を写し出すことをあらためて強調しておきたい。

次に、受給者になぜ矛盾が押し寄せたのか、を個別の課題として考えなければならない。ここで問題となるのが自己責任論との拮抗である。個別の事例になると顔と顔が見える関係になり、受給者の弱点とも向き合うことになる。そして、対立も生じかねない。この状態がケースワーカーを悩ませるのである。場合によっては受給者に問題があると判断してしまい、それ以上の関わりを避けようとする。すなわち、ケースワークの問題ではなく自己責任である、としてしまうのだ。たしかに、指示に従わない受給者に振り回され、次々と問題を押しつけられる、しかもお金がからんでくる、となれば受給者を敵対的に感じてしまいかねない。

（6）指示型から寄り添い型へ

ここで「暖かい心を持ち、冷静な判断をする」というケースワークの原則を呼び起こそう。冷静な判断をするためには受給者の生活とその背景にある生育歴などを再確認することがいる。それらは受給開始前にすでに実施済みではあるものの、すべては明らかにされていないのであり、その後のケースワークで深めるときが出てくる。そのためには受給者からの聞き取りを重ねていくなどの作業が必要となり、家庭訪問の目的がはっきりとしていく。

受給者の生活をまるごと見ていくとの視点に立てば、できることとできないことの区別がはっきりとするとともに関係機関との連携など利用できるものは利用しようとする気持ちになる。問題解決のために指示を出すことで終わるのではなく、その指示への理解を求めることだ。生活保護現場を振りかえってみると、この作業が不足していたと感じている。だからこそ、受給者とは対等の立場であろうとしたが、そうではなかったのではないか、と反省せざるをえない。いま求められているのは指示型ではなく寄り添い型のケースワークなのである。

【参考文献】
『生活保護手帳』（二〇一二）中央法規出版。
『生活保護手帳別冊問答集』（二〇一二）中央法規出版。
『保護のてびき』（二〇一二）第一法規。
岩田正美（二〇〇七）『現代の貧困』筑摩書房。
小山進次郎（一九七五）『改訂増補　生活保護法の解釈と運用』中央社会福祉協議会。
湯浅誠（二〇〇八）『反貧困』岩波書店。

第14章

生活保護と就職困難者

――埼玉県「生活保護受給者チャレンジ支援事業」のデータ分析――

四方理人

本章は、生活保護世帯のうち、就労可能とみなされている「その他の世帯」の被保護者の実態とその人達に対する就労支援のあり方について、埼玉県「生活保護受給者チャレンジ支援事業」のデータから考察を行う。分析の結果、その他世帯の半数近くが高校を卒業しておらず、前職の大半が非正規雇用であり、一般的な就労者の属性と大きく異なっていた。また、同事業では、求職者支援制度を利用して生活保護受給者に対する訓練を行っていたが、就職率は低く、受講の許可さえ難しかった。しかしながら、事業独自の訓練を行うことで一定の成果を上げており、就職困難者に対する新たな就労支援の手がかりになると考えられる。

1 「その他世帯」の増加と就職困難者

一九九〇年代後半以降の生活保護の保護率の上昇と同時に、生活保護世帯において「その他の世帯」(以下、その他世帯)が増加している。その他世帯とは、高齢者世帯、母子世帯、障害者世帯、傷病者世帯という、生活保護世帯の多数を占める世帯以外の世帯であり、図1で示すように、二〇〇九年時点で全体の約一四%を占めている。この割合は、総世帯保護率が最も低かった一九九六年においては約七%であり、近年のその他世帯の急速な増加をみてとることができる。

生活保護を受給するには、「補足性の原理」として資産・能力などあらゆるものを活用してもなお貧困であることが求められ、老齢、育児、傷病、障害等により就労が困難と認められない限り、受給が難しい状況にあった。にもかかわらず、近年その他世帯が大きく増加している背景には、日本経済の長期的な停滞や産業構造の変化により、雇用環境が悪化したことで、就職が難しく生活が困

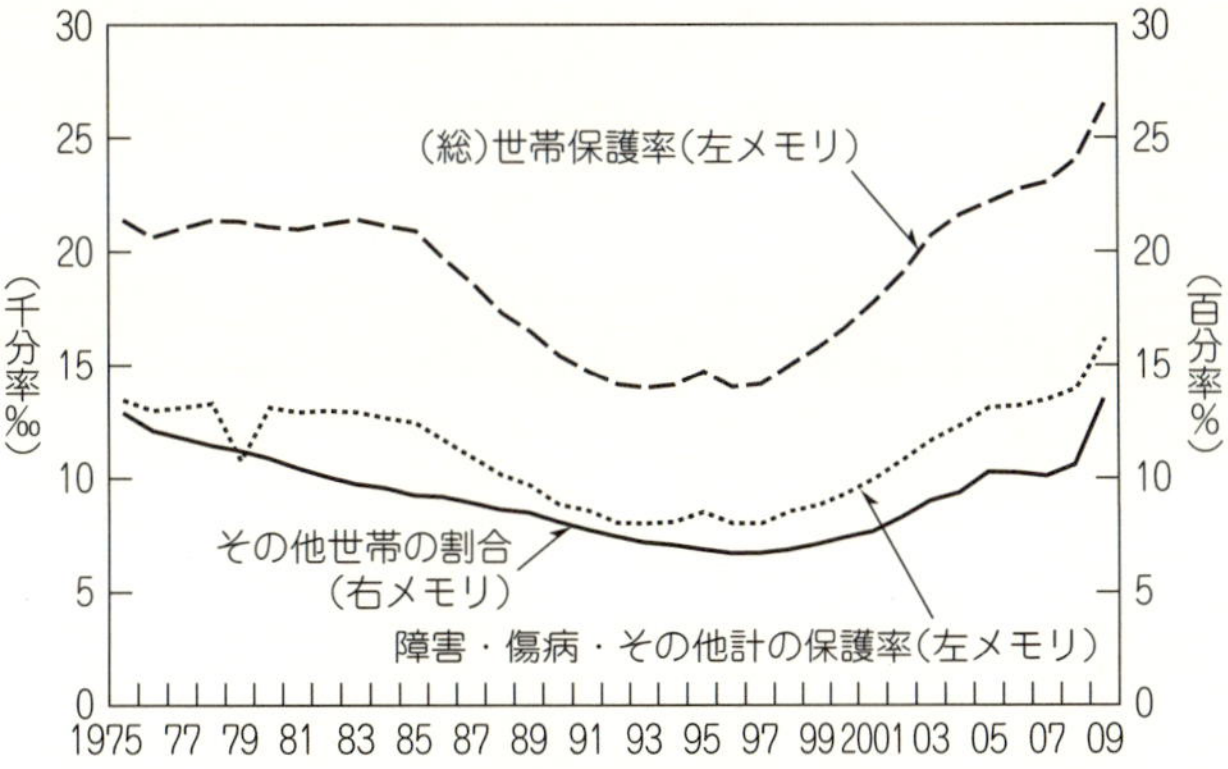

図１　「その他世帯」の生活保護率と生活保護世帯に占める割合
出所：国立社会保障・人口問題研究所「『生活保護』に関する公的統計データ」より筆者作成。

窮する者が増加したと考えられる。

　そして政策動向として、二〇〇五年から各自治体において被保護者に対して組織的に自立のための支援を行う自立支援プログラムが実施されるようになった[1]。自立支援プログラムは、経済的自立、日常生活自立、社会生活自立のそれぞれに関するものに区分される。このうち就労支援は、経済的自立に含まれており、主にハローワークと連携して就労支援プランを策定および各種訓練等の就労支援メニューを実施する事業と、就労支援員を福祉事務所に配置し、ハローワークへの同行や履歴書の書き方や面接の指導が行われている事業がある[2]。ただし、このハローワークとの連携事業の対象者は「就労能力を有し」「就労意欲があり」「就労阻害要因がなく」「事業への参加を同意している」という四要件を満たす必要がある。しかしながら、福祉事務所サイドからは四要件が厳しすぎて対象者が限定されるという声がある一方、ハローワークは本人の意欲と努力があってこそ就職につながるという認識があるため、結局、就職できないのは支援対象者の意欲不足のせいだということになりかねないと指摘されている（布川 二〇〇六）。また実際に就労支援の効果として、就労の促進や生活保護からの自立が増加したかについては、十分に検証されておらず、二〇〇五年以降も生活保護率は上昇し続けている[3]。

　そのような中、二〇〇八年の秋のリーマンショックを契機とする金融不安から生じた雇用問題から、雇用保険と生活保護の間を補完することを目的とした「第二のセーフティネット」として二〇〇九年七月から緊急人材育成支援事業が実施され、雇用保険を受給できない者を対象として、無料の職業訓練（基金訓練）と訓練期間中の生活給付が行われるようになり、二〇一一年一〇月に求職者支援制度として引き継がれた。この求職者支援制度は、生活保護との関係において、雇用保険受給中に再就職できずに生活保護受給者となっていた者が、生活保護を受給することなく、早期に再就職すること、および、就労意欲はあるものの稼働能力を十分に活用されなかった生活保護受給者が、適切な技能等を身につけ生活保護から早期脱却することなどが期待されている[4]。

　このように、急速な保護率の上昇とその他世帯の増加の中、生活保護における就労支援により、就労による自立が目指されるようになり、また、求職者支援制度の発足により、就労困難者に対して生活保護を受給する前に現金給付と就職への訓練が行われるようになった。

　しかしながら、急速な増加をみせるその他世帯の被保護者は、就労支援の対象者として就労への「阻害要因」がなく、また、「意欲がある」かについて十分に把握されているとは言い難い。そして、現在の就労支援は、就労支援員やハローワークの職員による個別支援が中心であり、支援の方法の共有や効率的な人員配置が行われているかについて検証されていない。

　その一方で、求職者支援制度については、訓練コースに対象者が申し込み、受講が許可された場合に、三ヵ月から一二ヵ月という比較的長い期間の講義への出席が求められるため、参加者の適性が問題となる。その上、各訓練機関には受講者の就職率が求められるため、参加者を選別するインセンティブが生じる。したがって、その他世帯の被保護者に対し求職者支援制度による訓練が望ましいかについては、検討の必要があろう。

本章では、その他世帯の被保護者の特徴をデータから明らかにし、就労支援の効果を考察するために、埼玉県における被保護者に対する生活支援の取り組みである「生活保護受給者チャレンジ支援事業」（以下、この事業の通称である「アスポート」とする）における「職業訓練支援員事業」のデータを用いて分析を行う。このアスポートにおける「職業訓練支援員事業」は、埼玉県（政令指定都市であるさいたま市を除く）の被保護者のうちすべての就労可能とみなされる者を対象としており、現在増加し続けているその他世帯の被保護者が、生活保護から就労自立を行うための試みとして非常に重要な事例であると言える。また、後述するように、アスポートの就労支援において、被保護者に求職者支援制度の利用を促しており、このデータによる分析からは、求職者支援制度の訓練の効果だけではなく、生活保護の就労支援と求職者支援制度の対象者の区分のあり方についての考察が可能となろう。

2　埼玉県アスポート就労支援事業

埼玉県の生活保護率は、一九九五年には三・一‰であったが、二〇〇五年には七・二‰となり二〇一〇年には一〇・九‰と急上昇している。特に、リーマンショック以降その他世帯が急増しており、二〇〇八年九月時点で四七一八世帯であったものが二〇一二年六月には一万四〇八七世帯と短期間に二・九倍以上になっている。(5) このような就労が可能とみなされるその他世帯の増加は、生活保護費を大幅に上昇させており、就労支援や訓練により就職を促し、自立を達成することは喫緊の課題であった。そのような中、埼玉県では、二〇一〇年一〇月にアスポートを立ち上げ、さいたま市を除く県内全域を対象に、生活保護受給者の自立に向け、民間のNPOや社会福祉会を受託事業者とした「職業訓練支援員事業」「教育支援員事業」「住宅ソーシャルワーカー事業」の三事業を開始した。

本章では、「職業訓練支援員事業」を取り上げ、その他世帯の被保護者の属性と支援や訓練の対象者についての分析を行うが、以下ではまず同事業についての簡単な説明を行う。(6)

同事業では、現在教育や訓練を受けておらず、傷病や障害等のやむを得ない理由がない五〇歳未満の者を支援対象としている。ただし、福祉事務所が必要と認めた者の場合、五〇歳以上もその対象とされる。そのため、その他世帯の者だけではなく、母子世帯、高齢世帯、傷病・障害世帯の者も一部支援対象となっている。

そして、職業訓練支援員として一人の担当者が支援対象者に対し個別の面接と訪問、就職活動や公的な職業訓練の受講を促す支援、職業相談やハローワークの同行等の支援を行っている。当初は、前述の緊急人材育成事業における職業訓練（基金訓練）を積極的に受講させることを行っていた。これは、職業訓練を受けるだけでなく、収入が一定に満たない場合、月一〇万円程度の給付（扶養家族のいる場合は一二万円）を受けることができる制度であった。そのため、基金訓練を受けることで、生活保護費の縮小にもつながるという利点もあった。

その後、基金訓練とは別に、生活保護受給者向けの講習として、埼玉県内の高等技術専門学校内で、県の産業労働部の協力を得て技能講習のカリキュラムを実施している。その他にも、医療事務やPCの操作などの民間の訓練機関による講習への参加や独自の履歴書や面接についての講習および職業体験など、支援対象者の状況に応じた職業訓練を提供するようになっている。

このように、アスポートは、これまでの自立支援プログラムより大規模で多様な職業訓練が実施されている。また、求職者支援制度およびその前身の基金訓練を活用することで、長期間の訓練も行われている。

本章では、アスポートの職業訓練支援員事業における支援対象者のデータを用いて、その他世帯の被保護者の特徴を明らかにし、職業訓練の効果を分析することで、就労困難者に対する支援のあり方について考察を行う。

3　「その他世帯」の被保護者の特徴

まず、アスポートの職業訓練支援員事業の対象者はのべ三六八四人に上っている（二〇一二年三月末時点）[7]。そのうち、二〇―五九歳のその他世帯の被保護者の数は、一八八九人となっている。図2は、二〇―五九歳のその他世帯の被保護者の性別と年齢別割合を被保護者全国一斉調査と比較したものである。全国平均の年齢構成を比較して、アスポートの支援対象者は、四〇―四九歳の男性の割合が高く、五〇―五九歳の女性の割合が低くなっていることがわかる。これは、アスポートの就労支援事業が、主に五〇歳未満を対象としているため、年齢構成に若干の偏りがあることには留意が必要となる。

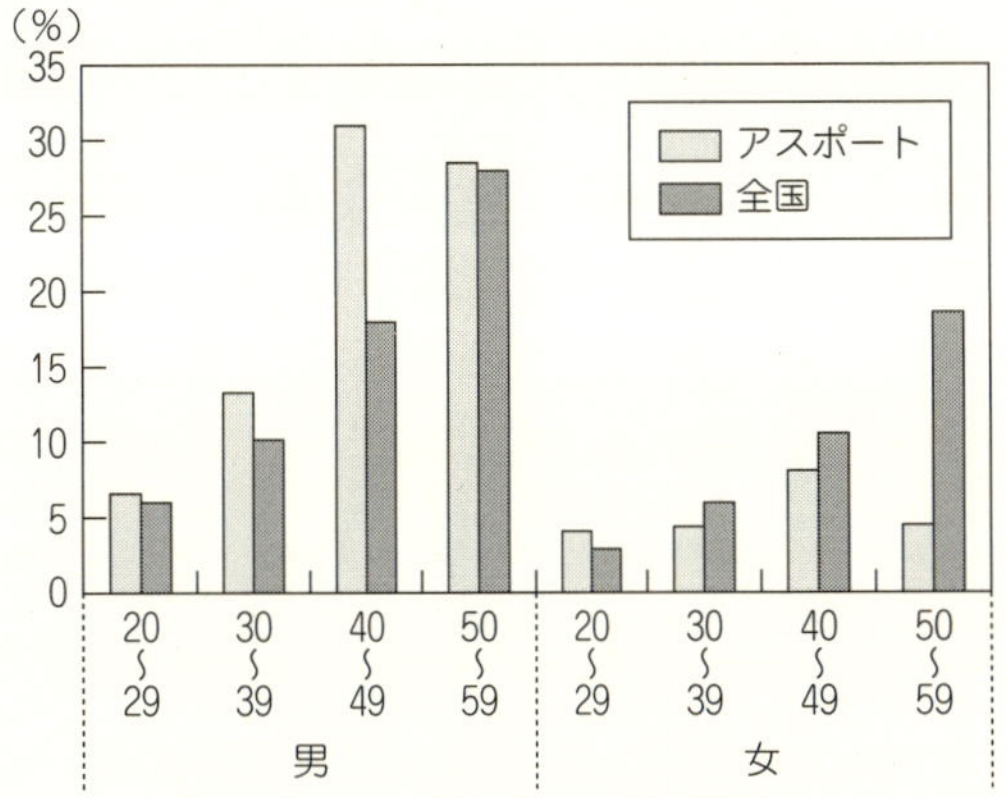

図2　その他世帯の性年齢構成

出所：埼玉県アスポート職業訓練支援員事業データおよび厚生労働省（2011）『被保護者全国一斉調査』より筆者作成。

図3は、アスポートの就労支援対象者における五九歳以下のその他世帯の被保護者の学歴構成である。中学卒が三四％、高校中退が一四％と高い割合を示しており、約半数が高校を卒業していないことがみてとれる。また、大学、短大、高専といった高等教育を受けている割合は、あわせても六―七％程度となっている。その他世帯の被保護者の多くが、低い学歴のために、就職が困難な状況となっていることがうかがえる。

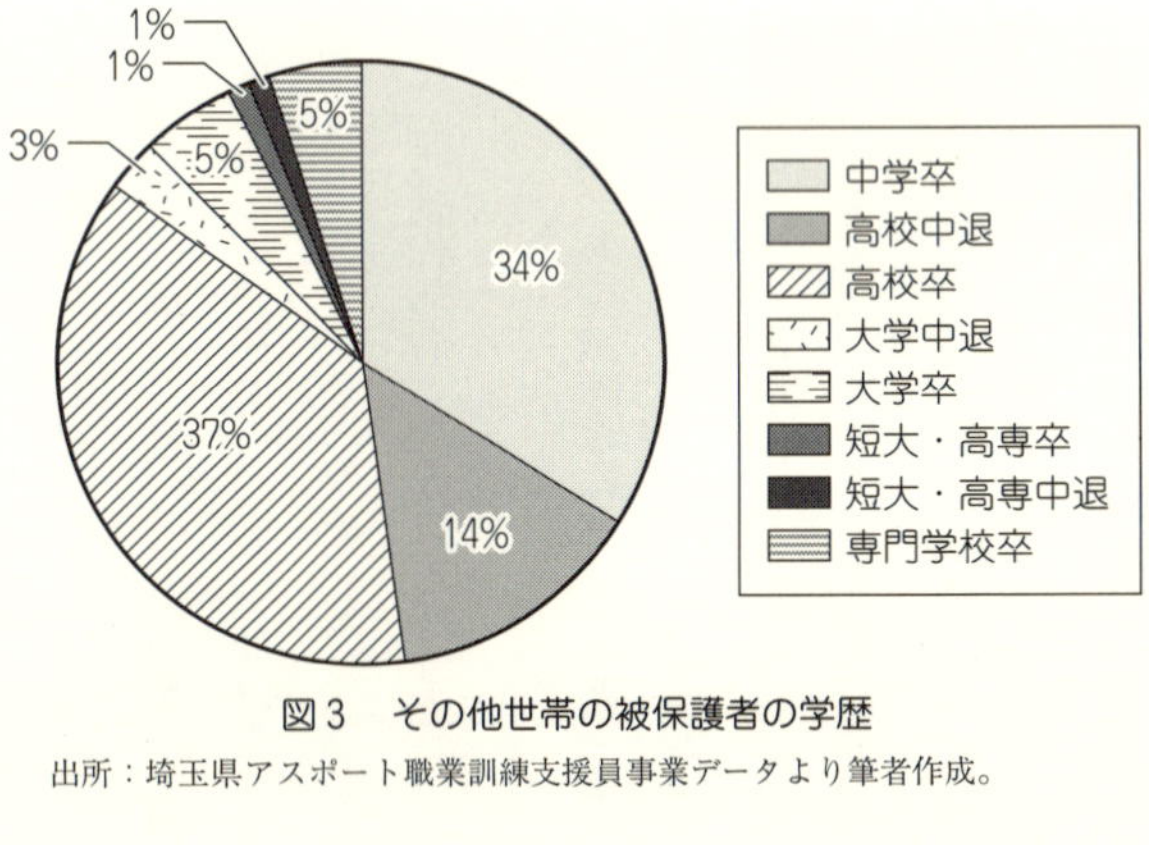

図3　その他世帯の被保護者の学歴

出所：埼玉県アスポート職業訓練支援員事業データより筆者作成。

図4は、同じくその他世帯の被保護者の健康状態についての結果である。生活保護統計において、障害者世帯の定義は、「世帯主が障害者加算を受けているか、障害のため働けない者である世帯」であり、また傷病者世帯は、「世帯主が入院等で傷病のため働けない世帯」である。そのため、その他世帯であっても、世帯主以外の場合は、傷病や障害のある場合がある。また、傷病や障害のある世帯主であっても、働けるとみなされるとその他世帯となる。したがって、その他世帯であっても、傷病・障害の状況を確認することに意味があ

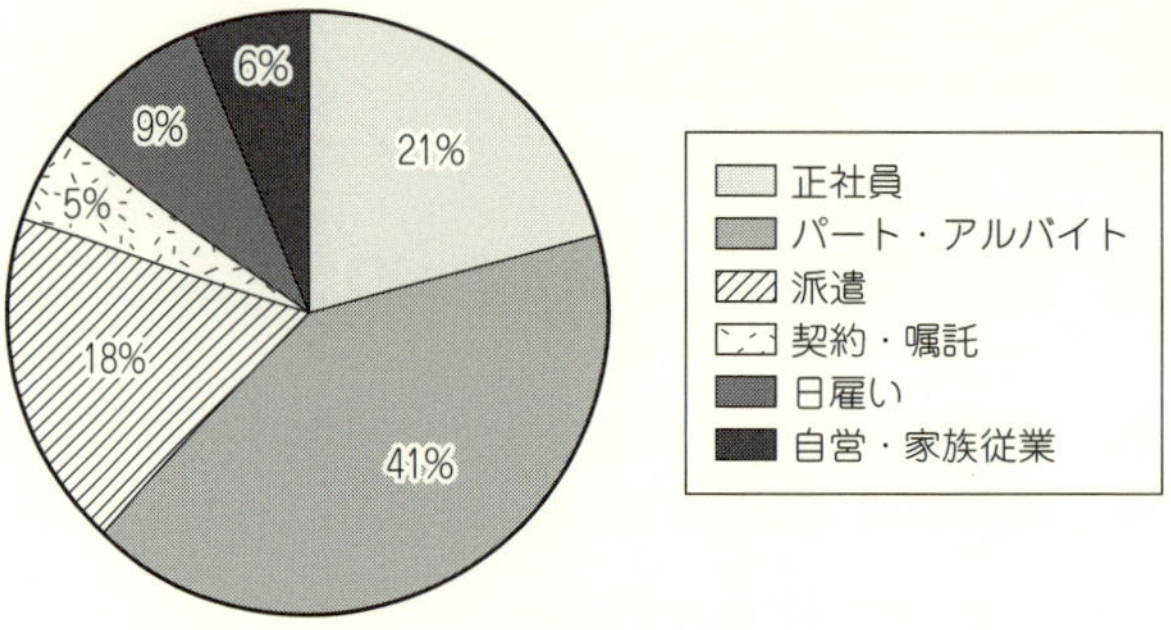

図５　その他世帯の被保護者の前職の就業形態

出所：図３と同じ。

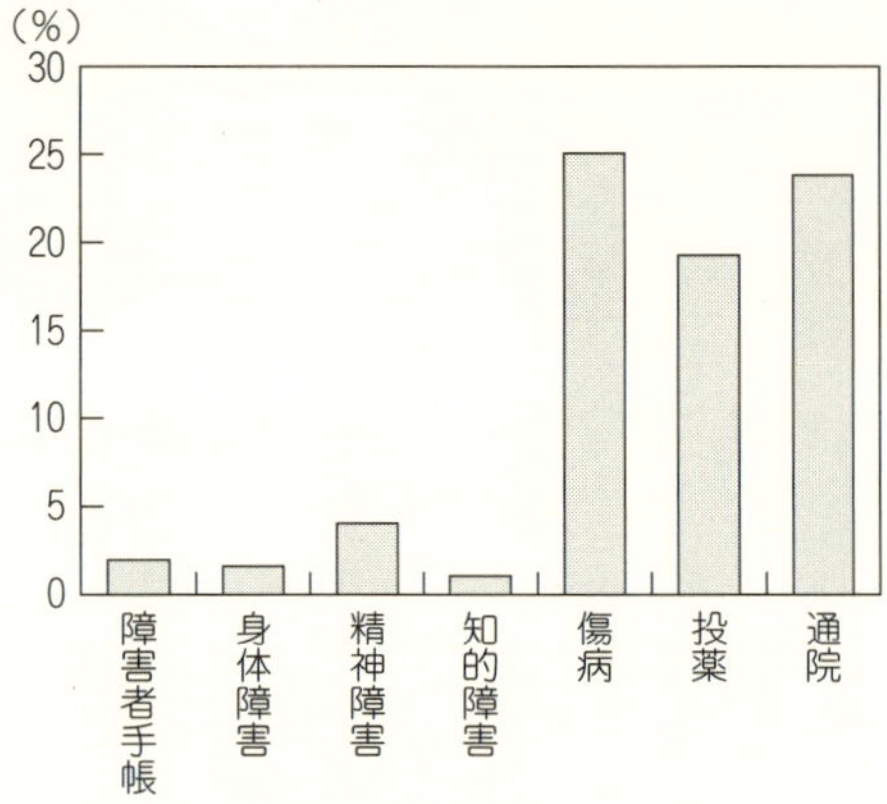

図４　その他世帯の被保護者の障害・傷病状況（複数回答可）

出所：図３と同じ。

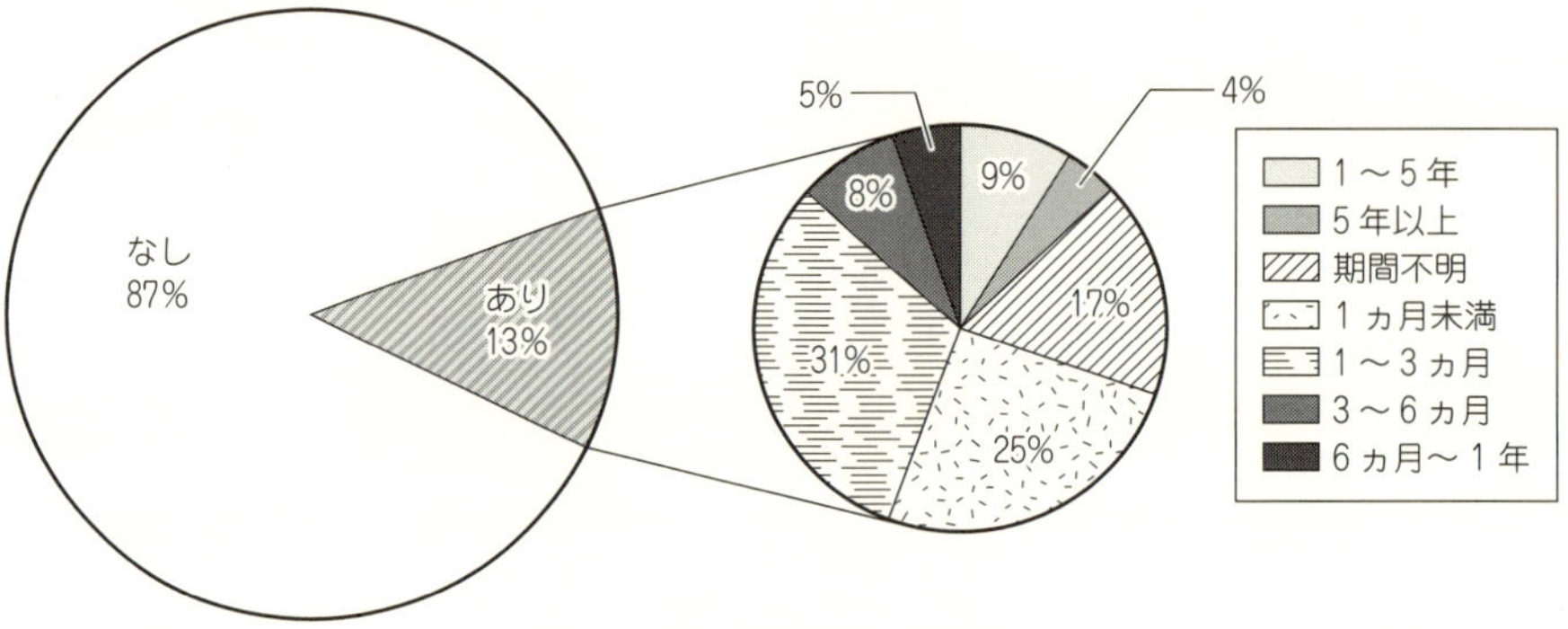

図６　野宿歴の有無とその期間

出所：図３と同じ。

るだろう。実際に、アスポートのデータにおいても、その他世帯の被保護者において少ないながらも身体障害や精神障害を持つ者がおり、傷病がある者は二五％に上っている。そのため、投薬や通院が必要となる者がそれぞれ二〇％程度となっている。

次に、前職の就業形態をみたものが図５である。(8) 正社員の割合が二一％と低く、非正規雇用の割合が高くなっている。特に、派遣労働と日雇い労働の割合が一八％と九％となっている。『労働力調査』（総務省統計局）による二〇一〇年の全国平均では、派遣労働者と日雇い労働者が就業者に占める割合は、それぞれ一・五％と一・七％とわずかであり、その他世帯の被保護者の前職において派遣労働や日雇い労働の割合が著しく高いことがわかる。生活保護受給者増加の背景として、リーマンショック以降に生じた派遣労働の雇止めが大きく取り上げられたが、実際に多くが派遣労働を経験した後に生活保護を受給するに至ったことがみてとれる。

最後に、野宿経験についてみたものが図６となる。一三％が野宿経験ありと答えている。その内訳は、一ヵ月未満と一―三ヵ月が多く合わせて過半数となっており、比較的短い期間となっている。ただし、ホームレス経験者のうち一年以上の割合は合わせて一三％となっており、長期のホームレス経験の後に生活保護の受給に至る場合も観察される。

以上、アスポートの就労支援対象者のデータからみたその他世帯の被保護者の現状は、日本の平均的な就労者の特徴と大きく異なり、就職困難者が多く占めていることがみてとれる。

4　職業訓練の対象と効果

次に、アスポートの職業訓練支援員事業の職業訓練の実施状況および職業訓練を受けた被保護者の就職状況についての考察を行う。以下では、その他世帯の被保護者だけではなく、支援対象者すべてについてのデータを用いる。

まず、図7は事業の開始から二〇一二年三月までの求職者支援制度（二〇一一年九月までは基金訓練）に対するアスポートからの申込件数および申込が受理された受講件数である。求職者支援制度は、ハローワークを通じて各訓練事業者に申込を行い、審査の結果受講が決定される仕組みとなっている。受講期間は、それぞれのコースによって三―一二ヵ月が設定されている。その間受講者は、訓練にすべて出席すること（正当な理由がある場合、八割以上）が求められ、欠席すると生活給付を受けることができなくなる。

図7から申込件数および受講開始件数は、月によって大きく変動しているが、ともに減少傾向にあり、二〇一一年一〇月の基金訓練から求職者支援制度への制度の変更前後で大きく減少し、それ以降わずかな件数となっている。申込件数と受講開始件数は並行して動いており、審査による受講開始の割合については大きな変化はなく、アスポートから求職者支援制度への申込が減少しているといえる。

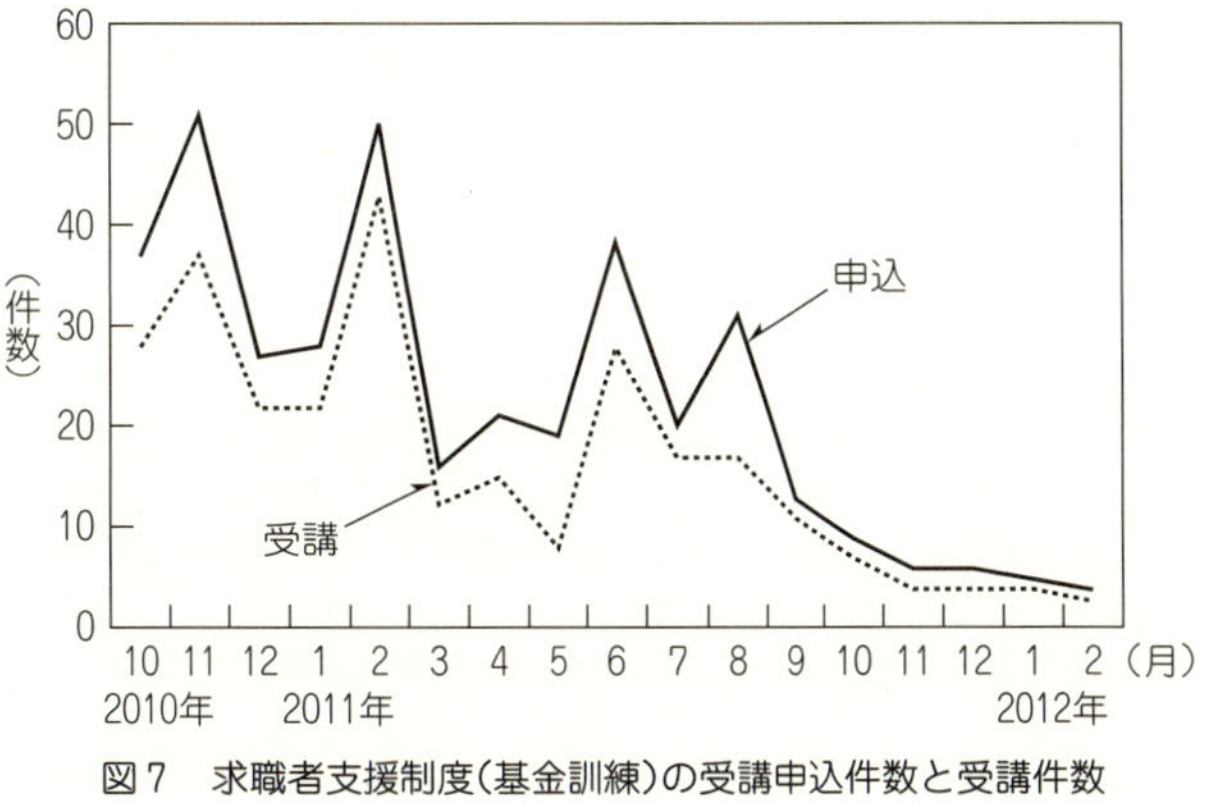

図7　求職者支援制度（基金訓練）の受講申込件数と受講件数

出所：図3と同じ。

求職者支援制度では、訓練を実施している機関に対しては、受講後三ヵ月以内の就職率について一定水準を下回らないことが求められている。二〇一一年九月までの基金訓練では、就職率が三〇%未満となった場合、当該コースの認定にペナルティーが科せられたが、二〇一一年一〇月以降の求職者支援制度では、就職率が基礎的コースでは四五%、実践コースでは五〇%を下回る場合にペナルティーが科されるようになった。このような変化が、一般の失業者より就職が困難な者が多い被保護者の受講を制限していると考えられる。ただし、受講の可否についての審査を受けるより以前に、アスポートからの申込件数が減少していることについては、事前のハローワークでの相談の段階で受け付けてくれそうなコースが存在しないことが示唆される。

では、求職者支援訓練および基金訓練を受けた場合の就職状況が表1である。訓練後に就労を開始した割合は、受講経験者全体で三六%であり、訓練を終了したうちでは四〇%となっている。この水準は、求職者支援訓練の終了者全体就労率が約七〇%であることと比較して低い水準であり、下回るとペナルティーが科される就職率をも下回っている。訓練を行う事業者にとっては、生活保護受給者を受け入れにくい状態になっているおそれがある。

それでも比較的就職に成功しやすい訓練の分野は、福祉介護分野であり、受講を終了したうち六一%が就職している。一方で、福祉介護分野以外

表1　求職者支援訓練（基金訓練）の受講者数，訓練終了者数および就職者数

		受講者	うち就職者(%)	訓練終了者	うち就職者(%)
IT基礎分野	各産業の横断的な基礎知識	68	21(31)	46	13(28)
IT分野	システム·エンジニア，システム·アナリスト，プログラマー等	17	2(12)	8	0(0)
営業·販売·事務分野	営業，販売，事務，貿易等の業務に携わる者	6	1(17)	5	1(20)
医療事務分野	医療事務員，医療秘書	14	4(29)	11	3(27)
介護福祉分野	ホームヘルパー，訪問介護員，保育士，福祉関連の事務員	117	58(50)	75	46(61)
農業分野	農業技術者，農耕·養蚕作業者，養畜作業者，植木職·造園師	8	2(25)	5	1(20)
警備・保安分野	警備員，鉄道警備員，空港警備員，劇場警備員	2	0(0)	2	0(0)
デザイン分野	商品デザイン，ファッション，工業デザイン，写真，和裁·洋裁等	1	0(0)		
調理分野	調理師，製菓師，栄養士	3	1(33)	1	0(0)
電気関連分野	電気技術者，電気通信技術者，配電盤組立工等	2	1(50)	2	1(50)
機械関連分野	機械設計技術者，旋盤工，フライス盤工，機械組立工等	3	1(33)	1	0(0)
金属関連分野	金属プレス工，製缶工，鉄工，板金工，溶接工，切断工	1	0(0)		
建設関連分野	建築士，土木技術者，測量士，木工，鉄筋工，大工，左官等	5	2(40)	1	1(100)
理容・美容関連分野	理容，美容，メイク，ネイル，エステ等の業務に携わる者	6	2(33)	2	1(50)
その他の分野		17	3(18)	9	1(11)
社会的事業等分野	社会全体の人材育成機能の更なる向上に資する社会的な事業	5	0(0)	1	0(0)
合　計		275	98(36)	169	68(40)

出所：図3と同じ。

の訓練については、受講者そのものが少ないが、就職者の割合が低くなっている。

次に、就職者支援制度以外の民間の訓練機関、埼玉県や職業訓練校の職業訓練コース、アスポート独自の職業訓練や職業体験といった訓練についてみていく。これらの訓練は、主に四日間から一〇日間程度の短期の訓練で、ビルクリーニングやクレーンといった実習が中心とした講習となる。

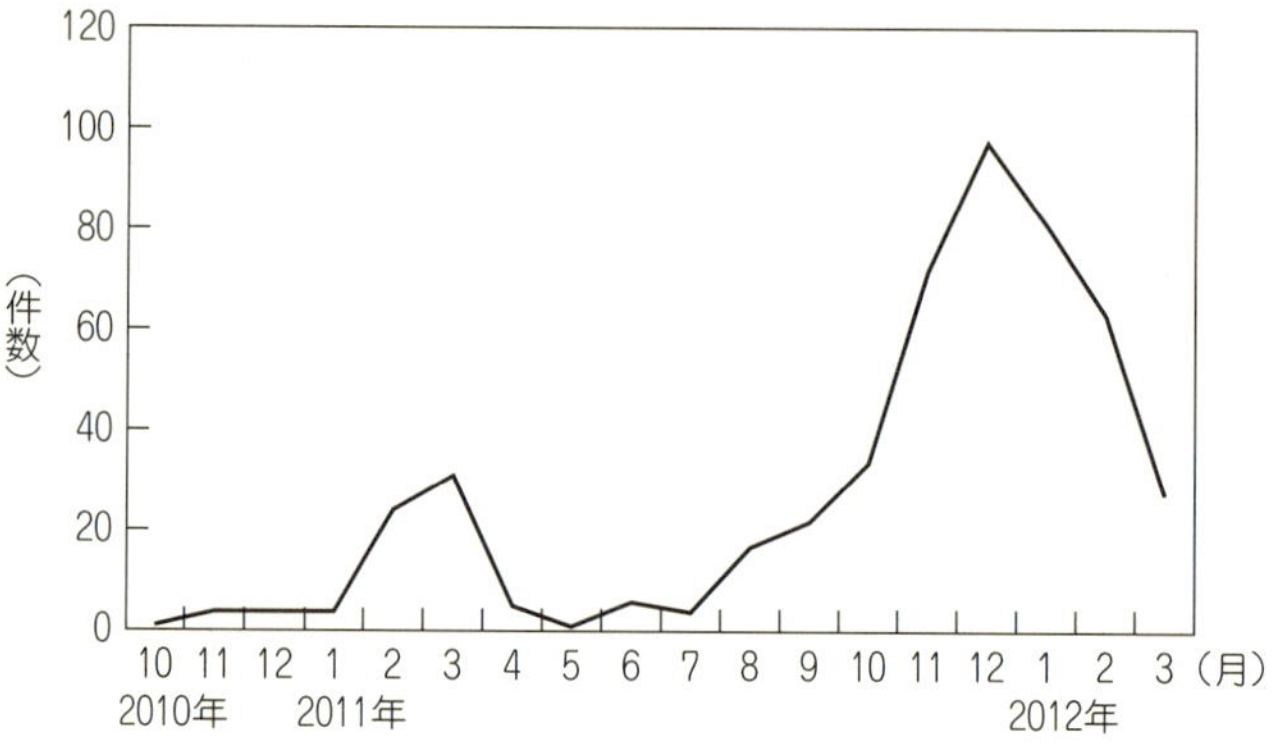

図8　職業訓練受講件数

出所：図3と同じ。

図8は、その求職者支援訓練以外の訓練の受講件数をみたものである。求職者支援訓練（基金訓練）とは逆に、徐々に受講件数が増加し、求職者支援訓練に変わった二〇一一年一〇月以降に大幅に受講が増加している。アスポートの取り組みとして、求職者支援訓練から別の訓練に切り替えてきたことがわかる。

表2は、訓練内容別にみたその後の就労状況である。複数の講習を受講している場合は、初回の講習の内容としている。まず、全体の就職割合は二六%と求職者支援訓練および基金訓練終了者の就職割合より低い水準となっている。しかしながら、求職者支援訓練はそもそも就労可能性が高い者について講習の参加をみとめる選別を行っており、直接比較することはできないだろう。また、訓練期間も三ヵ月から一年程度となる求職者支援訓練と比べ、その他の訓練は四日間程度の訓練であり、費用も大きく異なる。

分野ごとにみると、どの分野でもある程度の就職者割合を達成していることがみてとれる。福祉介護分野で就職率が突出していた求職者支援訓練と大きく異なっている。ただし、セールスについては就職できた者がおらず、被保護者とって不向きな訓練であったと言えよう。また、その他の訓

表2　その他の訓練の実施状況および就職状況

	参 加 者	うち就職者(%)
ビル・ハウスクリーニング	125	36(29)
警備	31	6(19)
フォークリフト・玉掛け	30	9(30)
ホームヘルパー2級，福祉介護	22	7(32)
ＰＣ操作	19	8(42)
セールス	13	0(0)
ビジネスマナー	63	14(22)
サービス・スタッフ養成	24	7(29)
就労経験	43	5(12)
その他	26	9(35)
計	396	101(26)

出所：図3と同じ。

練の中で、就労体験は、職業訓練というより、被保護者に就職に対しての自信を持ってもらうことや、就職活動への意識つけを目的としており、一般的な訓練とは異なる。それら以外の訓練のコースについては一定程度の成果を上げていると考えられるだろう。

5　就職困難者への支援と訓練のあり方についての示唆

本章では、新たな就労支援として埼玉県アスポートによる職業訓練支援員事業のデータを用いてその他世帯の状況と就労支援の影響について考察を行った。

まず、その他世帯の被保護者の状況については、これまで十分に明らかにされてこなかったが、学歴については中学卒および高校中退が半数近くに上り、傷病を抱える者も約二五％と高い水準となっている。また、前職のほとんどが非正規雇用で、派遣や日雇いの割合が高いことが明らかにされた。そして、ホームレス経験者が一三％存在した。これらの状況は、日本の平均的な労働者像とかけ離れており、その他世帯は稼働層とみなされているが、就職が非常に困難な層であると考えられる。

そして、アスポートの職業訓練支援員事業では、当初、被保護者が第二のセーフティーネットである基金訓練並びに求職者支援訓練を受講することが目的であったが、基金訓練から求職者支援訓練への変更において、訓練機関に課された受講者の就職率に対するペナルティーが厳しくなったこと等により、被保護者からの受講が減少することとなった。その一方で、アスポートが独自の職業訓練を拡大することで、就職に対して一定の成果を上げていると考えられる。

以上の分析から、就職困難者に対する就労支援のあり方を考えることができよう。

第一に、アスポートでは一人の担当者が被保護者に対し個別に対応した上で、必要な訓練につなげる支援を行い、また、独自の職業訓練が効果的な成果を上げていた。これまでの自立支援プログラムにおけるハローワークとの連携事業では、福祉事務所のケースワーカー、ハローワークの担当者そしてコーディネーターを加えた三者によるチームで対応されてきたが、一人の担当者による支援が重要であると考えられる[9]。

第二に、被保護者は、高校を卒業していない者が多く、求職者支援訓練にみられる長期間の座学の講習を主とする訓練は不向きである場合が多い。結果として、短期間でもアスポートで提供される実習中心の訓練が効果を上げやすいと考えられる。

第三に、求職者支援制度については、実施機関に一定の就職率が求められており、被保護者は就職の成功率が低いため、受講の受理そのものが難しくなっていた。生活保護受給者を拡大させずに、貧困に陥った就職困難者を支援する方法については、求職者支援制度による第二のセーフティーネットでは対応できないと考えられる。

したがって、増えつつある就労可能とみなされるが就職が困難な被保護者に対しては、現在の求職者支援制度を適用させるより、アスポートの職業訓練支援員事業の方法がより効果的であろう。一方で、求職者支援制度については、賃金が低く有期労働契約等により失業のリスクの高い非正規雇用の労働者や就労経験の乏しい失業者が、より専門的な訓練と訓練期間中の所得保障により、安定的な雇用に就くことを目指すべきであろう。就職の困難な度合いに応じ、適切な就労支援や職業訓練が必要となる。

残された課題として、求職者支援制度の訓練に不向きで、かつ、資産要件等により生活保護を受けることができない就職困難者に対する支援となろう。具体的には親と同居している若年層や低年金の高齢者がこのような状況に陥りやすいと考えられる。

若年層に対しては、現在アスポートで行われている短期の訓練や職業体験、また、職業カウンセリングなどの試みが、直接の就職につながるかどうかは別にして、何らかの動機づけになるだろう。これまで若者自律塾における支援は、参加者に金銭的負担を求め、また、合宿等の形態による心理的負担も大きいこともあり、参加者が少数にとどまっていたと考えられるが、低額もしくは無料の短期講習などにより今一度支援を試みる必要がある。

高齢者については、アスポートの事業でもほとんど就職に結びついていなかった（金井・二〇一二）。高齢者については、職業訓練の効果が低いため、公的な職業の提供や生活保護よりも資産要件が緩い所得保障制度を考える必要がある。(10)

埼玉県のアスポートの事例は、就職困難者と職業訓練との関係について重要な示唆を与えるものであった。特に、現在増加が著しいその他世帯の被保護者に対しては、自立支援プログラムや求職者支援制度では十分に対応できておらず、アスポートの事業を参考にし、全国的に支援のあり方を考え直していく必要がある。

【注】

(1)　二〇〇四年一二月に出された社会保障審議会福祉部会「生活保護の在り方に関する検討委員会」報告書以降、生活保護制度における支援のあり方が見直され、「利用しやすく、自立しやすい生活保護制度」が目指されるようになり、それを受け二〇〇五年以降各自治体で自立支援プログラムが策定されるようになった。

(2)　これらの支援以外にも、地域によって独自の生活保護受給者を対象にした就労支援が存在する（福原二〇〇七など）。

(3)　玉田・大竹（二〇〇四）は大阪府のクロスセクションのデータから就労支援が被保護者の就労率に与える影響は観察されないとしている一方、四方（二〇一一）は、埼玉県のデータから就労支援は有意に被保護者の就労率を上昇させるが、保護率には影響を与えないと指摘している。

(4)　厚生労働省社会・援護局保護課（二〇一二）『社会・援護局関係主管課長会議資料』二頁より。

(5)　埼玉県『埼玉県福祉部長資料』平成二三年九月より。

(6)　支援の具体的内容および実施体制について詳しくは、埼玉県アスポート編集委員会（二〇一二）を参照のこと。

(7)　これは、支援を受けることに同意した人数であり、実際に支援や訓練を受けた人数ではない。

(8)　なお、五九歳以下のその他世帯の被保護者のうち、調査時点で就業していた割合は九・五％、就業経験がない割合は三・四％、過去に就業経験がある割合が八七・二％であった。図5はこのうち過去に就業経験のあるサンプルについての前職の就業形態である。

(9)　山脇（二〇一〇）は、あらたな就労支援のあり方として、同一のパーソナル・アドバイザーが一貫して職業相談、職業指導、職業紹介等を担当することが望ましいとしている。

(10)　高齢者に対する最低所得保障のあり方として、四方（二〇一〇）を参照のこと。

【参考文献】

金井郁（二〇一二）「生活保護受給者への就労支援と就労実態」厚生労働省科学研究費補助金政策科学総合研究事業『低所得者、生活困窮者の実態把握及び支援策の在り方に対する調査研究』平成二三年度報告書。

埼玉県アスポート編集委員会編（二〇一二）『生活保護二〇〇万人時代の処方箋――埼玉県の挑戦』ぎょうせい。

四方理人（二〇一〇）「高齢者の最低所得保障――国民年金と生活保護について」駒村康平編『最低所得保障』岩波書店。

四方理人（二〇一一）「生活保護における就労支援の計量分析――福祉事務所単位のデータから」厚生労働省科学研究費補助金政策科学総合研究事業『低所得者、生活困窮者の実態把握及び支援策の在り方に対する調査研究』平成二二年度報告書。

玉田桂子・大竹文雄（二〇〇四）「生活保護は就労意欲を阻害するか？――アメリカの公的扶助制度との比較」『日本経済研究』五〇、日本経済研究センター。

布川日佐史（二〇〇二）「就労扶助の展開と成果」布川日佐史編著『雇用政策と公的扶助の交錯――日独比較：公的扶助における稼働能力の活用を中心に』御茶

の水書房。

布川日佐史編（二〇〇六）『生活保護自立支援プログラムの活用①』山吹書店。

福原宏幸（二〇〇七）「就職困難者問題と地域就労支援事業――地域から提案されたもうひとつのワークフェア」埋橋孝文編著『ワークフェア――排除から包摂へ？』法律文化社。

山脇義光（二〇一〇）「『求職者就労支援制度』の創設」埋橋孝文・連合総合生活開発研究所編『参加と連帯のセーフティーネット――人間らしい品格ある社会への提言』ミネルヴァ書房。

第III部

諸外国の経験を視野に入れる

第Ⅲ部は、海外の生活保護をめぐる動向に焦点をあてている。

まずイギリスでは、ベヴァリッジの構想とは異なり、戦後、公的扶助受給者の増加がみられたが、近年の労働党政権下で福祉から就労へと導くプログラムが具体化された。現在のイギリスでは高齢者、障害者、求職者は一般的な公的扶助制度とは別の最低所得保障制度によってカバーされている。第15章「イギリスの公的扶助制度の展開と課題」（所道彦）は新しい動向に注目し、「ワークフェア国家においては、就労しないものは……就労する気がないとみなされる危険性がある」のではないか、「対象者別の制度への展開をどう評価するか」「タックスクレディット『主流化』をどう位置づけるか」などの論点を提起している。

次にフランスでは、ワークフェア的色彩を強めたといわれるRSA（積極的連帯手当）制度をめぐって活発な議論が展開されている。第16章「フランスの公的扶助――ワークフェア・積極的連帯手当（RSA）」（都留民子）によれば、「現在の雇用の主要な問題性は、不安定性と就労貧困である」という主張が根強いことがわかる。また、「細切れ就労」をどう評価するかも重要な論点である。さらに、筆者のいう通り、カテゴリー別の扶助の総体ともいえる「社会的ミニマム（最低限所得保障）制度」の受給率の高さと稼働能力者の割合の高さは、わが国との比較に際して押さえておかねばならない違いである。

ドイツの場合、稼得能力の有無によって適用される制度が異なっており（求職者基礎保障と社会扶助）、その点では、イギリスと同じである。第17章「ドイツにおける最低生活保障制度――社会扶助と求職者基礎保障を中心に」（森周子）は、ハルツⅣ法を詳しく検討し、通説とは異なり「求職者基礎保障はワークフェア的側面のみならず、ベーシックインカム的側面も持つ」と評価する。「稼得能力の有無による制度の区分は有効と思われる」との指摘と併せて、議論を生むであろう重要な問題提起である。

スウェーデンにおいては、稼働能力の有無を問わず同一社会扶助制度が適用されるが、稼働能力のある層が受給者の約七割を占め、その割合が高い。この点ではフランスの社会的ミニマム制度と似ている。第18章「スウェーデンの社会扶助受給者像と今日的課題」（岩名（宮寺）由佳）は、スウェーデンの特徴は「就労第一主義」「労働政策と社会保険を中心とした社会保障」システムであるが、稼働能力がなく労働市場に参加できない人も社会保険（最低保障年金や障害手当などの「居住にもとづく給付」、ただし財源は税）に含まれていることを明らかにする。したがって、社会扶助は「就労自立が可能とみなされる人を対象とした一時的所得保障」として位置づけられる。その上で、社会扶助の受給者層に焦点を当てて分析している。シングルマザーや外国生まれ（移民や難民）の割合が高く、また、精神的問題やアルコール・薬物の問題が深刻な影響を及ぼしている。日本との比較、日本への示唆も興味深い。

第19章「フィンランドの公的扶助制度と課題」（石川素子）により、同国の社会保障は「居住に基づくものと就労所得に基づくもの」の二種類からなり、公的扶助は「一時的」なものであるように、基本的にはスウェーデンと類似していることがわかる。公的扶助受給者に占める若年層とシングルマザーの割合が高いことも似ているが、公的扶助における移民問題はスウェーデンほど深刻ではない。労働市場の悪化により「基本保障と公的扶助の重複受給」が問題となっている。

第20章「韓国の国民基礎生活保障制度――現状と問題、そしてその特徴」（金成垣）は、日本と同じような「二層体制」が故に生じる死角地帯問題や「社会保険の機能不全」に由来する困難を浮き彫りにしている。同様な課題を抱える日本の生活保護をめぐる論議に示唆するところが多い。なお、国民基礎生活保障法では労働能力の有無を問わず受給資格があり、事実、稼働層受給者の割合が日本より高いこと、最近、扶養義務者の範囲を狭めたこと、韓国版EITCといわれる税額控除制度を導入したことなどが、日本との違いとして注目される。

（埋橋孝文）

第15章

イギリスの公的扶助制度の展開と課題

所　道彦

本章では、イギリスの公的扶助制度の展開を概観する。戦後福祉国家のビジョンの中で、当初は社会保険制度の補助的な役割として位置づけられていた公的扶助制度が拡大し、一九八〇年代の改革を経て、一九九〇年代に労働党政権の下で再編されるまでの展開を整理する。給付の抑制から就労の強調へのシフト、タックス・クレジットなど「in work benefit」化が重要なポイントである。次に、現行制度の体系を説明した上で、イギリス公的扶助制度の論点を整理したい。日本に対して一定の影響力を持つイギリスの制度であるが、就労を強調する施策については、市民権や家族のウェルビーイングの視点からイギリス国内においても批判がある。

1　イギリス公的扶助制度の展開

(1) ベヴァリッジ型福祉国家と公的扶助

現在のイギリスの公的扶助制度の源流は、一七世紀の救貧法である。一六〇一年に体系化された救貧法システム（エリザベス救貧法）では、教区を救貧行政の基礎単位とし、救貧税を課税し、貧困者に対する管理と労働力の活用を主目的とした。処遇は対象者別に行われ、労働可能な貧民に対しては就労が義務づけられ、労働力活用の場としてワークハウスが活用される。児童に対しては、徒弟奉公の強制、就労不能な者に対しては施しの分与が認められた。現在の各国の公的扶助制度の原型としてみることができる。やがて、一八世紀末までに、徐々に当初の厳格なルール、特に就労可能な貧民への救貧法適用の緩和、あるいは、対象が拡大されることにより、救貧財政の悪化と救貧税の増大という問題を抱えるようになる。特に、一七世紀末に導入されたスピーナムランド制と呼ばれるルール下で、フランスとの戦争による物価高騰と実質賃金の低下に苦しむ労働者に対して、救貧税を財源とした補助が行われるようになったが、これが救貧法の財政を圧迫することとなった。イギリスでは、二〇〇年以上前に、ワーキングプアと公的扶助の財政危機の問題を抱えていたことになる。

こういった状況を背景に、一八三四年に救貧法の大幅な改革が行われた。よく知られているように、これらの改革には三つの大きな柱がある。第一に、救貧行政の全国統一の原則である。それまでの救貧法体制が認めていた地方の裁量やいわゆるローカルルールを廃止し、全国統一のルールが適用されることとなった。これにより、地域によるルールの差による不公平性を払しょくし、また、貧困者が移動するような問題を解決しようとしたものである。第二に、劣等処遇の原則の徹底である。救貧法システムによって救済を受けている者の生活水準は、救済を受けていない最底辺の労働者の生活水準よりも、低くなければならないとした。第三に、院内救済の徹底である。救貧法によって救済を受ける者は、救貧院に入所しなければならないとした。救貧院において厳しい処遇を行うことにより、安易な救済の申請を減らすという意味があった。

二〇世紀初頭にかけて、貧困問題を取り巻く社会状況が変化する。ラウントリーの貧困調査などによって貧困の科学的な手法による問題把握が進み、貧困を社会的問題と捉える認識が広まったことがあり、ウェッブ夫妻のナショナル・ミニマム論など、貧困の個人責任観を脱却し、国家責任による貧困対策の道筋がつけられた。

一九四二年、ベヴァリッジによって、戦後の福祉国家のビジョンが示されるが、この報告書はこういった歴史的背景を踏まえてまとめられたものである。よく知られているように、ベヴァリッジの提案の基本は、社会保険制度を中核とする所得保障制度による欠乏の解消であった。ベヴァリッジは、社会保険制度が拠出と給付との関係が明確であること、スティグマを伴わないことからイギリス国民に好まれる制度であるとした。また、保険の給付に必要な資源は、拠出金によって賄うべきであり、拠出金を低くするために国家負担を行うことに反対する。国が、失業や疾病を最小限に引き下げるようにする責任を果たさない一方で、「不完全な保険制度をつぎはぎする」ことは間違っていると指摘する。その上で、公的扶助（国民扶助）制度が、彼の社会保険を中心としたシステムにおいても必要となると論じる。その理由は、障害等の理由で、保険制度に拠出できない人などがいること、支給要件を満たすだけの長期にわたる拠出ができずに現在窮乏している人たちに過渡的な措置が必要であることである。国民扶助は、ベヴァリッジの社会保障計画における「本質的な補助手段」であって、扶助の範囲は当初から狭く、さらに年金の過渡期間を通じてさらに小さくなっていくものとした。社会保険制度が完全に運営されれば、それだけで、最低生活を支えるのに十分であるとしたのである（Beveridge 1942：21-23：山田訳 一九六九：一三―一五）。

報告書では、国民扶助の具体的な制度設計としていくつかの点が指摘されている（三六九―三七四）。国民扶助の水準は、最低限度の生活を満たすものでなければならないが、同時に社会保険給付よりも好ましくないような印象を与えなければならず、ニーズ調査と資力調査を条件に、そして稼得能力の回復に向けた努力を行うことを条件に給付されるべきとしている。扶助の対象者としては、受給資格を満たすだけの拠出ができなかった人、就労の拒否、正当な理由なく離職、あるいは懲戒解雇されたために失業給付の受給資格を失った者、食事や看護などに関して特別なニーズを有する人、遺棄または別居によって困窮している人などが想定されているが、実際に、扶助が必要となる人は少ないと予想している。このほか、資力調査を単一機関単一形式に統一すること、資力調査の範囲等は施行規則によって定めること、素行不良な者に対する刑法上の適用などを提案している。

このようにベヴァリッジは、社会保障計画全体の中では、国民扶助（公的扶助）の役割を、それほど重要視していない。補助手段（二三）であり、社会保障省の中ではマイナーな（しかしながら不可欠な）仕組み（三六九）ということになる。もちろん、社会保障計画全体が機能する前提条件として、児童手当、包括的な保健医療サービス、および、完全雇用の三つがある。雇用が維持され、疾病や障害、多子といったリスクに対して、それぞれ対策が取られるのであれば、社会保険制度によって対応が可能であり、生存に必要な最低所得を保障するに十分な給付を行うことができると考えられていた。

（2）福祉国家の危機

戦後のイギリスの公的扶助は、ベヴァリッジの想定とは大きく異なり、受給者の増加という問題を抱えることとなる。その主要な原因は、ベヴァリッジの計画の前提となる完全雇用の維持ができなかったことである。一九六〇年代には、タウンゼンドらによる貧困研究の著作が発表され、福祉国家が貧困問題を解決できていないことが指摘されるようになった。いわゆる「貧困の再発見」の時代である。問題の背景には、もともと設定されたナショナル・ミニマムの水準が低すぎること、ミーンズテストなど選別主義の制度がもたらすスティグマの影響や手続きの複雑さなどのために捕捉率が低いことがあった。また同時期、子どもの貧困への取り組みを求める Child Poverty Action Group が結成されるなど、貧困問題の対応が政治問題のステージにあがることとなった。こういった状況で、一九六六年、国民扶助制度に代えて補足給付制度が導入され、手続きが改善されるとともに、給付水準も引き上げられるようになった。

ベヴァリッジ型のシステムにおける、もう一つの大きな問題として、想定されていた家族モデルと現実の家族との間に大きなずれが生じたことがある。これまでにも指摘されてきたように、ベヴァリッジの計画は、男性稼ぎ手モデルの家族を前提にしていた。完全雇用の下で、男性稼ぎ手が安定した収入を得ると同時に、女性が家事や育児を担当するという役割分担の下では、ケアに関する社会的なシステムはそれほど重要視されないことになる。特にイギリスでは、公的な保育サービスは未発達なままであった。一方、戦後の家族変化として特徴的な点は、離婚の増加とそれに伴う離別母子世帯の急増である。一九七〇年代以降、離婚は増加し、公的扶助を受給する母子世帯が増加していくこととなった。

（3）ファウラー改革

公的扶助制度の抜本的改革は、サッチャー政権下で実施された。いわゆるノーマン・ファウラー大臣による一九八五年の「ファウラー改革」である。ファウラー改革によって、公的扶助制度は、所得補助（Income Support）、家族クレジット（Family Credit）、社会基金（Social Fund）に再編された。この改革は、複雑になった制度をシンプルにすることと、最も必要な人々を援助すること、貧困の罠の問題を改善することが狙いであったとされる。新設された所得補助では、年齢や家族構成によって決められる基準額と加算額から構成される扶助基準が導入されることとなった（毛利一九九九）。サッチャー政権は重点化を強調し、選別主義的給付への傾斜を高めることになった。選別主義的給付は、「納税者」と「受給者」の区分を明確にしやすい。貧困の個人責任を指摘する、いわゆる「貧困の文化」や「アンダークラス」が論じられるようになったのもこの時期である。特に、福祉国家批判のターゲットとなったのは公的扶助を受給する母子世帯であった。戦後のイギリス福祉国家の基盤としての政治的コンセンサスは、サッチャー政権下で大きく損なわれることとなった。貧困の再生産の問題は、教育機会、労働市場、社会関係からの排除の問題と合わせて深刻化していくこととなった。

（4）労働党の社会保障改革

一九九〇年代、貧困問題は社会的排除として捉えられるようになる。貧困が複雑化し、単なる所得や資源の欠如だけでなく、教育機会や雇用機会からの排除の問題として捉えられるようになり、また、貧困に陥るプロセスへの関心も高まるようになった。一九九七年に登場した労働党政権は、貧困・社会的排除の問題に対応を掲げる。労働党政権の施策の背景にある思想としてアンソニー・ギデンズの「第三の道」がある。旧来の社会主義、サッチャーが重視した市場原理主義それぞれと距離を置くアプローチは、福祉国家におけるイギリスの公的扶助の位置を大きく修正するものであった。「ポジティブウェルフェア」「権利と義務」の重視は、就労による貧困解決のアプローチを支持するものであった。

就労による貧困解決、福祉から就労へという基本的な方針の下で、多様な制度が展開された。まず、最低賃金制度の導入が行われる。一九九九年に最低賃金は、時給三・六ポンド（二二歳以上）でスタートし、二〇〇〇年には三・七ポンド、二〇〇一年には四・一ポンドと徐々に引き上げられ、現在、六・〇八ポンド（二二歳以上）である。次に、雇用とリンクした所得保障制度が導入される。その中心は、タックス・クレジット（給付付き税額控除）であり、就労タックス・クレジットや児童タックス・クレジットなどがあるが、これらは、就労している者に給付され、低賃金に対する補足給付を実施することで就労インセンティブを高める狙いがあった。

さらに、公的扶助制度受給者に対して、就労までの具体的なステップを援助するためのプログラムであるニューディール・プログラムが導入される。ニューディール・プログラムは、ジョブセンタープラス（ＪＰＳ）で展開され、求職者に対して、若年失業者、障害者など対象者別にプログラムが展開されることとなった。受給者にはパーソナル・アドバイザー（personal adviser）が任命され、就労に向けてのプラン作成、求職活動の指導や支援や、地域で契約した事業主での実習訓練が行われることとなった。日本と異なり、戦後のイギリスの所得保障制度は、純粋に現金給付に特化しており、自立に向けたサービス給付・相談援助が行われてこなかった。その意味で、ニューディール・プログラムは注目すべき試みであった。また、日本と異なり雇用サイドであるジョブセンタープラスに拠点を置いた点も注目すべき展開であった。

（5）子どもの貧困対策の展開

貧困問題に関して、労働党が力を入れたのが「子どもの貧困」への対策である。一九九九年三月ブレア首相は、「二〇二〇年までに子どもの貧困問題を撲滅する」という宣言を行った。この「子どもの貧困対策」も、保育サービスの拡充など親の就労支援とタックス・クレジットなど就労を条件とする給付を組み合わせることがその中心施策であった。この他、シュアスタートプログラム（Sure Start）など教育分野にサービス資源を投入することによって子どもの発達や成長を改善し、貧困の再生産を防止する取り組みも行われた。また、個人のレベルだけでなく、地域レベルでも社会的排除対策が展開された。保守党政権下で、社会における格差が拡大し、一部の社会階層や地域社会、民族が社会のメインストリームから排除されていることへの反発と嫌悪感を大きな問題として捉えていたからである。労働党政権下で、コミュニティ・ニューディール（ＮＤＣ）と呼ばれる地域レベルでの取り組みが行われることになった。

労働党政権下で、貧困問題への取り組みが積極的に行われたことは事実である。また、これにより相対的貧困率が低下するなど一定の成果もあった。また、子どもの貧困問題などの社会問題が広く認知され、主要政党が貧困問題解決に向けて取り組むことで合意したことも大きな政治的成果である。その象徴が、二〇一〇年の子どもの貧困対策法（Child Poverty Act）であった。子どもの貧困対策法は、政府に子どもの貧困を終わらせることを義務づけ、その対策を明らかにし、独立した子どもの貧困をモニターする組織を設置することなどを法的に規定したものである。一方、その政策手段に目を向けるならば、現金給付から就労支援への大きな転換を見ることができる。タックス・クレジットや受給者・申請者に課せられたルールなど、ほぼすべての改革や拡大は、就労とリンクしている。福祉国家から就労国家（ワークフェア国家）への転換が、二一世紀初頭のイギリスの公的扶助制度を取り巻く状況である。

2　現行制度の概要

(1) 所得補助（Income Support）

長い歴史をもつ公的扶助制度の現在の補足給付である。低所得者に給付されるが、求職者には後述する求職者手当が支給されるため、所得補助の対象外となる。また、病気や障害等で就労できない者に対しても、この所得補助ではなく、雇用支援給付の給付が行われる。さらに、フルタイムの低所得者に対しては、就労タックス・クレジットによる給付が行われる。高齢者の場合には、年金クレジット（PC）による給付が行われ、一般施策である所得補助とは分離された仕組みがとられている。したがって、所得補助の受給資格があるのは、他の手当から除外された者、子どもの養育を行わなければならない事情にある者、ケアラーとして一定時間以上の介護を行っている者などに限られ、さらに細かい制限が課される。例えば、ひとり親では、七歳以下の子どもがいる場合に限定されている（二〇一〇年一〇月まで、子どもの年齢制限は一〇歳で、現在経過措置がとられている）。

(2) 無拠出制求職者手当（Income-based Jobseeker's Allowance）

国民保険に設定されている拠出制求職者手当を受給できない求職者を対象としたミーンズテストつき給付である。受給するためには、所得補助と同様のミーンズテストに加えて、(1)いつでも就労できる準備ができていること（available for work）、(2)求職活動を積極的に行うこと（actively seeking work）、(3)雇用年金省（DWP）との間で「求職者同意書（Jobseeker's agreement）」に同意・署名することなどの、いわゆる求職者要件（jobseeking condition）を満たす必要がある。

このうち(1)の要件については、就労する意思があること、特別の事情がない限り、直ちに就労できることなどが含まれる。(2)の要件では、就労に向けてのステップを進めていることを示さなければならない。このステップには、単に求人に応募していることだけでなく、求人を探したり、履歴書を作成したり、紹介状を依頼したり、専門家からのアドバイスを受けたりする活動もステップとしてカウントされる。こういった(1)や(2)の要件は、個別に、より具体的な形で、(3)の同意書に記載される。(3)の同意書には、どのような職種を探しているのか、どの程度すぐに仕事に就けるのか、どのようなステップを踏んで就労するのかが含まれており、署名した同意書の内容に違反した場合は、JSAの支給停止のペナルティが科される。ペナルティが科される場合としては、正当な理由なく教育訓練プログラムを欠席する、求人に応募することや内定が出た就労を拒否する、正当な理由なく自己都合で仕事を辞めるなどが想定されている。

（3）雇用支援給付（Employment and Support Allowance）

雇用支援給付（ＥＳＡ）は、病気や障害のために就労の能力が限られている者を対象に支給される。求職者手当と同様、国民保険の加入要件がある拠出制の雇用支援給付とミーンズテストを伴う無拠出制の雇用支援給付がある。雇用支援給付は、障害者給付（Incapacity Benefit）と所得補助（ＩＳ）に代わる手当として、二〇〇八年に導入された。これにより、障害を理由とした公的扶助は、一般施策としての所得補助から分離されることとなった。

雇用支援給付の受給要件は、稼働年齢にあって「就労のための能力が限られていること（limited capability for work）」であり、求職者手当を受けられないことである。障害の程度に応じて、受給者は、就労に向けた相談援助や求職活動を求められることがある。

雇用支援給付は、個人別の扶助（personal allowance）を基盤に、就労活動や障害の程度によって加算されていく方式となっている。受給額の算定にあたっては、一三週間のアセスメントの時期（assessment phase）と正式に受給する時期（main phase）とで異なっており、アセスメントの期間は、加算などが受けられない。アセスメントの期間が終わると、受給者は、「支援グループ（support group）」か「就労関連活動グループ（work-related activity group）」のどちらかにカテゴライズされ、それぞれの加算を受けることになる。就労関連活動グループとなった場合には、就労に向けた相談援助を受けることが要求され、これに従わない場合は、給付額が減額されることがある。

（4）就労タックスクレジット（Working Tax Credit）

就労タックスクレジット（ＷＴＣ）は、フルタイムで就労している低所得者に支給される。さらに世帯の状況によって細かく要件が設定されており、子どもがいる場合には週一六時間、五〇歳以上の場合には週一六時間、二五歳以上の者の場合には週三〇時間の就労が条件となっている。また、基準額の他に、障害、ひとり親などの家族の状況や三〇時間以上の就労、保育費用などによって加算が行われる。

受給額の算定は、まず基準額や加算分などを組み合わせてクレジットの最高額を算出し、受給者の所得に応じて実際の支給額が決定される。

（5）年金クレジット（Pension Credit）

年金クレジット（ＰＣ）は、十分な所得のない六〇歳以上の者を対象に給付を行うもので、これにより公的扶助水準までの所得が保障される。年金クレジットは、最低保障クレジット（Guarantee Credit）と貯蓄クレジット（Saving Credit）の二つのクレジットから構成されている。

最低保障クレジットは、個人で週一三七・三五ポンド、夫婦で週二〇九・七〇ポンドとなっており、障害や介護を行っている場合には加算が行われる。貯蓄クレジットは、年金生活までの経済的備えを奨励するために実施されているもので、基準額以上の収入がある場合にその差額の一定割合が加算される。収入としては、稼働所得や財産収入などが想定されている。

（6）住宅給付（Housing Benefit）・カウンシル・タックス手当（Council Tax Benefit）

住宅給付（ＨＢ）は、賃貸住宅に居住する低所得者に支給される。カウンシル・タックス手当（ＣＴＢ）は、地方税を負担する低所得者に対する給付である。貯蓄や資産が一万六〇〇〇ポンド以下であることなどが条件で、ＪＳＡや雇用支援給付など他のミーンズテスト付給付を受けている場合には、自動的に給付の対象となる。

3 イギリス公的扶助制度の考察

（1）ワークフェア国家における公的扶助制度

公的扶助制度に焦点を当てた場合、まずイギリスの社会保障制度全体における一般的な現金給付システムの役割が縮小したということになる。現金給付を極力実施しないようにするための方策が大規模に展開されたということになろう。公的扶助制度は、就労支援策をサポートする、補助的な役割を与えられるようになったということになる。今から七〇年前、ベヴァリッジは、社会保険制度が中心的な役割を果たすので、公的扶助の出番はそれほどないと想定していた。二〇一〇年代のイギリスでは、就労支援が優先され、結果として公的扶助にきわめてマイナーな役割だけが与えられている。

就労を強調する施策には、いくつもの問題がある。第一に、その就労の中身である。その仕事がディーセントワークなのか、適切な賃金が支払われるのかがまず問われなければならない。公的扶助制度において就労支援を進めるのであれば、労働市場の問題、フルタイムとパートタイムの格差、あるいは男女の格差の問題の状況と合わせて議論が必要になる。イギリスでも、労働市場においてジェンダーの問題が依然として存在すること、例えば、フルタイムでの男女の賃金格差は減少したが、依然として女性がパートタイムの職につく場合が多く、賃金や労働時間の格差が存在すること、パートタイムの仕事では、就労者の貧困（in-work poverty）を解消できないこと、母親に対する就労支援による貧困対策では限界があり、結局女性を貧困のリスクに追いやる危険性があることが指摘されている（Pascall 2008：219-220, 231, Land 2009：44-45）。低賃金・不安定な雇用が主流化した社会状況下で、就労とリンクした施策を展開すれば、単に、労働市場の構造を追認し、低賃金労働を公的施策で補てんしているに過ぎないことになる。いわゆる現代版スピーナムランド制である。この点についても、日本での議論が進んでいる（埋橋 二〇一一）。

（2）「権利としての社会保障」

第二に、社会保障の「権利」をめぐる問題である。サッチャー政権下では、無拠出制の現金給付の拡大によって、いわゆる「福祉依存層」が顕在化することとなった。納税者と受給者との間の分断は、福祉国家システムの政治的基盤を揺るがすことになる。公的扶助の受給者が就労・求職活動を行っていることを示すことが重要となっていた。就労に向けたシステムを設定することは、少なくとも労働市場への道筋がつけられるという解釈もできよう。社会的なバリア等によって、就労の機会を閉ざされていたような人々、例えば、障害者などにとっては、所得保障制度を通じた国の介入によって、社会参加の拡大につながるかもしれない。しかし、就労の強制を進めていくと、受給者個人の自己決定や職業選択の自由については十分な配慮が行われない可能性も出てこよう。「第三の道」の中でも、福祉システムにおける「義務」と「権利」のバランスが取られるべきであると論じられていた。市民としての義務とは就労を意味するのか、生存権とは何か、社会権に条件がつくのか、日本でもこのレベルでの議論が必要であるように思われる。公的扶助のレベルで、この問題を曖昧にするならば、いずれ「現代版劣等処遇原則」が浮上することになるだろう。

（3）スティグマの問題

第三に、スティグマの問題についてである。現在のイギリスの社会保障制度では、基本的にすべての人間は就労しなければならず、また、就労する能力を有しているということが、前提となっているように思われる。現実の受給者には、精神

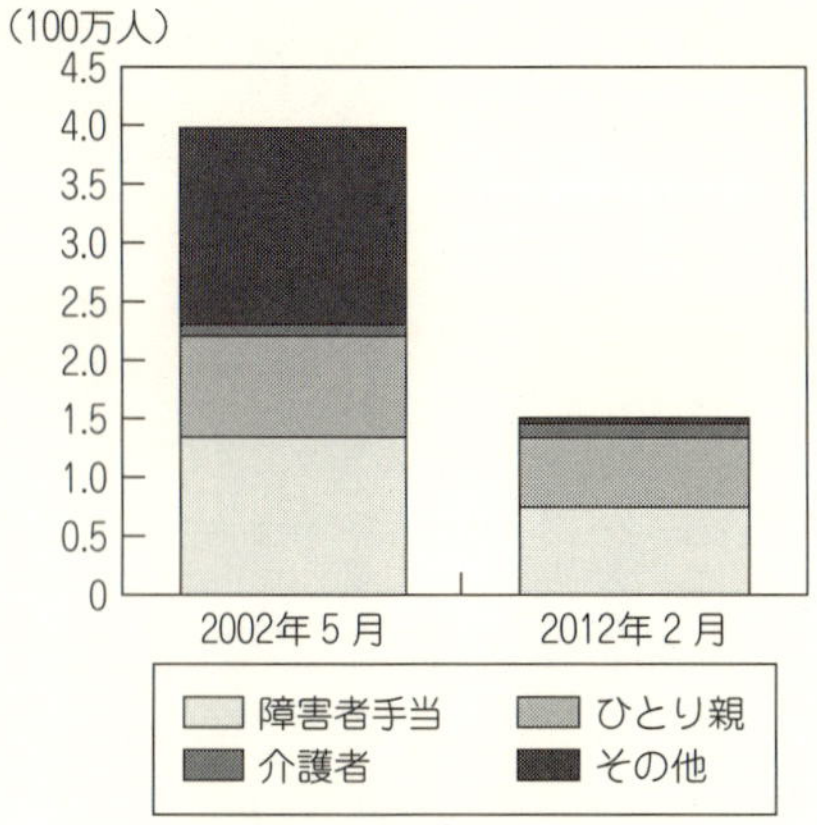

図1　所得補助受給者数の内訳の変化
（受給者グループ別）

出所：http://statistics.dwp.gov.uk/asd/index.php?page = tabtool より筆者作成。

的・心理的問題を抱えているために就労できない者もいるが、就労する能力をどう判断するかが大きな論点となる。そして、何らかの事情で就労できない者は、最終的に公的扶助が支えることになるが、極めて限定的な制度となったために、その受給者に対するスティグマが増加することが考えられる。ワークフェア国家においては、就労しない者は、就労できないのではなく、就労する気がないと見なされる危険性がある。就労可能な者から政策が展開され、他は取り残されていくことも考えられる。

（4）対象者別制度への分化・分解

第四に、包括的な公的扶助制度から対象者別の制度への展開をどう評価するかという点である。イギリスにおける、この一〇年の公的扶助制度の展開は、同時に、包括的な公的扶助制度の解体を意味する。現在、所得補助に注目すれば、高齢者、障害者、求職者が対象から除外された。図1において、所得補助の受給者数が減っているのは、高齢者などが他の施策へと移ったからである。カテゴリー別の施策への転換をどう評価すべきであろうか。対象者別の施策を展開することで、受給者の特性に合わせたより細かい給付の設定や援助が可能となるという点はあるだろう。しかし、同時に多様なシステムが展開されることになり、受給資格や併給の可否など、もはやよほどの専門家でない限り、どういう手当が利用可能なのかわからない状況となっている。さらに、生活困窮者の生活ニーズを個別に制度化できるほどに分類できるか疑問が残る。しばしば、個人のニーズは重複しており、また、世帯内で個々のメンバーがそれぞれ問題を抱えている場合も多い。家族全体を見つめて生活支援を行っていくという日本の公的扶助ケースワークが目指していた方向性とは対照的な仕組みとなっている。個々人の就労に向けた支援プログラムと、家族全体のウェルビーイングとのギャップをどう認識するか日本でもよく議論されるべきであろう。

（5）ワークフェア国家と家族生活

第五に、所得保障制度改革の家族生活への影響である。ワークフェア型システムへの展開は、所得保障制度によって自宅において子どもの養育を行うという選択肢が事実上閉ざされることを意味する。母子世帯の母親に対する就労の義務付けは、受給世帯の子どもの年齢を引き下げる形で厳しくなっている。親の責任とは、第一義的には子どもの養育ではなく、稼ぐことであり、「子どもの貧困対策」の推進は、実際には、親の就労支援策という形で行われることになり、保育サービスの拡充は、子どものためではなく、親の就労のためである。親に不規則な就労を強制することで、子どもの生活にどのような影響が出るのか、評価が行われているわけではない。子ども中心の視点からは問題があろう（Lewis 2006）。結局のところ、「健康で文化的な最低限度の生活を保障すること」と、「最低限度の生活を維持するのに必要な所得を保障すること」との間にはギャップがあるのではないか。

（6）タックス・クレジットの主流化

第六に、タックス・クレジットの主流化である。就労とのリンクが要件となっている給付（in work benefit）である「タックス・クレジット」

は、雇用年金省でなく歳入庁が管理する自動的な補てんシステムである。手当受給のための就労を促進する効果はありそうだが、実際、安定した雇用に結びついているか効果を直接検証することは難しい。上記に述べたように、低賃金を補てんすることにより、結局、低賃金構造を固定化するという問題に加えて、タックス・クレジットは、制度が複雑であるという点が批判されてきた。タックス・クレジット（あるいは、給付つき税額控除）を、公的扶助の体系の中でどう位置づけるかは、興味深いテーマである。第二のセーフティネットとして位置づけるには、就労条件との関係が強すぎ、最低生活保障の側面が弱すぎるのではないかと思われる。

（7）現金給付の位置

第七に、旧来の所得保障制度を超えた貧困対策の実施が進む中、現金給付の意義が不明確になっているという点である。かつては、貧困対策とは何かという問いに対する即答は現金給付であったと思われる。現在は、教育、就労支援、地域対策など多元化が進んでいる。ギデンズは「政府が取り組むべき主要な課題の一つは、貧困層における市民的秩序の回復を支援することである」（ギデンズ／佐和訳 一九九九：一四三）とする。そして、市民的秩序回復のカギは、コミュニティ再生にあり、地域住民の主体的活動、また、民間非営利組織などとの協働によって、問題を解決しようとする方向性が強く打ち出された。多元主義的なアプローチは、政党を超えて共通している要素である（Wallace 2009: 248-249）。二〇一〇年の総選挙後の連立政権も「Big Society」というコンセプトを掲げている。Big Society とは、個人とコミュニティがより権限と責任を持つ社会のことであるとされ、地域の組織や社会的企業家などによって作り出すものであるとしている。しかしながら、その実態は、コミュニティへの過剰な期待や現金給付のプログラムを削減するための方便に過ぎない可能性もある。最低限度の所得保障（現金給付）を基盤に、付加的に行われてきたアプローチが、いつのまにか所得保障を代替するものとして位置づけられていないか、地域を基盤にした支援が地域による支援へとすり替えられていないか確認する必要があるように思われる。

（8）公的扶助の給付水準

上記のように公的扶助制度が多元化しているイギリスのシステムの給付水準を示すことは難しい。所得補助（ＩＳ）のレート（二〇一一―一二）は、基本の扶助（Personal Allowance）について、単身の場合、二五歳以下が週五三・四五ポンド、二五歳以上が週六七・五〇ポンド、夫婦の場合、二人とも一八歳以上の場合には、一〇五・九五ポンドを設定している。現実には、これにケアラーなどの加算が付くことになる。また、収入等がある場合には、その分控除されることになる。単純に月額に換算すると、単身で約二九三ポンド、夫婦で約四五九ポンドになる（一ポンド＝一三〇円にすると、単身で月額約三万八〇〇〇円、夫婦で約六万円になる）。

この数字を、イギリスの最低賃金と比較してみたい。イギリスにおいて、二一歳以上の労働者に適用される最低賃金の基本レート（二〇一一）は、時給六・〇八ポンドである。週四〇時間労働として推計すると、週二四三・二ポンドである。所得補助（およびＪＳＡ）の基本レートは、この最低賃金の三〇％弱ということになる。

さらに、マクロの統計にも注目してみると、現在、雇用年金省が管轄する社会保障の給付費の総額は、約一五一三億ポンドとなっている（図2）。ただし、この中には、歳入庁が管轄するタックス・クレジットや児童手当の給付費は含まれていない。日本の生活保護制度ような包括的な給付が存在しないため、単純に比較することが困難となっている。

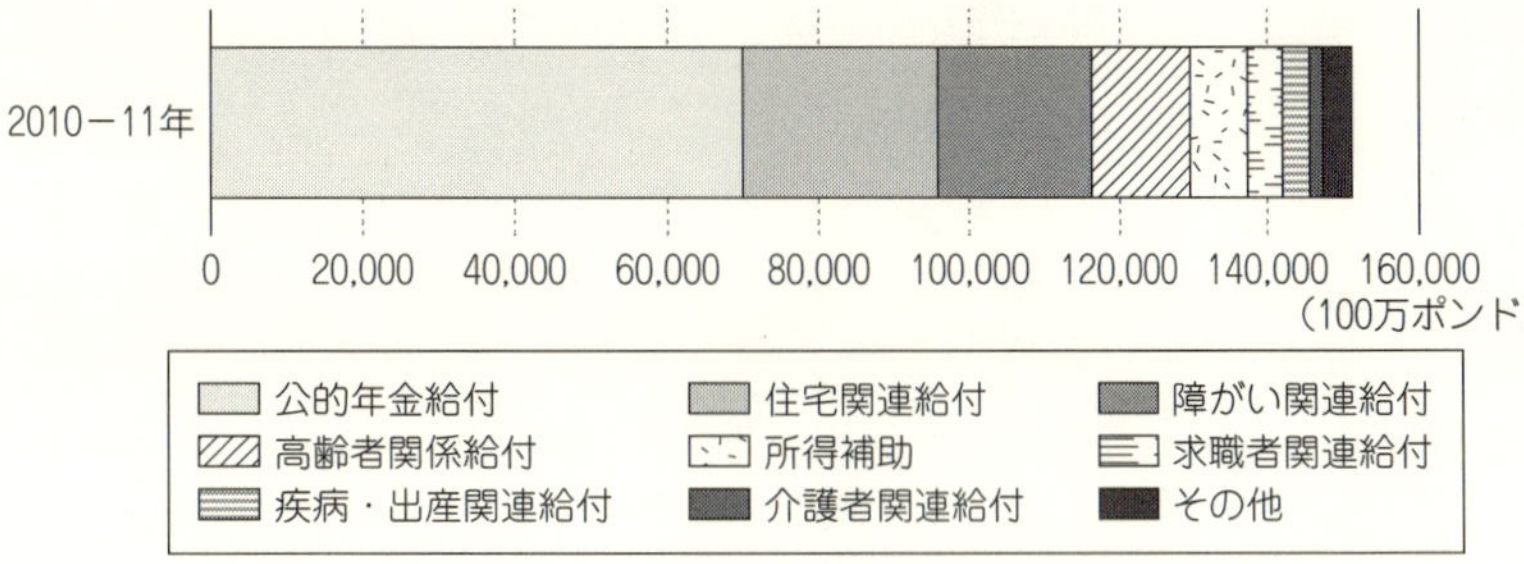

図２　社会保障給付関連支出の内訳

出所：Department for Work and Pensions (2011) *Annual Report & Accounts 2010-11*, pp.49-50より筆者作成。

どの福祉国家でもそうであるが、実際、こういった数字だけでは、公的扶助の水準は把握できない。例えば、公的扶助の場合には受給のための条件（就労プログラムへの参加）の問題があり、条件として付されるプログラムへの参加のための時間や費用、公的扶助受給に際して保有がみとめられる資産、住宅や医療サービスの状況なども考慮しなければならない。また、最低賃金が保障されていたとしても、実際に雇用が存在しなければ、収入はないことになる。さらに、どの範囲まで他の手当や社会保障給付を含めるかという問題がある。イギリスの場合、特に子育て世帯の場合は、他の普遍主義的給付やタックス・クレジットが利用可能であり、所得補助だけをもって日本の生活保護制度と比較することはできない。そして、これが一番重要な点であるが、その社会において保障されるべき最低生活水準との関係で議論しなければならないという点である。公的扶助の水準に関する日本との比較は、別の機会に検討したい。

4　今後の展望

（1）連立政権の登場

労働党の社会保障制度改革は、当初は比較的成果を挙げていた。経済的状況が良かったこともあり、雇用状況が改善され、子どもの貧困率も低下することとなった（図３）。しかし、二〇〇八年のリーマンショック以来、再び厳しい状況となり、子どもの貧困の撲滅の目標達成はほとんど絶望的となっている（ブラッドショーほか 二〇一二）。しかし、経済状況と貧困率の関係をダイレクトに捉えるべきか議論の余地があり、雇用サイドに偏った公的扶助施策を展開していることがどの程度影響を与えているか検証が必要であろう。

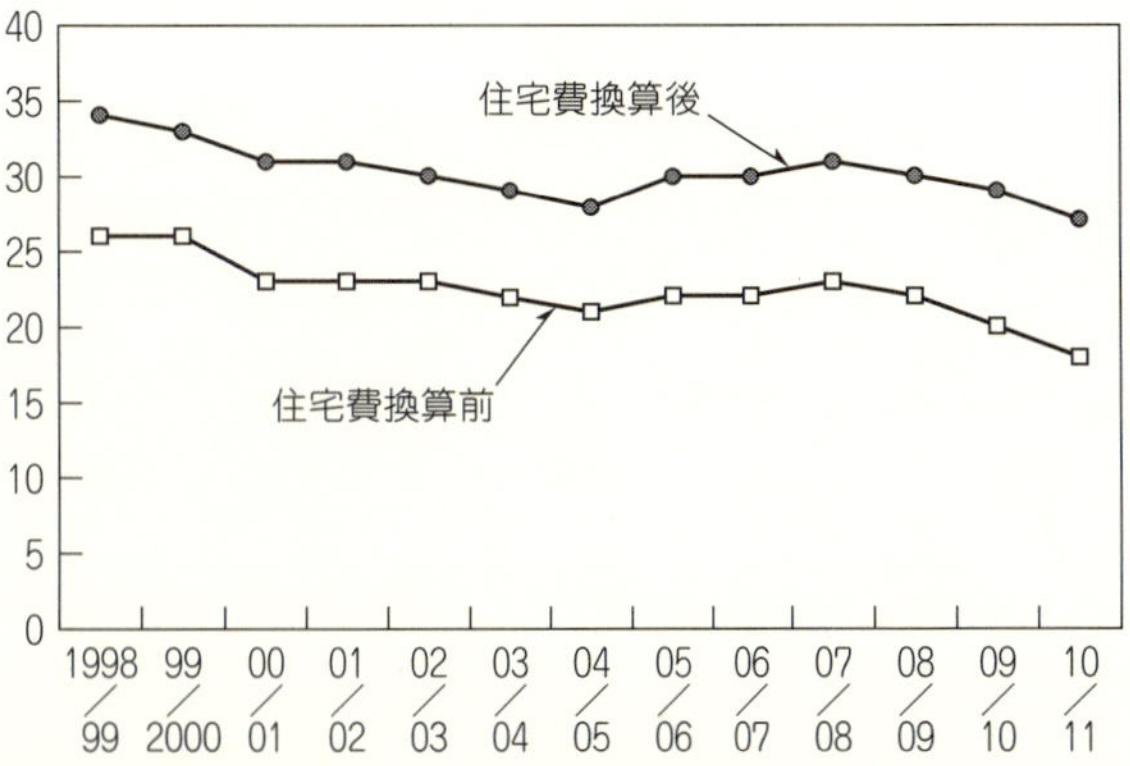

図３　子どもの相対的貧困率の推移

出所：Department of Work and Pension (2012) *Households Below Average Income : An analysis of the income distribution 1994/95-2010/11*, June 2012 (United Kingdom) (http://research.dwp.gov.uk/asd/index.php?page=hbai) p.102より筆者作成。世帯の等価所得の60％ラインを基準。

現在の連立政権は、急ピッチで緊縮政策を進めているが、これが今後のイギリス社会にどのような影響を与えるか注意しなければならない。二〇一一年には、イギリス各地で若者たちによる大規模な暴動や略奪が発生したことは記憶に新しい。暴動自体が、貧困問題の深刻化・福祉削減への不満と捉えるのであれば、公的扶助制度の取り巻く状況が緊迫の度を増していると考えるべきであろう。一方、連立政権を率いるキャメロン首相は、暴動に対して、イギリス社会の一部は崩壊しているだけでなくて病んでおり、無責任さが広がっているとコメントし、問題は、責任感の欠如、適切な子育ての欠如、倫理・モラルの欠如であるとし、これらの状況を改善するために取り組まなければならないのは、ペアレンティング、学校におけるティシプリン、そして、福祉制度が怠け者に報いることがないようにすることであると論じている。社会的不安の原因を、教育や子育てに焦点化する動きになれば、公的扶助制度にもその影響が及ぶものと考えられる。例えば、子育て世帯の親に対して就労を促進する形での貧困対策を行ってきたことと、「ペアレンティングの強調」とはどういう形で整合性をとるのか、家族、国家、労働市場との接点での議論が行われることになるかもしれない。

（2）ユニバーサル・クレジットの導入

連立政権下の動きとしては、個別のプログラムについては、統合・再編が進んでいる。労働党の下でニューディール・プログラムなど就労支援策が展開されてきたが、二〇一一年からワークプログラム（Work Programme）に再編されることとなった。そして、現在、ユニバーサル・クレジット（Universal Credit）の導入が進められている。ユニバーサル・クレジットは、稼働年齢層を対象にした既存の手当やタックス・クレジットを統合する形で導入されることになる。対象となるのは、所得補助、JSA、雇用支援給付、HB、CTCなどであり、パートタイム、フルタイム、非就労など雇用形態を超えてカバーする仕組みになる予定であるが、申請者は受給に際して、就労関連活動へのコミットメントを誓約することなどが条件となる見込みである。まだ、細かいルールや水準等は発表されていない。二〇一三年一〇月から、既存の手当への申請を停止し、二〇一七年までにユニバーサル・クレジットへの移行を完了する予定となっている（CPAG 2011：20-22）。ユニバーサル・クレジットは、複雑化した制度をシンプルにするという点では評価できるかもしれないが、本来の公的扶助の役割がますます埋没することにもなりかねない。いずれにせよ、雇用の状況が変わらない限り、貧困問題の解決にむけた大きなステップということにはなりそうにない。なお、地方選挙などの結果を踏まえると、連立政権自体の存続も含めて、公的扶助改革の次のステージの見通しははっきりとしない状況になっている。

本章では、イギリスの公的扶助制度の展開を整理してきた。救貧法以来、イギリスはもっとも古い公的扶助の歴史を持つが、上記で触れたように、現在「公的扶助」のプログラムの範囲、また、公的扶助の中身としての所得保障と就労支援や自立支援などについて多様化が進んでいる。その改革のテンポは非常に速く、キャッチアップすることは難しい。救貧法時代の論点が現代に持ち越されている部分もある。まずは、ある程度のタイムスパンで全体像を理解することが、イギリスの経験から学ぶ上で有益なように思われる。

【参考文献】

Beveridge, W.（1942）*Social Insurance and Allied Service*, HMSO（＝山田雄三監訳『ベヴァリッジ報告 社会保険および関連サービス』至誠堂 一九六九年）.
CPAG（2009）*Ending Child Poverty: A manifesto for success*, Child Poverty Action Group.
CPAG（2011）*Welfare Benefits and Tax Credit Handbook*（13ed.）CPAG.
Deacon, A.（2002）*Perspective on Welfare: Ideologies, and policy debates*, Buckingham Open University Press.
Giddens, A.（1998）*The Third Way*, Polity Press（＝佐和隆光訳『第三の道』日本経済新聞社 一九九九年）.
Harris, B.（2004）*The Origin of the British Welfare State: Social Welfare in England and Wales*, Palgrave macmillan.
Hill, M.（1990）*Social Security Policy*, Britain Edward Elgar.
Hill, M.（2009）"Freedom from Want：60 years on," *Social Policy Review*, 21, pp.11-28.

Howard, M. (2004) *Tax Credits: one year on*, CPAG.
Lewis, J. and Campbell, M. (2007) "Work/Family Balance Policies in the UK since 1997 : A New Departure?," *Journal of Social Policy*, Vol.36-3, pp. 365-381.
Lewis, J. (ed.) (2006) *Children, Changing Families and Welfare States*, Edward Elgar.
Land, H. (2009) "Slaying idleness without killing care: a challenge for the British welfare state," *Social Policy Review* 21, pp. 29-47.
OECD (2008) *Growing Unequal? Income Distribution and Poverty in OECD Countries*, OECD.
Pascall, G. (2008) "Gender and New Labour : after the male breadwinner model?," *Social Policy Review*, 21, pp. 215-239.
Powell, M. (2009) "Beveridge's giant of disease," *Social Policy Review*, 21, pp. 67-86.
Wallace, A. (2009) "Governance at a distance?: The turn to the local in UK social policy," *Social Policy Review*, 21, pp. 235-266.
一圓光彌（一九八二）『イギリス社会保障論』光生館。
毛利健三編（一九九九）『現代イギリス社会政策史 一九四五—一九九〇』ミネルヴァ書房。
所道彦（二〇〇九）「ニューレイバーの社会保障の一〇年」国立社会保障・人口問題研究所編『海外社会保障研究』一六九、四—一四頁。
埋橋孝文（二〇一一）『福祉政策の国際動向と日本の選択——ポスト「三つの世界」論』法律文化社。
ブラッドショー・ジョナサン／所道彦（二〇一二）「子どもの貧困対策と現金給付——イギリスと日本」『季刊社会保障研究』一四八—一、国立社会保障・人口問題研究所、六二—七三頁。

第16章　フランスの公的扶助
――ワークフェア・積極的連帯手当（RSA）――

都留民子

フランスでは、公費による最低限所得保障は社会的ミニマムと総称され一〇種の制度（手当）からなっている。公的扶助は単一の制度ではなく、また他制度からの補足的手当・サービスがあり、社会的ミニマムは「生活扶助」のみの現金給付である。一番多くの受給者・世帯を抱える制度は「積極的連帯手当（RSA）」であり、元気な失業者および低賃金・不安定労働者およびその家族の生活を支えている。本章ではこのRSA制度について叙述する。RSA受給者は、新自由主義者からの政治的攻撃に最もさらされている人々である。

1　一〇種の生活扶助の人員受給率は九・八%

フランスの扶助（régime solidarité）は、わが国の生活保護のように単一制度ではなく一〇種の扶助制度からなりたち、総称して社会的ミニマム（Minima Sociaux）と言われている。さらに、社会的ミニマムの各制度は生活扶助制度であり、日常生活費のための最低限所得を保障するだけであり、八種もの扶助をもつ日本の生活保護とは異なっている。生活保護の生活扶助以外の扶助が果している役割は、フランスでは一般的な社会（保障）給付が行い、つまり貧困者だけに限定する給付ではないのである。(1)したがって、わが国の生活保護による最低生活費とフランスのそれを比較することや、生活保護に費やされている費用（生活保護費総額のうち生活扶助への支出は三分の一にすぎない）とフランスの社会的ミニマムの総額の単純な比較は慎まなければならない。

フランスで、一〇種もの扶助制度があるのは、扶助は主として社会保険制度において保険給付（拠出制給付）の補足的あるいは代替的な無拠出給付として創設され、それぞれがカテゴリー別に最低限所得を保障していったからである（高齢者

表1　社会的ミニマム（生活扶助）受給権者（世帯主）数の推移（各年12月末現在，本土のみ）

	2000	2001	2002	2003	2004	2005	2006	2007	2008	2009	2010
積極的連帯手当（RSA）＊	—	—	—	—	—	—	—	—	—	1,313,920	1,373,749
参入最低限所得（RMI）	965,180	938,500	950,693	998,645	1,083,880	1,134,485	1,124,576	1,028,050	1,005,205	2,467	16
ひとり親手当（API）	156,759	160,705	164,063	170,044	175,648	182,312	191,050	177,108	171,938	192	2
失業扶助（４種）	457,236	428,313	418,275	423,520	425,655	450,780	450,382	414,519	390,868	415,158	425,500
稼動能力者・世帯の社会的ミニマム（小計）	1,579,175	1,527,518	1,533,031	1,592,209	1,685,183	1,767,577	1,766,008	1,619,677	1,568,011	1,731,737	1,799,267
障がい者最低限所得（２種）	791,772	814,155	832,048	852,411	871,578	886,833	878,351	886,812	917,332	945,003	971,588
高齢者最低限所得（２種）	686,021	644,687	590,554	557,624	547,517	537,435	527,940	516,750	507,878	517,020	511,264
寡婦手当	14,575	13,625	13,000	12,200	11,300	6,596	6,024	5,230	4,949	5,598	5,791
総　計	3,071,543	2,999,985	2,968,633	3,014,444	3,115,578	3,198,441	3,178,323	3,028,469	2,998,170	3,199,358	3,287,910

＊　RSA-基本手当受給者のみ。
出所：労働・雇用・保健省資料から筆者作成。

最低限所得と障がい者最低限所得、そして寡婦給付）。

また、保険給付が圧縮された際に、制度改定以前ならば受給できたカテゴリーの人々を救済するために創設された社会的ミニマム給付もある（失業給付の要件が厳格化されたため、四〇年間の年金保険料をすでに納付している求職者には年金受給まで支給する失業扶助：ＡＥＲが創設）。

二〇一〇年一二月現在、海外県を除く本土では、社会的ミニマムのすべての受給権者（allocataires）の数は、表1のように、およそ三二八万八〇〇〇人にものぼっている。そのうちの五五％、一七九万九〇〇〇人が失業者などのいわゆる稼働能力者である。その他では、障がい者最低限所得の受給権者は増加傾向にあるが、六五歳以上の高齢者最低限所得は、拠出制年金（拠出制にも最低限保障額がある）の成熟もあり、五一万人あまりでしかない。ちなみに、わが国では芸能人が老親を扶養せず保護受給となっているケースが大きなバッシングを受けたが、フランスでは社会的ミニマムや社会福祉サービス給付において、成人であろうと高額所得者であろうとその子どもが親の扶養義務を課されることはない。所得再分配の政策のもとでは、高額所得者ならば多額の税を支払い、自らの親や親族だけでなく社会全体の低所得者への生活を支えることに大きな貢献をしているからである。

また、表1の数値の受給権者について一言説明しておきたい。受給権者とは個人単位の給付では個人だが（失業扶助や高齢者最低限所得等）、世帯単位の場合は世帯主である（後述するＲＳＡ等）ことに注意が必要である。したがって、受給権者において扶助率を計算するためには、分母に総人口をおいてはならない。給付によってカヴァされている世帯員も含めた受給者（bénéficiaires）の数は二〇一〇年一二月で六三〇万人であり、人員扶助率は九・八％にもなる。フランスの人口はわが国のおよそ半数であるから、わが国におきかえれば一二〇〇万人以上と六倍以上の生活保護受給者を抱えていることになる。

2　積極的連帯手当（ＲＳＡ）制度

（1）ポレミックな制度

「扶助受給者（dérives de l'assistanat）は社会のガン」。これは、二〇一一年五月八日のテレビ番組で、Ｌ・ヴォキエ・ヨーロッパ問題担当相が突然発した暴言である。攻撃の矛先の扶助受給者は、「積極的連帯所得（ＲＳＡ《エレサ》）」受給者である。ＲＳＡは、本土で二〇〇九年六月（海外県では二〇一一年一月）に施行された新しい制度だが、サルコジ大統領（当時）が公言した「より働こう、より稼ごう」、そして「任期中に貧困者を三分の一に減少させる」ことを目途とする貧困対策の中心的な策の一つである。ところが、ＲＳＡは大統領が期待した就労促進という役割をまったく果たせず、逆に貧困率は上昇し、他方で富裕層への大幅な減税が行われたため、リーマンショックやヨーロッパ金融危機の前でも、サルコジ人気は凋落の一途をたどっていた。サルコジ大統領の側近中の側近であるヴォキエの発言は、サルコジが再選を期す次期大統領選の正に一年前のものであり、サルコジへの不満をＲＳＡ受給者へとすりかえたと言われる。

ヴォキエ発言には野党・労働組合・研究者・民間福祉団体・福祉関係者の反発と反論が続出したが、その代表的なものとして貧困研究の第一人者・社会学者Ｓ・ポーガムの週刊誌のインタビューの記事を紹介しよう。ポーガムは、ヴォキエ発言は「ポピュリストのコンセプトとして、（右派や極右の――引用者）有権者の一部におもねるための単純なデマゴギーである」。ＲＳＡ受給者をスケープゴートにした攻撃は、彼らに「罪責感を与える動き（cycle de culpabilisation）」の一環であり、そして扶助受給の失業者とワーキングプア・貧困に陥る大きなリスクのある労働者を分断・対立させるためであると語気を強めて批判した（Paugam 2011）。

ヴォキエに対しては、さすがに他の閣僚や与党政治家たちも顰蹙《ひんしゅく》し苦言も呈したが、その発言はマッチポンプ的役割を果たした。ヴォキエは、ＲＳＡ受給者たちに「労働の義務」を課すべきであると続け、この実験は二〇一一年秋から右派の知事をもつ七県において始められた。新聞報道によると、労働の強制ではなく受給者から応募者を募り、時給最低賃金で週七時間就労として、県の公文書館での製本作業や、田舎では豆摘みなどの農作業を提供しているようである。

ヴォキエ発言に象徴されるように、ＲＳＡは、他の社会的ミニマム諸制度が社会給付として定着しているなかで、その創設時からポレミックな話題に事欠かない制度である。そして、ＲＳＡは社会的ミニマムのなかで最も多くの受給者を抱えている。

こうした状況から、本章ではフランスの扶助の代表としてＲＳＡ制度について叙述する。

（2）ＲＳＡ制度の概要

①二つの手当と三つの受給者カテゴリー

ＲＳＡ制度には、二つの手当がある。一つは、「ＲＳＡ-基本手当（RSA-socle）」であり、かつての「参入最低限所得（ＲＭＩ《エレミ》）」（一九八八年創設の一般的最低限所得保障制度）と「ひとり親手当（ＡＰＩ《アピ》）」（一九七六年創設の、離別したひとり親世帯への一年限定あるいは末子が三歳までの社会的ミニマムであり、多くの受給者はＡＰＩが終了した後ＲＭＩに移行していた）を統合した手当である。ＲＳＡ-基本手当は、ＲＭＩとＡＰＩ同様に世帯員数に応じた最低限所得を保障しているため、社会的ミニマムの一つにとどまっている。

もう一つのＲＳＡ手当は、「ＲＳＡ-就労手当（RSA-activité または RSA-chapeau）」と呼ばれる手当だが、一定の就労所得がある世帯は、世帯収入が基本手当（最低限所得）額を超えても稼働収入額に応じて増額される世帯所得（上限あり）まで補足するというものである。その構造は、図１を見ていただきたい。受給者世帯の手元に残る額は、基本的には「最低限所得＋就労所得の六二％＝世帯収入」と計算される。[2]

こうした仕組みのために、ＲＳＡ手当の受給世帯は、(a)基本手当のみ受給世帯、(b)基本手当プラス就労所得手当受給者、(c)就労手当のみ受給者の三つのカテゴリーとなった（表１のＲＳＡ受給権者数は基本手当を受給している(a)と(b)のカテゴリーの人々である）。ＲＳＡ-就労手当は、受給者に就労による金銭メリットを増やし、かつてのＲＭＩ受給者が陥った扶助への依存＝「不就労の罠」を解消するというフランス的ワークフェア＝アクティベーション策の一つなのである。かつてのＲＭＩは事実上、失業保険と失業扶助に続く「第三の失業給付」という性格をもつようになったが、ＲＳＡは扶助受給者（基本手当受給者）を減少させ、制度自体の性格を、失業給付から「ワーキングプアへの給付」へと変更を図っているのである。

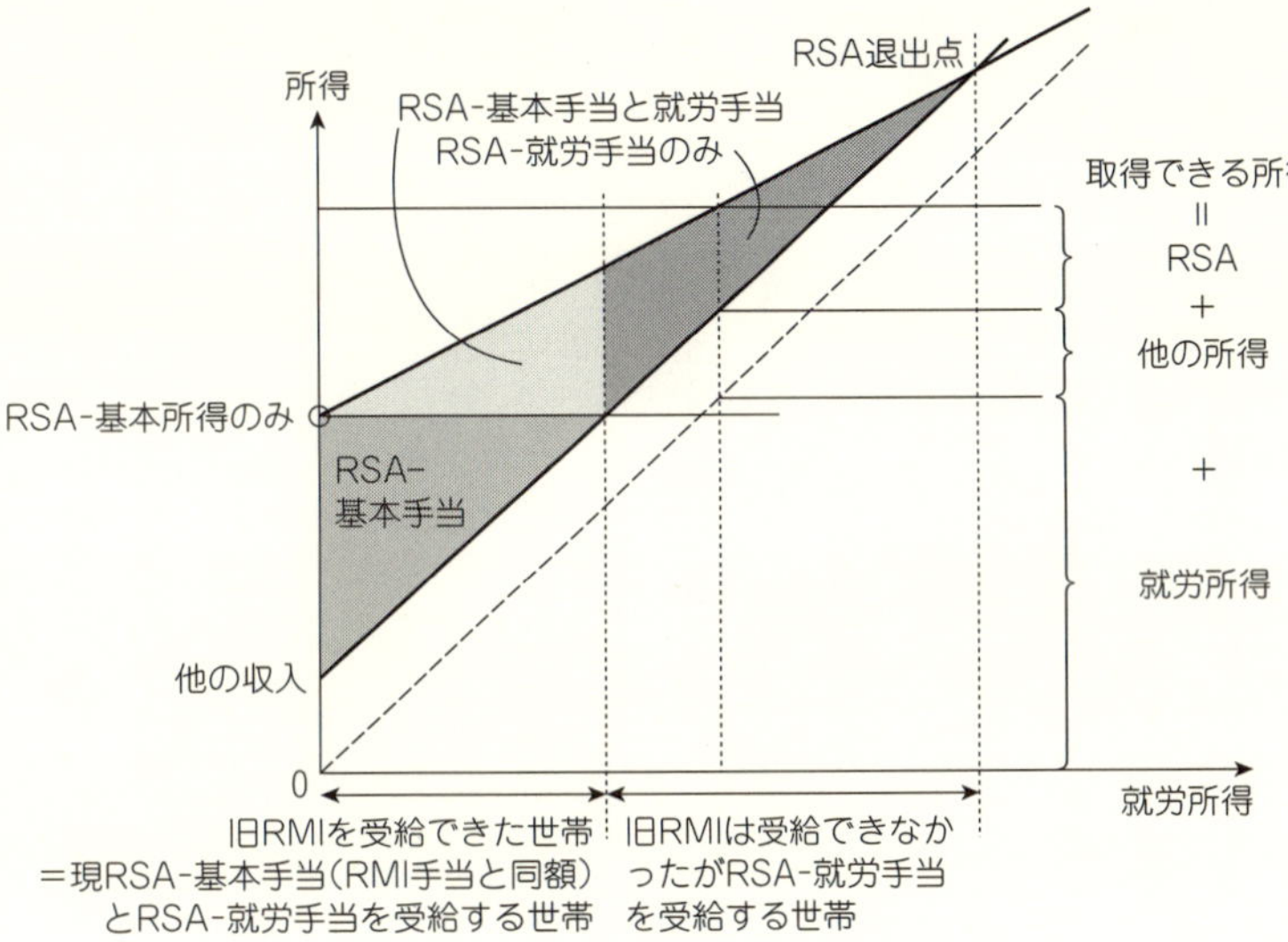

図１　RSA 手当の構造

出所：Gomel, Bernard, Le bilan deux aus après sa mise en place, *Partage n° 221,* p. 30.

世帯に保障されるＲＳＡ手当の額を、表2で見てみよう。二〇一二年一月の改定でも、基本手当による保障額はＲＭＩ手当額を踏襲して大幅な引き上げは行われず、単身世帯では税・社会保険拠出後のネット最低賃金額の四三％強、カップルでも六五％にすぎない。また、六五歳以上の高齢者最低限所得の額と比較しても六割程度なのである。わが国の生活保護は老齢加算を廃止し、生活扶助第一類は七〇歳になると減額されるが、フランスでは高齢期になると扶助額は大幅に引き上げられるのである。失業者団体・労働組合は基本手当を高齢者最低限所得まで引き上げることを要求し続けているが、彼らが言う現役世代の失業者・不就労者への懲罰的措置は続いている。一方、ＲＳＡ-就労手当による保障所得の上限は、単身世帯ではネット最低賃金の一・一倍、カップル・夫婦では一・七倍、ひとり親と子ども一人では一・五倍、夫婦などカップルと子ども一人から三人までは二・〇倍から二・四倍程度になる。単身の貧困線はネット最低賃金の約六五％であり、マックスに就労すれば貧困線はゆうに超え

表２　RSA-基本手当などの保障月額　(2012年１月～)

（単位：€）

基本手当（最低限所得）の額				就労手当の保障上限額			高齢者最低限所得		法定最低賃金（SMIC）*	
子どもの数	単身	ひとり親	カップル	単身	ひとり親	カップル	単身	カップル	額面（brut）	可処分（net）
0	474.93	―	712.40	1,226.56	―	1,853.78	777.17	1,206.59	1,398.37	1,096.94
1人	―	712.40	854.88	―	1,630.77	2,230.10				
2人	―	854.88	997.36	―	1,895.60	2,257.99				
子ども３人以降１人につき	―	189.97	189.97	―	362.00	362.00				

＊　週35時間制で月151.67時間就労。

出所：表１と同じ。

る。ただし、就労手当の所得制限の上限額は世帯の就労所得に応じて世帯毎に異なり、誰に尋ねても、いったい働いている自分がいくら受給できるのかが分からず、手当の計算は複雑すぎると言う。

RSA手当の財源については、基本手当と就労手当は異なり、前者は県費であり（二〇〇四年に国から県へと権限委譲されたRMI制度を踏襲）、後者は国庫である。国の負担は約一五〇億ユーロ（二兆円弱）となったが、この財源は、不動産所得・預貯金の利子・生命保険の配当などへの一・一％課税が財源とされた。このRSA税は、中間層の負担がもっとも多く、反発した中間層は富裕層の負担を増やすべきだとネットでの反対署名運動を繰り広げた。それは、RMIは県への権限委譲の前は、富裕層への資産税が唯一の財源であったこと、そして、サルコジ政権では、資産税の控除を増やし、また所得税の最高税率が六〇％（社会保障拠出税などを含めて七一％）から四〇％（同五一％）に引き下げており、富裕層のRSA税の負担は軽微でしかないからである。

なお、RSA手当の申請窓口はRMIと変わらず、県のRSA担当局（後述する参入支援組織など）、コミューン福祉事務所（CAS）、社会保障組織の家族手当金庫（CAF）の地域事務所、おなじく農業共済組合（MSA）で行う。なおCAFとMSAは、RSAの両手当の算定・支給組織だが、前職は（元）非農業従事者、後者は（元）農業従事者について担当する。住所が定まらない人々の手当申請については、県認可の福祉アソシアシオンも窓口になることもRMIと同じである。わが国の福祉事務所にあたるCASは、RSA申請書を受付の窓口になっているだけで、後述するRSA受給者への参入支援は行っていない。申請書をCAFとMSAに回すだけである。CASの主たる業務は、県や市の独自の福祉サービスの支給である。

手当支給組織のCAFとMSAが、支給認定そして支給後の三ヵ月ごとの所得認定の役割を行うこともRMIと同様である。RSAでも持ち家はもちろん、預貯金・資産・所持品の制限はないことは、預貯金などの厳しい資産調査を行い、車の所持さえも例外とされる日本の生活保護と大きく異なる。ただし、例外的なケースだが、田舎などで住居以外の「城」（邸の意）を所有している時は、それを賃貸に出し家賃の一部を収入認定するらしい。

RSAがRMIから大きく変更されたのは、家族の扶養義務である。RMIでは、二五歳をすぎれば親と同居のケースも別世帯として扱い本人の所得だけが認定要件であったが、RSAでは親と同居している二〇代の青年は親の所得制限という大きなバリアが設けられた。ただし、この場合も親の所得だけであり、預貯金・資産による制限はない。

②ソーシャルワーカーなどの参入支援

RSA制度の、もう一つの大きな柱は参入支援であり、その権限・責任は県にある。参入支援は、わが国の生活保護の自立助長そして自立支援に相当するが、県所属のソーシャルワーカーなどによる支援活動（同伴活動：accompagnement）を行うものである。ただし、参入支援はすでに就労している就労手当のみの受給者（ⓒの受給権者カテゴリー）は対象にせず、対象は基本手当受給者（ⓐ、ⓑのカテゴリー）である。したがって、就労手当のみ受給者は、CAFまたはMSAにおいて三ヵ月ごとの所得調査を受けるだけであり、ワーカーとの関係は一切もたずにすんでいる。

RSAでは、RMIやAPI以上に、参入支援が強化された。政策側は、前身であるRMI制度は失敗であったと言うが、それは職業参入の失敗であり、その原因は、稼いだ所得をすべて収入認定して経済的デメリットをもたらすだけでなく（ただし、就労再開後の一年以内では勤労控除あり）、ワーカーの就労支援が不十分であったからと言う。なによりも、ワーカーの支援の基になる、そして、受給者の行動（努力）指針となる「参入契約（contrat d'insertion）」を受給者が締結しないまま（その締結率は全国平均で五〇％程度）、漫然とRMI手当が支給され続けたと「反省」をしたからである。

RSA制度では、参入契約は「相互参画契約（contrat d'engagement réciproque）」と名称変更されたが、この変更は県と受給者の相互の権利・義務を明確にするためと言う。契約に至るまでの過程は、まず受給者各人の状況の診断（diagnose）、求職活動と就労（再）確保のバリアの明確化であり、そして契約書に障害を取り除くために不可欠な他施策やサービスなどを記す。契約締結後は、県はそのサービスの提供の義務を負い、受給者はサービス利用の義務を負う。受給者には専任のワーカー（référent unique）がおり、このワーカーが契約書の作成を援助し、締結後は受給者に同伴しその遂行をチェック（suivi）する。

専任ワーカーが所属するのは、県をいくつかの地域に分けて、それぞれに置かれている「多領域協働チーム（Equipe Pluridisciplinaire）」である。RMI時代には、参入支援を行ったのは「地域参入委員会（CLI）」（公私の組織・団体の代表者から構成）であるが、参入（とくに職業参入）で効果をあげなかったCLIは廃止され、代わりに協働チームが県行政の末端組織として再編成された。チームには受給者専任ワーカー、地区担当や家計運営支援などの各種ソーシャルワーカーとともに、職業紹介所（Pôle emploi）の職員も出向している。後者は受給者のエンプロヤビリティや求職能力を判断する役割を課せられた。チーム全体では契約書の内容が適切であるか、ワーカーの支援や受給者の遂行が適切なのかを検討する。なお、チームには、受給者代表の参加も不可欠になり、ワーカーたちの参入支援について受給者としての意見を表明できることになった。[3]

協働チームに関して重要なのは、CLIをはるかに凌駕する権限も与えられたことである。RMIでは手当支給と参入支援の領域は明確に分離されていたが、RSAでは、チームが提案した具体的な参入（就労先または求職活動ではない、この点については後述する）を受給者が拒否したときや参入契約の不履行の場合は、支給組織に対して手当の停廃止を指示できるようになったことである。

3　ワークフェア＝RSA制度の創設の経緯

RSA制度を作成したのは、「RSAの父」と呼ばれるようになったM・イルシュが長を務めた「貧困に抗する積極的連帯の高等委員会（Haut Commissariat aux Solidarités Actives contre la Pauvreté）」であった。イルシュは左派として知られ、当時はホームレスなど住宅困窮者支援で有名な民間福祉団体「エマウス」の会長職にあったが、これを辞任して、二〇〇七年五月サルコジ新大統領・右派政府の要請に応じて政府委員を引き受けた。政治戦略に長けたサルコジは有力な社会党議員や左派の「国境なき医師団」の創設者や人種差別反対運動のリーダーなどを次々に引き抜き閣僚に迎えるという離れ業を行ったが、イルシュの「抜擢」もその一例である。イルシュは「扶助受給者を守る左派と財政を握る右派」という二項対立から抜け出すために政府委員を引き受けたと述べた。

イルシュが福祉界にとどまらず世間でも知られた著名人の一人になったのは、所得・社会的統一センター（CERC）の子ども・家族の貧困に関する二〇〇五年四月レポート（イルシュ・レポートと呼称：CERC 2005）をまとめあげたからである。レポートは、一〇〇万人を超える子どもの貧困とその家族の貧困を根絶するため、すなわち「貧困の世代的再生産」を断ち切るために一五の施策の提言をして、大きな社会的反響を呼んだ。この提言のなかには、就労している人々が貧困線以下の所得しか受け取っていないことは認めがたいとして、「就労所得と連帯所得（無拠出給付）との結合」という提言もあった。これと、サルコジの労働の価値を高めたいという労働礼賛の信条が合体して、ＲＳＡ制度というワークフェアが生まれたのである。

イルシュ高等委員会が作成したＲＳＡ案は、一四県での実験・試行を経て二〇〇八年一二月一日法となり、二〇〇九年六月から施行された。

ＲＳＡ制度、とくに就労所得への抵抗は大きかった。ＲＳＡの実験は当初は三五県で行われることが法（二〇〇七年八月「労働・雇用・購買力（ＴＥＰＡ）」法）で定められたが、県、とくに社会党の県知事の抵抗があり、一四県だけにとどまったことに象徴されている。

抵抗・批判は、二〇〇五年のイルシュ・レポートの作成に加わった研究者・民間福祉団体などからも続出した。第一に、貧困の解決をＲＳＡに閉じ込めたことである。イルシュ・レポートは「家族の貧困と闘うことは、税・経済と社会的領域・家族領域、雇用・健康・教育・住宅のすべての大きな公的政策に関連する」と記したが、高等委員会でのＲＳＡの論議ではこの包括的なアプローチが消え去っていたからである。しかも、イルシュ・レポートでは週労働時間三五時間制のもと四分の一程度、すなわち七時間の就労であれば貧困線（等価可処分所得中央値の六〇%＝最低賃金額面の五〇%）をクリアさせていたが、実際のＲＳＡでは前述のようにマックスに就労することを求めたからである。イルシュの所属した「エマウス」も有力メンバーである民間保健福祉団体全国連盟（ＵＮＩＯＰＳＳ）は、ＲＳＡ-就労手当は低賃金・不安定雇用を維持する企業に公的補助金を支給するに等しく低賃金策の強化につながる恐れがあるとした。それが永続するならば半就労・半扶助の貧困者が広がる。そして社会的ミニマムの改革としては、雇用を再確保した人よりも、雇用のない人々を社会的に扶養するという保障の改善こそ最優先すべきである、ととりわけ強く非難した（Claire et al. 2007）。ちなみに、右派政権のもと失業者への国庫補助雇用では公的セクターのそれは縮小され、事業主への補助金にすぎないと言われる民間企業での補助雇用が主たるものになっていた。

社会学の大御所であるＲ・カステルも、二〇〇九年六月二五日付の新聞『ル・モンド』において、ＲＳＡ批判を以下のように行った。ＲＳＡはどのような労働をも受け入れるように仕向け、結果として雇用の不安定性を拡大していく。現在の雇用の主要な問題性は、不安定性と就労貧困であるということは何度も警告されてきたはずである。さらにＲＳＡ受給の失業者に対しては怠惰な「自発的な失業者」というスティグマを増加させるだろう。こうしたＲＳＡの事態は、イルシュが、最貧者の状況だけを（若干）改善することに的を絞ったという誤りから招かれたと述べた（Castel 2009）。

一九九〇年代末に労働時間週三五時間制・ワークシェアリングを推しすすめたブレーンの政治哲学者Ｄ・メーダは、ＲＳＡの就労促進策が、細切れ就労の拡大策、とりわけ二〇〇五年月のボルロー（当時厚生労働相）法の個人宅へのホームヘルプ・保育サービスなど「近隣雇用」の奨励策とそこでの五〇万人雇用確保策に組み込まれることに強い懸念を示した。貧困の根絶には、細切れ就労を縮小させ公的サービスへ包摂させることこそ求められるからである（Méda 2008）。

前述のポーガムもイルシュ・レポート作成に加わっていたが、彼も、貧困対策としてＲＳＡ制度はＲＭＩ制度より大きく後退したと厳しい口調で批判した。前身のＲＭＩでは、排除に抗する参入（包摂）支援として、就労の確保という職業的参入だけでなく、住宅入居や医療保障などの社会的参入がより重視され、就労に傾斜した制度ではなかった。そしてＲＭＩの職業的参入は、最終的には労働法典で規定された「一般雇用」（期限なし労働契約＝正規職）を確保させることであり、国庫補助雇用などはあくまでつなぎの一時的な雇用とすることを忘れていなかった。しかし、ＲＳＡではまともな雇用を確保させるという野心は消え去ったと語気強く批判した（Paugam 2008）。

さらに、博士論文の指導教授であるポーガムとの共著も刊行し、現在最も精力的に執筆活動を行っている若き貧困研究者Ｎ・デュヴもサルコジ政権のアクティベーション策全体、そしてＲＳＡ批判を行った。デュヴは、政府は不平等を是正するという社会的責務も感じず、ひたすら扶助受給者にスティグマを与えて、彼らに労働というシンボリックな方法で社会統合できるかのような幻想を与える企てをしている。ＲＳＡは、こうした政治的企てを結実させた最たる制度であり、社会支出の、そして人々の活性化（アクティベーション）をもって貧困の罠を回避させようというのである。そのイデオロギーは、劣悪な労働条件でも、働かないより、たとえ一時間でも働くことほうがベターであるというものである。ＲＳＡ制度は「道徳的にも正当化できるものではない」と喝破した（Duvoux 2012）。

さて、ＲＭＩの最低限所得手当は毎年若干引き上げられてはいたが、インフレーションのために手当の購買力は一〇年間で二五％も低下したと言われる。ＲＭＩの最低限所得額は大きく改善されないまま、ＲＳＡ-基本所得に引き継がれたことは前述のとおりである。他方で、緊縮財政という制約を考慮しても、再分配は平等化とは逆の方向で働き、社会的ピラミッドの上方（富裕層）にむけて現金が再分配され、不平等は拡大してきたと、デュヴは言う（Duvoux 2012）。

4　ＲＳＡの現状と就労支援の失敗

二〇一〇年末のＲＳＡの基本手当と就労手当の受給世帯総数は、表3のようにおよそ一八三万世帯である。基本手当についてはＲＭＩとＡＰＩ受給権者が改めて申請の必要はなくそのまま受給継続となったが、二〇〇五年の両受給権者数のピーク時を上回り、ＲＳＡの(a)と(b)のカテゴリー、すなわち基本手当受給権者（世帯）は一三七万となった。基本手当のみの(a)カテゴリーは全体の六四％であり、(b)のそれは一一％であるが、他方、就労所得手当のみの(c)カテゴリーの受給世帯は四六万世帯と二五％にとどまる（前述のように就労手当の計算は複雑で、資格のある世帯は受給世帯の三倍はいると言われている）。なお、基本手当受給権者を含んで就労所得のあるものは八〇万世帯と言われているので、十数万世帯が就労しても基本手当額を超えることはできず、ＲＭＩと同様の就労状況である。ともあれ不就労・失業から就労への移行は進まず、あるいは移行できたとしてもその就労収入はたいした額ではない（すなわち極度の細切れ就労である）。

表3　RSAの手当別受給世帯数*と構成比
(2010年12月末)

	世帯数	構成比
(a)基本手当	1,168,174	63.7
(b)基本手当＋就労手当	205,575	11.2
(c)就労手当のみ	460,038	25.1
計	1,833,787	100.0

＊　本土の家族手当金庫（CAF）と農業共済（MSA）両者の支給世帯。
出所：表1と同じ。

受給世帯の家族構成を見ると、表4のとおり、四八％とほぼ半数が単身であり、ひとり親世帯が三三％（うち母子世帯が三一％）と、この両者で八割強を占める。そして、夫婦・カップルと子どもの世帯が一五％、そして夫婦・カップル世帯が四％である。なお、この数値は本土の家族手当金庫（ＣＡＦ）支給分の受給世帯における数値だが、ＣＡＦ支給の世帯の数は農業共済（ＭＳＡ）支給分を含む全受給世帯数の九八％を占めるので、ほぼ全体状況を示している。手当カテゴリー別の受給世帯（基本手当のみ受給、基本手当プラス就労手当受給、そして就労手当のみ受給）の家族構成については統計が見つからなかったが、七五％の受給世帯が基本手当受給であることを見れば、イルシュ・レポートで訴えた一〇〇万人の子どもたちの貧困の根絶、すなわち貧困線を超えた世帯所得が保障されているとは到底言えない（なお、政策側からの、RSAによる貧困削減の効果についての評価は二〇一二年三月現在では見られない）。

表4　RSA全受給世帯*の家族構成（2010年12月）

家族構成	世帯数	構成比
単身	860,615	47.9
（男性）	（537,168）	（29.9）
ひとり親	593,771	33.0
（母子）	（556,656）	（31.0）
夫婦・カップル	71,510	4.0
夫婦・カップルと子（小計）	271,795	15.1
内子1人	89,945	5.0
内子2人	89,008	5.0
内子3人以上	92,842	5.2
計	1,797,691	100.0

*　本土の家族手当金庫（CAF）支給の世帯のみ。
出所：表1と同じ。

受給権者の年齢については、二〇〇九年および二〇一〇年の統計は見つからず、二〇一一年一二月の全国家族手当金庫（CNAF）の速報から見てみよう。CAF支給分の非農業領域での受給権者（世帯主）では、三〇代が最も多く全体の三〇％が、次に四〇代が二八％、二〇代以下が二二％、五〇代以上（六五歳未満）が二〇％と続き、半数強が二〇代と三〇代の若年成人である。平均年齢は三八歳である（CNAF 2012）。なお、失業率が二〇％強と最も高い二〇代の構成比率が低いのは、一八歳から二五歳未満の青年では子どもがいるか妊娠中の世帯か、それ以外では過去三年間に三二一四時間の就労時間（ほぼフルタイム就労）の要件をクリアした者にしかなく（就労時間で受給した青年は二〇一一年六月現在で本土では九七七四人のみ。DREES 2011）、さらにRMIでは行われなかった、前述のような二〇代青年の親の所得制限が設けられたからと思える。

前述のD・メーダたちは、二〇一一年一一月にパリのRSA受給者調査の報告書を発表した。就労手当額など複雑な計算などで、受給者は自分が受け取り使える所得がいくらか分からず市民の権利として問題のある制度であり、さらに職業的参入については、受給者を職業紹介所に向かわせ求職者登録させ求職活動を行わせるという展開は失敗している。そして「RSA法による目標はほとんど達成していない」と結んでいる（CEE 2011）。

参入支援の現場では、事態はどのように受け止められているのであろうか。筆者はRSA創設以降、パリ隣接のヴァル・ド・マルヌ県そしてパリの地域の「多領域協働チーム」において継続的にインタビューを行った。両地域の責任者たちは相互参画契約の締結率を八〇％（二〇一一年一〇月現在）まで高めたことは誇っていた。両地域ともRMIでの参入契約率は一五―二〇％だったからである。ただし、契約の遂行を追跡するなかで実行の困難がわかり、再度診断をして内容を見直して新しい契約に作り直すことは頻繁なようである。現在の経済情勢のもとで受給者は増えることは間違いない。求人があっても、たとえばホテルでの清掃・ベッドメーキングでも、最低限フランス語ができなくてはならないので、彼ら彼女たち（移民の受給者）にはフランス語の講習を受講させている。母子についても保育所も足りないし、保育ママを雇用するのも言葉が必要になる。遠方への通勤のために車の免許を取得させなければならない人もいる。さらに青年の五〇％が親や知人宅で寄宿しており、住宅の問題もある。今の最大の問題は中高年の受給者増だ。経済のグローバル化のなかでEU諸国・外国で就労していた人が失業してフランスに戻ってきており、こうした失業者からRSA受給がさらに増えることは必至だ。こうした人々は職能・キャリアもあり、再度職業訓練をして職能を転換させることは無理である。以上は、パリ一二区の参入責任者が筆者に語った二〇一一年一〇月現在の状況である。ちなみに、前述した手当を停止する条件の参入拒否での「参入」とは就労ではなく、雇用確保のための準備＝フランス語講習や運転免許取得などの実行なのである。なお参入の際の費用は、特別サービス給付でカヴァされている。

参入責任者の解説に戻ると、一二区では、失職して就労手当から基本手当に再帰する人も少なくなく、支給機関CAFから参入支援を受けるために地域チームに戻るなかで「行方不明」になる人が多いらしい。筆者が、貧困を激減させるというサルコジ大統領の公約について感想をたずねたところ、「大統領が何を言ったか知らないが、(援助を担当するソーシャルワーカーなど) 公務員の数は減らされている」と嘆息した。さらに「補助雇用への応募失業者だけでも溢れているパリにおいて、RSA受給者に七時間就労を提供するのは可能なのか」との質問には、首をすくめるだけであった。

なおパリでは、少なくないアーティストが受給していることも、RSAの特徴となっていることも付け加えておく。二〇〇九年の制度創設時でもRSA-基本所得の受給権者約五万人のうち約八〇〇〇人がアーティスト、とくに演劇・ショー・映画関係の芸能人や技術者であり、芸術・芸能分野での職業参入も大きな課題となっている (例えば Mairie de Paris 2011)。ともあれ、RSA受給者はフランス語未習得の移民・家族と同居する青年・職能とキャリアのある中高年齢者・アーティストと、わが国の生活保護の「その他世帯」で増加しているという失業者 (その多くは病気もちを思わせる) の姿とはかなり異なっていることが分かるだろう。そして、就労支援では、わが国の生活保護の自立支援のように受給者の就労意欲を引き出すとか求職活動を一方的に求めるとかではなく、RSAの参入支援では求職・職業確保のための困難を克服させる具体的な諸サービスを支給していること、そして受給者の所持している資格・職能を尊重していることこそ注目すべきである。

5　RSA制度の将来

周知のようにサルコジは、二〇一二年五月大統領選挙に敗北し退任を余儀なくされた。彼が掲げた (次の任期中の) 政策プログラムの一つとして「RSA受給者への週七時間就労の義務化」があった。また、選挙遊説中のサルコジ候補の傍には選挙参謀ヴォキエの姿が必ず見られたが、彼らのRSA受給者への攻撃は功を奏さなかったようである。なお、「RSAの父」イルシュはすでに政府職から退いており、今回の大統領選では社会党オランドに投票するとの言明が大きく報道された。

大統領選挙でのオランドの政策プログラムには社会的ミニマムについての言及はなかったし、以前の社会党政府の時代でも、新自由主義的施策＝アクティベーション策の浸透が見られたことは確かである (都留 二〇〇六、二〇〇八、二〇〇九、二〇一〇、二〇一二)。しかし、オランド大統領のもとでの暫定内閣には、社会的ミニマムの保障所得を五〇％に引き上げると第一次大統領選の公約で掲げた緑の党も加わった。二〇一二年六月には総選挙が行われ、二〇一一年の地方選挙と上院選挙そして大統領選に続いて、社会党・左派が圧倒的な勝利をおさめた。ともあれ社会党新政府が、RSAにおいてアクティベーション策を続けるのか、続けるならばどのような就労誘導策になるのか、それともRSA-基本手当の引き上げによって失業者・不就労世帯の貧困を緩和するのか目を離せないところである。

しかし、フランスの社会制度において、わが国の貧困削減のための政策的パースペクティブを見つけたいと思うのであれば、ことごとく失敗し効果をあげていないアクティベーション策＝就労支援・参入支援のみに関心をもつことは適切ではないだろう。冒頭で述べた社会的ミニマム（最低限所得保障）制度の受給率の高さとその理由、さらに以下で述べる失業（半失業を含む）に対する所得保障（経済給付）の認定要件と支給条件など、そのあり方こそ参考にすべきである。

表5は、サルコジ政権下にあった二〇一〇年末での、RSAを含む失業者への所得保障の諸施策によるカヴァ状況を示している。完全失業者は二六二万人にもなり、また完全失業者を含む登録求職者は四三二万人（短期・短時間就労の不完全失業者も登録していれば失業給付受給可能）にものぼる。大量の失業者はいるが、そしてアクティベーション策によって失業保険も圧縮されているが、失業保険給付受給者と失業扶助・RSA受給権者はあわせて四六四万人にものぼっている。わが国ならば、そして世帯員を除外しても一〇〇〇万人近くの人々が「失業給付」に依存している状況である。ちなみに失業保険の最大給付期間は四〇代までは二年であり、五〇代以降は三年であり、わが国の事実上九〇日給付、そして完全失業者の二割にしか支給していない雇用保険とは雲泥の差の内容である。なお、フランスでも現在「財政危機」が叫ばれているが、それは社会保障・福祉など社会政策による危機ではなく、アメリカの貧困者を餌食にしたサブプライムローンに端を発する二〇〇八年のリーマンショック、そして金融資本のマネーゲームの結果（ツケ）である（Duvoux 2012）。

最後に、表6でフランスの貧困率の推移をあげておく。二〇〇〇年代後半に高まったとはいえ、等価可処分所得中央値の五〇%という貧困基準（OECD基準）

表5　完全失業者・登録求職者と失業給付・RSAなどの受給者
（2010年，海外県・領土除く）　　（単位：万人）

完全失業者数（ILO 定義）[1]	262	
積極的な求職活動ありの職業紹介所登録求職者[2]	432	
A.無業		273
B.短期かつ短時間の就業中		132
C.長期で短時間の就業中		27
失業保険給付受給者[2]	238	
基本手当（ARE）		219
職業訓練などその他3種手当		19
稼動能力者などへの社会的ミニマム受給者	226	
失業扶助[3]		43
RSA[4]		183

注：1)　2010年10～12月平均，定義は「無業・求職・就業可能」。
2)　2010年12月。
3)　2010年平均，特別連帯手当（ASS）など3種。個人単位の給付である。
4)　2010年12月，基本手当と就労手当の全受給権者（世帯主のみ）。
出所：統計調査局（DARES），研究評価統計局（DREES），および失業保険組織（UNEDIC）資料から筆者作成。

表6　貧困率の推移

基　準		2000	2001	2002	2003	2004	2005	2006	2007	2008	2009
所得中央値の50%	貧困者数（千人）	4,165	3,984	3,746	4,078	3,896	4,270	4,188	4,281	4,272	4,507
	貧困率（%）	7.2	6.9	6.5	7.0	6.6	7.2	7.0	7.2	7.1	7.5
	稼働世帯の貧困者[1]（千人）	1,964	1,793	1,644	1,702	1,742	1,821	1,743	1,818	1,878	1,848
所得中央値の60%	貧困者数（千人）	7,838	7,757	7,495	7,578	7,382	7,766	7,828	8,035	7,836	8,173
	貧困率（%）	13.6	13.4	12.9	13.0	12.6	13.1	13.1	13.4	13.0	13.5
	稼働世帯の貧困者[1]（千人）	4,041	3,981	3,682	3,527	3,558	3,619	3,596	3,838	3,728	3,679

注：1)　世帯主が稼働している貧困世帯の世帯員全員。
出所：貧困排除対策監督局（ONPES），*Rapport 2011-2012*，p. 16より転載（元資料は国立経済統計所（INSEE）「課税所得および社会給付調査（Enquêtes Revenus fiscaux et social)」)。

から見るならば、二〇〇九年の貧困率は七・五%であり、当時のわが国の貧困率一五・七%の半分以下である。完全失業率は日本の二倍以上の一〇%だが、失業給付と失業者への扶助の普及によって、貧困が抑制されていることはたしかであろう。ただし、フランスでは他のEU諸国と同様、貧困基準は等価可処分所得中央値の六〇%を用いており、貧困を削減すると言うときは全人口の一三%を超える人々に関連した、より広い貧困について語っている。したがって、RSAなどの扶助だけでなく、フランスの社会保障・社会保護制度全体の貧困除去策とその効果も検証しなければならないが、それは後日の課題としたい。

【注】

（1）家賃・住宅ローンに対しては全世帯の四世帯に一世帯が受給している家族給付制度における住宅諸手当、医療保障については文字通り皆保険体制であり「普遍的医療保障：CMU」制度によって、低所得者は無拠出で一般的（労働者）疾病保険制度に加入し窓口での自己負担も免除されている。また教育は幼稚園から大学まで学費は無償であり、生徒・学生の学用品など購入への補助として家族給付制度において新学期手当などが支給されている。さらに、自治体サービスとして、扶助受給者を含む低所得者や失業者、高齢者、そして母子世帯などの交通費は無料（私鉄・民営バスはない）、映画・演劇・コンサート・美術館・スポーツ施設なども無料か大幅な割引制度がある。わが国の生活保護では認められていない文化・社会的交際費については、社会的ミニマム以外の社会的施策で保障しているのである。

（2）なお、住宅手当受給者や無償での同居・寄宿の場合は、手当は一部減額される。

（3）二〇一一年秋のインタビューでは、パリ一二区の多領域協働チーム（パリでは「参入空間（Espace Insertion）」という組織）においては、代表者の選出は、チームのミーティングに参加できる可能性（時間）のある受給者をまず選び、そこから三人をくじ引きでランダムに選出したらしい。なお代表者の学歴・職歴などは問わないそうである。ミーティングでは、案件としての参入支援について、受給者氏名は匿名にして検討するそうだが、受給者代表の意見は「素朴だが、専門家が気づかない点を指摘してくれ、聞くべき意見は多い」と参入責任者は述べていた。

【引用文献】

Claire Denis et al.（2007）Le RSA sert-il à quelque chose? in *Alternatives Economiques n°261*, Septembre 2007.

Castel Robert（2009）Le RSA, machine à fabriquer de la précarité in *le Monde du 25 juin 2009*.

CNAF : Caisse Nationale d'Allocations Familiales（2012）Les allocataires du Rsa fin décembre 2011 in *L'e-ssentiel n°120*.（http://www.caf.fr/web/WebCnaf.nsf/090ba6646193ccc8c125684f005898f3/e7543168ca71c175c12579c60041d6f0/$FILE/120%20-%20ESSENTIEL%20-%20RSA%20MARS.pdf）

CEE : Centre d'études de l'Emploi（2011）*Le Rsa, innovation ou réforme technocratique ?* Document de travail n°152.

CERC : Conseil emploi revenus cohésion sociale（2005）*La nouvelle équation sociale : 15 résolutions pour combattre la pauvreté des enfants*, La documentation française.

DREES : Direction de la Recherche, des Etudes, de l'Evaluation et des Statistiques（2011）Les allocataires du RSA fin juin 2011 et leur trajectoire in *Etudes et Résultats n°782*, Novembre 2011.

Duvoux Nicolas（2012）La vocation première de l'assistance : protéger la société in *ASHActualités sociales hebdomadaires* n°2754.

Mairie de Paris, http://www.paris.fr/loisirs/entree-des-artistes/les-accompagnements/une-plate-forme-d-aide-pour-les-artistes-allocataires-du-rsa/rub_9325_stand_71674_port_22774

Méda Dominique（2008）Comment rendre Protection Sociale universaire, Conférance –débat et séminaire in *Cahier UPC n°17*.（http://upc-roubaix.org/IMG/pdf/cahier17_bd2.pdf）

Paugam Serge（2011）RSA : Serge Paugam répond à Wauquiez in *Politis du10 mai 2011*.

Paugam Serge（2008）Pauvreté et solidarité : entretien avec Serge Paugam in *Ideas-net*.（http://www.laviedesidees.fr/Pauvrete-et-solidarite-entretien.html?lang=fr）

【参考文献】

・RSA制度についての社会問題・保健省のサイト http://www.solidarite.gouv.fr/espaces,770/social,793/dossiers,794/le-rsa-mode-d-emploi,2279/

Paugam Serge（2009）Duvoux Nicolas, *La régulation des pauvres. Du RMI au RSA*, éditions PUF.

Duvoux Nicolas（2009）*L'autonomie des assistés*, éditions PUF.

Duvoux Nicolas（2012）*Le Nouvel Age de la solidarité : pauvreté, précarité et politiques publiques*, Coédition Seuil-La République des idées.

都留民子（二〇〇〇）『フランスの貧困と社会保護――参入最低限所得（RMI）への途とその経験』法律文化社。

都留民子（二〇〇四）「フランスの参入最低限所得（RMI）をめぐる論議」『月刊自治研』四六―五三三、四一―五二頁。

都留民子（二〇〇六）「フランスの失業対策における失業者」加瀬和俊・杉田くるみ編『国際比較の中の失業者――日本・フランス・ブラジル』東京大学社会科学

研究所、一五九―一八二頁。

都留民子（二〇〇七）「フランスの失業・雇用、および貧困対策――『ワークフェア』と『セーフティネット』の現状」『総合社会福祉研究』三二、三一―一一頁。

都留民子（二〇〇八）「社会的排除――概念と施策の批判的検討」日本社会福祉学会編『福祉政策理論の検証と展望』中央法規出版、一二五―一四五頁。

都留民子（二〇〇九）「『福祉国家』はゆらいでいるか――フランスの失業・貧困とその対策」『経済』一六八、一四六―一五九頁。

都留民子（二〇一〇・二〇一一）「ワークフェアは貧困を解決できるか？」（1）（2）（3）『賃金と社会保障』一五二四、二〇―二七頁、一五二六（二〇一〇年）、五九―六六頁、一五二九・一五三〇（二〇一一年）、一〇〇―一〇七頁。

第17章 ドイツにおける最低生活保障制度
――社会扶助と求職者基礎保障を中心に――

森　周子

ドイツの最低生活保障制度は、社会扶助、求職者基礎保障、戦争犠牲者援護、庇護申請者給付の四つからなる。うち、主なものは、稼得能力を持たない者を対象とする社会扶助と、稼得能力を持つ者を対象とする求職者基礎保障である。本章ではこれら二つの制度に焦点を当て、両制度の内容、現状、課題、特徴を考察し、日本への示唆を述べる。

1　ドイツにおける最低生活保障制度

（1）社会扶助と求職者基礎保障

ドイツの最低生活保障制度は、(1)社会法典第一二編（ＳＧＢⅫ）に基づく「社会扶助」、(2)社会法典第二編（ＳＧＢⅡ）に基づく「求職者基礎保障」、(3)連邦援護法に基づく「戦争犠牲者援護」、(4)庇護申請者法に基づく、庇護を申請する外国人を対象とした「庇護申請者給付」、の四つからなる。本章では、後二者については対象が限定的であることから省略し、稼得能力を持たない者を対象とする社会扶助と、稼得能力を持つ者を対象とする求職者基礎保障という二つの制度について論じる。

（2）稼得能力の有無による制度区分

社会扶助と求職者基礎保障という二つの制度のいずれの対象となるかは、扶助を必要とする当該個人の稼得能力の有無で決定される。稼得能力とは、就労する能力をさし、当面の間疾病または障害が原因で、一般的な労働市場の通常の条件で毎日少なくとも三時間以上就労できる者は稼得能力を持つとされ（ＳＧＢⅡ八条一項）、そうでない者は稼得能力を持たないとされる。そして、稼得能力を持つ者は求職者生活保障の対象となり、稼得能力を持たない者は社会扶助の対象となる。

稼得能力の有無は、連邦労働社会省（ＢＭＡＳ）所管の雇用エージェンシー（公共職業安定所に相当）の医務局が判定し、判定に対し異議申立がなされた場合は、当該個人の加入する年金保険の保険者の鑑定意見（年金保険の保険者は障害年金の分野で既に稼得能力の判定のノウハウを蓄積しているため）を参照した上で雇用エージェンシーが最終的に判断する（同四四a条）。

2　社会扶助：稼得能力を持たない者に対する制度

社会扶助の実施機関は自治体（郡に属さない市、および郡）であり、財源は税で、自治体が負担する。社会扶助の構成原理は、補足性の原理（他の制度から必要な扶助を受けられない人を対象とする）、個別性の原理（扶助を要する個々人の特性に合わせた扶助を行う）、需要充足の原理（社会的・文化的な最低限度を充足する）である（Lampert/Althammer 2004：326）。

給付には「生計扶助」「高齢期および稼得能力減退時における基礎保障」「医療扶助」「介護扶助」「障害者に対する統合扶助」（障害者の社会参加促進のための給付）、「特別な社会的困難の克服に対する扶助」（多重債務、アルコール依存症といった社会的困難を抱えた者に対し、その困難の克服のためになされる給付）、「異なる生活状態における扶助」（高齢者・盲目者などへの特別な扶助）、の七種類が存在する。以下では、主要な最低生活保障の手段である前二者について説明する。

（1）生計扶助

生計扶助は、社会扶助の中心部分を形成する。受給に際しては資産調査がなされるが、適切な広さの持家、家具、老後資金は保有可能である（SGBⅫ九〇条二項）。自動車は原則として保有できず、職業訓練や就労に必要不可欠とされる場合に保有可能とされる（Udsching/Kreikebohm/Giesen 2011）。また、現金は一人当り基準需要額（後述）の二倍、パートナーおよび被扶養者は一人当り基準需要額の七〇％までしか保有できない（同八五条一項）。

生計扶助の支給額は、当該受給者の需要共同体（世帯とほぼ同義）の総需要額から収入認定額を控除した額である。総需要額とは、基準需要額、住居費・暖房費、社会保険料の合計である。基準需要額とは、一人当りに給付される基本の給付額であり、対象者別に六段階に区分される（表1）。この額は、連邦統計局の「所得・消費パイロット調査」（EVS）（五年ごとに実施される家計調査）の対象世帯のうち、所得が下位一五％の単身世帯、および下位二〇％の四人家族世帯（社会扶助と求職者基礎保障の受給世帯を除く）の主な支出項目（表2）の金額をもとに算出される。そして、EVSが新たに公表される年に改定され、それ以外の年には毎年一月に、物価スライドと可処分所得スライドとを勘案した「ミックス指標」に基づいてスライドがなされる。

住居費・暖房費は実費である。社会保険料は、対象者が社会扶助の受給以前に医療保険・介護保険に一定期間加入していた場合に考慮される。また、同様に受給以前に年金保険に加入していた場

表1　基準需要額の諸段階と金額（1人当り月額）（2013年1月改定）

段階	金額	説明
第1段階	382ユーロ	単身者。一人親。第3段階に該当する者と生計を一にする者
第2段階	345ユーロ	パートナーまたはそれに類する関係として生計を一にする二人の者
第3段階	306ユーロ	自ら生計を立てておらず，結婚またはそれに類する形態での共同の生計を立ててもいない者
第4段階	289ユーロ	14－18歳未満の若者
第5段階	255ユーロ	6－14歳未満の子
第6段階	224ユーロ	6歳未満の子

出所：BMAS „Das ändert sich im neuen Jahr“ 2012 (http://www.bmas.de/DE/Service/Presse/Pressemitteilungen/Das-aendert-sich%20im-nenen-Jahr-2013.html).

表2　基準需要額の算定根拠となる主な支出項目

第1項目	食料，非アルコール飲料
第3項目	被服，靴
第4項目	住宅，エネルギー，住宅保全
第5項目	家具，調度品
第6項目	保健衛生
第7項目	交通
第8項目	ニュースなどの情報入手
第9項目	余暇，娯楽，文化
第10項目	教育
第11項目	宿泊，外食
第12項目	その他の物品およびサービス

出所：RBEG（基準需要算定法）5-6条。

合にも、その保険料が考慮される。

収入認定額とは、文字通り収入として認定される額である。児童手当などを除くほとんどの収入が認定されるが、稼働所得については、当該所得の三〇％（但し上限は第一段階の基準需要額の五〇％）は認定されない（同八二条）。

その他に、増加需要（妊娠、または子の養育など）（同三〇条）と一時的需要（入居時の家具などの準備、妊娠・出産に対する準備）（同三一条）への給付もなされる。また、生計扶助を受給する家庭の二五歳未満の子の教育と社会参加を促進するための「教育パケット」（正式名称は「教育・参加のための給付」）という給付（月一〇ユーロを上限とするスポーツクラブ・芸術授業などへの参加補助、年間一〇〇ユーロを上限とする学校教材の補助など）も存在する（同二八条）。

（2）高齢期および稼得能力減退時における基礎保障

この給付の対象は、年金受給開始年齢（六五歳。但し二〇一二年以降段階的に六七歳に引き上げられる）に達した者、または一八歳以上で疾病または障害によって稼得能力が完全に減退している（＝稼得能力を持たない）者であり（同一九条二項）、支給額は生計扶助と同額である。

特筆すべきは、対象者の親または子の年間収入が一〇万ユーロ未満の場合には、彼らの扶養義務は問われない（同四三条二項）、ということである。この規定は、子に扶養照会がなされることを恥じるあまり、困窮に陥った高齢者が社会扶助を申請しないという、いわゆる「恥じらいによる貧困」を防ぐことと、先天的または幼少時から重度の障害を持つ者が、両親から独立して主体的に生活を送るための手助けをすることを意図して設けられた（BMAS 2006：646-647）。

3　求職者基礎保障：稼得能力を持つ者に対する制度

（1）成立の経緯

求職者基礎保障制度は、二〇〇三年一二月制定・二〇〇五年一月施行の「ハルツⅣ法」（労働市場サービス現代化のための第四法）をもとに創設された。

ハルツⅣ法施行前後で、稼得能力を持つ者に対する最低生活保障制度は大きく変化した（図1参照）。まず、ハルツⅣ法施行前は、社会法典第三編（SGBⅢ）（失業保険法）に基づく失業手当の受給要件を満たす失業者は失業手当を受給し、受給期間終了後も収入が一定以下である場合は、資産調査を経て、同法に基づく失業扶助を年金受給開始年齢まで受給できた。失業手当の額は前職の手取り賃金の六七％（子がある場合）または六〇％（子がない場合）であり、失業扶助の額は同五七％（子がある場合）または五三％（子がない場合）であった。他方で、失業手当の受給要件を満たさない失業者と、その他の生活困窮者は、連邦社会扶助法（BSHG）に基づき、資産調査を経て、困窮している限り年金受給開始年齢まで生計扶助を受給できた。財源は、失業手当が失業保険料、失業扶助が連邦負担、社会扶助が自治体負担であった。

このような従来のドイツ最低生活保障制度は、東西ドイツ統一と経済のグローバル化の影響で失業者が増大した上に、労働市場の柔軟化の影響により低賃金雇用者・非正規雇用者も増大した一九九〇年代以降、以下の問題点を孕むこととなった。

まず、正規雇用に就いていなかったことにより失業手当の受給要件を満たしていない失業者が増えると、その分社会扶助の受給者も増え、自治体の負担が増大した。

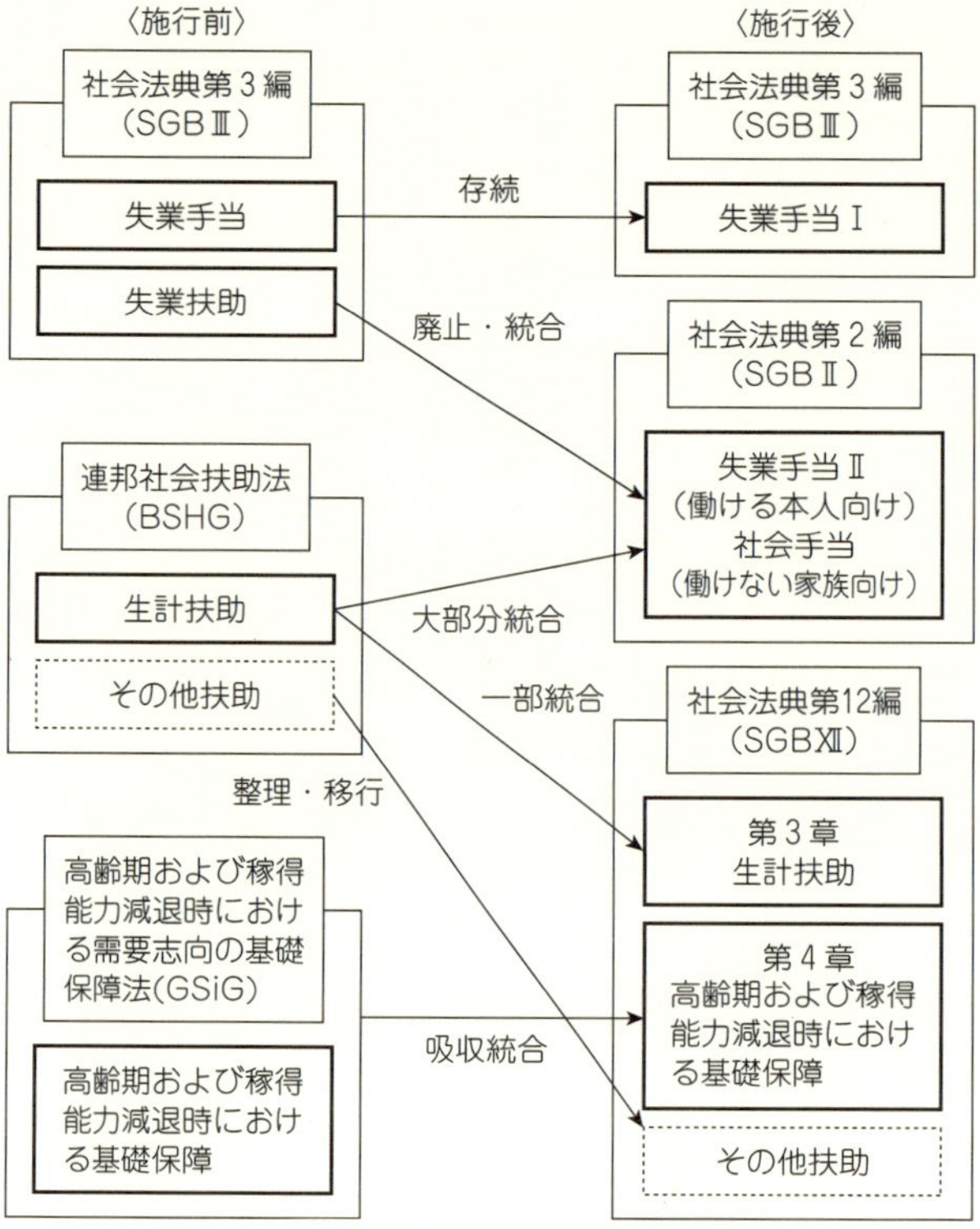

図１　ハルツⅣ法施行前後の変化

出所：嶋田（2009：115）の図を参考に筆者作成。

次に、失業扶助受給者が十分な額の失業扶助を受給しうる場合に、再就労のための活動に真剣に取り組まなくなることが危惧された。実際に、二〇〇四年時点での失業扶助の平均受給期間は二六ヵ月となっており、受給期間の長期化傾向が看取されていた。

最後に、当時は社会扶助と失業扶助それぞれにおいて稼得能力を持つ者への就労支援がなされており、社会扶助におけるそれが、失業扶助におけるそれと比べると不十分かつ自治体ごとに取り組み方に差異がみられることが非効率的であると指摘され、一つの制度から就労支援を行うことが志向された。

そのような中、社会民主党（ＳＰＤ）のシュレーダー政権下の二〇〇二年二月に、当時約四〇〇万人にのぼった大量の失業者の半減と失業者への就労支援の円滑化とを標榜する「ハルツ委員会」（労働市場サービス現代化委員会。座長ペーター・ハルツ）が発足し、その報告書において上記の問題点を解消するための指針が示され、それをもとに、ハルツⅠ―Ⅳ法という一連の労働市場改革法が成立・施行された。

ハルツⅣ法施行後は、失業手当Ⅰの受給期間終了後も収入が一定以下である場合は、資産調査を経て、新設されたＳＧＢⅡに基づく失業手当Ⅱを受給しうることとなった（失業扶助は廃止された）。また、失業手当Ⅰの受給要件を満たさない者も、稼得能力を持ち、かつ、収入が一定以下である場合は、失業しているか否かを問わず、資産調査を経て失業手当Ⅱを受給しうることとなった。ＳＧＢⅡに関する業務の実施機関は、原則的には雇用エージェンシーと自治体とが共同で運営する「共同施設」である。

ハルツⅣ法による変化の特徴として、(1)稼得能力の有無による制度の区分、(2)「社会扶助と失業扶助の統合」（失業扶助が廃止され、代わりに導入された失業手当Ⅱの基準需要額が社会扶助のそれと同額に設定された。このことは多くの場合において給付額の引下げにつながった）、⑶失業手当Ⅱ受給者に対する重点的かつ効率的な就労支援、などがあげられる。

（2）所得保障：失業手当Ⅱ

一五歳以上年金受給開始年齢未満で、稼得能力を有し、扶助を必要とする、通常の居所がドイツ国内にある者は、求職者基礎保障の対象とされ、失業手当Ⅱを受給する。受給期間は、扶助を必要とする状態にある限り、年金受給開始年齢に達するまで無期限である。受給に際してなされる資産調査は、生計扶助受給時のそれと比べて緩和されている。すなわち、適切な持家、家具、自動車は保有可能であり、受給者の年齢一歳につき一五〇ユーロ（最低三一〇〇ユーロ、上限額は一万五〇ユーロ）、未就学児については一人当り三一〇〇ユーロ（上限額は一万六七五〇ユーロ）の現金を保有可能である。また、公的年金および年金資産（上限額は五万二五〇ユーロ）も保有可能である（SGBⅡ一二条）。

失業手当Ⅱの支給額は、求職者の需要共同体の総需要額から収入認定額を控除した額である。総需要額とは、基準需要、社会手当、増加需要給付、住居費・暖房費、一時的需要給付、社会保険料の合計である。基準需要額は、既述のように生計扶助のそれと同額である。社会手当は、求職者と同一の需要共同体に生活する、就労不能かつ扶助を要する者に支給され、支給額は、表1の基準需要額の第三―六段階と同額である。増加需要給付とは、妊婦、ひとり親、障害者が対象であり、基準需要額の一定割合の額が給付される（同二一条）。住居費・暖房費は実費が給付される（同二二条）。一時的需要給付とは、やむを得ず必要な一時的な需要に対応する給付である（同二四条）。社会保険料は、医療保険、介護保険、年金保険の保険料であり、失業手当Ⅱ受給者はこれらの社会保険への加入義務を有する。なお、生計扶助の場合と同様に、子に対する「教育パケット」も存在する（同二八条）。失業手当Ⅱの財源は連邦負担であるが、住居費・暖房費は自治体が負担する。

収入認定額については、月額一〇〇ユーロ以下の収入は収入認定されず、同一〇〇ユーロをこえて一〇〇〇ユーロ以下の場合はその八〇％、同一〇〇〇ユーロをこえて一二〇〇ユーロ以下の場合はその九〇％が収入認定される（同一一b条三項）。

（3）就労支援

SGBⅡの目標は「就労を通じた要扶助状態の終了・軽減」（SGBⅡ一条）であり、就労支援に重点が置かれている。失業手当Ⅱ受給者には、いくつかの例外（肉体的・精神的に当該就労をなし得ない場合、当該就労が三歳未満の子の養育または家族の介護に支障となる場合など）を除いてはあらゆる就労も期待可能とされる（同一〇条）。

雇用エージェンシーは、失業手当Ⅱ受給者の就労支援を行う。受給者ごとに個別の相談員が指名され（同一四条）、相談員と受給者との話し合いに基づき、再就労のための給付（後述する再就労給付）の内容や、就労に向けてなすべきことなどを規定した再就労協定が取り決められる。これは六ヵ月ごとに更新される（同一五条）。

就労支援の内容は、⑴再就労給付、⑵再就労への報奨と就労忌避に対する制裁、⑶雇用機会提供制度、の三つに整理しうる。

まず、⑴は要扶助状態の終了または軽減を目指して実施機関が実施する給付であり（同一六条）、職業再訓練の費用、旅費、引越補助などが存在する。

次に、⑵であるが、報奨として「就労手当」がある。これは、失業手当Ⅱの受給者が社会保険加入義務のある職業（つまり正規雇用）、または自営業に就く場合に支給されうる裁量給付であり、上限額は通常給付の五〇％（特に必要な場合には七五％）とされ、最長で就職後二四ヵ月間受給可能である（同一六b条）。制裁としては、失業手当Ⅱの受給者が再就労協定を取り決めなかった場合、再就労協定で取り決められた義務を怠った場合、雇用エージェンシーが紹介する就労先への就労を正当な理由なく拒んだ場合に、原則として三ヵ月間、失業手当Ⅱの給付額が三〇％減額される。再び拒むと六〇％減額され、それ以上拒むと全額が給付停止される（同三一a条一項）。

最後に、(3)は、職を見つけられない失業手当Ⅱ受給者を対象としており、主に二種類がある。

一つは「追加支出補償を伴う雇用提供制度」である。これは、草むしりや清掃といった時給の低い（一―二ユーロ）単純作業に従事させることから「一ユーロジョブ」と俗称される。通常の労働を駆逐しないよう、自治体および福祉団体での追加的かつ公共的な職に限られ、就労時間も上限（週三〇時間）が設けられている。給与は共同施設の予算から支出され、従事者は失業手当Ⅱを受給し続けられる。単純作業が主であり、低スキルの者や就労困難者に対し、就労のための心構えや規則正しい生活習慣を身につけさせるための一種のリハビリテーションの意味合いが強い。

もう一つは「報酬を伴う雇用提供制度」（別名「賃金バリアント」）である。これは、失業手当Ⅱ受給者がフルタイムの職に就労し、通常の賃金を得るという、いわゆる「トライアル雇用」であり、期間は六ヵ月から一年程度である。一定の収入（子のない場合は月額一二〇〇ユーロ、子のある場合は一五〇〇ユーロ）までは失業手当Ⅱを受給し続けられ、その収入にも段階的な所得控除が実施される。賃金バリアントの職種は必ずしも公的かつ追加的である必要はなく、また、自治体および福祉団体での就労に限られない。だが、正規賃金が共同施設の予算から支払われ、共同施設の負担が大きいことから実施規模が小さい。二〇一〇年平均では、一ユーロジョブ従事者数は六六・八万人、賃金バリアント従事者数は八・一万人である（BA 2010）。

4　ドイツにおける最低生活保障制度の現状と課題

（1）最低生活保障制度の現状

社会扶助（生計扶助と高齢期および稼得能力減退時の基礎保障）と求職者基礎保障の受給者数、支出額、対GDP比、対「社会予算」（社会保障給付費に相当）比の推移は、表3の通りである。二〇〇五年以降、生計扶助の受給者数および支出額が激減したが、これは、失業手当Ⅱの導入により、稼得能力を有する生計扶助受給者が大量に失業手当Ⅱ受給者へと移行したためである。なお、生計扶助受給者数の激減に伴って自治体の負担が軽減されたかというと必ずしもそうではなく、むしろ失業手当Ⅱ受給者の住居費・暖房費を負担せねばならないことから、失業手当Ⅱ受給者の多い地域では負担が増加した。そのため、自治体の負担を軽減すべく連邦が失業手当Ⅱ受給者の住居費・暖房費の一定割合を補助している（SGBⅡ四六条五項―八項）（武田 二〇〇五）。

二〇〇五年平均の失業手当Ⅱの受給者数は、雇用エージェンシーの当初の予測（三〇〇万人）を大幅に上回る四九八万人となった。その背景には、社会扶助からの受給者の移行に加えて、社会扶助の受給には躊躇していた者が申請しやすくなったこと、上乗せ受給者（後述）が多いことなどがある（名古 二〇一一：三五）。

ハルツⅣ法により、ドイツの貧困率と捕捉率はどのように変化したのか。

まず、貧困率であるが、二〇一〇年の相対的貧困率（所得が貧困線（等価可処分所得の中央値の六〇％）未満の人口の割合）は一四・五％、子どもの相対的貧困率は一八・二％である（表4参照）。二〇一〇年に景気が回復したにもかかわらず相対

表３　失業手当Ⅱ，生計扶助，高齢期および稼得能力減退時の基礎保障の受給者数および支出額の推移

年	失業手当Ⅱ（2004年までは失業扶助）				生計扶助				高齢期および稼得能力減退時の基礎保障				三制度全体	
	受給者数（年平均）（単位：1000人）	支出額（年間）（単位：100万€）	対GDP比（単位：%）	対社会予算比（単位：%）	受給者数（年平均）（単位：1000人）	支出額（年間）（単位：100万€）	対GDP比（単位：%）	対社会予算比（単位：%）	受給者数（年平均）（単位：1000人）	支出額（年間）（単位：100万€）	対GDP比（単位：%）	対社会予算比（単位：%）	対GDP比（単位：%）	対社会予算比（単位：%）
2003	2,005	16,533	0.8	2.3	2,828	9,817	0.5	1.3	439	1,446	0.1	0.2	1.4	3.8
2004	2,202	18,758	0.9	2.6	2,926	9,981	0.5	1.4	526	2,216	0.1	0.3	1.5	4.3
2005	4,982	37,496	1.7	5.1	271	1,163	0.1	0.2	630	2,864	0.1	0.4	1.9	5.7
2006	5,392	40,352	1.7	5.5	304	1,065	0.0	0.1	682	3,158	0.1	0.4	1.8	6.0
2007	5,277	36,579	1.5	4.9	312	1,088	0.0	0.1	733	3,558	0.1	0.5	1.6	5.5
2008	5,010	35,294	1.4	4.9	325	1,138	0.0	0.2	768	3,788	0.2	0.5	1.6	5.6
2009	4,908	36,295	1.5	4.7	314	1,160	0.0	0.1	764	4,038	0.2	0.5	1.7	5.3
2010	4,894	36,329	1.5	—	313	1,196	0.0	—	—	4,261	0.2	—	1.7	—
2011	4,615	33,202	1.3	—	—	—	—	—	—	—	—	—	—	—

注：失業手当Ⅱの受給者数は社会手当受給者を含んでいないが，失業手当Ⅱの支出額には失業手当Ⅱのほかに，社会手当，住居費・暖房費，社会保険料，その他給付が含まれる。

出所：Statistisches Bundesamt „Statistisches Jahrbuch“ 各年版；BMAS „Statistisches Taschenbuch“ 各年版；BA（2012）„Zeitreihe zu Strukturwerten SGB Ⅱ nach Ländern“ より筆者作成。

的貧困率が依然として一四％台に高止まっていることは、「硬直化した貧困」として問題視されており、求職者基礎保障は困窮者の生活の改善に役立っていない、との指摘もなされる（Parität 2009, Parität 2011）。また、旧東独と旧西独の格差も顕著である。

次に、捕捉率については、二〇一一年一〇月に、ハルツ改革後の社会扶助および求職者基礎保障に関する、二〇〇五―二〇〇七年のデータをもとにした推計が労働職業研究機構から公表されている。それによれば、ハルツ改革前には四三％（一九九三年）、六七％（二〇〇二年）、二〇〇五年には四九％であった非捕捉率が、二〇〇六年には四二％、二〇〇七年には四一％に低下しており、ハルツ改革が捕捉率の向上に一定の効果をもたらしたと結論づけられている（Bruckmeier/Wiemers 2011）。

（2）基準需要額の妥当性

社会扶助・求職者基礎保障の共通の課題としてまずあげられるのは、基準需要額の妥当性である。

二〇〇五年以降、基準需要額が低額であるとの指摘は度々なされ、とうとう二〇一〇年二月には、連邦憲法裁判所によって基準需要額に対する違憲判決が下された。判決では、基準需要額の算定根拠の問題点（ＥＶＳの対象世帯の

表４　相対的貧困率の推移

（単位：貧困率は％，貧困線はユーロ）

		2005	2006	2007	2008	2009	2010
ドイツ全体	貧困率	14.7	14.0	14.3	14.4	14.6	14.5
	子どもの貧困率	19.5	18.6	18.4	18.4	18.7	18.2
	貧困線（単身世帯）	736	746	764	787	801	826
	貧困線（４人家族世帯）	1,545	1,567	1,605	1,652	1,683	1,735
旧西独	貧困率	13.2	12.7	12.9	13.1	13.3	13.3
	子どもの貧困率	17.6	16.8	16.7	16.8	17.1	16.8
	貧困線（単身世帯）	762	772	791	814	829	854
	貧困線（４人家族世帯）	1,600	1,621	1,661	1,710	1,741	1,794
旧東独	貧困率	20.4	19.2	19.5	19.5	19.5	19.0
	子どもの貧困率	29.0	27.4	27.2	26.7	26.8	25.1
	貧困線（単身世帯）	651	664	679	702	715	738
	貧困線（４人家族世帯）	1,366	1,394	1,425	1,473	1,501	1,550

出所：Statistische Bundesämter des Bundes und der Länder „Sozialberichterstattung“ 2011（http://www.amtliche-sozialberichterstattung.de/A1armutsgefaehrdungsquoten.html）より筆者作成。

主な支出項目の金額を恣意的に削減した上で算定している、子に必要な教育などの支出項目が反映されていない）が指摘され、現行の基準需要額によって子のみならず成人も最低限度の生活を送れる保障がなく、人間の尊厳の尊重・保護と社会国家原理を謳った基本法（憲法に相当）の精神に反することから、二〇一〇年中に給付内容を改善せねばならないとされた（詳細は嶋田 二〇一一、名古 二〇一一を参照）。

このことを受けて二〇一一年三月に施行された基準需要算定法（ＲＢＥＧ）では、算定根拠が条文に明記され、それにより（第一段階の）基準需要額も、二〇一〇年時点の三五九ユーロから、二〇一一年一月には三六四ユーロ、二〇一二年一月には三七四ユーロへと引き上げられた（但し子の基準需要額はほとんど変化がなかった）。また、「子どもの貧困」への対策として「教育パケット」も導入された。

だが、これらの改革に対しても、ＥＶＳのいくつかの支出項目が反映されていないことと、支出項目の金額の削減が依然としてなされていることへの批判（Kötter 2011, Mogwitz 2011など）や、子どもに特有の支出を基準需要額に直接反映させるべきであるとの批判（Kötter 2011, Rothkegel 2011など）などが存在する。

（3）失業の長期化と「上乗せ受給者」

次に、求職者基礎保障の課題として、失業の長期化傾向、および「上乗せ受給者（Aufstocker）」の顕在化があげられる。上乗せ受給者とは、就労しながら、稼働所得に「上乗せ」して失業手当Ⅱを受給する者をさし、ワーキングプアとほぼ同義である。

まず、失業の長期化についてであるが、二〇一一年一二月時点で失業していた失業手当Ⅱ受給者のうち、受給期間が三ヵ月未満の者の割合は八・八％、三ヵ月以上六ヵ月未満が七・四％、六ヵ月以上一年未満が一〇・三％、一年以上二年未満が一六・一％、二年以上にわたる者が五七・一％であり（BA 2011）、過去二年間の統計を見ても二年以上の者の割合は五〇％以上で推移していることから、長期化傾向が顕著に窺える。

もちろん、就労支援による一定の就労実績も上がっている。二〇〇八年時点の統計では、失業していた失業手当Ⅱ受給者のうち一一七・七万人が社会保険加入義務を有する職（うち六九・四％がフルタイムの職）に新たに就労した。だが、それらの職のうち最低需要を満たせない収入の職の割合は

表５　上乗せ受給者（就労している失業手当Ⅱ受給者）数の推移（雇用形態別）

	稼得能力を有する要扶助者（＝失業手当Ⅱ受給者）（①）	上乗せ受給者（就労している失業手当Ⅱ受給者）	①に占める割合（％）	うち：雇用されている失業手当Ⅱ受給者	うち：社会保険加入義務を有するフルタイム 合計	うち：職業訓練生	パートタイム 合計	うち：社会保険加入義務を有する者	もっぱら僅少労働に従事する者／登録なし	うち：もっぱら僅少労働に従事する者	登録なし	自営業で就労している失業手当Ⅱ受給者
2007（年平均）	5,276,609	1,219,981	23.1	1,151,835	397,242	56,959	754,594	179,992	574,602	410,844	163,758	72,057
2008（年平均）	5,011,438	1,323,936	26.4	1,233,627	393,226	60,206	840,302	201,049	639,263	457,561	181,692	96,456
2009（年平均）	4,909,085	1,325,419	27.0	1,220,149	342,393	55,089	877,756	209,718	668,038	480,711	187,327	112,856
2010（年平均）	4,894,219	1,381,309	28.2	1,265,384	342,068	45,923	846,347	224,338	698,217	507,263	190,954	125,138
2011（年平均）	4,615,057	1,354,548	29.4	1,237,767	—	—	—	—	673,218	494,060	179,158	126,710

出所：BA „Analyse der Grundsicherung für Arbeitssuchende“ 各年版。

四九・四%、また、現在は最低需要を満たすが長期的（最低でも六ヵ月間）には最低需要を満たせる可能性がない収入の職の割合は一三・四%であり（Koller/Rudolph 2011）、合計すると六二・八%が、長期的に最低需要を満たせないほどの収入の職であった。

そうなると、せっかく失業状態を脱しても、低賃金の職に就労する結果、引き続き失業手当Ⅱを受給し続けざるを得なくなり、上乗せ受給者となってしまう。上乗せ受給者数の推移は表5の通りであり、増加傾向が見て取れる。

ここで注目すべきは、フルタイムの職に就いていてもなお上乗せ受給状態にある者の存在（二〇一〇年平均で（職業訓練生の数を除くと）二九・六万人）と、「もっぱら僅少労働に従事する者」の多さ（二〇一一年平均で四九・四万人）である。僅少労働とは、月収四〇〇ユーロ（二〇一三年以降は四五〇ユーロ）未満または短期（二ヵ月以内または五〇労働日以内）の職をさす。

上乗せ受給者も再就労協定を締結し、専門職による適切な情報提供もなされるが、上乗せ受給者に対する職業訓練・職業紹介の効果に関する公的な統計は取られておらず、現状分析が困難とされる。

上乗せ受給者への政策対応として、フルタイムで就労する者には、扶養家族の多さが原因であれば社会手当（児童手当・住宅手当など）の充実、賃金の低さが原因であれば最低賃金の設定が考えられる。他方で、パートタイム労働および僅少労働に従事する者には、育児などによる労働時間の短さが原因であれば保育施設の充実、勤労意欲の減退が原因であれば就労控除の拡充、フルタイムの職に就けないことが原因であれば効果的な職業訓練・職業紹介が考えられる。実際にこれらの多くは近年着手され始めており（詳細は森 二〇一二を参照）、今後の展開を注視する必要がある。

5　ドイツ最低生活保障制度の評価、および日本への示唆

(1) ドイツ最低生活保障制度の評価

ハルツⅣ法施行後のドイツの最低生活保障制度の最大の特徴は、稼得能力の有無で制度を区分したことである。ハルツⅣ法施行前は、失業扶助の受給者が就労意欲を減退させることと、稼得能力を持つ社会扶助の受給者が十分な就労支援を受けられないことが問題視された。だが、ハルツⅣ法施行後の求職者基礎保障制度によって、失業保険の受給要件を欠く低賃金労働者、非正規労働者などが広く失業手当Ⅱの対象となり、継ぎ目のない生活保障と重点的な就労支援を受けられるようになった。資産調査が生計扶助のそれと比べて緩和されていること、および社会扶助とは異なる制度であることも、給付のしやすさにつながっている。

求職者基礎保障制度は、就労支援の重点的な実施、失業手当Ⅱの給付額の大幅な低下（従来の失業扶助と比較して）、就労支援における罰則強化などから、ワークフェア的側面がクローズアップされることが多い（土田 二〇〇五、布川 二〇〇八、Eichhorst/Grienberger-Zingerle/Konle-Seidl 2008、戸田 二〇一〇など）。だが、それのみならず、ベーシック・インカム（BⅠ）的な側面をも色濃く持つ制度であるとの解釈も可能と思われる。たとえば、就労困難者は、一ユーロジョブによって、とりあえずは就労に参加してさえいれば失業手当Ⅱを受給し続けられる。低賃金労働者も「上乗せ受給者」という形で最低生活の維持が可能となる。また、近年では、批判の余地は未だあるにせよ、基準需要額の大幅な引上げや子どもの貧困への対応がなされている。全ての失業者に十分な賃金を伴う正規雇用を保障することが困難になりつつある昨今において、特に就労困難者および低賃金労働者に対して、失業手当Ⅱは「参加所得」（何らかの社会活動に参加していることを支給要件とするBⅠ）と同様の役割を果たしていると捉えられよう。

（2）日本への示唆

日本においても，雇用保険と生活保護という二つの制度の狭間で取り残される者（雇用保険の基本手当の給付期間を終了した，または給付要件を満たさない者で，生活保護を受給していない者）の存在が問題視されている。彼らへの速やかな所得保障と効果的な就労支援を実施するには，稼得能力の有無による制度の区分は有効と思われる。稼得能力の有無の判定に関しても，日本には明確な判定方法が存在しないので，冒頭に紹介したドイツの雇用エージェンシー医務局の判定方法を参照することも有益であろう。

日本で二〇一一年一〇月から開始された求職者支援制度は，制度の狭間に陥る者を救済する取り組みだが，その内容は，給付要件が厳しく（本人収入が月八万円以下，世帯全体の収入が月二五万円以下，世帯全体の金融資産が三〇〇万円以下など），給付額が月額一〇万円と固定され，さらに給付期間も職業訓練を受けている間（最長一年）であり，給付終了後六年を経過しなければ再び給付を受けることができないなど，制限的かつ硬直的なものに留まる。昨今の雇用情勢の厳しさを考慮すると，ドイツの求職者基礎保障制度に鑑みて，給付要件の緩和，家族構成に応じた柔軟な給付額の調整，給付期間の延長などを検討する必要性があると思われる。

【参考文献】

BA (Bundesagentur für Arbeit) (2010) *„Leistungen zur Eingliederung an erwerbsfähigen Hilfebedürftige: Einsatz von Arbeitsgelegenheiten“*, BA.

BA（2011）*„Arbeitsmarkt in Zahlen. Statistik der Grundsicherung für Arbeitssuchende. Verweildauern in SGB II“*, BA.

BMAS (2006) *„Übersicht über das Sozialrecht“*, BMAS.

Bruckmeier, Kerstin/Wiemers, Jürgen (2011) „A new Targeting-a new take-up?“, *IAB Discussion Paper*, 10.

Eichhorst, W./Grienberger-Zingerle, M/Konle-Seidl, R. (2008) „Activation Policies in Germany: From Status Protection to Basic Income Support“, in: Eichhorst, W./Kaufmann, O./Konle-Seidl, R. (ed.) *„Bringing the Jobless into Work?“* Springer.

Koller, Lena/Rudolph, Helmut (2011) „Viele Jobs von kurzer Dauer“, in: *IAB-Kurzbericht*, 14.

Kötter, Ute (2011) „Nach der Reform ist vor der Reform?“, in: *info also*, 3.

Lampert, Heinz/Althammer, Jörg (2004) *„Lehrbuch der Sozialpolitik. 8. Auflage“*, Springer.

Mogwitz, Beate (2011) „Die neue Regelbedarfsermittlung“, in: *Zeitschrift für Sozialhilfe und Sozialgesetzbuch*, 6.

Parität (2009) „5 Jahre HartzIV =5 Jahre Verfassungsbruch“.

Parität (2011) *„Von Verhärtungen und neuen Trends. Bericht zur regionalen Armutsentwicklung in Deutschland 2011“*, Parität.

Rothkegel, Ralf (2011) „Hartz-IV-Regelsätze und gesellschaftliche Teilhabe“, in: *Zeitschrift für Sozialhilfe und Sozialgesetzbuch*, 2.

Udsching, Peter/Kreikebohm, Rolfs/Giesen, Richard (Hrsg.) (2011) *„Beck'scher Online-Kommentar, Sozialrecht“*, Beck.

嶋田佳広（二〇〇九）「最低生活保障制度の変容」『社会保障法』二四。

嶋田佳広（二〇一一）「ドイツの保護基準における最低生活需要の充足」『賃金と社会保障』一五三九。

武田公子（二〇〇五）「ドイツ社会扶助制度改革と自治体財政」『賃金と社会保障』一四〇六。

田畑洋一（二〇一一）『ドイツの最低生活保障』学文社。

土田武史（二〇〇五）「ドイツにおける社会保障改革の動向」『生活福祉研究』一四（二）。

戸田典子（二〇一〇）「失業保険と生活保護の間――ドイツの求職者のための基礎保障」『レファレンス』六〇（二）。

名古道功（二〇一一）「ドイツの求職者支援制度」『季刊労働法』二三三。

布川日佐史編著（二〇〇二）『雇用政策と公的扶助の交錯』御茶の水書房。

布川日佐史（二〇〇六）「ドイツにおける最低生活保障制度とその改革動向」栃本一三郎・連合総合生活開発研究所編『積極的な最低生活保障の確立』第一法規。

布川日佐史（二〇〇八）「ドイツにおける貧困の新たな顕在化」『経済研究』一一（四）。

森周子（二〇一二）「ドイツにおける『ワーキングプア』をめぐる議論」『佐賀大学経済論集』四四（四）。

第18章 スウェーデンの社会扶助受給者像と今日的課題

岩名（宮寺）由佳

本章では、スウェーデンの公的扶助制度である社会扶助（Socialbidrag）の受給者層に焦点を当て、社会扶助の今日的課題を整理する。まず、スウェーデンの社会保障における社会扶助の位置づけを概観し、社会扶助の役割と概要を説明する。さらに社会扶助のデータに基づき受給者の動向や基本的属性から受給者像を概観し、高齢者、移民・難民、若者やシングルマザーなどが、社会扶助受給率の高さや長期受給などの問題を抱えていることを指摘する。最後にそれぞれの世帯について、今日的課題を整理しつつ、日本への示唆を示す。

1 社会扶助の位置づけ

（1）労働政策と社会保険を中心とした社会保障

スウェーデンの社会保障は、「就労第一主義（Arbetslinje）」に基づき設計されている。人々は就労によって自らの生計を維持すること、そのために就業能力を生かすことが原則として位置づけられ、社会保障制度もまた、労働によって獲得した所得水準の保障を重視する考え方に立っている。したがって、具体的な社会保障施策も、失業者に対して受動的に所得を保障するのではなく、就労に結び付ける施策が重視される傾向がある。

就労第一主義が具体的な政策となったものが、積極的労働市場政策である。積極的労働市場政策は、職業訓練、職業教育、職業紹介などを通じて失業者の就業能力を高め、失業者を労働市場に戻すことによって、就労をつうじて社会保険の受給権を獲得することで生活保障を実現している。

労働市場への復帰を基本としつつ、所得の面では、失業保険[1]やその他の社会保険によって所得が保障され、労働市場における結果に応じた所得、すなわち従前所得を保障することを主たる目的として制度が設計されている。たとえば、失業保険は従前所得の八割を保障する所得保障であり、その他の社会保険についても、「就労にもとづく給付」と呼ばれる制度、たとえば公的老齢年金や、育児休業中の所得保障である両親保険などが従前所得に対する高い割合の所得保障を行っている。

ただし、社会保険には高齢者や障害者など就労が困難である低所得層に対して、国が所得を保障する制度も含まれている。これらの社会保険は「居住にもとづく給付」と呼ばれ、最低保障年金や障害手当など租税を財源とした制度であり、日本や他の西欧諸国では、社会手当や公的扶助として分類されるものであるが、スウェーデンでは、社会保険として整理されている。

このように、スウェーデンは、労働市場への参加とパフォーマンスを社会保険の資格やその受給額に反映させることを最優先としつつ、他方で、稼働能力がなく労働市場に参加できない人も社会保険の対象とすることで、国民全体をカバーする普遍主義的社会保障体系を築いている。

（2）社会扶助の位置づけと社会扶助の実施機関

こうした労働政策や社会保険などの手厚い社会保障の枠組みから漏れてしまう人、すなわち、稼働年齢層でありながら働くことができない（あるいは充分な稼働所得が得られない）人や保険料の拠出期間が短い労働者等は、社会扶助の対象となる。社会扶助は労働政策や社会保険を補完する役割を担っており、就労自立が可能とみなされる人を対象とした一時的所得保障として位置づけられている。なお、二〇〇九年における社会扶助給付費の対GDP比及び対社会保障費比は、それぞれ〇・三六%、一・一一%となっている。(2)

労働政策および社会保険が国の管轄であるのに対して、社会扶助は基礎自治体であるコミューン（Kommun）が財源や実施方法について責任と権限を有している。労働者（もしくは元労働者）および稼働能力が低い人の所得保障は国が、それ以外の稼働能力のある失業者の一時的な貧困に対する所得保障についてはコミューンが責任を持つことで、所得保障における国とコミューンの役割が明確に分離されている。

社会扶助の基準額や管理運営に関しては、管轄官庁である社会庁（Socialstyrelsen）は一定の基準や方針を示しているが、コミューンの裁量の余地が大きい。社会扶助の根拠法である社会サービス法（Socialtjänstlagen：一九八二年施行）は、社会扶助の枠組みのみを定めているため、コミューンの方針やソーシャルワーカーの裁量や能力などによって、社会扶助の要否の決定や受給者支援の在り方に差異が生じる場合もある。

2　社会扶助の概要

（1）最低生活保障と自立支援の役割

社会扶助は、「適切な生活水準」を保障することが定められている。この「適切な生活水準」の具体的な内容や定義については、社会サービス法の条文や法の制定過程における政府の文書にも言及されてこなかったが、その後、二〇〇二年の社会サービス法の改定にむけた政府案の文書の中で、「適切な生活水準」とは、「最低限度の生活水準」であると解釈されている（Regeringens proposition 2000/01：80, 90）。

実態としての社会扶助の給付水準は「最低限度」の保障であり、従前所得に対して高い比率を保障する失業保険や「就労にもとづいた給付」としての社会保険とは、給付レベルで大きな開きがある。前述のとおり、コミューンは社会扶助の基準額決定の裁量を有しているが、一九九八年の社会サービス法の改定以降、社会庁が提出する社会扶助の全国基準額が社会扶助支給額の目安となっており、事実上の「最低限度の生活水準」の基準となっている。(3)

社会扶助は、この「最低限度の生活水準」を保障すると同時に、ソーシャルワーカーによる個別相談援助を行い、受給者の自立を支援している。社会扶助では、金銭給付と相談援助が包括的に実施される点に特徴がある。

社会扶助は、他の社会保障制度同様、受給者は就労によって生計を立てることや、就労のためのあらゆる努力を行うことが強く求められる。とくに相談援助の場面において、受給者に対してその規範から逸脱したものという観点が入り込みやすく、他の制度と比べてスティグマが強い傾向がある。

(2) 社会扶助受給の要件：資産調査と求職活動の義務

社会扶助では他法他施策の利用が優先され、また自助努力と就労自立が強く求められることは先に触れたとおりである。そのため資産調査や就労要件など、扶助支給の要件は極めて厳しく設定されており、そのことがさらに社会扶助のスティグマを強めている。

資産調査の内容や実施の方法はコミューンによって異なるが、収入については、原則、勤労収入のみならず、失業保険や住宅手当などすべての社会保障給付、税還付金などすべての収入を申告することとなっている。また、資産についても申告の義務があり、預貯金や証券、不動産、自家用車などの資産保有がある場合は、すべての資産について売却を求められることもある。

一九九八年の社会サービス法の改正によって、社会扶助を受給する条件として、国が管轄する公的職業訓練所への登録と、求職活動や就労支援プログラムへの参加が義務化された。さらに二〇〇二年の同法の改正では、二〇—二四歳の若年層の就労支援の実施責任が、国からコミューンへ移管された。

こうしてコミューンは、受給者への就労支援により重きを置くようになっていった。しかしその取り組みの多くは、職業訓練や一時的雇用など就労プログラムに受給者を強制的に参加させ、プログラムに参加しない場合は社会扶助の支給を停止するなど、強制と抑圧的なものであった。こうした強制・抑圧的な方向性は、近年の経済悪化と相まって、多くのコミューンで強化される傾向にある。ワークテストを必要以上に厳格なものとし、スティグマを強めて申請者や被保護者を著しく制限しているなど、多くの課題が指摘されている。(4)

3　社会扶助受給者の動向と概要

(1) 社会扶助受給者像

このように、社会扶助は、社会保険の網の目からもれた人を対象とし、また、社会扶助を一時的に利用した後、就労支援を通じて速やかに労働市場に戻る人を想定している。では、実際の社会扶助受給者はどのような人々なのだろうか。

一般に、公的扶助の受給者・受給世帯の動向や概要は、その大部分で経済状況や高齢化や離婚率などの社会状況に影響を受ける。また、公的扶助以外の低所得者向けの制度がどの程度整備されているか、公的扶助の基準の改定や実施機関における制度運営の在り方や裁量にも規定される。

こうした要因をすべて検討することは困難であるが、ここでは、社会扶助と経済状況についての関係を大まかに確認するため、社会扶助の受給率と失業率との関係を概観する。次に、稼働能力のある人を対象とする社会扶助において、どのような世帯や年齢層が受給しているのか、日本の生活保護の特徴と比較しながら確認する。

(2) 受給者の動向

公的扶助の一般的受給動向と同様、スウェーデンの社会扶助も、マクロ経済、社会保険の引き締め、地方分権、就労支援の強化などいくつかの要因に影響を受けながら、受給者数の増減を繰り返してきた。[5]

一九九〇年代における経済悪化は、社会扶助受給者を増大させた。一九九一年から一九九三年にかけて、GDPは三年連続マイナスとなり、失業率は一九九三年には八%台まで上昇し、ピークを迎えた一九九六年には九・五%を超えた。これに呼応するように、社会扶助の受給率は一九九三年には七%を超え、一九九六年には八・二%と過去最高の受給率を示している（図1参照）。

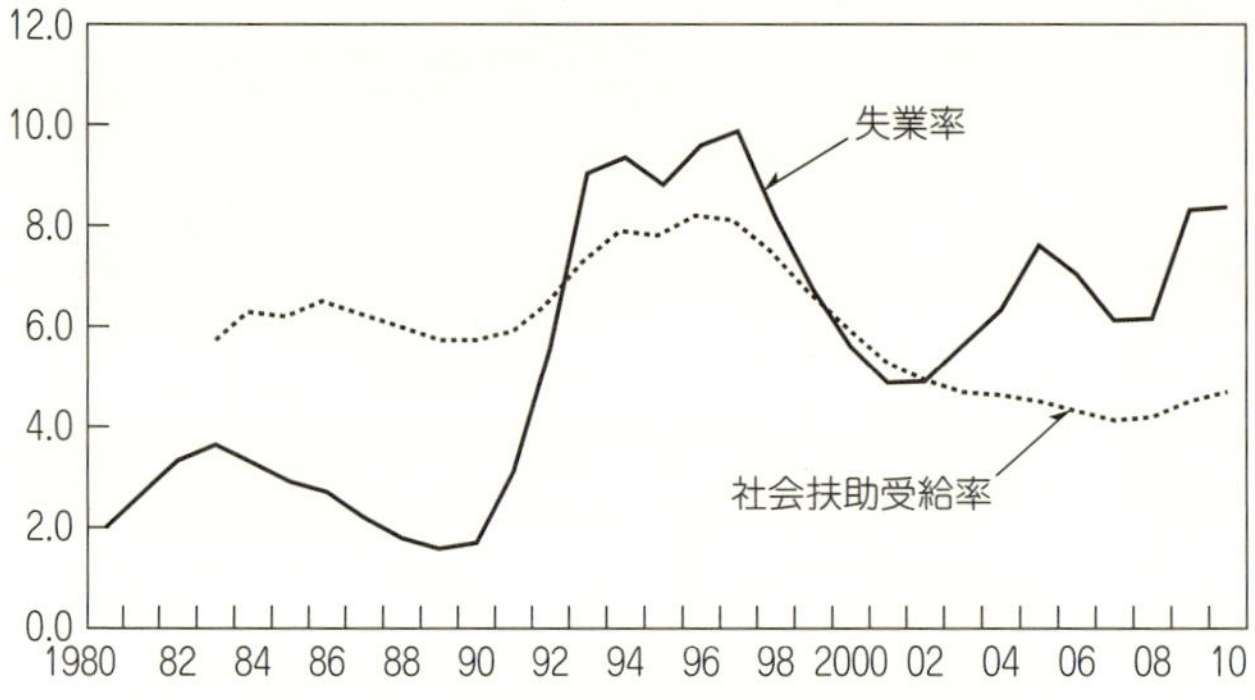

図1　スウェーデンの失業率と社会扶助受給率

出所：失業率については，OECD (2011) Economic Outlook Database, Access; March 2011. 社会扶助受給率については，Socialstyrelsen (2011)をもとに筆者作成。

しかし、二〇〇一年以降、失業率と社会扶助受給率は異なる動きをみせている。失業率は上昇に転じているが、社会扶助受給率は二〇〇七年まで一貫して低下している。この時期の社会扶助行政においては、社会扶助支出削減のため各コミューンが実施した受給者の引き締めやプログラム参加への強制などいわゆるワークフェアが進められた（宮寺 二〇〇八：一〇六—一〇七）。したがって、コミューンの社会扶助の制度運営のあり方が、社会扶助受給率の低下に少なからず影響を与えていると考えられる。

(3) 世帯類型からみた受給世帯の状況

世帯類型においては、単身男性、次いで単身女性の受給者数が多くなっている。また、シングルマザーの受給世帯数が多い点も特徴的である（図2参照）。受給世帯ごとに出生地の違いをみると、単身男性および単身女性では、ともにスウェーデン生まれの受給者が多く、夫婦世帯では、スウェーデン生まれの受給者よりも、外国生まれ（移民）および難民の数が多くなっている。

全シングルマザー世帯のうち二四%が社会扶助を受給しており、他世帯類型に比べて最も高くなっている。さらに、シングルマザーの社会扶助受給世帯全体のうち、四八・六%が、社会扶助の長期受給世帯（一年に一〇ヵ月以上受給）となっており、シングルマザーへの貧困の集中が社会扶助の一つの課題となっている（Socialstyrelsen 2010：40-47）。

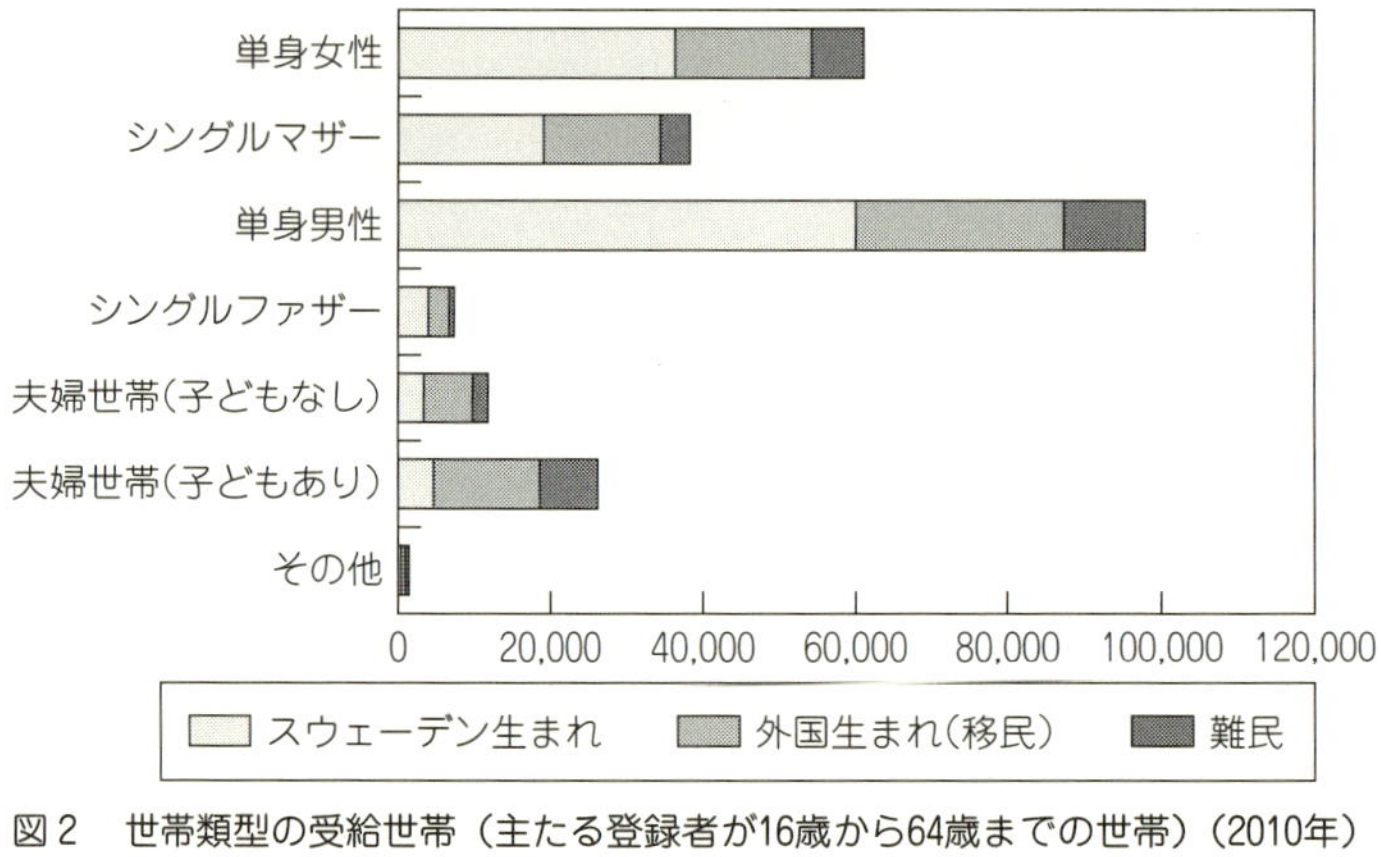

図2　世帯類型の受給世帯（主たる登録者が16歳から64歳までの世帯）（2010年）

出所：Socialstyrelsen (2011).

なお、日本においても、生活保護の被保護世帯

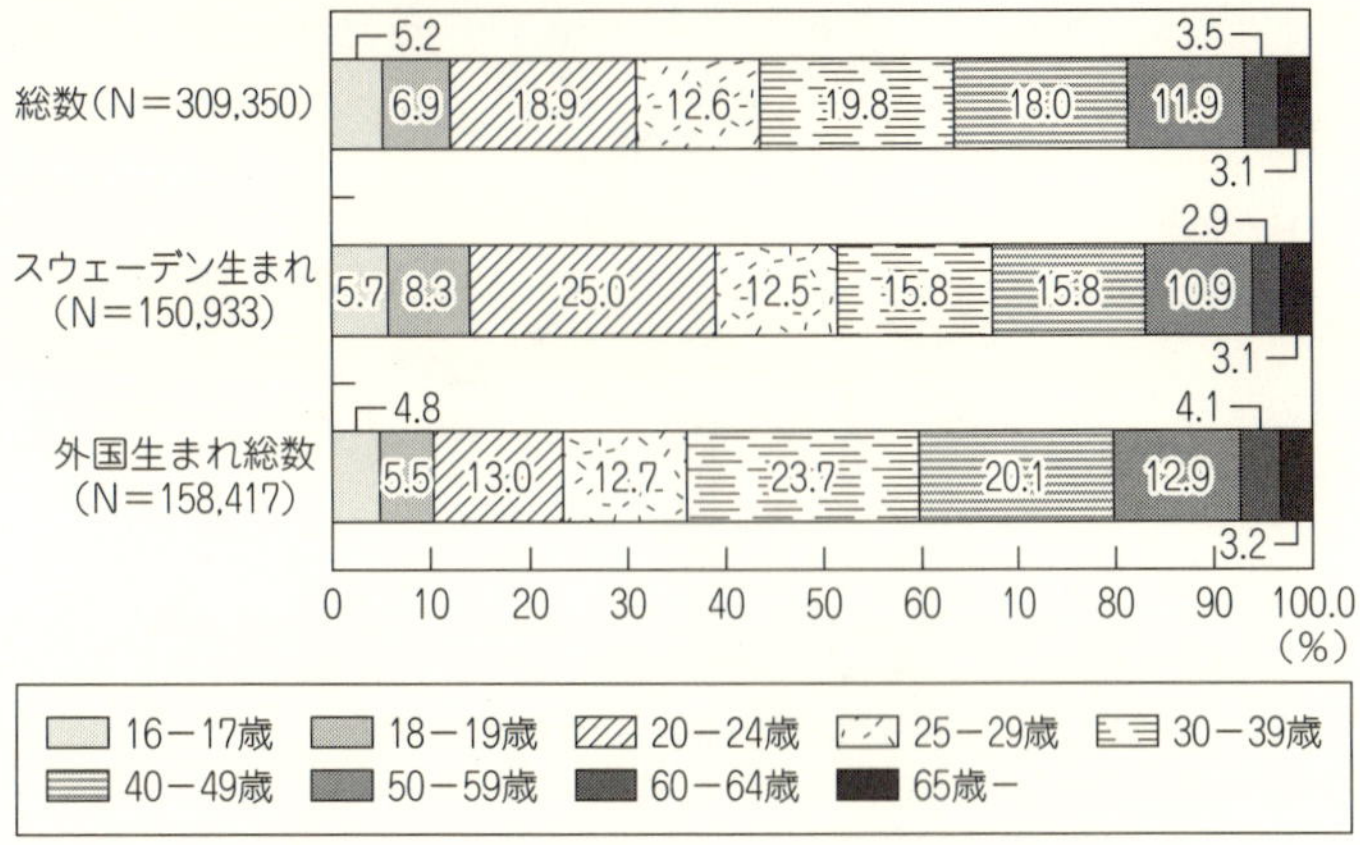

図３　出生地別の受給者年齢（16歳以上）（2010年）

注：外国生まれは移民および難民を含む。

出所：図２と同じ。

総数に対する単身世帯の割合が半数を超えており（厚生労働省社会・援護局保護課 二〇〇九）、スウェーデン同様単身世帯の貧困化が特徴である。ただし、スウェーデンの単身世帯は、若者が中心であるのに対して、日本では高齢単身者の多さが顕著であり、その点に大きな違いがある。

（4）年齢別にみた受給者

年齢別に社会扶助受給者全体の傾向をみると、二〇―二四歳が一八・九％、二五―二九歳が一二・六％で、二〇代が全体の三割以上を占めていることがわかる。また働き盛りの三〇代と四〇代は、それぞれ一九・八％、一八・〇％であり、合計で全体の四割近くを占めている（図３参照）。二〇―四〇代までの稼働年齢にある層が全体の約七割に上ることがわかる。なお、二〇―二四歳の受給者に対しては、二〇〇二年よりコミューンの責任において就労支援が行われることとなった。

一方、六五歳以上は全体の三・一％と割合はきわめて低くなっている。社会扶助の対象は原則一六歳から六四歳までとなっているが、実際には、社会保険の枠組み（老齢年金や最低保障年金など）から漏れて社会扶助の対象者となっている高齢者がごくわずかであるが存在していることが示されている。

なお、日本の生活保護受給者は、六五歳以上が全体の四一・八％を占め、一方で二〇代は二・四％ときわめて低い（厚生労働省社会・援護局保護課、二〇〇九）。また被保護世帯の世帯類型では、高齢者世帯が四二・八％、障害者世帯・傷病者世帯が三三・〇％であり（厚生労働省大臣官房統計情報部社会統計課 二〇一二）、社会扶助とは対象者像が異なることがわかる。[6]

次に出生地別に受給者の年齢をみると、スウェーデン生まれは二〇代が多く、外国生まれ（移民および難民）では三〇代が多くなっている。また、スウェーデン生まれと外国生まれ（移民および難民）のそれぞれの受給者の実数をみると、ほぼ同数となっており、社会扶助受給者に占める移民・難民の割合の高さが示されている。

４　社会扶助受給者の今日的課題

（1）社会扶助の受給者の課題：高齢者、移民・難民、若年層

以上、社会扶助受給者の動向、受給者の年齢、世帯類型から、高齢者、移民・難民、そして若年層について、受給者全体に占める割合の高低について特徴があることがわかった。それぞれの層について、以下の点に注目しながら、受給者の抱える今日的課題を指摘していくこととする。

まず、高齢者について、社会扶助を受けている人の割合が低い理由について、高齢期の所得保障制度に焦点を当て、社会扶助と他制度との関係から整理していく。

次に、移民・難民について、社会扶助受給者数の多さについて、その歴史的背景及び移民・難民

に対する他の社会保障制度に触れながら、移民・難民が社会扶助に依存しやすい傾向を指摘する。

最後に、就労支援を行ってもなお、労働市場に参加できない受給者の問題について取り上げる。とくに、速やかな労働市場への参加が期待される若年層と、社会扶助受給率が高く長期受給傾向にあるシングルマザーについて、整理する。

（2）高齢者の生活保障

六五歳以上の高齢者の生活は、「就労にもとづく給付」である所得比例の公的老齢年金によって保障がされることが原則となっている。

しかし、この公的老齢年金への加入期間によっては低年金・無年金の状態となる高齢者が存在し、やむを得ず社会扶助の受給者となっていった。とくに一九九〇年代半ば以降、高齢受給者の長期受給が顕著となっていた。一九九八年には社会扶助受給者全体で、六五歳以上の高齢者が占める割合は六・〇%、そのうち、四〇・五%が長期受給者であった（Socialstyrelsen 1999：Table14-15）。

そこで、政府は一九九八年に法律を制定し最低保障年金(7)（garantipension）を創設、二〇〇三年より支給を開始した。最低保障年金はその名の通り、六五歳からの老齢期の最低生活保障を行う制度であり、全額国庫によってまかなわれている。最低保障年金を受給するためには、六四歳に達する歳までに三年以上スウェーデン国内に居住することが要件となる。さらに、最低保障年金を満額受給するためには、四〇年以上の被保険者期間が必要であり、これに満たない場合は支給額が減額される。

したがって、この最低保障年金によっても、低年金・無年金となる高齢者、とくにスウェーデンに来て間もない移民・難民の高齢者の問題は解決できない。そこで政府は、こうした状況が、特定の集団の恒常的な生活保障を、国が社会保険を通じて行うという原則に反するという考え方を示した。社会扶助は、一時的な貧困に対する生活扶助であるという観点から、社会扶助に依存する高齢者に対して別の所得保障制度を創設する必要性を強調した（Regeringens proposition 2000/01：136）。

こうして高齢者生計扶助（Äldreförsörjningsstöd）が二〇〇三年に導入され、公的老齢年金では生計を維持できず社会扶助受給者となっている受給者を対象として、新たな所得保障が行われることとなった。高齢者生計扶助は六五歳以上で少なくとも一年以上はスウェーデンに滞在する予定のある人を対象とした所得保障であり、社会保険に分類される。この扶助は年金庁（Pensionsmyndigheten）が制度を管掌し、全額国庫負担となっている。社会扶助同様ミーンズ・テスト付きの給付であるが、すべての収入が収入認定される社会扶助とは異なり、一〇万クローナ（約一一八万七〇〇〇円）まで保有が認められるなど、一定の所得・資産の保有が認められている。

高齢者生計扶助導入の背景には、社会扶助の運営・管理における課題を解決するねらいもあった。社会扶助では原則として毎月申請内容の確認などの事務が必要となり、管理コストが課題となっていた。そのため収入の変化など申請内容の変更が少ない高齢者の事務管理については、その効率化が急務とされていた。さらに、社会扶助に付随するスティグマも課題のひとつであった。

最低生活保障および高齢者生計扶助導入前の二〇〇二年には、社会扶助受給者全体で、六五歳以上の高齢者が占める割合は七・七%、そのうち四四・三%が長期受給者であった（Socialstyrelsen 2003：46）が、導入後の二〇〇四年には、高齢者の占める割合は四・二%、そのうち長期受給者は一一・三%となっており（Socialstyrelsen 2005：54-55）、長期受給者の占める割合が、大幅に減少していることがわかる。今日、社会扶助における高齢者の問題は、高齢者を対象者として限定した社会保険制度の創設によって解消されつつある。

（3）移民・難民の抱える問題と生活保障

スウェーデンは歴史的に、移民を積極的に受け入れてきた経緯があり、社会保障上もスウェーデン人同様の権利を付与されている。社会扶助においても国籍要件がなく、移民・難民も受給資格を有している。

スウェーデンの移民の受け入れは、北欧四ヵ国間（スウェーデン、デンマーク、ノルウェー、フィンランド）で、労働力の移動の自由に関する協定が締結された一九五四年に遡る。以降、スウェーデン政府は移民を国内に呼び込み、積極的労働市場政策を通じて就労能力を高め、最先端の産業に誘導した。さらに、仕事を得た移民に対しては、社会保障においてスウェーデン人と同様の権利が付与された。

しかし、スウェーデンに入国して間もない移民は、居住期間の短さから社会保障の受給資格がなく、言語をはじめ生活に必要な知識や習慣が不十分であるため、労働市場への参加において不利な立場に置かれることも多い。また、一九八〇年代以降、南アフリカ、イラン、イラク、旧ユーゴスラビアからの難民が増えるようになると、言語の問題のみならず低教育やその他の問題が要因となり、就労困難となる人たちが増加した。一九九〇年代半ばの経済不況は、こうした人々を直撃し、社会扶助受給者を急増させることとなった。

そこで政府は一九九〇年に「導入給付（introduk tionsersättning）」を創設し、移民・難民の社会扶助からの脱却を目指した。導入給付は、移民・難民がスウェーデンで生活するために必要な知識・習慣を習得するためのプログラムを提供するとともに、その間の所得を保障する制度である。導入給付は社会扶助と同程度の所得保障であるが、国庫負担であり、事実上コミューンの負担を軽減することとなった。

こうした支援にもかかわらず、その後も移民・難民は社会扶助受給者の多くを占めてきた。二〇〇一年には受給世帯をスウェーデン生まれの世帯と移民・難民の世帯で比較すると、比率は一対二であり移民・難民が社会扶助に依存しやすい傾向が明らかとなった。とくに高齢受給者に移民・難民が多く、長期受給の傾向にあることが示された（Socialstyrelesen 2003：54, 58）。

二〇〇三年の高齢者生計扶助によって移民・難民の高齢者については解決の道筋がついたが、稼働年齢層においても移民・難民の社会扶助受給者が多く存在している実態が報告されている。たとえば、ストックホルムの社会扶助受給者のデータ分析を行ったカリーナ・ムードは、移民受給者の中に経済成長の恩恵を受けられず、社会扶助から抜け出せない状況にある層が存在することを示している。さらに、スウェーデンに移り住んだばかりの移民のみならず、スウェーデンに複数年滞在している移民が、社会保険から排除されていることが原因となり、社会扶助の長期受給者となっていることも明らかにされた（Mood 2011：64）。

こうした状況に対して、二〇一〇年一二月一日には、「特定の新着した移民のための定着導入に関する法律（Lag om etableringsinsatser för vissa nyanlända invandrare（2010：197））」が制定され、移民・難民のための新たな生活保障が導入された。この法律の主たる目的は、移民・難民を仕事や社会生活の支援を通じて自立を促し、速やかにスウェーデンに定着させることにあり、国によって就労支援の内容や質が統一して実施される点に特徴がある。この制度によって、移民・難民の社会扶助受給者も、高齢受給者同様、社会保険によって包摂されることとなり、社会扶助における移民・難民問題がどのように変化するのか、今後の推移を注視する必要がある。

（4）福祉課題を複合的に抱える世帯

上記の移民・難民をはじめ、稼働能力のある若年、長期受給傾向にあるシングルマザーなどの受給者層は、単に就労問題ではなく、低学歴や労働市場における経験不足をはじめ、さまざまな福祉課題や不利な条件を複合的に抱えていることが問題視されている。

社会庁は、一九九〇年代半ば以降の長期受給者の状況について、そのおよそ四分の一が何らかの健康問題を抱えており、とくに精神疾患を有する人が多いことを指摘している。また、受給者は健康問題、精神的な問題のほかに、ホームレス、アルコールや薬物の乱用などの問題を複合的に抱えているために、労働市場に参加することが難しいとも述べている（Socialstyrelsen 2003：42, 43）。

社会扶助受給者の三割を占める二〇代の若年受給層は、精神的問題やアルコール・薬物の問題を抱えている場合が多く、社会扶助への依存傾向が課題となっている。とくに学生の社会扶助の依存傾向が強く、新卒のまま就職せずに、社会扶助の受給者となっていることが指摘されている（Andrén and Gustafsson 2004：67）。また、二〇―二四歳までの期間に労働市場にも大学にも属していないままでいるグループは、長期に労働市場から排除される危険性が高いことも明らかにされている（Socialstyrelsen 2011：68-69）。

シングルマザーは、社会扶助受給者の中でも最も脆弱な世帯であり、社会扶助の長期化、もしくは、繰り返し社会扶助を受給する常習化が顕著である（Bergmark and Bäckman 2004：435-441）。さらに、社会扶助受給しているシングルマザーの子どもは、将来社会扶助に依存する傾向があるなど、貧困の世代間連鎖の危険性が示されている（Edmark and Hanspers 2012：23, 24）。また、経済的に困窮しているシングルマザーは、健康上の問題を抱え、狭い住居で住んでいること、社会的なつながりが希薄であることなど、他の世帯よりも問題を複合的に抱えていることが指摘されている（Socialstyrelsen. 2011：136-137）。

福祉課題を複合的に抱える世帯に対して、社会庁は、社会扶助を含む社会サービスにおける社会福祉援助の効果を上げるため、ソーシャルワークの知識・技術の体系的な見直しと開発に力点を置くべきとしている（Socialstyrelsen 2004）。就労支援重視へと変化した社会扶助が、今日、受給者に対する福祉的支援を求められている。

5　社会扶助の課題と日本への示唆

一九九〇年代半ば以降の社会扶助受給者や扶助費支出の増大に対して、国は社会保険を拡大することで社会扶助に依存してきた高齢者や移民の問題を解決しようとした。一方、コミューンは就労支援に特化し、受給者への強制的・抑圧的取り扱いを強化することで、受給者増加の抑制を試みた。スウェーデンでは社会扶助受給者をめぐって、普遍主義の拡大と選別主義の厳格化が同時に推進されたといえる。こうした社会扶助の流れのなかで、社会扶助の今日的課題について、日本の生活保護との共通的課題に触れつつ、以下三点について整理する。

第一に、高齢受給者の所得を、誰が、どのように保障するかという点である。社会扶助における高齢受給者の問題は、「特定の集団の恒常的な生活保障は、国が社会保険を通じて行う」という明確な政策方針のもと、低年金・無年金問題として整理し、社会保険に包摂することで解決を目指した。

一方、日本では高齢者や障害者が、生活保護によって恒常的な生活保障を受けている状況にある。スウェーデン同様、生活保護のスティグマや制度の運営・管理という視点からも、これらの「特定の集団」を国の責任のもと生活保護とは別の制度によってカバーすべきではないだろうか。

第二に、社会扶助受給者の就労支援を、誰が、どのように担うのかという点である。就労経験のない若者や言葉や生活習慣に違いのある移民・難民には、個別性に応じた支援が必要であり、多様な社会資源や職員の専門性が確保されなければならない。また、職業訓練の提供、貧困から抜け出せる程度に十分な就職先の開拓も必要であり、積極的労働市場政策において長い歴史を持つスウェーデンにあっても、こうした任務を基礎自治体のみが担うことは困難である。

こうした困難は、日本の生活保護も直面している課題である。効果的な就労支援のためには、福祉事務所の就労支援体制の強化はもとより、就労までの段階的支援の構築、労働市場の開拓、とくに受給者が自らの状況に合わせ柔軟に働くことのできる職場の開拓に取り組まなければならない。ハローワークのみならず、地元企業やNPOとの連携による雇用創出などの多様な選択肢が必要となるだろう。

第三に、社会扶助受給者の抱える生活上の問題を、誰が、どのように解決するかという点である。スウェーデンではソーシャルワークの知識と技術の向上を一つの手段としてその解決を目指そうとしているが、複合的な課題をもつ受給者については、制度横断的かつ包括的な支援体制を構築することも期待される。

日本においても、生活保護受給者が問題を複合的に抱えていることが指摘されており、福祉事務所におけるソーシャルワークの向上や、他機関との連携による問題解決の必要性がより強まっている。経済的支援だけでは解決できない生活保護受給者の問題に対して、二〇一一年度より「被保護者の社会的な居場所づくり支援事業」が実施されている。この事業では、「新しい公共」と言われる企業、社会福祉法人、NPO、行政との協働により、被保護者に職業体験や社会経験の機会の提供や、貧困の世代間連鎖を防止するために、被保護世帯の子どもに対する学習支援を行うなど、被保護者の社会的自立が目指されている。

こうした取り組みが、単に就職率や進学率など数値化可能な目標を追い求めるのではなく、当事者の絡み合った問題を解きほぐしていく実践の場となり、制度横断的かつ継続的な支援を構築することを目指した実践検証の場となることが期待される。

【注】

（1）　失業保険は労働政策として位置づけられ、後述する社会保険とは別に分類されている。

（2）　データはスウェーデン政府統計局による。また、同年の日本の生活保護における社会扶助給付費の対GDP比及び対社会保障費比は、それぞれ〇・五七%、二・七二%となっている。

（3）　一九九八年の社会サービス法の改正によって、①社会扶助は全国基準額が示される経済援助、②全国基準が示されないが必要とされる経済援助、③その他の生活に必要な援助の三つに分離された。①の費目については、社会庁が毎年全国標準額を提示し、多くのコミューンがこの基準を採用している。②、③についてはコミューンが独自の基準を採用できることとし、コミューンの裁量の余地を残した。

（4）　ワークフェア化した社会扶助の評価については、宮寺（二〇一〇）を参照されたい。

（5）　社会扶助制度創設から今日までの約三〇年間の社会扶助の動向については、宮寺（二〇一二）を参照されたい。

（6）　スウェーデンでは、障害者や傷病者は傷病者は社会保険で保障されるという前提があるため、社会扶助の統計では分析対象となっていない。

（7）　最低保障年金は、一九九八年に法律が制定され、二〇〇一年に施行、二〇〇三年に初めての支給が行われた。

【参考文献】

Andrén, T. and Gustafsson, B. (2004) "Patterns of social assistance receipt in Sweden", *International Journal of Social Welfare*, 13 (1), 55-68.

Bergmark, Å. and Bäckman, O. (2004). "Stuck with Welfare? Long-term Social Assistance Recipiency in Sweden", *European Sociological Review*, 20(5), 425-443.

Bergmark, Å. and Bäckman, O. (2011) "Escaping welfare? Social assistance dynamics in Sweden", *Journal of European Social Policy*, 21(5), 486-500.

Mood, C. (2011) "Lagging behind in good times: immigrants and the increased dependence on social assistance in Sweden", *International Journal of Social Welfare*, 20(1), 55-65.

Edmark, K. and Hanspers, K. (2012) Is Welfare Dependency Inherited? Estimating the Causal Welfare Transmission Effects Using Swedish Sibling Data, *IFN Working Paper*, No. 894 : Research Institute ofIndustrial Economics.

Regeringens proposition 2000/01a : 136 *Äldreförsörjningsstöd*.

Regeringens proposition 2000/01b : 80 *Ny socialtjänstlag m.m.*

Socialstyrelsen（1999）*Socialbidrag 1998*, Socialstyrelsen.
Socialstyrelsen（2002）*Ekonomiskt bistånd 2001, Sveriges officiella statisti*, Socialstyrelsen.
Socialstyrelsen（2003）*Socialtjänsten i Sverige, En översikt 2003*, Socialstyrelsen.
Socialstyrelsen（2004）*För en kunskapsbaserad Socialtjänst-Redovisning av ett regeringsuppdrag åren 2001-2003 Slutrappr*t, Socialstyrelsen.
Socialstyrelsen（2010）*Social rapport 2010*, Socialstyrelsen.
Socialstyrelsen（2005）*Ekonomiskt bistånd årsstatistik 2004-Utbetalda belopp samt antal biståndsmottagare och antal biståndshushåll*, Socialstyrelsen.
Socialstyrelsen（2011）*Ekonomiskt bistånd årsstatistik 2010-Utbetalda belopp samt antal biståndsmottagare och antal biståndshushåll*, Socialstyrelsen.
厚生労働省大臣官房統計情報部社会統計課（二〇一一）『平成二二年度福祉行政報告例の概況』。
厚生労働省社会・援護局保護課（二〇〇九）『平成二〇年度被保護者一斉調査』。
宮寺由佳（二〇〇八）「スウェーデンにおける就労と福祉——アクティベーションからワークフェアへの変質」『外国の立法』第二三六号、一〇二—一一四頁。
宮寺由佳（二〇一〇）「労働と福祉、その光と影——スウェーデンの貧困をめぐって」安孫子誠男・水島治郎編著『労働　公共性と労働——福祉ネクサス（持続可能な福祉社会へ【公共性の視座から】三）』勁草書房。
宮寺由佳（二〇一二）「スウェーデンの社会扶助の三〇年」『海外社会保障研究』第一七八号、四五—五七頁。

第19章

フィンランドの公的扶助制度と課題

石川素子

本章では、フィンランドの公的扶助制度を、その位置づけ、目的、役割、内容の面から包括的に概観した上で、公的扶助受給の近年の傾向と問題について論じる。さらに、北欧福祉国家の特色の一つである積極的労働市場政策が、フィンランドにおいて、公的扶助を含む基本保障および最低生活保障の分野に投げかけている課題について紹介する。

1 公的扶助の位置づけと役割

(1) 北欧福祉国家とフィンランドの社会保障制度の概要

フィンランドはヨーロッパ北部に位置する共和国で、スウェーデン、ノルウェー、デンマークのスカンジナビア三国、およびアイスランドと共に北欧を構成する一国である。日本の四分の三ほどの大きさの国土の約七〇%は森林に覆われ、「森と湖の国」という呼称のとおり、大小合わせて一八万を超える湖沼が点在している。人口はおよそ五四〇万人で、公用語としてフィンランド語とスウェーデン語の二言語が用いられている。スウェーデン語を第一母語とする人々は、人口の六%に満たない。

社会福祉という枠組みでフィンランドを見ると、北欧福祉国家に属しているとみなせる。北欧福祉国家には様々な特徴があげられるが、それらを簡潔に表現すると、次の三つにまとめることできるだろう。第一の特徴は、すべての市民は共通の福祉制度に属し、そこから同等の給付やサービスを得る権利を有する、という普遍主義の原理が貫徹していることである。第二に、公共部門(国家と地方自治体)が社会福祉分野の計画および運営に対して強い責任を負っていること。第三の特徴としては、福祉と労働の融合、つまり北欧諸国は強い福祉国家であると同時に強い労働社会でもあるといえる。フィンランドは近年、経済協力開発機構(OECD)の生徒の学習到達度調査(PIS

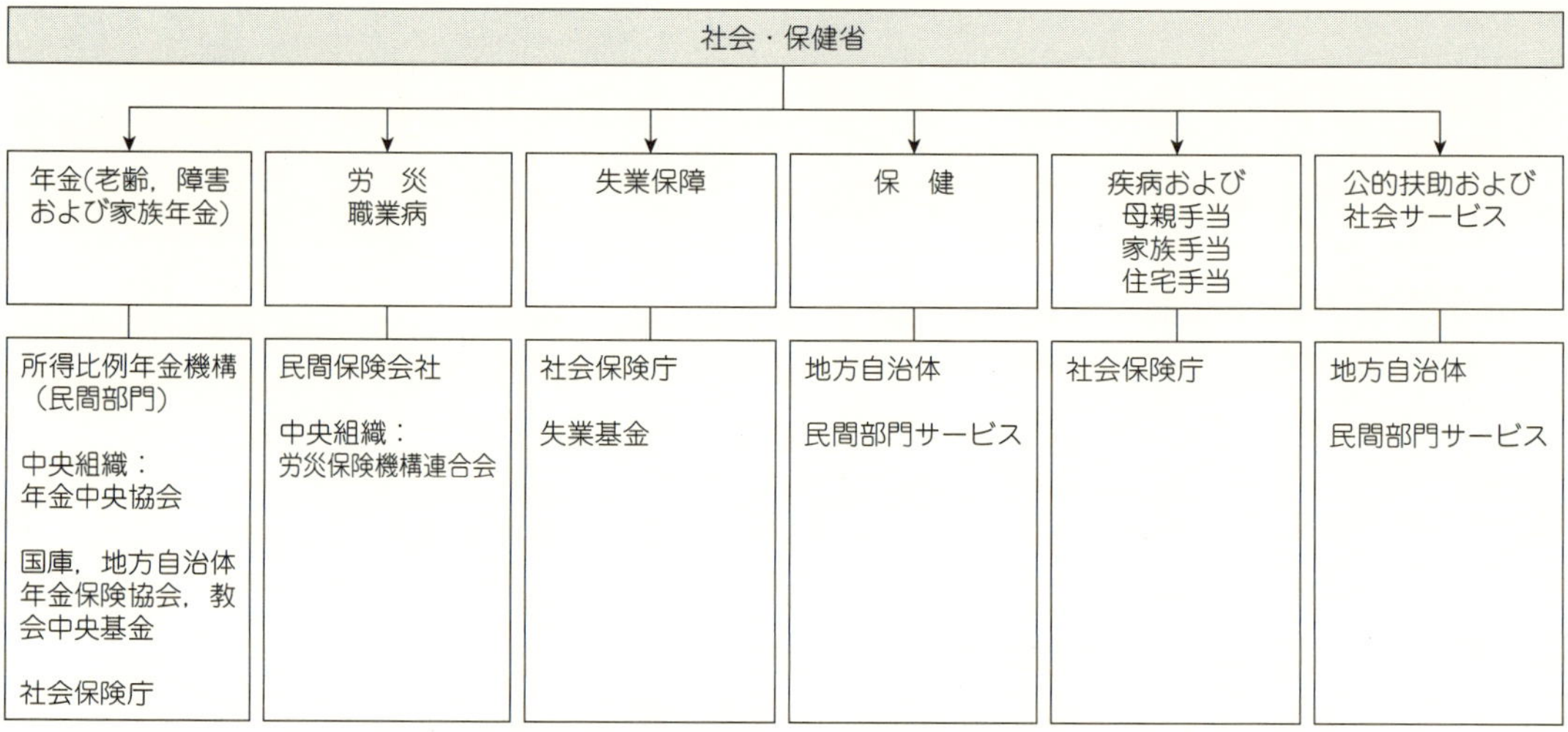

図1　フィンランドの社会保障制度の仕組み

出所：Sosiaali-ja terveysministeriö（2007：7）より筆者翻訳。

A）における好成績取得で注目を集めてきたが，世界中から高い評価を得ている教育制度もまた，福祉国家が提供する，普遍主義の原理に基づいた制度といえる。フィンランドでは，小学校から大学に至るまでの教育は，全国民に対して無償で提供されている。

フィンランドにおいて，社会保障という言葉は所得保障のみにとどまらず，より広範な意味をもつ用語として使用されている。フィンランドの社会保障の目的は，すべての人々の人生のあらゆる段階において，生活するに十分足る所得とケアを確保することにある。社会保障は社会・保健サービスと所得を保障する給付金から成り，それらは居住に基づくものと，就労所得に基づくものに分類される。所得保障給付金を例にとると，この二つの分類は次のようになる。

① 基本保障にあたる，フィンランドでの居住に基づく給付金

・国民年金（National Pensions）および保証年金（Guarantee Pensions）
・疾病手当最低額とその他医療保険補償金最低額
・母親・父親・両親手当最低額
・基本失業手当および労働市場助成金（Labour Market Subsidy）

② 就労に基づく所得比例給付金

・所得比例年金
・所得比例の疾病手当およびリハビリテーション手当
・所得比例母親・父親・両親手当
・所得比例失業手当
・労災補償および／あるいは職業病補償

居住に基づく給付金は，あくまでも基本保障として最低額が支給されるのみである。したがって，より豊富な金額を受給するためには，労働履歴をもつこと，つまり就労することが必然的に不可欠となる。こうした二段階の社会保障は，その制度全体として人々に強く就労を促す性質を有している。フィンランドの社会保障制度の仕組みを図式化すると，図1のようになる。

（2）公的扶助制度の目的と位置づけ

前述のような居住および就労に基づく社会保障制度が確立しているフィンランドにおいて，公的扶助はどのような目的を持ち，制度全体の中でいかに位置づけられているのだろうか。

フィンランド語で公的扶助にあたる用語は toimeentulotuki という。直訳すれば生計扶助となるが，便宜上ここでは公的扶助と訳すことにする。

フィンランドの公的扶助について規定する公的扶助法（Laki toimeentulotuesta 一九九七・一二・三〇／一四一二）は、公的扶助の目的を、次のように第一章第一条に記載している。

「公的扶助は社会福祉に属する最後の経済的支援手段で、その目的は、本人とその家族の生計を保護し、自立した生活を促進することにある。公的扶助を利用することにより、本人と家族は、人間の存在に値する生活からみて最低限度の所得を保障される。」

さらに、同法第一章第二条は公的扶助への権利がいかなる場合に発生するかにつき、明確に規定する。

「全ての個人は、扶助の必要があり、かつ、就労所得、起業活動、生計を保護するその他給付金、その他の所得ないし資産、同人に対する扶養義務を有する人物の保護ないしその他のいかなる手段によっても生計を得ることができない場合、公的扶助を受給する権利を有する。」

これら法規定から、フィンランドの公的扶助は社会保障制度の構成要素というよりはむしろ、同制度を補完する最後の経済支援形態であるといえる。公的扶助が承認されるのは、本人とその家族の所得および資産が必要最低限度の日常経費に満たない場合に限られる。それゆえに、公的扶助受給期間も極めて一時的なものとみなされる。

(3) 公的扶助の内容

公的扶助業務を司るのは地方自治体で、通常、一度の申請につき一ヵ月分の支給が承認される。最後の経済的支援という性質上、公的扶助承認のためにはミーンズテストが実施される。公的扶助支給金額は、扶助受給資格が認められている生活経費が申請者の所得および資産を上回る差額分に相当する。

フィンランドの公的扶助は、基本公的扶助と補完的公的扶助から成る。さらに、必要な場合には、各自治体の裁量により、予防的公的扶助が認められることもある。

基本公的扶助には基本部分と呼ばれる基盤があり、この基本部分で食費、被服費、少額医療費、個人の衛生と住居清掃費、居住地周辺交通費、新聞購読費、テレビ受信料、電話代、レクリエーション経費を賄わなければならない。基本部分は、国民年金指数に基づいて毎年制定される。二〇一二年の単身世帯の満額基本部分は、一ヵ月あたり四六一・〇五ユーロである。基本部分に加えて、居住経費（住宅賃貸料、水道代、光熱費、住宅保険料など）や高額医療費の一部に対しても基本公的扶助が支給される。

補完的公的扶助には、子どものデイケア経費、超過居住経費（例えば、引っ越し経費）、特殊事情から生じる経費（例えば、公的扶助長期受給や長期疾病から生じる経費）といった特殊経費が含まれる。

予防的公的扶助の目的は、個人とその家族の自立した生活を助長し、排除を予防することである。

2 データからみる公的扶助の動向

(1) 全般動向

図2は、一九九〇―二〇一〇年までの公的扶助受給世帯数、受給者数および経費をグラフにまとめたものである。フィンランド国立保健・福祉研究所の統計調査によると（Terveyden ja hyvinvoinnin laitos 2011-1：1-3, Terveyden ja hyvinvoinnin laitos 2011-2：48）、公的扶助受給世帯および受給者数は二〇〇〇年代初頭に減少したが、近年の世界金融危機に端を発する不況により、二〇〇九年に前年比でおよそ一一％増加した。二〇一〇年の受給者数は前年とほぼ同じで、その割合は人口の七％を占めた。同年、公的扶助は二四万二五七世帯、三七万五一五二人に支給された。

二〇一〇年の公的扶助経費は六億三一六〇万ユーロを計上し、受給者数にしてほぼ同じの二〇

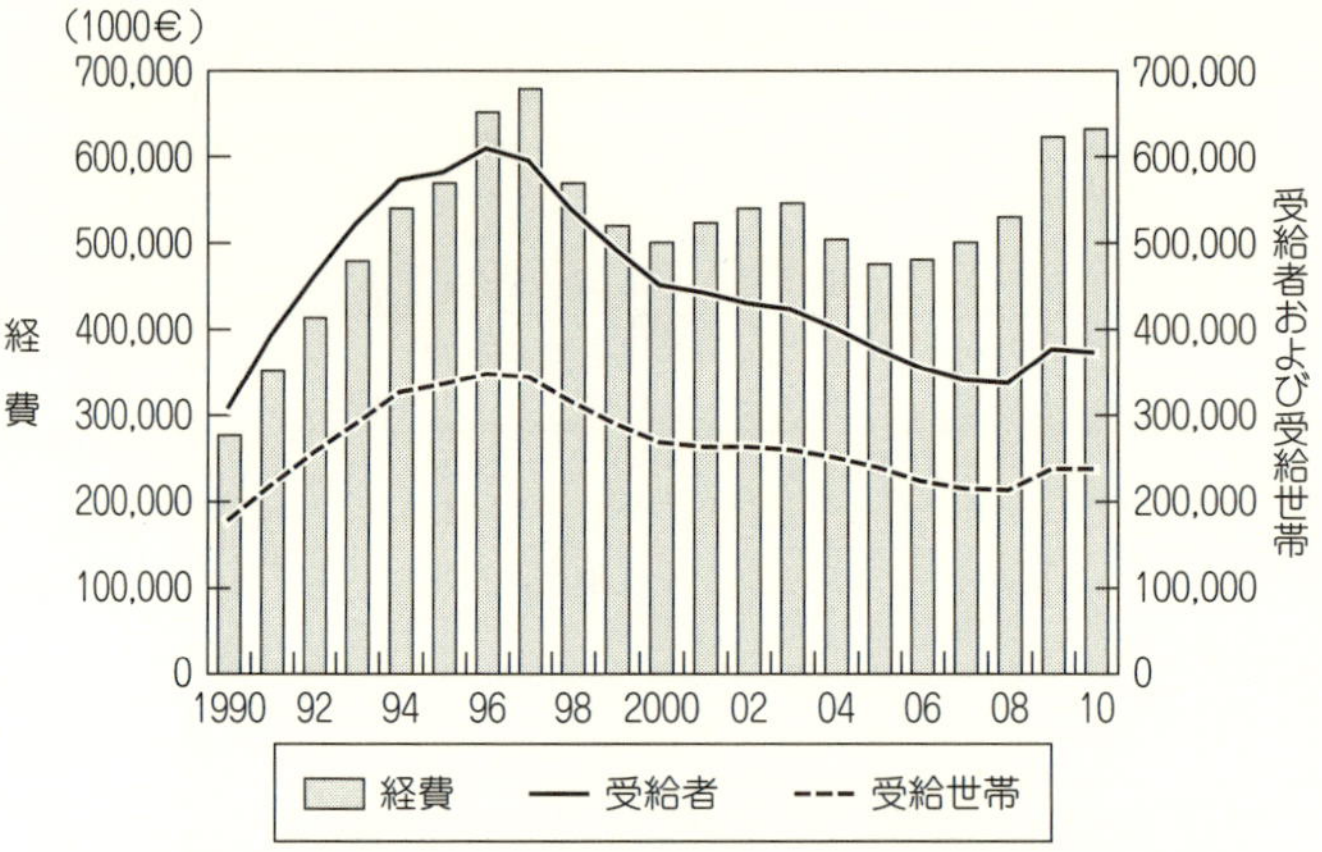

図2　公的扶助受給世帯，受給者および経費(2010年物価)（1990-2010年）

出所：Terveyden ja hyvinvoinnin laitos（2011-1：1）より筆者翻訳。

○五年から三一%増加している。経費増大は、公的扶助が受給者にとって長期の支援形態となりつつあることを反映していると指摘されている（Terveyden ja hyvinvoinnin laitos 2011-1：1）。公的扶助を長期間（一〇ヵ月から一二ヵ月）受給した世帯は全受給世帯の二八・五%を占め、長期受給世帯数は前年に比べて六%増加した。

二〇〇〇年代のフィンランドでは、GDPに占める社会保障関係費の割合は、二五・〇%から三〇・三%の間を前後している。二〇〇九年に当該割合は三〇・三%を計上し、その中で公的扶助経費は約一・二%を占めた。近年、公的扶助経費が増大しているとはいえ、僅少な割合は、公的扶助が社会保障制度を補完する最後の制度であることを物語っている。

(2)　年齢別にみた受給者

フィンランドは主要貿易相手国であったソビエト連邦の崩壊により、一九九〇年代初頭に未曾有の大不況を経験したが、当時と同様に、今回の不

表1　年齢別公的扶助受給者（1990-2010年）

年齢（%）	1990	1995	2000	2005	2009	2010	前年比%
−17	89,288 28.4	155,026 26.5	120,860 26.6	97,817 25.9	98,026 26.0	95,285 25.4	−2.8
18−19	7,053 2.2	23,556 4.0	15,270 3.4	14,944 4.0	16,717 4.4	16,857 4.5	0.8
20−24	31,319 10.0	88,754 15.2	60,619 13.3	52,432 13.9	48,686 12.9	50,378 13.4	3.5
25−29	26,282 8.4	62,896 10.8	39,334 8.7	33,714 8.9	36,428 9.6	36,668 9.8	0.7
30−39	45,584 14.5	99,536 17.0	73,512 16.2	51,947 13.8	50,921 13.5	50,045 13.3	−1.7
40−49	33,875 10.8	87,042 14.9	71,266 15.7	56,573 15.0	54,756 14.5	52,775 14.1	−3.6
50−59	17,257 5.5	36,797 6.3	46,933 10.3	46,919 12.4	45,955 12.2	45,717 12.2	−0.5
60−64	6,060 1.9	8,160 1.4	8,574 1.9	8,784 2.3	12,697 3.4	13,613 3.6	7.2
65−74	7,576 2.4	11,530 2.0	10,422 2.3	8,246 2.2	7,807 2.1	8,113 2.2	3.9
75−	5,574 1.8	7,303 1.3	6,595 1.5	5,974 1.6	5,695 1.5	5,701 1.5	0.1
情報なし	44,141 14.1	3,322 0.6	968 0.2	26 0.0	— 0.0	— 0.0	
合計（%）	314,009 100	583,922 100	454,353 100	377,376 100	377,688 100	375,152 100	−0.7

出所：Terveyden ja hyvinvoinnin laitos（2011-1：付録）より筆者翻訳・加工。

表２　世帯類型別の公的扶助受給世帯（1990－2010年）

世帯類型 全世帯に占める割合（％）	1990	1995	2000	2005	2009	2010	前年比％
男性単身，子どもなし	70,780 ..	129,220 19.6	106,006 15.4	101,103 14.1	103,373 13.9	104,726 13.9	1.8
女性単身，子どもなし	44,550 ..	84,214 11.5	70,716 9.4	66,286 8.7	65,086 8.3	66,600 8.4	2.3
ひとり親	22,269 ..	34,302 30.7	31,977 27.0	29,708 25.2	28,353 24.1	28,391 24.1	0.1
既婚ないし未婚夫婦，子どもなし	18,133 ..	40,882 6.1	29,991 4.2	18,513 2.4	18,668 2.3	18,283 2.3	−2.1
既婚ないし未婚夫婦，子どもあり	25,872 ..	50,402 9.6	32,996 6.7	23,238 4.9	23,275 5.0	22,257 4.8	−4.4
合　計 （％）	181,604 ..	339,020 12.6	271,686 9.8	238,848 8.4	238,755 8.2	240,257 8.2	0.6

出所：表１と同じ。

況も一八歳から二九歳までの若年層にまず打撃を与えた。表1が示すように、この年齢層の公的扶助受給者数は二〇一〇年に前年比で増加し、全受給者の約二八％を占めている。これは、同年齢層のうち、およそ八分の一が公的扶助を受給したことを意味する（Terveyden ja hyvinvoinnin laitos 2011-1：3）。若年層の受給率の高さの原因としては、フィンランドの労働市場ではこれまでの就労経験が常に重視されるため、不況時には経験の浅い若者や学生が失業リスクを最も負いやすいことが考えられる。

（3）世帯類型からみた受給者

フィンランド国立保健・福祉研究所によると（Terveyden ja hyvinvoinnin laitos 2011-1：1-3）、公的扶助受給世帯の七一％は単身世帯で、その六一％を男性単身世帯が占める。二〇一〇年には、全単身世帯のうち一一％が公的扶助を受給した。他方、公的扶助受給世帯に占める子どものいる世帯の割合は二一％で、その五五％がひとり親世帯である。また、全ひとり親世帯のおよそ四分の一が扶助を受給している。表2は、一九九〇―二〇一〇年までの世帯類型別の公的扶助受給世帯数と、全世帯に占める割合を示している。

（4）社会経済的階層からみた受給者

表3に示されるように、世帯の中で主に生計を担っている人物の社会経済的階層から公的扶助受給世帯を分析すると、二〇一〇年にはブルーカラー労働者の割合が二八・五％と最多を占めている。次いで割合が大きいのは、その他に分類されるグループで、ここには長期失業者も含まれる。

（5）移民と公的扶助受給

移民関連法規の原則には、旅行その他の理由でフィンランドを訪問した者、就労のために移住許可を取得した者、あるいは就学を目的に来訪した者とその家族は、最後の手段として支給される公的扶助に頼ることなく、自らと家族の所得を確保する義務があると規定されている。しかしながら、社会保健省によると、フィンランドには近年、EU法規の要求にのっとり自身の所得や資産で生活することができず、地方自治体社会局に公的扶助受給申請をするEU／ETA域内国民も移住しているという（Ulma-työryhmä 2011：11）。

フィンランド統計局の調査によると、フィンランドの定住人口は二〇一一年末時点で五四〇万一二六七人、そのうち一八万三一三三人、すなわち三・四％が外国籍である。外国籍住民が全人口に占める割合は他の欧州諸国に比較して少なく、E

表3　生計主負担者の社会経済的階層別にみた公的扶助受給世帯（1990－2010年）

世帯類型（%）	1990	1995	2000	2005	2009	2010	前年比%
起業家	3,467 1.9	10,515 3.1	6,494 2.4	3,844 1.6	3,223 1.3	2,906 1.2	−9.8
上級ホワイトカラー労働者	2,560 1.4	5,648 1.7	3,322 1.2	2,134 0.9	1,435 0.6	1,284 0.5	−10.5
下級ホワイトカラー労働者	12,027 6.6	20,397 6.0	12,992 4.8	7,687 3.2	5,682 2.4	5,372 2.2	−5.5
ブルーカラー労働者	85,908 47.3	132,963 39.2	101,998 37.5	78,479 32.9	74,329 31.1	68,568 28.5	−7.8
年金生活者	18,082 10.0	33,884 10.0	27,655 10.2	25,802 10.8	28,714 12.0	29,196 12.2	1.7
学生	30,206 16.6	50,087 14.8	35,956 13.2	34,094 14.3	30,324 12.7	31,556 13.1	4.1
その他	21,192 11.7	43,596 12.9	46,186 17.0	47,359 19.8	62,941 26.4	66,514 27.7	5.7
情報なし	8,162 4.5	41,930 12.4	37,083 13.6	39,449 16.5	32,107 13.4	34,861 14.5	8.6
合　計（%）	181,604 100	339,020 100	271,686 100	238,848 100	238,755 100	240,257 100	0.6

出所：表1と同じ。

U二七ヵ国中、七番目に低い（Ulma-työryhmä 2011：12）。

公的扶助受給者の国籍を明らかにする全国データは、外国籍住民の少なさを反映して、まだ存在していない。しかし、人口の約七・二％が外国籍であるヘルシンキ市では、社会局が統計を取っている。同統計によれば、ヘルシンキ市では二〇一〇年、九二〇〇受給世帯の世帯主がフィンランド国籍以外の住民で、これは全受給世帯の二一・九％を占めた（Ulma-työryhmä 2011：13）。全市人口における外国人比率を鑑みると、この数値は高いといえる。

3　公的扶助の傾向と問題

（1）受給者数の増加と受給期間の長期化

二〇〇八年の世界金融危機からはじまった不況に伴い、フィンランドでは最近、失業、格差、貧困、公的扶助等に関する話題が、政治討論等の公的な場やメディアで盛んに採り上げられている。公的扶助を例にとると、当地最大日刊紙であるヘルシンギン・サノマト紙は二〇一二年初頭に、『公的扶助生活層が増加』（二〇一二年一月一八日付）、『公的扶助受給から脱出できず――ヘルシンキ市では住民の十分の一が扶助を受給、その大部分が受給層に留まる』（二〇一二年一月二〇日付）、『公的扶助、不況時レベルに――経費は一九九〇年代の額に、多くが永続的に扶助受給』（二〇一二年一月三〇日付）と大きく見出しをつけて報道した。

こうした記事、および、その情報源であるフィンランド国立保健・福祉研究所とフィンランド社会保険庁の調査結果を総合すると、近年の公的扶助の傾向を次のようにまとめることができる。

・公的扶助受給者数は二〇〇九年に著しく増加し、その数は現在もほぼ同程度を維持している。

・現在の公的扶助受給者数は、最大を記録した一九九七年に比較しておよそ二二万人少ない。しかし、経費は当時とほぼ同じレベルに達している。

・公的扶助経費の増加は、短期かつ一時的な支援を目的とする公的扶助が、永続的な生計扶助の様相を呈しつつあることを示唆する。

・公的扶助を一〇ヵ月から一二ヵ月の長期間受給した生産年齢人口は、一九九〇年代初頭から二倍に増加した。公的扶助全受給世帯中の四分の一以上が長期受給世帯である。

・長期受給者のうち最も多くの割合を占めるのは、二〇歳から二四歳の男性である。これは若者の排除の問題と、特に低学歴者の失業が広範囲かつ長期に及んでいることを意味する。

（2）基本保障と最低生活保障

公的扶助は社会保障制度を補完する最後の経済支援形態であるものの、一時的な支援であるという原則に照らすと、こうした、近年の受給者数増加と受給期間の長期化は大きな問題を孕んでいる。フィンランドの公的扶助制度が、その本来の目的を超える役割を果たしつつあるのか否かを明らかにするために、ここでいま一度、基本保障と最低生活保障の定義について確認することにする。

Moisio および Hannikainen-Ingman らは、何が基本保障にあたり、何が最低生活保障にあたるかについての定義は曖昧であるが、最も一般的には、フィンランド共和国憲法の規定に基づいて次のように分類することができると述べている（Moisio 2009：12, Hannikainen-Ingman et al. 2012：5）。すなわち、基本保障の根拠は同憲法第一九条第二項記載の社会的リスクにあり、社会はこのリスクに対して基本的な生計保護を保障しなければならない。こうした基本保障は、第一義的かつ根拠に基づく給付と呼ばれ、国民年金、一般家族年金、基本失業手当、労働市場助成金、および疾病手当と両親手当の最低額がこれに相当する。フィンランドでこれらの給付金支給を所管するのは、社会保険庁（Kela）である。他方、最低生活保障とは同憲法第一九条第一項に記載される、家族ごとのミーンズテスト実施による公的扶助および居住扶助（社会保険庁が低所得世帯の居住費支援のために支給する扶助）を意味する。

基本保障と最低生活保障の棲み分けを厳密におこなうことは不可能であるため、労働市場参加の外側にあたる、所得比例給付の範囲に含まれない所得保障を、基本保障ないし最低生活保障とみなすほうが理解しやすいともいえる。しかし、第一義的かつ根拠に基づく基本保障は、最後の砦である最低生活保障よりも高額でなければならない。これをフィンランドの所得保障制度に言い換えると、社会保険庁が支給する基本保障は、ミーンズテストに基づく最後の経済的支援形態である公的扶助よりも高額となるべきである（Hannikainen-Ingman et al. 2012：34）。

（3）基本保障と公的扶助の重複受給の問題

前述のように、公的扶助受給者の増加と受給期間の長期化、さらに経費増大は、一時的支援という公的扶助本来の目標が実現していないことを示唆する。社会保険庁と国立保健・福祉研究所はこの原因を究明する研究を実施し、『基本保障と最低生活保障の普及と重複』と題する報告書を発表した（Hannikainen-Ingman et al. 2012）。この報告書のねらいは、社会保険庁の第一義的基本保障および居住扶助と公的扶助の受給が二〇〇〇年代の最初の一〇年間にどれだけ普及したか、これら手当の重複受給がどれほど存在するのか、さらに、重複受給に対して何が起こっているのかを明らかにすることにある。

報告書によると（Hannikainen-Ingman et al. 2012：34-36）、多くの世帯は一度に複数の手当を受給しており、生産年齢人口においては、居住扶助と公的扶助の受給は社会保険庁基本保障受給者に明らかに普及率が高いという。居住扶助と公的扶助の重複受給は、労働市場助成金（労働市場にはじめて入った失業者、失業前二八ヵ月間に八ヵ月の就労をしなかった者、基本・所得比例失業手当五〇〇日満期受給を終えた者に対して支給される手当）の受給に強く結びついた現象といえる。具体的には、労働市場助成金受給者のうち三六％が公的扶助を、五三％が標準居住扶助を受給した。さらに、労働市場助成金受給者の二四・五％が公的扶助長期受給者である。社会保険庁基本保障受給者の傾向をみると、居住扶助と公的扶助の重複受給は二〇〇〇年から二〇〇九年にかけて減少したが、他方で、労働市場助成金受給者と基本失業手当受給者の間では、重複受給は増加した。さらに、世代別に検証すると、公的扶助受給率が最も高いのは二〇歳から二四歳の若者である。

最後の経済的支援である公的扶助は、社会保険庁の第一義的基本保障を全て申請・受給することによってはじめて承認されるという性質を有す。基本保障と公的扶助の重複受給を示す研究結果により、フィンランドでは現在、基本保障の不足分を公的扶助が埋め合わす役割を果たす傾向が見られ、それが公的扶助受給者増加と受給期間の長期化をもたらしていると結論づけることができる。基本保障の不足は、労働市場助成金と基本失業手当に顕著にみられ、この背景には雇用の不安定化、失業率の増加（二〇一二年六月の失業率は七・九％）、および失業の長期化があるといえるだろう。

4　公的扶助制度および失業対策における就労インセンティブ機能とその課題

（1）積極的労働市場政策および就労インセンティブの増進

フィンランドの社会保障制度が居住に基づく基本保障と就労に基づく所得比例保障の二部構成をなし、この仕組み自体が就労を促す機能を果たしていることについては、本章の冒頭に述べたとおりである。フィンランドでは、積極的労働市場政策が福祉国家制度の運営と発展に対して不可分の役割を担ってきたといえる。さらにここ十数年間には、基本保障および最低生活保障にも、就労インセンティブ機能の増進を目的とする改正が加えられてきた。

公的扶助法を例にあげると、一九九六年、就労および労働市場政策に関連する活動や業務を拒否した者に対して、公的扶助基本部分が二〇％削減される可能性が記載された。その後、こうした拒否を繰り返す者に対しては、基本部分を四〇％削減しうることも追加された。また、二〇〇三年には、公的扶助申請者に失業中求職者としての登録義務が課されるようになった。さらに二〇一一年からは、職業訓練・教育を受けていない一八歳から二四歳の若者が公的扶助を申請する際、その申請理由が職業教育を拒否ないし中断したために労働市場助成金受給権を失ったことによる場合には、公的扶助基本部分を最大二〇％削減できる改正が実施されている。

基本失業保障においては、一九九四年に最大の改正がおこなわれた（Moisio 2009：28）。この改正により、基本失業手当の受給日数に五〇〇日間制限が設けられ、同時にミーンズテストに基づく労働市場助成金制度が創設された。労働市場助成金の支給対象となるのは、失業手当受給期間満期を過ぎた者と、労働市場にはじめて参入する者である。ミーンズテストの実施においては、通常、失業者と生計を共にする配偶者ないし親の所得が考慮される。また、労働市場助成金制度では、職業教育を受けていない二五歳未満の若者は、積極的に同教育を受けることを義務づけられる。

基本保障および最低生活保障における規定の厳格化は、制度に含まれる就労インセンティブ機能を増進することをねらいとする。これにより、基本保障や最低生活保障の受給に陥りやすい長期失業者を就労へと促すことが目指されている。

（2）無所得者の増加と公的扶助受給

社会保障制度全体にその原理として貫かれる積極的労働市場政策、さらには、前述のような基本保障および最低生活保障における就労インセンティブ機能増進にもかかわらず、フィンランドでは近年、無所得者が増加している。無所得者とは、就労所得ないし資産が全くなく、基本失業手当、年金、疾病手当など、社会保険庁が支給する第一義的基本保障も受けていない者を指す。こうした無所得者の唯一の収入源は、標準居住扶助ないし公的扶助、さらに子どものいる家族の場合には、これらに加えて児童手当と生計助成金である。社会保険庁と国立保健・福祉研究所の調査によると、およそ二万三〇〇〇の公的扶助受給世帯には課税所得がなく、こうした無所得世帯数は二〇〇六年から増加しつづけているという（Hannikainen-Ingman et al. 2012：36）。

無所得者の増加原因についての詳細な研究はまだおこなわれていないが、社会保険庁と国立保健・福祉研究所の報告書は、労働政策上の改正が背景にあるのではないかと想定する（Hannikainen-Ingman et al. 2012：34）。無所得者が若者層に最も多くみられるのは、労働市場助成金制度における制裁措置が関連していると思われる。つまり、二五歳未満の若者が職業教育を拒否・中断すると労働市場助成金受給権を失い、無所得者として公的扶助受給を申請することが最後に残された唯一の生計手段となるのである。さらに、こうした理由で公的扶助申請をすると、前述のように基本部分支給が削減される可能性もある。

無所得者の増加、とりわけ若者層における増加は、就労インセンティブがその機能を正常に果たしていないことを示唆する。失業、特に長期失業を減らし、人々を就労へと促すためには、制度における規定の厳格化や制裁措置の実施だけでは不十分であることを、フィンランドの現状は物語っている。

5　課題と今後の展望

本章ではフィンランドの公的扶助制度を、その目的と役割、内容、近年の傾向の面から包括的に述べてきた。これらをまとめると、フィンランドが抱える最大の問題は、若者、特に一八歳から二四歳の若年成人の公的扶助受給率が他の年齢層に比較して高く、さらに、こうした若年成人は長期受給に最も陥りやすいことである。その原因としては、就労促進を目的に導入された制裁措置がかえって公的扶助申請を増加させていること、および、基本保障と公的扶助の重複受給があげられる。

国立保健・福祉研究所とヘルシンキ市社会局が共同で実施したケーススタディの報告書によると、ヘルシンキ市のソーシャルワーカーは、最低生活保障の削減・制裁措置は問題であり、若者がより困難な状況に陥るとみなしている。同報告書はまた、ソーシャルワークにおける制裁は、それが明らかに一時的なものであり、問題解決のためにその代替として、真のサービス、選択肢、実質的計画がクライアントに対して提供されてはじめて機能すると強調する（Palola et al. 2012：31）。

二〇一一年夏に誕生した現政権は、貧困、不平等、および排除の削減を重点政策課題の一つに設定し、現在いくつかのワーキング・グループが具体策の策定に取り組んでいる。今後、フィンランドが、公的扶助を含む基本保障や最低生活保障に対してどのような取組みを実施していくかは注目に値するといえる。

【参考文献】

Sosiaali-ja terveysministeriö (2007) *Suomen sosiaaliturvan pääpiirteet*, Yliopistopaino, p. 32.

Sosiaali-ja terveysministeriö (2007) *Toimeentuloturva kehdosta keinutuoliin*, Yliopistopaino, p. 36.

Terveyden ja hyvinvoinnin laitos (2011-1) *Toimeentulotuki 2010 (Social Assistance 2010)*, Terveyden ja hyvinvoinnin laitos, p. 91.

Terveyden ja hyvinvoinnin laitos (2011-2) *Sosiaali-ja terveysalan tilastollinen vuosikirja 2011 (Statistical*

Yearbook on Social Welfare and Health Care 2011), Juvenus Print-Tampereen yliopistopaino Oy, p. 291.

Pasi Moisio（2009）*Vähimmäisturva ja köyhyysraja Suomessa : Selvitys sosilaaliturvan kokonaisuudistus (Sata)-komitealle*, Terveyden ja hyvinvoinnin laitos, p. 31.

Katri Hannikainen-Ingman, Heikki Hiilamo, Pertti Honkanen, Susan Kuivalainen, Pasi Moisio（2012）*Perus-ja vähimmäisturvan yleisyys ja päällekäisyys 2000-2009*, Kelan tutkimusosasto, p. 43.

Pasi Moisio, Seppo Sallila（2012）*Talousarvioesityksen 2012 vaikutuksista perusturvaan*, Terveyden ja hyvinvoinnin laitos, p. 30.

Ulma-työryhmä（2011）*Ulkomaalaisille maksettavan toimeentulotuen käsittelyä koskevien menettelytapojen selkeyttäminen. Työryhmäraportti*, Sosiaali-ja terveysministeriö, p. 60.

Elina Palola, Katri Hannikainen-Ingman, Vappu Karjalainen（2012）*Nuoret koulutuspudokkaat sosiaalityön asiakkaina-Tapaustutkimus Helsingissä*, Juvenus Print-Tampereen yliopistopaino Oy, p. 76.

Jani Erola ed.(2010) *Luokaton Suomi?: Yhteiskuntaluokat 2000-luvun Suomessa*, Gaudeamus, p. 269.

石川素子（二〇〇七）「北欧福祉国家における福祉と労働の関係――フィンランドの女性労働を例に」『総合社会福祉研究』第三一号、総合社会福祉研究所、八三―九五頁。

第20章

韓国の国民基礎生活保障制度

——現状と問題、そしてその特徴——

金 成垣

二〇世紀末に韓国では公的扶助の大きな改革がおこなわれた。労働無能力者のみを対象としていた従来の生活保護制度が廃止され、新しく全国民の最低生活を保障する国民基礎生活保障制度（以下、基礎保障）が創設されたのである。これは、韓国ではじめて現代的な公的扶助が導入されたことで大きな意味をもつと同時に、これにより、社会保障制度の全体的な仕組みが完成されたこととしても重要な出来事であった。本章では、社会保障制度全体における公的扶助の位置づけを念頭におきながら、韓国の基礎保障の導入過程、そして現行制度の内容と現状またその問題点を検討し、そこにみられる諸特徴から韓国の公的扶助のあり方を明らかにしたい。

1 生活保護から国民基礎生活保障へ

（1）IMF危機と社会保障制度の整備状況

一九九七年末にアジア各国を強打した通貨金融危機は、韓国にも大きな打撃を与えた。「IMF危機」と呼ばれたこの危機によって、毎日一〇〇社以上の企業が倒産する状況が数か月もつづき、生き残った企業でも激しいリストラがすすめられるなか、失業率は危機前の二・〇%（一九九六年）から八・四%（一九九九年一／四分期）へと上昇し過去最高となった。失業者数でみると、同期間四三万人であったのが一七六万人へと四倍以上増加した（労働部 二〇〇三：一八）。それにともない貧困率も悪化し、さらに世帯主の失業・貧困による家族解体やホームレスの急増など、韓国社会はいままで経験したことのない深刻な危機に陥っていた。

当時韓国では、このような危機に対して適切に対処できるような社会保障制度を備えていなかった。一般的に失業・貧困問題に対処するための社会保障制度といえば、社会保険とくに失業保険と公的扶助をあげることができる。前者は、保険料を財源とし貢献（拠出）原則にもとづいて短期失業者を救済し、後者は、税を財源とし必要原則にもとづいて長期失業者や貧困者を救済する制度である。前者を保険原理の制度、後者を扶助原理の制度と呼ぶことができるが、この両制度の役割分担あるいは体系的結合が、社会保障による失業・貧困対策の基本的な仕組みといえる。しかし韓国の場合、前者に関していえば、一九九五年に導入された雇用保険は、従業員三〇人以上の企業のみを対象としていたし、後者に関していえば、一九六一年からの生活保護は、基本的に高齢者や児童、障害者など労働無能力者のみを対象としていた。このような制度的仕組みのなかで、失業者のほとんどが、雇用保険からもまた生活保護からも救済できない状況におかれていたのである。

（2）雇用保険と生活保護の改革

多くの人々が失業と同時に貧困に陥るしかないこの状況に対応すべく、政府は既存の制度的仕組みを改革せざるをえなかった。もっとも早い時期から取り組んだのが、雇用保険の適用対象の拡大であった。危機直後から次々と法改正をおこない、一九九八年一月に一〇人以上の企業、三月に五人以上の企業、そして一〇月には一人以上の企業へと拡大した。わずか一〇ヵ月ですべての企業が雇用保険の対象となったが、しかし当然ながら、この雇用保険の拡大によってすべての失業者が救済できたわけではない。失業の長期化によって、雇用保険の給付期間を超えた長期失業者が多数発生し、また新卒未就業者など、そもそも雇用保険の給付条件を満たない若年失業者も増えていたからである。保険原理の制度から救済できないそれらの失業者に対しては、扶助原理の制度で対応するしかなく、そこで生活保護もその仕組みを大きく変えることとなった。

一九九八年五月に「労働能力をもっていても、時限的に保護対象者とし、具体的な事情にしたがい生計費を受給する」（保健福祉部 一九九八）とする、いわゆる時限的生活保護という措置を導入したことがそれである。これにより、労働無能力者のみを対象としていた従来の生活保護とは異なり、労働能力をもった者でも生活困窮であれば最低生活が保障されることとなった。時限的ではあったものの、この措置の導入によって、雇用保険だけではカバーできない数多くの失業者や貧困者を救済することができるようになったことは重要である。当時、雇用保険の受給者総数が一九九八年に四一万人、一九九九年に四六万人、二〇〇〇年に三〇万人であったのに対して、時限的措置を含む生活保護から救済された人々が、それぞれ一四九万人、一八二万人、一五五万人であったことを考えれば（労働部 二〇〇三）、その生活保護の拡大が大量失業・貧困問題への対応にどれほど大きな役割を果たしたかが容易に想像できるであろう。

（3）現代的な公的扶助の創設

もちろん、上記の時限的生活保護はあくまで臨時的かつ応急的な措置であって、それがただちに同制度の根本的な改革を意味するものではなかった。しかしながら、その臨時的かつ応急的な措置の必要性が、従来の生活保護の脆弱性を浮き彫りにさせるきっかけとなり、そこで根本的な制度改革がすすめられるようになった。

そのさい、とくに重要な役割を果たしたのが、参与連帯という市民団体による生活保護法改正運動であった。同団体は、一九九〇年代前半から「ナショナル・ミニマム運動」や「生活保護基準違憲確認事件」などのようなかたちで、従来の生活保護の問題点を指摘し、制度改革を求める運動を展開してきたが、その当時は大きな成果をあげることはできなかった。しかしＩＭＦ危機をきっかけとして失業・貧困問題が深刻な社会問題としてあらわれ、またそれにうまく対処できない生活保護の制度的欠陥が顕在化するなか、参与連帯は他の市民団体や労働団体また学界などと連携しながら、より活発な法改正運動を展開した。各種公聴会や記者会見、討論会の開催、諸団体をあげての共同声明書の発表や国会への立法請願、さらには与野党や政府機関への積極的な働きかけなど、多方面にわたる運動を展開し、当時、臨時的・応急的に実施されていた時限的生活保護を、既存の生活保護制度内に永久的なものとして取り入れた、つまり労働能力をもった者をも対象とする新しい制度の創設を要求したのである。この運動が一定の成果をあげ、やがて一九九九年一〇月に新しい制度として「国民基礎生活保障法」の制定に至った。施行は翌年一〇月からであった。

新しく導入された基礎保障は、市民運動団体の要求がほとんど変わらぬかたちで反映されたものであるといわれる（ムン・ジンヨン 二〇〇〇：二八）。重要なことは、同制度の導入によって、危機の状況における応急措置のレベルを超えて、国家の義務として、そして国民の権利として、最低生活の保障が実現されたことである。従来の生活保護にみられる労働能力の有無といった救貧法的な基準がナショナル・ミニマムという基準へと変わり、そこで現代的な意味での公的扶助制度が成立したのである。保険原理の制度と扶助原理の制度の結合による失業・貧困対策という社会保障の基本的な仕組みがここで制度化されたといえよう。

（4）社会保障制度の成立とその後

ちなみに、ＩＭＦ危機における失業・貧困対策と直接的なかかわりはなかったが、以上の雇用保険と基礎保障の改革が展開されるなか、これまで限定的に運営されていた年金や医療など、他の社会保険制度の改革も急速にすすみ、国民皆保険・皆年金体制が成立したことも指摘しなければならない。これにより、失業のみならず、加齢や病気などあらゆる貧困のリスクに対して、まずは各種社会保険制度で対処し、それがうまくいかなかった場合、最後のセーフティネットとして基礎保障が機能するという、社会保障の全体的な仕組みが完成されたのである。しばしばＩＭＦ危機をきっかけとして韓国で社会保障制度が成立したといわれるのはこのためであるが（鄭 二〇〇五、金 二〇〇八、金編 二〇一〇）、その成立のさいに、す

表１　政策別社会支出の内訳

（OECD 基準，対 GDP 比，（　）内は構成割合）

	韓国（2009）					OECD 平均
	1997	2000	2003	2006	2009	(2007)
高齢	1.10 (28.9)	1.24 (26.2)	1.12 (21.2)	1.53 (21.0)	2.25 (23.5)	6.45 (33.5)
遺族	0.17 (4.5)	0.17 (3.6)	0.21 (4.0)	0.25 (3.4)	0.27 (2.8)	0.97 (5.0)
障害，業務災害，傷病	0.42 (11.1)	0.36 (7.6)	0.48 (9.1)	0.55 (7.5)	0.6 (6.3)	2.14 (11.1)
保健	1.78 (46.8)	2.12 (44.7)	2.64 (49.9)	3.29 (45.1)	4.03 (42.2)	5.81 (30.2)
家族	0.09 (2.4)	0.11 (2.3)	0.17 (3.2)	0.51 (7.0)	0.81 (8.5)	1.94 (10.1)
積極的労働政策	0.07 (1.8)	0.38 (8.0)	0.12 (2.2)	0.12 (1.6)	0.40 (4.2)	0.46 (2.4)
失業	0.02 (0.5)	0.08 (1.7)	0.13 (2.5)	0.23 (3.2)	0.40 (4.2)	-
住宅	-	-	-	-	-	-
公的扶助その他	0.15 (3.9)	0.27 (5.7)	0.42 (7.9)	0.82 (11.2)	0.81 (8.5)	0.70 (3.6)
計	3.80 (100.0)	4.74 (100.0)	5.29 (100.0)	7.30 (100.0)	9.56 (100.0)	19.24 (100.0)

出所：保健福祉部・韓国保健社会研究院（2009；2011），OECD social expenditure database から筆者作成。

べての国民の最低生活を権利として保障する、上記の基礎保障の創設が欠かせない重要な役割を果たしたことはいうまでもない。

ここで参考までに、表1を通じて、ＩＭＦ危機を前後とした社会支出の推移とその内訳をみてみると、何より社会保障制度の成立によって、ＧＤＰに占める社会支出の増加が目立つ。すなわち、危機前の一九九七年に対ＧＤＰ比三・八〇％であったのが、二〇〇三年には五・二九％、二〇〇九年には九・五六％まで増加している。そのなかで、公的扶助費の割合の増加がとくに著しく、基礎保障導入前の一九九七年に対ＧＤＰ比の〇・一五％にすぎなかったのが、制度導入四年後の二〇〇三年には〇・四二％、二〇〇九年には〇・八一％へと大幅増加している。全体の社会支出に占める公的扶助費の割合をみると、同期間に三・九％、七・九％、八・五％へと上昇している。

いずれにせよ、ＩＭＦ危機以降、二〇〇〇年代初頭に入ると、「ＩＭＦ早期卒業」がいわれたように、韓国は早いスピードで危機から脱出することができた。以上のような社会保障制度の成立が、当時国民の生活安定に大きな役割を果たしたことは間違いない。しかしその後二〇〇〇年代前半以降になると、韓国社会は、低成長時代の到来による所得水準の低下、労働市場の柔軟化による格差問題の出現、また家族機能や構造の変化による扶養問題の深化等々、つぎつぎと新しい問題に直面することになり、そこで、ＩＭＦ危機をきっかけとして成立した社会保障制度も、その対象や給付内容・水準などの改正をおこなったり、新しい制度を導入したりするといったかたちで、それらの問題へ対応してきた。その対応の仕方が適切ではなかったとはいえないものの、今日の状況からみるかぎり、多くの問題と課題を抱えているのも事実である。

以下では、社会保障制度全体の仕組みを念頭におきながら、主に最後のセーフティネットとしての基礎保障に焦点をあて、その内容と現状またそこにあらわれている問題を検討することにしたい。

2　国民基礎生活保障制度の内容

（1）受給対象の選定基準

現行の基礎保障の内容について、まずその受給対象の選定基準からみてみよう。上記のように、同制度においては、基本的に労働能力の有無を問わず、生活困窮であれば誰でも最低生活を保障されることとなっている。保障の単位は原則的に世帯であり、その世帯の生活困窮をいかに判定するかについては、以下の「所得認定額基準」と「扶養義務者基準」という二つの基準が設定されている。

第一に、「所得認定額基準」とは、世帯構成員の労働所得にあたる「所得評価額」とその財産を所得に換算した「財産の所得換算額」の合計が、政府の定める「最低生計費」以下の場合に、同制度の受給対象になるという基準である。基礎保障の導入初期には、以前の生活保護法での方式と同様に、所得基準と財産基準とを別々に適用していたため、たとえば所得がなくても財産基準を満たせない場合には受給対象になれないケースが多く発生していた。その問題を解決すべく、二〇〇三年に両基準を統合した「所得認定額基準」を新設したのである。それを構成する「所得評価額」と「財産の所得換算額」の詳細な算定方式については表2を参照されたい。なお、この「所得評価額」と「財産の所得換算額」との合計からなる「所得認定額」に対して、生活困窮か否かを判断する「最低生計費」は、生活必需品の消費支出をベースにしたマーケットバスケット方式にもとづいて計測される。この計測は三年ごとにおこなっており、計測しない年度においては物価上昇率を考慮して毎年調整がおこなわれている。表3にみられるように、その額は制度導入後、持続的に引き上げられている。

表2　「所得認定額」の算定方式

所得認定額＝所得評価額（①）＋財産の所得換算額（②）

①所得評価額＝実際所得（a）－世帯特性別支出費用（b）－勤労所得控除（c）
　a実際所得：労働所得，事業所得，財産所得，公的・私的移転所得，扶養費，推定所得
　b世帯特性別支出費用：基礎老齢年金，障害手当，少年少女家長（扶養されていない未成年者）支援金，国民年金本人負担分（50%）など
　c勤労所得控除：公共勤労事業などによる労働所得の30%
②財産の所得換算額＝(財産－基本財産額（d）－負債）×所得換算率（e）
　d基本財産額：基礎生活の維持に必要であると認められ，所得換算から除外される額
　大都市（5,400万ウォン），中小都市（3,400万ウォン），農漁村（2,900万ウォン）
　e所得換算率：一般財産（月4.17%），金融財産（月6.26%），自動車（月100%）

出所：各資料から筆者作成。

表3　世帯規模別の「最低生計費」の推移

（単位：ウォン）

年度	1人世帯	2人世帯	3人世帯	4人世帯	5人世帯	6人世帯
2000	324,011	536,614	738,076	928,398	1,055,588	1,191,134
2001	333,731	552,712	760,218	956,250	1,087,256	1,226,868
2002	345,412	572,058	786,827	989,719	1,125,311	1,269,809
2003	355,774	589,219	810,431	1,019,411	1,159,070	1,307,904
2004	368,226	609,842	838,797	1,055,090	1,199,637	1,353,680
2005	401,466	668,504	907,929	1,136,332	1,302,918	1,477,800
2006	418,309	700,489	939,314	1,170,422	1,353,242	1,542,382
2007	435,921	734,412	972,866	1,205,535	1,405,412	1,609,630
2008	463,047	784,319	1,026,603	1,265,848	1,487,878	1,712,186
2009	490,845	835,763	1,081,186	1,326,609	1,572,031	1,817,454
2010	504,344	858,747	1,110,919	1,363,091	1,615,263	1,867,435

注：7人以上世帯の場合，1人増にあたり252,172ウォン増加。
出所：保健福祉部（各年度）から筆者作成。

　第二に，「扶養義務者基準」とは，「扶養義務者」がいないか，いても「扶養能力」がない場合に，同制度の受給対象になるという基準である。その「扶養義務者」の範囲と「扶養能力」の判定基準に関しても，制度導入後，数回の改正がおこなわれてきた。「扶養義務者」の範囲についていえば，制度導入時にはすべての直系家族（祖父母，父母，兄弟姉妹，子，孫）であったが，二〇〇五年の改正で一親等（父母，子）およびその配偶者また同居している二親等（祖父母，兄弟姉妹）へと縮小された。二〇〇七年には，そこから二親等を取り除く改正がおこなわれ，現在は，同居しているか否かは問わず，一親等（父母，子）およびその配偶者が「扶養義務者」となっている。その「扶養能力」有無の判定については，図1に示しているように，所得基準と財産基準を適用している。前者は，所得が最低生計費の一三〇%未満（二〇〇六年に一二〇%から一三〇%へと引き上げ），後者は，財産の所得換算額が最低生計費の四二%未満とし，その両基準に該当した場合，扶養能力「無し」と判定される。
　以上の所得認定額基準と扶養義務者基準の二つの基準を同時にクリアした場合，生活困窮と判定され，基礎保障の受給対象となるのである。ただしここで，その受給対象に関して一つ注意しなけ

ればならないのは、両基準をクリアしたとしても、労働能力のある者に対しては、政府が実施する自活支援プログラムへ参加することを条件に給付が与えられることである。韓国版ワークフェアともいわれる「条件付き給付」であるが、これについては、次の給付の種類と原則とのかかわりで再度言及する。

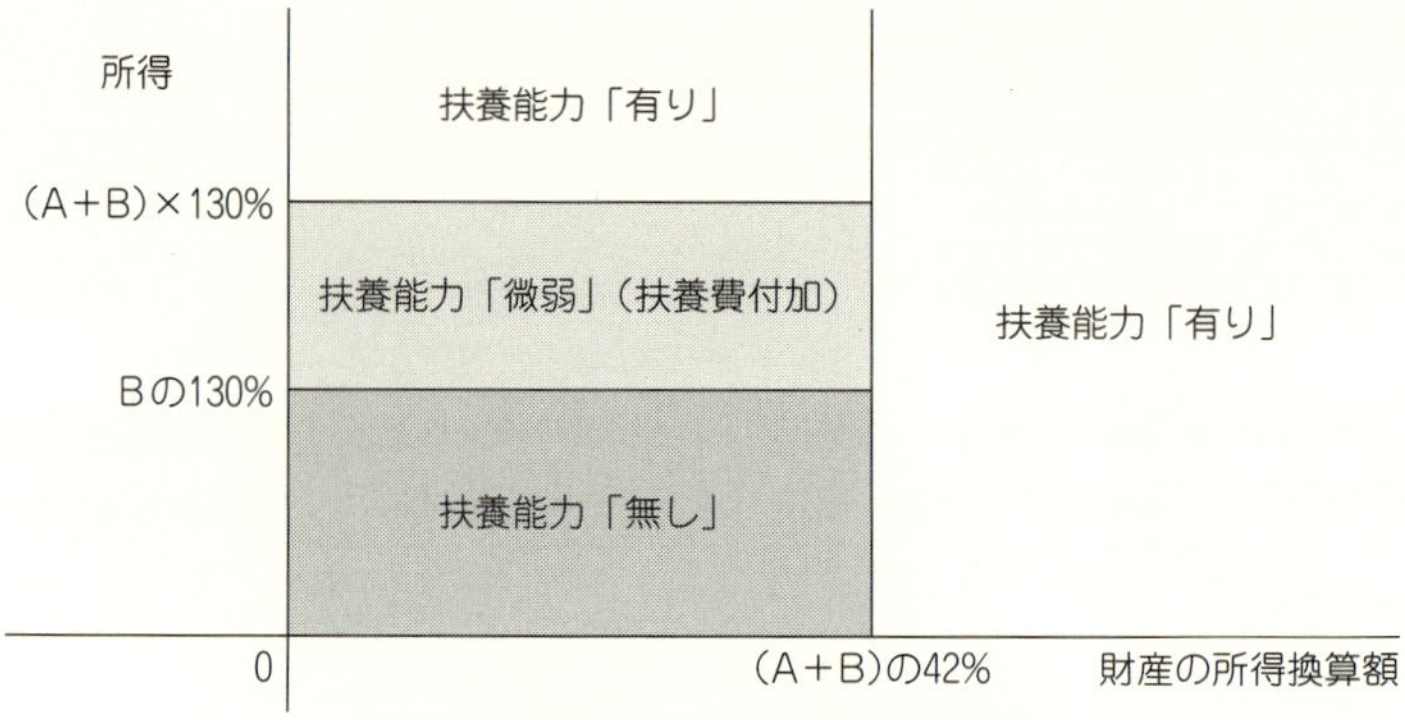

図1　「扶養義務者」の扶養能力判定基準

注：A：受給者（世帯）の最低生計費，B：扶養義務者（世帯）の最低生計費。
出所：保健福祉部（2011：3）から筆者作成。

(2) 給付種類と原則

基礎保障の給付は次の七種類から構成されている。すなわち、現金給付のかたちで定期的に支給される「生計給付」と「住居給付」、現物給付のかたちで支給される「医療給付」と「教育給付」、また一時金として支給される「出産給付」と「葬祭給付」、そして自立支援プログラムを提供する「自活給付」である。これらの諸給付は、以下のいくつかの原則にもとづいておこなわれている。

第一に、給付額の決め方とかかわる「補充給付」（日本でいう「補足給付」）という原則である。基礎保障の給付額は基本的に、所得認定額と最低生計費の差額になるが、ここで「補充給付」というのは、その差額を各種給付で補充するかたちで、全体の給付額が定められるということである。具体的な算定方式は、やや複雑であるが（図2、表4参照）、まず最低生計費から、医療給付や教育給付などの現物給付額と住民税やテレビ受信料などの他制度からの給付額を差し引いたものを「現金給付基準額」とし、それと対象者の所得認定額との差額を、現金給付である生計給付と住居給付とに分けて支給する方式である。これにより、受給対象者の所得と各種給付額の合計が最低生計費に到達するように調整がおこなわれているのである。その実際の給付額は制度導入後、上記の最低生計費の引き上げにしたがい、毎年上昇しつづけている。二〇一〇年の給付額については表4を参照されたい。

生計給付額 ＋ 住居給付額 ＝ 現金給付基準額 － 所得認定額
(79.4%)　(20.6%)　(100.0%)

※現金給付基準額 ＝ 最低生計費 － 現物給付額及び他制度からの給付額

図2　生計給付額と住居給付額の算定方式

出所：表2と同じ。

第二に、給付の仕方とかかわる「統合給付」という原則である。基礎保障の給付は、上記のように七種類からなっているが、これらの諸給付を一つに統合して、同制度の受給対象になればすべての給付をおこない、対象にならなかった場合は一つの給付もおこなわない。これは一般的に「all or nothing」の問題とされ、それぞれの給付に対するニーズに対応した「個別給付」方式への転換が求められてきた。そこで教育、医療、自活など一部の給付にかぎって個別的に給付をおこなうようになったが、ただしそれは、特例基準を設定して補助的なかたちできわめて制限的に運営されており、給付ごとに提供基準が別途設けられているわけではない。全体的にみた場合、基礎保障の七種類の給付は「統合給付」の原則に

表4　生計給付額、住居給付額及び現金給付基準額（2010年）

（単位：ウォン）

	1人世帯	2人世帯	3人世帯	4人世帯	5人世帯	6人世帯
最低生計費（A）	504,344	858,747	1,110,919	1,363,091	1,615,263	1,867,435
他の支援額（B）	82,164	139,901	180,983	222,065	263,147	304,229
現金給付基準額（C＝A－B）	422,180	718,846	929,936	1,141,026	1,352,116	1,563,206
住宅給付額（D）	86,982	148,104	191,595	235,085	278,576	322,067
生計給付額（E＝C－D）	335,198	570,742	738,341	905,941	1,073,540	1,241,139

出所：保健福祉部（2010：142）から筆者作成。

もとづいておこなわれているといってよい。

第三に給付対象の選別とかかわる「自立支援」の原則である。すでに言及したように、基礎保障の対象選定においては、基本的に労働能力の有無を問わない。しかしその対象者のうち、労働能力があると判定された者、つまり一八歳以上六四歳以下で障害や病気のない者に対しては、自活給付として、自立に必要な教育・訓練または就業斡旋や公共勤労など、いわゆる自立支援プログラムを提供し、それら自立支援プログラムのいずれかに参加することを条件に、生計給付を支給することとなっている。そのプログラムに参加しない場合には、本人の生計給付を除き、他の世帯員の給付のみが支給される。この「自立支援」の原則は、国民基礎生活保障法の制定当初には含まれていなかったが、同法の施行令と施行規則の制定過程で、財政負担の増加や労働意欲の低下についての懸念、さらにはワークフェアや「福祉から労働へ（welfare to work）」といった世界的な福祉改革の潮流の影響などによって導入されたものである。その対象者に関しては、制度の施行初期には、所得認定額が最低生計費を下回る者のみとしていたが、二〇〇四年からはボーダーライン層対策として、その基準を最低生計費の一二〇%未満まで拡大して実施している。

3　国民基礎生活保障制度の問題点とその要因

（1）広範な死角地帯

以上のような仕組みから、韓国の基礎保障は社会保障制度全体のなかで最後のセーフティネットの役割を担っている。みてきたように、導入後その役割を充実させるために、受給対象また給付水準や方式などにおいてさまざまな改正がおこなわれてきた。ここで、最近の統計データから制度導入後における基礎保障の全体的な受給状況を簡単に紹介してみよう。

まず、受給対象者全体の人数をみると（表5）、二〇一〇年に一五五万人で、その受給率は三・一%となっている。この一〇年間、若干の変動はあるものの、その数は一三五―一五五万人程度で、受給率は三%前後を維持している。次にその内訳として、二〇一〇年の年齢階層別、稼働能力有無別、世帯人数別の受給状況をみると（表6、表7、表8）、年齢階層別では、四〇―六四歳が三五・〇%ともっとも高くなっており（その次は六五歳以上、一〇―一九歳、二〇―三九歳、五―九歳、〇―四歳の順）、稼働能力有無別では、稼働人口：非稼働人口が一九・六%：八〇・四%となっている。世帯類型別では、一人世帯が六二・五%ともっとも高く、全体の半分以上を占めている（それ以外の世帯においては、世帯人数が増えれば増えるほど受給対象者数・構成比が減少）。

ところで、以上のような基礎保障の受給状況のなかで、同制度が失業・貧困問題を解決するための最後のセーフティネットとして役割を十分に果たしているかについて、多くの問題が指摘されているのが事実である（イ・テジンほか 二〇〇九、キム・ミゴン 二〇一〇、キム・テワンほか 二〇一〇、五石 二〇一一 a)。それらの問題は、さまざまな側面から説明できるが、一言でいうと「広範な死角地帯（no-care zone）の存在」という問題として集約される。この死角地帯の実態は、上記のデータからはとらえきれず、捕捉率（take-up rate）、つまり実際の貧困層のうちどれくらいの人々が同制度の給付を受けているのかをみる必要がある。

基礎保障の捕捉率に関しては、多様な研究結果があるが、たとえば、韓国保健社会研究院の研究をみると、絶対的貧困率（最低生計費基準）を基準にした場合、この一〇年間で三割に満たない水

表5　国民基礎生活保障制度の受給者と受給率の推移（2001—2010年）

年	受給者総数（人）	受給率（受給者総数／総人口，%）
2001	1,419,995	3.00
2002	1,351,185	2.84
2003	1,374,405	2.87
2004	1,424,088	2.96
2005	1,513,352	3.14
2006	1,534,950	3.18
2007	1,549,848	3.20
2008	1,529,939	3.15
2009	1,568,533	3.22
2010	1,549,820	3.10

出所：保健福祉部（2011）から筆者作成。

表6　年齢階層別の受給者現況（2010年）

	計	0～4歳	5～9歳	10～19歳	20～39歳	40～64歳	65歳以上
受給者数（人）	1,458,198	27,106	56,051	301,001	172,868	509,958	391,214
	(100%)	(1.9%)	(3.8%)	(20.6%)	(11.9%)	(35.0%)	(26.8%)
受給率（%）	2.9	1.2	2.3	4.4	1.1	2.8	7.1

注：受給者数は施設受給者数を除いたものである。
出所：保健福祉部（2011：15）から筆者作成。

表7　稼働能力有無別の受給者現況（2010年）

	計	稼働人口							非稼働人口
		小計	常用	臨時	日雇	自営業	農水畜産業	失業／未就業	
受給者数（人）	1,458,198	185,189	11,045	26,924	108,468	9,564	108,100	108,100	1,173,009
	(100%)	(19.6%)	(0.8%)	(1.8%)	(7.4%)	(1.5%)	(0.7%)	(7.4%)	(80.4%)

注：受給者数は施設受給者数を除いたものである。
出所：保健福祉部（2011：20）から筆者作成。

表8　世帯人数別の受給者現況（2010年）

	計	1人世帯	2人世帯	3人世帯	4人世帯	5人世帯	6人世帯	7人以上世帯
受給者数（人）	1,458,198	549,341	163,983	99,248	46,424	14,373	3,840	1,590
	(100%)	(62.5%)	(18.7%)	(11.3%)	(5.3%)	(1.6%)	(0.4%)	(0.2%)

注：受給者数は施設受給者数を除いたものである。
出所：保健福祉部（2011：21）から筆者作成。

準にとどまっており、相対的貧困率（中位所得五〇％基準）を基準にすると、二割を下回ってしまう（キム・テワンほか 二〇一二）。相対的貧困率を基準にしてより精密にデータを用いた五石（二〇一一b：二一八）の調査結果においてはさらに低く、制度導入後、二〇〇〇年代前半までは一一％台、後半になると若干上昇し一五％前後となっている。貧困層のうち、少なくとも七割、多くて八割を超える人々が、受給対象になれず、同制度の死角地帯におかれているのである。ちなみに、人数からみた場合の死角地帯の規模に関しても多様な調査があり、調査によってその数値は異なるが、それらからすると、最小でも一〇〇万人以上、最大では六〇〇万人以上の人々が、生活困窮の状況にありながらも同制度の対象になっていないと推定されている（キム・ミゴン 二〇一〇、キム・テワンほか 二〇一〇）。

（2）死角地帯をもたらす制度内要因

それではなぜ以上のような広範な死角地帯が存在しているのか。多くの研究者が指摘しているように、まず、受給対象の選定基準とかかわっては、マーケットバスケット方式によって算定される低い最低生計費の水準、不合理的な所得認定額の算定方式、なかでも財産の所得換算率の高さによる所得認定額の過大評価、厳しい扶養義務者基準など、そして給付の原則とかかわっては、自立支援の原則にみられる厳格な労働能力有無の判定、統合給付の原則にみられる「all or nothing」の問題などが、その主な要因とされている。これらさまざまな要因のうち、もっとも核心的なものとなっているのが、厳しい扶養義務者基準である（ヨ・ユジンほか 二〇〇三、ユン・チャンヨン 二〇一〇、キム・ミゴン 二〇一〇、キム・テワンほか 二〇一〇）。

少し具体的にみると、上で言及したように、扶養義務者基準のなかには、扶養義務者の範囲とその扶養能力の判定という二つの基準がある。前者に関しては、二〇〇五年と二〇〇七年にその範囲を緩和する改正がおこなわれており、後者に関しても、二〇〇六年に扶養義務者の所得水準の基準を引き上げる改正がおこなわれた。しかしこのような措置によって実際に受給者が増えたかというと、そうでもない。上記の表5から確認できるように、それらの改正がおこなわれた時期を前後とした受給者数の変化は明確にはみられない。一方、表9、表10を通じて、国民基礎生活保障制度の運営実態に関する調査をみると、二〇〇九年に、受給申請が却下されたケースのうち、六〇・一％が扶養義務者基準によるものであり、受給途中でその受給権を失われたケースのうち、四四・二％が扶養義務者基準によるものである。いずれの場合も、同制度の対象から排除されるもっとも多くの理由が、扶養義務者基準を満たせなかったことによるものとなっているのである。

このような厳しい扶養者義務基準によって、生活困窮の状況にありながらも、受給対象になれない人々として考えられるのは、主に高齢層と若年層であろう。これについての具体的なデータは存在しないが、前記の表6の年齢階層別の受給者現況から、その大雑把な状況を垣間見ることができる。すなわち、それをみると、六五歳以上の高齢層の受給率が七・一％となっているが、同年齢層の貧困率（二〇〇九年）が、絶対的貧困率では四八・九％で、相対的貧困率では五八・三％である

表9　申請が却下された理由

（単位：％）

所得基準の超過	17.9
財産基準の超過	20.7
扶養義務者基準の未充足	60.1
その他	1.2

出所：キム・テワンほか（2010：97）。

表10　途中で受給権を失った理由

（単位：％）

所得増加	31.8
財産増加	18.3
行政上の理由	3.1
扶養義務者基準の未充足	44.2
その他	2.7

出所：表9と同じ。

ことを考えれば（キム・ムンギルほか 二〇一〇）、七・一％という受給率は極端に低いといわざるをえない。また若年層に関しても、二〇―三九歳の受給率が一・一％（一七・三万人）になっていることに対して、たとえば同年齢層の失業率（二〇一〇年）が、政府統計では五・二％（五二・六万人）で、実際にはその二倍以上にも上る現状からすれば（金成垣 二〇一一a）、若年層の受給状況も非常に厳しい。高齢層と若年層の場合、生活困窮に陥っても、あくまで「被扶養者」とされ、実際の受給が極力制限されてしまっているといえよう。

いずれにせよ、以上のような現状における広範な死角地帯の存在を考えると、基礎保障が最後のセーフティネットとしてその役割を十分に果たしているとはけっしていえないであろう。実際、同制度に対して「いまだに救貧法的な原則が粗野なかたちで残っていて、多数の貧困層が最低生活保障の対象から除外されている」（韓国学中央研究院編 二〇〇五：二四八）という批判が寄せられているのはそのためである。もちろん、扶養義務者基準の厳しさだけでなく、上で言及した最低生計費や所得認定額の算定方式また自立支援や統合給付の原則など、制度内のさまざまな要因がそれに加わって、広範な死角地帯をもたらしていることを再度指摘しておこう。

（3）社会保険の機能不全

ただし、最後のセーフティネットとしての基礎保障の位置づけを考えると、上記の死角地帯の問題は、制度内の要因だけではとらえきれず、他の社会保障制度との関係のなかで考慮しなければならない。保険原理の制度と扶助原理の制度の結合という社会保障の全体的な仕組みからみた場合、基礎保障における死角地帯の問題は、単に基礎保障自体の問題でなく、それと社会保険とのあいだの隙間の問題としてとらえられるのである。

たしかに各種社会保険制度の現状をみると、それらも十分に機能をしていない（金成垣 二〇一一a、二〇一一b）。ここでは紙幅の関係ですべての制度の問題を詳しく述べることはできないが、簡単にみてみると、たとえば、高齢層と若年層の問題とかかわって、前者に関しては年金、そして後者に関しては雇用保険の問題をとりあげることができる。

まず、韓国の公的年金制度は、特殊職年金（公務員、軍人、私学教職員）を除けば、全国民が国民年金という一つの制度に加入する一本体制となっている。同制度は一九八八年に導入されたが、二〇〇九年現在、制度の経過年数が短いこともあって、六五歳以上の高齢者のうち年金を受給しているのは三割弱にすぎない。その年金額も非常に低く（一八・八万ウォン≒一・三万円）、最低生計費の半分以下の水準となっている。さらにいえば、この「無年金・低年金」問題が制度の成熟につれ改善されるかというと、必ずしもそうとはいえない。今日の雇用情勢、たとえば、低所得の非正規労働者や零細自営業者の増加のなかで、保険料拠出がだんだん厳しくなっている状況を考慮した推計によれば、今後も年金額が最低生計費をはるかに下回る水準にとどまることはたしかであり（カン・ソンホほか 二〇一〇：一七四―一七七、キム・ヨンミョン 二〇一〇）、しかも二〇五〇年頃に高齢者の四割近くが、最小一〇年間の保険料納付期間を満たせず、無年金者になるという調査結果も出ている（イ・ヨンハ 二〇〇九：七）。

このような問題に対処するために、二〇〇八年から一般財源による基礎老齢年金を導入し、一定の所得水準以下の高齢者に対して定額給付をおこなっている。しかし問題はきわめて低い水準の年金額である（二〇〇九年に月額八・八万ウォン≒〇・七万円）。この金額だけで生活をすることは不可能であり、かりに国民年金の給付額にこれを足したとしても、最低生計費を上回ることは難しい。しかも、同制度については、導入時における政府の立場として、国民年金が成熟するまでの時限的措置として考えられていたこともあり（保健福祉家族部 二〇〇八：三）、今後この制度が持続されるか否かは不明な状況である。

次に、雇用保険は、すでに言及したように、一九九五年に従業員三〇人以上の企業を対象として導入され、現在は一人以上の企業を対象として実施されている。制度上、すべての労働者の失業リスクに対応することとなっているのだが、しかしそもそも、保険原理によって運営される同制度がカバーしているのは短期失業者のみであり、長期失業者や若年失業者には無関与であることはいうまでもない。韓国の現状からしてより問題となるのは、その実際の加入状況である。二〇〇九年の統計をみると、労働者全体のうち雇用保険に加入している割合は六割を切っている（韓国雇用情報院 二〇一〇）。これは、少なくとも三割、多くて六割近くになる非正規労働者のほとんどが、「一八ヵ月間に一八〇日以上」という同制度の資格条件を満たさず、排除されてしまっていることによる。グローバル化の進展やそれによる労働市場の柔軟化によって、低賃金で不安定な労働環境で働く人々がますます増加する現状からして、雇用保険が抱えているこのような問題がどれほど改善されるかは未知数である。

そこで、それらの人々がすぐに基礎保障に向かうことを避けるために、二〇〇八年には新しい制度として、ボーダーライン層を対象とした、韓国型ＥＩＴＣともいわれる「勤労奨励税制」を導入した（二〇〇九年六月から給付開始）。労働を通じた脱貧困と経済的自立を支援するために導入された同制度は、所得・扶養家族・住宅・財産という四つの条件を満たした場合、前年度の年間所得によって算定された勤労奨励金を支給するものである。実際の制度運営についての評価は時期尚早であるが、少なくとも現時点でみると、厳しい対象者選定基準（一八歳未満の子どもをもつ世帯、年間所得一七〇〇万ウォン（≒一二〇万円）未満／財産一億（≒七〇〇万円）未満の世帯）や低い給付水準（年間最大一二〇万ウォン（≒八・五万円））などのため、制度の実効性については多くの疑問が寄せられている（チェ・ヒョンス／イ・ソヒョン 二〇一〇、ユン・ハンウク 二〇一一、ジョン・ワンヒほか 二〇一一）。

以上のように、年金や雇用保険など、最後のセーフティネットとしての基礎保障の上の段階で、人々の生活を支えるはずの社会保険制度がうまく機能できておらず、それを補完するために導入された新しい制度もまた多くの問題を抱えているのが現状である。結局、社会保障全体からみた場合、保険原理の制度も扶助原理の制度も、人々の生活困窮に適切に対応しておらず、両制度のあいだに隙間ができてしまっているのである。

（4）社会保険と公的扶助の隙間

以上、社会保障制度の全体的な仕組みを念頭におきながら、基礎保障の成立過程、現行制度の内容と現状またその問題点を検討してきた。要約すると次のようになる。

韓国では、一九九〇年末のＩＭＦ危機をきっかけとして、一方では、失業保険をはじめ、年金や医療など各種社会保険制度が整備され、他方では、何らかの理由でその社会保険でカバーされない人々のために、最後のセーフティネットとして基礎保障が創設された。これにより、保険原理の制度と扶助原理の制度の結合からなる社会保障制度が成立したことになる。成立後、さまざまな環境変化にともない、制度改善をはかる数々の改革がおこなわれてきたが、現状をみるかぎり、多くの問題をかかえていることはたしかである。その問題は、基礎保障でみると広範な死角地帯としてあらわれているが、それは単に基礎保障だけの問題ではなく、社会保障制度の全体的な仕組みからみた場合、社会保険の機能不全による、その両制度のあいだの隙間の問題としてとらえることができる。その隙間はけっして小さいとはいえず、こんにち多くの人々がその隙間のなかで不安な生活をおくるしかないという状況におかれているといえよう。

以下では本章の最後に、以上のような議論から浮き彫りになる韓国の社会保障全体の制度体系、そしてそこにおける基礎保障の特徴をまとめた後、今後の展望について簡単にふれたい。

4　韓国における公的扶助の特徴と今後の展望

（1）二層体制からなる社会保障の制度体系

くりかえすことになるが、そもそも社会保障制度は、保険原理の制度と扶助原理の制度の結合によって成り立つものである。二〇世紀末以降に韓国でもその両制度の整備により社会保障制度の全体的な仕組みが完成された。ただし、両制度の結合の仕方からは、他の多くの国々とはやや異なる韓国の社会保障制度の特徴をみいだすことができる。

西欧諸国においても、たとえば、失業・貧困問題に対する社会保障の対応は、保険原理の制度と扶助原理の制度の役割分担という点で共通するものの、その具体的な中身をみると、最後のセーフティネットとしての公的扶助以外に扶助原理にもとづくもう一つの制度、つまり失業扶助を取り入れている国が多い（ＯＥＣＤ編 二〇〇八）。それは、失業保険の給付期間が終わった長期失業者あるいはその受給条件を満たせなかった若年失業者を対象とする制度である。これに対して、韓国ではこの類の制度が存在しない。要するに、多くの西欧諸国では、「社会保険—失業扶助—公的扶助」という三層体制から失業・貧困問題への対応がおこなわれているのに対して、韓国の場合は、「社会保険—公的扶助」という二層体制になっているといえる。

この二層体制の特徴は、じつは失業扶助の有無だけによるものではない。西欧諸国の場合、社会保険と公的扶助とのあいだに、失業扶助のみならず、家族手当や住宅手当など各種社会手当を備えている国が多い。それら社会手当は、扶助原理によって運営されている点で、失業扶助と同様、三層体制の二階部分に位置づけられ、最後のセーフティネットとしての公的扶助の上の段階で対象別・問題別に人々の貧困リスクに対応しながら、低所得層をできるだけその対象にならないための機能を果たしている。失業扶助とともにこれら社会手当が、韓国では存在しないか、あるいは極端に少ないのだが、このことが、西欧の三層体制と異なる韓国の二層体制の構造をより確固たるものにしているのである。

（2）包括的な制度構成からなる公的扶助

明確に認識されることは少ないが、以上の二層体制から生まれる韓国の基礎保障の特徴として、その制度構成の包括性を指摘することができる。

すでにみたように、韓国の基礎保障は、労働能力をもった者をも含む生活困窮者に最低生活を保障するという趣旨のもとで、それらの人々に対して、生計給付、住居給付、医療給付、教育給付、出産給付、葬祭給付、自活給付など二種類もの多様な給付を支給する仕組みとなっている。西欧諸国の公的扶助をみると、これらすべての給付を一つの制度のなかに包括的に取り入れている国はほとんど見当たらない（ＯＥＣＤ編 二〇〇八）。多くの場合、最後のセーフティネットといわれる公的扶助では、基本的に、韓国の生計給付にあたる生計費の給付をおこない、失業扶助また家族手当や住宅手当などの各種社会手当が、それ以外の対象別・問題別の給付をおこなう。しかし韓国の場合、それら社会手当制度の未整備という二層体制のなかで、その役割をすべて、同じ扶助原理の制度である基礎保障一本で背負うこととなり、そのため、他の西欧諸国の公的扶助に比べて、非常に包括的かつ体系的な制度構成をとっているのである。全体的にみた場合、その包括的な公的扶助として基礎保障を取り入れた二層体制の社会保障制度をもって、三層体制からなる西欧の社会保障制度と同様の機能を果たしているといえよう。

以上のような、二層体制からなる社会保障の全体的な制度体系、そしてそのなかにおける最後のセーフティネットとしての基礎保障の包括的な制度構成を、多くの西欧諸国とは区別される韓国の特徴としてまとめることができよう。

（3）今後の制度改革をめぐって

じつは、以上のような韓国の社会保障制度は、西欧諸国とは大いに異なるものの、日本の整備状況とは非常に似ている。制度全体が二層体制になっていることがそうであり、それに起因して最後のセーフティネットとしての生活保護が、包括的かつ体系的な制度構成をとっているのもそうである。また前節でみた二層体制の隙間の問題も、日韓で共通している。このような日韓の類似性に関する歴史的な考察は、別稿でおこなっているため（金成垣 二〇一一c）、ここでは、最近の改革動向について簡単に述べることにとどめたい。

こんにち韓国では、社会保障制度の問題をめぐるさまざまな改革議論がなされている。基礎保障にかぎっていえば、主に死角地帯の問題の解決が懸案となっているが、それはけっきょく、二層体制からなる社会保障制度の隙間をいかに埋めるかという議論になる。そこで、実際おこなわれているいくつかの改革議論をみると、たとえば、一方では、公的扶助に関して、基礎保障における扶養義務者基準の緩和あるいはその撤廃を主張する議論があれば、社会保険に関しては、零細自営業や非正規労働者など、すべての人々への制度適用を主張する議論もある。これらは、いいかえれば、二層体制を維持する方向での改革議論である。しかし他方で、そのような改革だけではどうしても問題が解決されない状況があらわれており、そのため、基礎保障における自活給付対象者の分離と失業扶助のような新しい制度の導入、また同制度の統合給付の原則の撤廃と対象・問題別の各種社会手当制度の導入などといった改革案も提起されている。これらの改革案は、どちらかといえば、二層体制から三層体制への転換を求める方向性が強いといってよい。

いま韓国の社会保障制度の改革は現在進行中であり、その方向性も定かではない。日本において、同様の社会保障制度の整備状況のなかで、その改革をめぐっても似たような議論がおこなわれていることを考えれば、今後、韓国の改革がいかなる方向へと向かっていくか、そしてその帰結はどうなるかは、韓国だけでなく日本に対しても示唆するところが多いと思われる。このような点を今後の重要な研究テーマとして指摘し、ここではひとまず論を閉じることにしたい。


【参考文献】

ＯＥＣＤ編／日本労働組合総連合会総合政策局訳（二〇〇八）『図表でみる世界の最低生活保障』明石書店。

金成垣（二〇〇八）『後発福祉国家論』東京大学出版会。

金成垣編（二〇一〇）『現代の比較福祉国家論』ミネルヴァ書房。

金成垣（二〇一一a）「韓国における若者の生活困難と社会保障①―③」『月刊福祉』二〇一一年二―四月号。

金成垣（二〇一一b）「韓国の年金制度と女性」『海外社会保障研究』一七五。

金成垣（二〇一一c）「日本と韓国における失業・貧困対策」『週刊社会保障』二六一一。

五石敬路（二〇一一a）『現代の貧困ワーキングプア』日本経済新聞出版社。

五石敬路（二〇一一b）「日韓におけるワーキングプアの現状と社会保障の貧困改善効果」春木郁美・薛東勳編『韓国の少子高齢化と格差社会』慶應義塾大学出版会。

鄭在哲（二〇〇五）「韓国における経済危機と社会保障制度の成立」『大原社会問題研究所雑誌』五六二、五六三。

カン・ソンホほか（二〇一〇）『国民年金の老後所得保障水準研究』国民年金研究院。

キム・ムンギルほか（二〇一〇）『二〇一〇年貧困統計年報』韓国保健社会研究院。

キム・ミゴン（二〇一〇）「国民基礎生活保障制度施行一〇年の成果と課題」自活福祉フォーラム編『二〇一〇自活福祉フォーラム』中央自活センター。

キム・ヨンミョン（二〇一〇）「大量の老人貧困を誘発する基礎老齢年金縮小方案」『月刊福祉動向』二〇一

○年八月号。
キム・テワンほか（二〇一〇）『基礎保障制度における生計保障の評価と政策方向』韓国保険社会研究院。

キム・テワンほか（二〇一一）『基礎保障制度の財政評価および財政推計基本モデルの開発研究』韓国保健社会研究院。

労働部（二〇〇三）『失業対策白書』。

ムン・ジンヨン（二〇〇〇）「国民基礎生活保障法の制定の歴史的意義」韓国社会福祉研究院『韓国社会福祉年鑑』裕豊出版社。

保健福祉家族部（二〇〇八）『二〇〇八年基礎老齢年金事業案内』。

保健福祉家族部（二〇一〇）『二〇一〇国民基礎生活保障事業案内』保健福祉家族部。

保健福祉部（各年度）「最低生計費公示」。

保健福祉部（一九九八）「庶民生計安定対策(1)」（報道資料）。

保健福祉部（二〇一一）『二〇一〇年国民基礎生活保障受給者現況』。

保健福祉部・韓国保健社会研究院（二〇一一）『二〇〇九年度韓国の社会福祉支出推計とOECD国家の障害者所得保障体系比較』。

保険福祉部・韓国保健社会研究院（二〇〇九）『二〇〇七年度韓国の社会福祉支出推計とOECD国家の老後所得保障体系』。

ヨ・ユジンほか（二〇〇三）「国民基礎生活保障制度の扶養義務者基準の改善方案」韓国保健社会研究院。

ユン・ハンウク（二〇一一）「勤労奨励制度の現況および政策報告」『KDI政策フォーラム』二三四。

ユン・チャンヨン（二〇一〇）「国民基礎生活保障法一〇年の意味と課題」『季刊社会福祉』一八六。

イ・ヨンハ（二〇〇九）「老後所得保障の内実化のための国民年金の発展方向」『年金フォーラム』第三五号。

イ・テジンほか（二〇〇九）『二〇〇九年国民基礎生活保障制度のモニタリングおよび評価』韓国保健社会研究院／基礎保障・自活政策評価センター。

ジョン・ワンヒほか（二〇一一）『勤労奨励税制の運用実態調査結果および改善方案』国会立法調査処。

チェ・ヒョンス／イ・ソヒョン（二〇一〇）『勤労奨励税制拡大・改編方案の効果性分析および所得保障体系の連携方案研究』韓国保健社会研究院。

韓国学中央研究院編（二〇〇五）『韓国の社会保障』裕豊出版社。

韓国雇用情報院（二〇一〇）『二〇〇九年雇用保険統計年報』韓国雇用情報院。

文献案内

第1章

① 駒村康平編（二〇一〇）『最低所得保障』岩波書店。
国民の最低所得保障は生活保護制度のみで行われているわけではない。最低賃金や公的年金、雇用保険など生活保護以外の社会保障制度を最低所得の保障という観点で問い直した一冊。生活保護にすべてを背負わせることが不可能な現状の中、他制度が担ってきた役割と歴史を概観する。

② 阿部彩・國枝繁樹・鈴木亘・林正義（二〇〇八）『生活保護の経済分析』東京大学出版会。
近年において、生活保護に関して本格的な経済学のメスを入れた初めての本。公的扶助と労働インセンティブの議論、保険と公的扶助の議論、負の所得税など欧米における公的扶助に関する経済学からのアプローチを紹介するとともに、日本の貧困と生活保護の実態に迫る。

③ 江口英一（一九七九）『現代の低所得層』（上、中、下）未来社。
日本の貧困研究の金字塔的名著。現代日本社会における「新しい貧困」とは何かを問い直し、日本社会の構造的問題に取り組んだ書。日本の貧困を研究するすべての人にとってのクラシック。

④ 橘木俊詔（二〇〇〇）『セーフティネットの経済学』日本経済新聞社。
貧困対策の効率性など、生活保護制度のみならず社会保障制度全般のセーフティネット機能について、経済学的なアプローチで迫る力作。日本の社会保障制度に大きい波紋を残した一冊。

⑤ 橘木俊詔・浦川邦夫（二〇〇六）『日本の貧困研究』東京大学出版会。
若手研究者と格差論の第一人者との協力による貧困に関する網羅的な解説書。貧困の測定方法から実態まで、貧困を経済学的アプローチで勉強したい人には必読の書。

第2章

① 日本弁護士連合会編（二〇〇七）『検証　日本の貧困と格差拡大』日本評論社。
貧困の拡大を社会問題として認識しその背景を探りつつ、生活保護やその他関連するセーフティネットの現状とほころびを指摘しながら、運用の改善や新法の制定など多面的な制度改善提案をおこなおうとする。

② 京極高宣（二〇〇八）『生活保護改革と地方分権化』ミネルヴァ書房。
地方分権が進み国と地方の役割分担がかつてと大きく異なりはじめるなど、社会状況の変化のなかで生活保護にはどのような改革が求められているのかについて、経済学や法学の知見を踏まえ学際的に課題を論じようとする。

③ 布川日佐史（二〇〇九）『生活保護の論点』山吹書店。
主として保護基準、稼働能力活用、自立支援プログラムの三点につ

いて、「利用しやすく自立しやすい」生活保護の実現に向けた改善・改革のポイントを、この間の議論を踏まえて提示しようとする。

④ 森川清（二〇一一）『権利としての生活保護法　増補改訂版』あけび書房。

元ケースワーカーにして現在弁護士として権利擁護活動に携わる立場から、争訟手段を含む生活保護の利用手続について具体的ポイントを示しながら実務のあるべき姿をひもとこうとする。

⑤ 吉永純（二〇一一）『生活保護の争点』高菅出版。

生活保護における審査請求に関して、膨大な現状分析をもとに権利保障の入り口としての同制度の持つ意味と課題を探り、あわせて生活保護における多様な争点について多くの争訟例をもとに改革の課題を探ろうとする。

⑥ 阿部和光（二〇一二）『生活保護の法的課題』成文堂。

法学の立場から公的扶助を研究し続けてきた著者の論文集。法四条の補足性原理を中心として主に近年の訴訟を題材に生活保護の諸問題を検討し、公的扶助の権利構造を明らかにしようとする。

第3章

① 中鉢正美（一九七五）『現代日本の生活体系』ミネルヴァ書房。

人間の生活をひとつの自律したシステムとしてとらえ、前半ではその理論が、後半では明治期から一九七〇年代までの間の変動が論じられる。後半部では生活保護受給者の構成の質的変化について詳細な分析が行われており、一読をお勧めする。

② 小山静子（一九九九）『家庭の生成と女性の国民化』勁草書房。

第一次大戦後、「男は仕事、女は家庭」という性分業に基づく家族モデルが普及した理由を探る。特に重要なのが国家の役割であり、「生活改善運動」などを通して女性を啓蒙・動員する過程で、家事や育児が女性の役割や幸せだとのイデオロギーが広まっていったという。

③ 牧園清子（一九九九）『家族政策としての生活保護――生活保護制度における世帯分離の研究』法律文化社。

生活保護の支給は同一居住、同一生計の「世帯」を単位に行われるのが原則だが、現実には、病人や就学中の者がいる場合、世帯員として見なさない運用（世帯分離）がなされる。本書はその運用実態と変遷を、行政資料をもとに明らかにする。

④ 中川清（一九八五）『日本の都市下層』勁草書房。

明治期から戦前期までの間に、都市の下層社会が、新中間層のライフスタイル・生活構造を取り込んで中流社会へと徐々に底上げされていく過程を、都市住民の消費水準データなどを用いて実証的に明らかにする。

⑤ 寺脇隆夫（二〇〇七）『救護法の成立と施行状況の研究』ドメス出版。

生活保護法の前身である救護法とその実施状況について、膨大な原史料を用いて詳細な解明がなされた大著（寺脇編『救護法成立・施行関係資料集成』と同時刊行）。従来の先行研究が救護法の受給者を過大に見積もっていたという新事実が明らかにされている。

⑥ 山田昌弘（一九九四）『近代家族のゆくえ――家族と愛情のパラドックス』新曜社。

自助原則（生活保障・再生産責任）と、愛情原則（構成員の情緒的満足を高める責任）から「近代家族」を定義し、これらが大変危ういバランスの上に成り立っているところに家族問題の本質があることを明らかにする。

第4章

① 釧路市福祉部生活福祉事務所編集委員会編（二〇〇九）『希望をもって生きる――生活保護の常識を覆す釧路チャレンジ』全国コミュニティライフサポートセンター。

全国的に着目される釧路市の生活保護の自立支援プログラムの展開が、福祉事務所の視点から、紆余曲折も含めてまとめられている。当事者・関係者の声・視点が、プログラムにどう活かされてきたのかが窺える。

② 厚生労働省社会・援護局保護課（二〇〇八）「自立支援の手引」。

厚生労働省が福祉事務所に配布した自立支援の指針。ケースワーカーによる自立支援の基本が、共通事項と就労支援等の個別事項ごとに整理され、アセスメントシートや支援計画表の様式・記載例も添付されている。

③ 東京都板橋区・首都大学東京共編（二〇〇七）『生活保護自立支援プログラムの構築――官学連携による個別支援プログラムの Plan・Do・See』ぎょうせい。

生活保護の自立支援を先駆的に進めた板橋区の自立支援プログラムについて、現場職員によるプログラム構築のプロセス、首都大学東京との共同事業により実施されたプログラムの拡充や評価事業の内容が紹介されている。

④ 道中隆（二〇〇九）『生活保護と日本型ワーキングプア――貧困の固定化と世代間継承』ミネルヴァ書房。

保護受給層の世帯の属性や生活実態の特徴に関する、行政調査データを用いた実証分析により、現場の感覚的知見であった「貧困の罠」や「貧困の世代間継承」の問題を、科学的根拠にもとづく知見として提示している。

⑤ 岡部卓・森川美絵・新保美香・根本久仁子（二〇〇九）『生活保護の相談援助活動――自己点検ワークブック』中央法規出版。

生活保護業務に携わる福祉事務所の現業員の仕事が、社会福祉の相談援助実践の基本的なプロセスと視点から整理され、相談援助活動のチェックリストを用いた自己学習や研修の手法も紹介されている。

第5章

① 朝日訴訟中央対策委員会（一九六七）『人間裁判一〇年』労働旬報社。

一九五七年に朝日茂が現行の保護基準では生きていけないと「人間らしく生きる権利」を主張し、一九六七年までの「朝日訴訟」の一〇年を総括した書である。入手は困難であるが、旬報社デジタルライブラリーで閲覧できる。

② 岩永理恵（二〇一一）『生活保護は最低生活をどう構想したか――保護基準と実施要領の歴史分析』ミネルヴァ書房。

現行の相当に複雑化した生活保護の歴史をたどって、生活保護が保障すべき最低生活がどのように構想されてきたかを検討し、日本の公式の貧困概念の核心に迫った学術書である。

③ 厚生省社会局保護課（一九八一）『生活保護三十年史』社会福祉調査会。

現行生活保護法施行三〇周年を記念し厚生省社会局保護課が編んだ書である。生活保護行政に携わってきた担当官や識者の貴重な証言が記録されており、生活保護の歴史を学ぶ上での基本文献である。

第6章

①　埋橋孝文編（二〇〇七）『ワークフェア――排除から包摂へ？』法律文化社。

「自立支援」による福祉政策の変容は、日本における特殊なものではなく世界の潮流としてのワークフェアから派生している。ワークフェアの理論、国際的動向、日本の諸分野（母子世帯、障害者、生活保護受給者）における影響など数々の論点を網羅した一冊。

②　江口英一・川上昌子（二〇〇九）『日本における貧困世帯の量的把握』法律文化社。

近年の社会福祉が、貧困に陥った個々人の「多様性」「特殊性」に重点を置いてきたのに対して（「自立支援」もその系譜に位置づく）、一貫して社会階層としての「不安定・低所得層」の把握と分析に注力してきた日本を代表する貧困研究者の著書。

③　菊池馨実編（二〇〇八）『自立支援と社会保障――主体性を尊重する福祉、医療、所得保障を求めて』日本加除出版。

「自立、自立支援とは何か？」という根本から丁寧に考察している数少ない文献。社会保障法学の専門家を中心に「自立支援」という理念が、従来のそしてこれからの社会保障のなかにどのように位置づくのかを分野横断的に検討している。

④　後藤道夫・吉崎祥司ほか編（二〇〇七）『格差社会とたたかう――〈努力・チャンス・自立〉論批判』青木書店。

「自立支援」は「自己責任」論と親和的な一面を持つ。「単なる支援ではなく自立支援を」と言った時に、そこから何がこぼれ落ちるのか。なにより今のこの社会は「自立」するに足るほど公正なのか？　を問う。「努力、機会の平等、自立」という「もの言い」に対するラディカルな反論。

⑤　笹沼弘志（二〇〇八）『ホームレスと自立／排除――路上に〈幸福を夢見る権利〉はあるか』大月書店。

生存権に代表される社会が保障すべき権利があり、一方でそこから排除された人々が現実に存在する。個人が達成すべき「自立」とは異なる、万人に保障される「自立への権利」はあり得るか。その可能性に法解釈から取り組んだ良書。

⑥　布川日佐史編（二〇〇六）『生活保護自立支援プログラムの活用〈1〉策定と援助』山吹書店。

「生活保護制度の在り方に関する専門委員会」専門委員であった編者による「自立支援プログラム」活用に関する指南書。先進的な自立支援プログラムを策定している福祉事務所の活用例が豊富に紹介されている。

⑦　ミシェル・フーコー／田村俶訳（一九七七）『監獄の誕生――監視と処罰』新潮社。

「自立支援」という言説・装置がどのように生まれ、どういった潜在的な機能を持つのか。現在の自立支援を巡る議論のなかで致命的に抜け落ちている「権力（生権力）」「規律訓練」を語る上で必読の文献。

第7章

①　岩田正美（二〇〇五）「『被保護層』としての貧困」岩田正美・西澤晃彦編『貧困と社会的排除』ミネルヴァ書房。

本論文は、生活保護制度の一般扶助原則が、ホームレス対策や「寄せ場労働者」「要保護女子」を対象とする「特殊政策」とセットでしか存在し得なかったという認識に立ち、これまで疑問形で語られてきた「被保護層が日本の貧困一般を代表し得るのかどうか」について検討している。

② 籠山京（一九七八）『公的扶助論』光生館。

一九七八年に第一刷が刊行され第一一刷（一九九六年発行）まで読み続けられてきた本書の卓越性は、生活保護制度の不明瞭性や矛盾について論述している点にある。一点のみ紹介すると、生活保護制度の目的である、最低限度の生活の保障と自立の助長が未分離・混在しているといった指摘がなされている。

③ 中鉢正美（一九五六）『生活構造論』好学社。

本書の特徴は、第二次世界大戦直後における日本の「窮乏生活」の中で見いだされたエンゲル法則の停止ないしはその逆転を「生活構造の抵抗」現象として捉え、利潤追求のための商品生産という「動力」とは異なる「人間的欲望の充足という動力」に基づく、相対的に独自な生活の法則性を解明しようとしている点にある。

④ 中川清（二〇〇四）「貧困の性格変化と社会生活の困難さ」『季刊　社会保障研究』三九（四）。

本論文は、これまで貧困研究において重要な役割を担ってきた低所得層としての把握と、現在の都市下層の「多様な特性」とを具体的に関連づける基礎的な視点と作業の必要性を強調し、その一つの方法として、被保護世帯と低所得世帯を対象とした家計調査と「社会生活に関する調査」とを関連づけて「社会生活の困難さ」について詳細な分析を行っている。

⑤ B・S・ラウントリー／長沼弘毅訳（一九五九）『貧乏研究』ダイヤモンド社。

本書は、イギリスのヨーク地方に居住する世帯（世帯数一万一五六〇、人数四万六七五四人）を対象に一八九九年に実施した調査結果の集大成の第二版を翻訳したものである。本書の関心は、「貧乏生活状態にある人口の割合」を確認することと、「貧乏の性質」を把握することである。これらの目的から、貧困と非貧困との境界線として「貧乏線」なるものを設定し、貧困を「第一次的貧困」と「第二次的貧困」の二つの段階に分けて検討している。

⑥ 室住眞麻子（二〇一二）「隠れる女性の見えない貧困」橋木俊詔編『福祉＋α① 格差社会』ミネルヴァ書房。

本論文は、派遣切り・非正規切りにおいて性別に大きな差がない中で、路上や派遣村、ネットカフェ等利用者といった「住居さえ維持できないほどの貧困」場面において、女性が見えないのはなぜかといった疑問から出発して、女性の貧困について検討している。

⑦ 室住眞麻子（二〇一三）「女性の貧困」木村涼子・伊田久美子・熊安貴美江編『よくわかるジェンダー・スタディーズ』ミネルヴァ書房。

本論文では、貧困の定義について、子どもの貧困アクション・グループ（イギリス）の代表経験者であるルース・リスターによる「貧困の車輪」論を紹介した上で、異なるデータと方法によって、日本の女性の貧困を浮き彫りにしている研究を紹介している。

第8章

① 稲葉剛（二〇〇九）『ハウジングプア——「住まいの貧困」と向きあう』山吹書店。

本書は貧困ゆえに居住権を侵害されやすい環境で起居せざるをえない状態を指す「ハウジングプア」についてその実像に迫るとともに、行政施策、生活保護制度がうまく機能していない実態を明らかにし、政策的課題を提示している。

② 岩田正美（一九九五）『戦後社会福祉の展開と大都市最底辺』ミネルヴァ書房。

本書は「不定住的貧困」に対する戦後の政策的対応の歴史を振り返るとともに、保護施設退所者の記録分析により、「安定した」自立生活を維持・継続するための自助努力の延長に、地域流動、職業移動があり、その過程で大都市の底辺には一定の「不定住的貧困」が形成されていることを明らかにしている。

③ 住田昌二（二〇〇三）『マルチハウジング論――住宅政策の転回』ミネルヴァ書房。

本書は住宅の量的不足に対応しようとした戦後の住宅供給政策（マスハウジング）を検証し、二一世紀に向け、住宅需要の多様性に応える供給システムを意味する「マルチハウジング」への転回の構想を提起している。

④ 平山洋介（二〇〇九）『住宅政策のどこが問題か――〈持家社会〉の次を展望する』光文社新書。

本書は持家社会、日本の実態分析を行い、現在の住宅政策について地方分権化などを背景に公営住宅が残余的な政策に縮小されてきていること、家賃補助の不在などの問題を指摘し、今後の住宅保障政策の課題を展望している。

⑤ 藤田孝典・金子充（二〇一〇）『反貧困のソーシャルワーク実践――NPO「ほっとポット」の挑戦』明石書店。

本書は、住宅困窮者の地域生活移行と地域生活支援を行うNPOが向き合ってきた問題とその解決のための独自の取り組みについて具体的に述べている。住宅困窮者支援に行き詰まりをみせる政策に大きなヒントを与える実践現場からの報告である。

第9章

① 東俊裕（二〇〇八）「障害に基づく差別の禁止」長瀬修・東俊裕・川島聡編『障害者の権利条約と日本――概要と展望』生活書院。

当該文献は、障害者の権利条約へのわが国の署名を受けて、わが国の法制度における障害者差別の現状と、同条約の批准に向けた問題点を整理した同書の一部として、特に差別及び平等の概念について合理的配慮の考え方を交えて詳細に説明している。

② 金仙玉（二〇一〇）「生活保護制度における障害者就労支援の現状と課題」『東アジア研究』五三、大阪経済法科大学アジア研究所、一一三―一二五頁。

障害の認識および障害者の就労環境とワークフェアという観点を理論的背景として、生活保護受給者の中でも、特に障害者に対して提供される各自治体独自の就労支援プログラムにおける課題を明らかにしている。

③ 厚生労働省（二〇〇三）『障害者の生活状況に関する調査結果の概要』。

障害者の生活実態を明らかにすることを目的として、いずれも二〇歳以上の五五七名の身体障害者と一万三四二九名の精神障害者から得た調査結果の概要を示したもの。障害年金や生活保護の受給を含めた生計や経済、就労の状況等を明らかにしている。

④ 百瀬優（二〇〇八）「障害者に対する所得保障制度――障害年金を中心に」『季刊社会保障研究』四四（二）、国立社会保障・人口問題研究所、一七三頁。

障害者の所得保障制度のうちから特に障害年金に焦点を絞り、わが国の障害年金制度を詳細に記述する。また、生活保護制度についても触れ、生活保護と障害年金の関係も含めて、障害年金の課題と今後とるべき方向性について示唆している。

⑤ 山村りつ（二〇一一）『精神障害者のための効果的就労支援モデルと制度――モデルに基づく制度のあり方』ミネルヴァ書房。
当該文献は、精神障害者および彼らを雇用する雇用主の双方を当事者として据え、それぞれに行ったインタビュー調査をもとに、精神障害者の抱える就労上の課題と、それに対する制度の課題と修正点についての示唆を与えるものである。

第10章

① 貝塚邦郎（一九七〇）「『食わせて寝かせる』救護施設か――この人間的要求をどうする?」『社会福祉研究』七、七九―八四頁。
七〇年代に書かれた、貴重なルポルタージュ。東京・久留米園に取材し、低劣な最低基準を利用者の声に依拠して告発。「救護施設は利用者を生かさず殺さず収容しているに過ぎない」という一文は、関係者にとって重くのしかかる「宿題」である。

② 一番ヶ瀬康子ほか（一九八八）『救護施設――最底辺の社会福祉施設からのレポート』ミネルヴァ書房。
救護施設について網羅的に書かれた、唯一ともいえる入門書。入所者による座談会で語られる切実な要求、限定的な条件下で苦闘する職員の声など、出版から二五年たった今も、救護施設理解のためには必読文献である。

③ 中川健太朗監修（二〇〇三）『救護施設との出会い――「最後の受け皿」からのメッセージ』クリエイツかもがわ。
大阪・高槻温心寮の職員による実践報告。前半は施設の歴史をたどり、後半は多様化するニーズに対し、介護から地域生活支援まで幅広く実践が紹介されている。巻末のシンポジウムは、社会福祉基礎構造改革下での救護施設のあり方を考える手がかりとなる。

④ 松木宏史（二〇一一）「地域に根差した施設発のソーシャルワーク」中川清・埋橋孝文編『生活保障と支援の社会政策』明石書店、一七三―一九六頁。
救護施設の「地域生活移行・支援」の取り組みに着目。「収容」で良しとされてきたこれまでの救護施設のあり方を問い直す契機と捉えている。その際、救護施設ですべて抱えるのではなく、トータルな生活保障の構築が課題であるとしている。

第11章

① 左右田哲（二〇〇八）「超過滞在をしている外国人の医療」大谷昭・大本和子ほか『改訂　医療ソーシャルワーク実践事例五〇例』川島書店。
この本は、医療ソーシャルワーカーが取り組む典型事例を通して、医療福祉の実際を学ぶものである。いかなる人も、安心して治療を受けることができるよう、支援する専門職としての根源を問うものとして、ソーシャルワーク支援のプロセスにそって解説されている。

② 社団法人日本社会福祉士会（二〇一二）『滞日外国人支援の実践事例から学ぶ多文化ソーシャルワーク』中央法規出版。
日本社会福祉士会の滞日外国人支援委員会が二〇〇五年より取り組んできた外国人へのソーシャルワーク支援に関わる研究調査、社会福祉士等への研修の実施等の活動を通してまとめられた本である。二〇一一年には外国人登録者数が約二〇〇万人を超え、このような状況が

生活を支援する社会福祉士実践と大きく関連することを様々な事例を通して学ぶことができる。

③ 杉本照子（一九八一）『医療福祉学入門』医学書院。

米国で医療ソーシャルワークを学んだ著者が、医療社会福祉学と医学の相乗を臨床実践における実現を目指し、医学教育のカリキュラムに医療福祉学を位置づける必要性を説いている本である。我が国における医療ソーシャルワークの発展の歴史に触れることができる本である。

第12章

① 久冨義之（一九九三）『豊かさの底辺に生きる——学校システムと弱者の再生産』青木書店。

「この豊かな日本の中でいまさら『貧困と教育』でもないだろう」と言われたという一九九三年に出された本書の切り口は今日にも通底する。「子供たちはその生活を〈困難や〝くずれ〟も含めて〉背負って学校にやってくる」「そこにある階層格差や生活困難」とかかわりない社会（地域・学校）はありうるのか。今日的な「貧困連鎖の防止」「社会的包摂」「地域福祉」という定形的言辞にひそむ「危うさ」をも実は射抜いている。

② 五石敬路（二〇一一）『現代の貧困ワーキングプア——雇用と福祉の連携策』日本経済新聞出版社。

生活保障のありかたについて「財政、経済成長、行政改革、地方分権改革」を「連携の視点」で論じた書である。特に「雇用と福祉の連携」「社会的企業による雇用の創出」「福祉施設と地域福祉の見直し」の提言は今日の生活困窮者支援にも重要な論点を提起している。また「生活支援サービスの民間化」の流れの中、市民には見えにくい「福祉事務所」に着目していることも本書の特徴である。

③ 本田良一（二〇一〇）『ルポ生活保護』中公新書。

本書は第一次産業に従事する人たちの苦悩や希望に迫る新聞記事で他の追随を許さない著者が釧路市の生活保護受給者、生活困窮者に寄り添い当事者目線で書き上げた渾身のルポルタージュだ。当事者の声を通じて「貧困から抜け出す生活保護の新しい役割」に光を当てた本書は、生活保護を巡る資料や論点等を丹念にあたって書かれており生活保護の教科書といってよい。生活保護の歴史・制度の課題などもわかりやすく解説。誰でもこれで生活保護がわかる最適な一冊。

第13章

① 小山進次郎（一九七五）『改訂増補　生活保護法の解釈と運用（復刻版）』中央社会福祉協議会。

生活保護法の立案と制定の理由および経緯を事務上の責任者が明らかにしたものであり、趣旨・解釈・運用ごとに整理されている。実務を進める上では必ず立ち戻って紐解くべきであり、最も基本とすべき文献である。

② 岩田正美（二〇〇七）『現代の貧困』筑摩書房。

格差と貧困を区別して論じることを主張している。貧困は「発見」されるものであり、社会に価値判断を求めて解決を迫るもの、としている。この視点を軸に貧困の実態に迫っている。

③ 湯浅誠（二〇〇八）『反貧困』岩波書店。

貧困問題の現場をレポートしながら、そこで露わにされたのはセーフティネットがその役割を果たしていない「すべり台社会」の実態である。そこからの脱出に向けたネットワークづくりなどの取り組みも報告されている。

第14章

① 福原宏幸（二〇〇七）「就職困難者問題と地域就労支援事業――地域から提案されたもうひとつのワークフェア」埋橋孝文編著『ワークフェア――排除から包摂へ？』法律文化社。

大阪における障害者、母子家庭の母親、同和地区出身者、中高年者等の就職困難者を対象にした地域就労支援事業を紹介し、その取り組み内容および就職への成果に対し一定の評価を与え、そこから日本のワークフェアについての考察を行っている。

② 山脇義光（二〇一〇）「『求職者就労支援制度』の創設」埋橋孝文・連合総合生活開発研究所編『参加と連帯のセーフティーネット――人間らしい品格ある社会への提言』ミネルヴァ書房。

失業者に対する新たな社会保障として「求職者就労支援制度」が構想されている。雇用保険や緊急人材育成支援事業（当時）の問題点を指摘し、訓練中のみならず求職期間中にも現金給付を行いかつ訓練だけではなく職業紹介まで個別支援の形で行うことが提案されている。

③ 玉田桂子・大竹文雄（二〇〇四）「生活保護は就労意欲を阻害するか？――アメリカの公的扶助制度との比較」『日本経済研究』五〇。

まず、日本の生活保護は、アメリカのTANFより就労促進的な制度設計となっていないにもかかわらず、日本の生活保護受給者の稼働率はアメリカより高いことを示したうえで、大阪府のデータから生活保護受給者への自立支援施策の影響を分析した結果、それらの施策は稼働率には影響を与えないことが明らかにされた。

④ 金井郁（二〇一二）「生活保護受給者への就労支援と就労実態」厚生労働省科学研究費補助金政策科学総合研究事業『低所得者、生活困窮者の実態把握及び支援策の在り方に対する調査研究』平成二三年度報告書。

埼玉県における被保護者に対する「職業訓練支援事業」の利用者データから、性別、学歴、疾病状況などからは、就労を開始した者とできなかった者とでは、ほとんど差が生じていないが、母子世帯では多く就労が開始できる一方で、高齢世帯ではほとんど就労できないことを明らかにしている。

⑤ 四方理人（二〇一一）「生活保護における就労支援の計量分析――福祉事務所単位のデータから」厚生労働省科学研究費補助金政策科学総合研究事業『低所得者、生活困窮者の実態把握及び支援策の在り方に対する調査研究』平成二二年度報告書。

生活保護自立支援プログラムの就労支援の効果について、埼玉県の福祉事務所単位のデータから定量的な分析を行っている。その結果、就労支援は、被保護者の就労率を上昇させる効果はあるものの廃止率を高める効果までは観察されなかったとしている。

第15章

① 一圓光爾（一九八二）『イギリス社会保障論』光生館。

給付水準、賃金、ミーンズテストや貧困の罠など、戦後ベヴァリッジ型の福祉国家が抱えた問題や課題と政策展開がまとめられている。サッチャー政権による社会保障改革当時の状況を理解する上で有益である。

② 毛利健三編（一九九九）『現代イギリス社会政策史　一九四五―一九九〇』ミネルヴァ書房。

戦後から特にサッチャー時代のイギリスの社会政策を理解する上で有益な書。所得保障だけでなく雇用、医療、住宅、環境、労使関係など福祉国家の各領域の政策展開が網羅されている。

③ 所道彦（二〇〇九）「ニューレイバーの社会保障の一〇年」国立社会保障・人口問題研究所編『海外社会保障研究』一六九。

保守党の長期政権の後に登場した労働党政権下の社会保障改革を概観した論文。投資としての社会保障、就労による貧困解決といったレトリックと就労支援国家への変貌の一〇年をまとめている。

④ 埋橋孝文（二〇一一）『福祉政策の国際動向と日本の選択――ポスト「三つの世界」論』法律文化社。

イギリスの社会保障制度を理解するためには、国際的な視点で見つめることが有益である。ワークフェアや給付付き税額控除などイギリスと関係が深く、なおかつ、近年日本にも影響を与えている施策の問題点を理解する上で有益な書。

第16章

① 都留民子（二〇〇〇）『フランスの貧困と社会保護――参入最低限所得（ＲＭＩ）への途とその経験』法律文化社。

一九八八年に創設された一般扶助主義の参入最低限所得（ＲＭＩ）制度の特徴や受給者・世帯の分析、およびＲＭＩに至るまでの貧困状況と論議、そして他の扶助や失業給付など社会給付の諸施策の推移について叙述している。

② 都留民子（二〇〇六）「フランスの失業対策における失業者」加瀬和俊・杉田くるみ編『国際比較の中の失業者――日本・フランス・ブラジル』東京大学社会科学研究所。

失業保険・失業扶助・公的扶助および雇用対策における対象者カテゴリーの推移、とく一九八〇年代から始まるワークフェア＝アクティベーション施策の批判的論述と、失業者カテゴリーの変容についての叙述である。

③ 都留民子（二〇〇八）「社会的排除――概念と施策の批判的検討」日本社会福祉学会編『福祉政策理論の検証と展望』中央法規出版。

「社会的排除」という政策的概念の発祥のフランスの「排除」論と、それに基づく社会制度の特徴を叙述し、批判的見解を紹介しながら、「社会的排除」は近代的貧困の社会的要因・背景をカモフラージュするおそれのある概念であることを指摘している。

④ 都留民子（二〇〇九）「『福祉国家』はゆらいでいるか――フランスの失業・貧困とその対策」『経済』一六八、一四六―一五九頁。

二〇〇七年からのサルコジ大統領のもとでの、失業・貧困対策の変容を紹介するが、新自由主義的措置の拡大はありながら「失業の権利」は健在であり、日本と比較すれば貧困の顕著な拡大は見られないこと等を叙述している。

第17章

① 田畑洋一（二〇一一）『ドイツの最低生活保障』学文社。

ハルツⅣ法以降のドイツの最低生活保障制度（求職者基礎保障制度と社会扶助制度）について、ハルツⅣ法の成立背景も含めて概説されている。給付内容のみならず、収入・資産の算入方法、他の社会保障制度との関連、制度の実施者や手続き等についても詳述されている。

② 布川日佐史編著（二〇〇二）『雇用政策と公的扶助の交錯』御茶の水書房。

ハルツⅣ法成立直前のドイツの雇用政策と公的扶助制度について詳述しており、ハルツⅣ法の発想の萌芽や現行制度の下地を知ることができる。稼働能力活用義務の問題、自治体の役割、ホームレスや障害者をめぐる状況など、各論も充実しており、日本への示唆も述べられている。

第18章

① 宮寺由佳（二〇〇八）「スウェーデンにおける就労と福祉――アクティベーションからワークフェアへの変質」『外国の立法』第二三六号、一〇二―一一四頁。

社会扶助受給者に対する支援である「アクティベーション・プログラム」の歴史的経緯とその意義を整理し、近年、制度運用の厳格化や受給者への制裁的取り扱いが強化されている現状とその課題を指摘している。

② 宮寺由佳（二〇一〇）「労働と福祉、その光と影――スウェーデンの貧困をめぐって」安孫子誠男・水島治郎編著『労働　公共性と労働―福祉ネクサス（持続可能な福祉社会へ【公共性の視座から】三）』勁草書房。

社会扶助受給者を「強制や指導で就労に導く」ことを目的としたプログラムをめぐる近年の研究動向を整理し、就労支援の効果、プログラムの実施体制やその内容、受給者の抱える課題について検討している。

③ 宮寺由佳（二〇一二）「スウェーデンの社会扶助の三〇年」『海外社会保障研究』第一七八号、四五―五七頁。

スウェーデンの社会保障制度における社会扶助の位置づけを整理したうえで、社会扶助の創設から今日までの約三〇年間の動向を、受給者像の変化、社会扶助が抱える問題とその対策の変遷に焦点をあてて分析している。

第19章

① 石川素子（二〇〇七）「北欧福祉国家における福祉と労働の関係――フィンランドの女性労働を例に」『総合社会福祉研究』第三一号、総合社会福祉研究所、八三―九五頁。

本論文は、北欧福祉国家の特徴である「福祉と労働の融合」を、フィンランドの女性労働から実証することをねらいとする。論文では、家族政策の概要や女性労働の実態、仕事と家庭の両立について取り上げることで女性と福祉国家との密接な関係を明らかにし、福祉国家制度に就労インセンティブ機能が包含されているという結論を導き出している。

第20章

① ＯＥＣＤ編／日本労働組合総連合会総合政策局訳（二〇〇八）『図表でみる世界の最低生活保障』明石書店。

ＯＥＣＤ諸国の社会保障政策（主に失業保険、失業扶助、公的扶助、若年失業者給付、住宅給付、家族給付、ひとり親給付、就業条件付き給付）と税制政策に関して、その受給条件と水準を詳細に調査・分析したものである。

② 金成垣（二〇〇八）『後発福祉国家論』東京大学出版会。

「後発」という時間軸を含んだ比較の視点にもとづき、韓国における福祉国家の歴史・現状分析、そして日韓比較分析を行い、さらに他の東アジアの後発福祉国家の国際比較を可能にするための新しい視座を探求した研究である。

③ 金成垣編（二〇一〇）『現代の比較福祉国家論』ミネルヴァ書房。

日本や韓国、中国を含む東アジア諸国・地域における福祉国家の歴史と現状について実証的・理論的研究を行いつつ、従来の「欧米理論の適用」という研究方法を乗り越え、「東アジア発の新しい理論構築」を試みた研究である。

④ 五石敬路（二〇一一）「日韓におけるワーキングプアの現状と社会保障の貧困改善効果」春木郁美・薛東勳編『韓国の少子高齢化と格差社会』慶應義塾大学出版会。

日本と韓国におけるワーキングプアの現状とそれに関する研究動向および政策動向を紹介しつつ、両国の社会保障政策、とくにワーキングプア政策の中身とその効果を比較分析した研究である。

⑤ 鄭在哲（二〇〇五）「韓国における経済危機と社会保障制度の成立」『大原社会問題研究所雑誌』五六二・五六三。

一九九〇年代末のＩＭＦ経済危機をきっかけとした韓国の社会保障制度の成立過程を、社会保険と公的扶助の体系的あるいは有機的結合という視点から分析し、その実践的・理論的意味を明らかにした研究である。

あとがき

本書所収の論稿は、大部分が二〇一二年前半期に脱稿し、提出されたものですが、振り返れば、二〇一二年は「生活保護（者）受難の年」として後世に伝えられるかもしれません。それほどまでに各種メディアを巻き込んでの生活保護バッシングが激しかったと言えます。大手新聞社のなかには社内でそのような報道のあり方への反省を促す声も上がったようですが、それが多数派にはならなかったようです。

研究者のできることは、科学的で正確なデータを提供し、生活保護制度（改革）を社会保障制度全体の中に位置づけて議論を組み立て、また、過去の歴史を踏まえつつ将来への展望を示すことだと思います。

生活保護はあくまで最低生活の保障を狙いとするものでしかありません。編者としては making work pay、つまり「働くことが割りに合う」社会の実現ということが大切であると考えています。このことが真の生活保護改革の基本的前提条件として据えられるべきでしょう。つまり、生活保護受給者激増の背後にある「貧困の広がり」がもっと注目されるべきです。その上で、「三つの自立」「中間的就労」「半福祉・半就労」などの工夫があってよいと考えます。

本書が二〇一三年以降の生活保護をめぐる議論に資することを望んでいます。読者の皆さんの忌憚のないご意見、ご批判を頂戴できれば幸いです。

最後になりましたが、ミネルヴァ書房の河野菜穂さんにはプロの編集者としての有益なアドバイスを頂きました。記して御礼申し上げます。

二〇一三年二月

埋橋孝文

索　引

あ 行

か 行

さ　行

ま　行

や　行

ら　行

わ　行

■■■ 執筆者紹介（執筆分担，所属，執筆順，＊は編者）■■■

＊埋橋孝文（うずはし・たかふみ）**総論・各部解説・あとがき**　奥付編著者紹介参照

阿部　彩（あべ・あや）**第１章**　国立社会保障・人口問題研究所部長

嶋田佳広（しまだ・よしひろ）**第２章**　札幌学院大学法学部准教授

菊地英明（きくち・ひであき）**第３章**　武蔵大学社会学部准教授

森川美絵（もりかわ・みえ）**第４章**　国立保健医療科学院医療・福祉サービス研究部主任研究官

岩永理恵（いわなが・りえ）**第５章**　神奈川県立保健福祉大学講師

桜井啓太（さくらい・けいた）**第６章**　大阪市立大学大学院創造都市研究科博士課程

室住眞麻子（むろずみ・まさこ）**第７章**　帝塚山学院大学人間科学部教授

小田川華子（おだがわ・はなこ）**第８章・索引**　首都大学東京非常勤講師

山村りつ（やまむら・りつ）**第９章・索引**　同志社大学社会学部特任助教

松木宏史（まつき・ひろし）**第10章・索引**　滋賀短期大学講師

野村裕美（のむら・ゆみ）**第11章**　同志社大学社会学部准教授

櫛部武俊（くしべ・たけとし）**第12章**　一般社団法人釧路社会的企業創造協議会事務局長

石橋和彦（いしばし・かずひこ）**第13章**　前京都市児童相談所児童福祉司

四方理人（しかた・まこと）**第14章**　関西大学ソシオネットワーク戦略研究機構統計分析主幹

所　道彦（ところ・みちひこ）**第15章**　大阪市立大学大学院生活科学研究科准教授

都留民子（つる・たみこ）**第16章**　県立広島大学保健福祉学部教授

森　周子（もり・ちかこ）**第17章**　佐賀大学経済学部准教授

岩名（宮寺）由佳（いわな（みやでら）・ゆか）**第18章**　浦和大学総合福祉学部准教授

石川素子（いしかわ・もとこ）**第19章**　ヘルシンキ大学社会科学部社会研究科博士課程

金　成垣（きむ・そんうぉん）**第20章**　東京経済大学経済学部准教授

《編著者紹介》

埋橋孝文（うずはし・たかふみ）

1951年　生まれ。

1983年　関西学院大学大学院経済学研究科博士後期課程単位取得退学。博士（経済学）。

大阪産業大学経済学部，日本女子大学人間社会学部を経て，
現　在　同志社大学社会学部教授，同志社大学社会福祉教育・研究支援センター長。

主　著　『ワークフェア――排除から包摂へ？』（編著）法律文化社，2007年。

『参加と連帯のセーフティネット――人間らしい品格ある社会への提言』（共編著）ミネルヴァ書房，2010年。

『生活保障と支援の社会政策』（共編著）明石書店，2011年。

『福祉政策の国際動向と日本の選択――ポスト「三つの世界」論』法律文化社，2011年。

『中国の弱者層と社会保障――「改革開放」の光と影』（共編著）明石書店，2012年。

福祉＋α④
生活保護

2013年3月30日　初版第1刷発行　〈検印省略〉

定価はカバーに
表示しています

編著者　埋　橋　孝　文
発行者　杉　田　啓　三
印刷者　中　村　知　史

発行所　株式会社　ミネルヴァ書房
607-8494 京都市山科区日ノ岡堤谷町1
電話代表（075）581-5191
振替口座 01020-0-8076

中村印刷・新生製本

ISBN978-4-623-06540-0
Printed in Japan